누구나
알기쉬운
자바 J

누구나 알기쉬운 자바
입문편

초판 인쇄일 2014년 5월 30일
초판 발행일 2014년 6월 10일
초판 2쇄 발행일 2016년 3월 7일

지은이 카와바 타케시
옮긴이 하진일
발행인 박정모
등록번호 제9-295호
발행처 도서출판 혜지원
주소 (10881) 경기도 파주시 회동길 445-4(문발동 638) 302호
전화 031)955-9221~5 팩스 031)955-9220
홈페이지 www.hyejiwon.co.kr

기획·진행 엄진영
디자인 김희연
영업마케팅 김남권, 황대일, 서지영
ISBN 978-89-8379-822-0
정가 25,000원

WAKARIYASUI Java NYUMON-HEN by Takashi Kawaba
Copyright © 2009 by Takashi Kawaba All rights reserved.
First published in Japan in 2009 by Shuwa System Co., Ltd.

This Korean edition is published by arrangement with Shuwa System Co., Ltd. Tokyo
in care of Tuttle-Mori Agency, Inc., Tokyo through Danny Hong Agency, Seoul.
Korean translation copyright ©2014 by Hyejiwon Publishing Co.

이 책의 한국어판 저작권은 대니홍 에이전시를 통한 저작권사와의 독점 계약으로 도서출판 혜지원에 있습니다.
신저작권법에 의해 한국 내에서 보호 받는 저작물이므로 무단전재와 복제를 금합니다.

이 도서의 국립중앙도서관 출판시도서목록(CIP)은 서지정보유통지원시스템 홈페이지(http://seoji.nl.go.kr)와 국가자료공동목록시스템 (http://www.nl.go.kr/kolisnet)에서 이용하실 수 있습니다.(CIP제어번호 : 2014016083)

누구나 알기쉬운 자바 J

카와바 타케시 지음
하진일 옮김

입문편

혜지원

이 책의 특징과 목적

이 책은 Java(자바) 언어를 사용해서 처음 프로그래밍 언어를 배우는 사람을 위한 자습서입니다. '알기 쉽게'를 첫 번째 목표로 하여 집필하였습니다. 이 책을 집필하기 위해 10명 정도의 컴퓨터 초급자인 학생을 대상으로 도서 출간 전에 원고를 가지고 6개월 정도 테스트를 해봤습니다. 테스트 과정 중에 학생들이 조금이라도 알기 어렵다라고 말하는 부분은 바로 수정해서 학생들이 "이해했다"고 할 때까지 반복하였습니다. 또한 모든 연습문제는 해답을 달아두었습니다. 따라서 처음 Java 언어를 배우는 사람도 누구나 이 책으로 쉽게 배울 수 있습니다.

이 책의 두 번째 목표는 '꼼꼼하게'입니다. 입문서이면서도 내용은 Java 프로그래머의 등용문이기도 한 OCJP 시험의 출제 범위를 커버하고 있습니다.

이 책의 학습법

이 책으로 Java 언어를 확실하게 마스터하기 위해서는 다음 순서를 지켜주십시오.

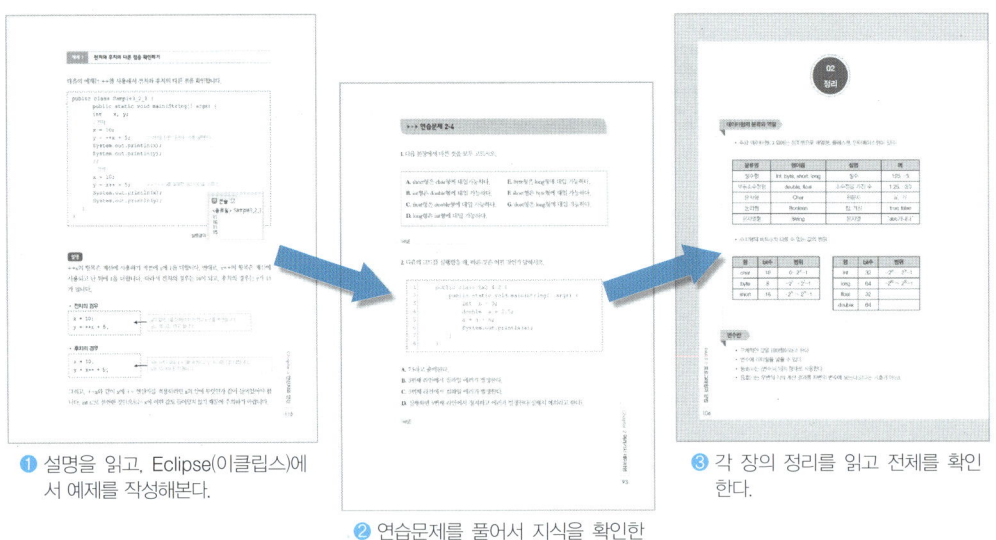

❶ 설명을 읽고, Eclipse(이클립스)에서 예제를 작성해본다.

❷ 연습문제를 풀어서 지식을 확인한다.

❸ 각 장의 정리를 읽고 전체를 확인한다.

① 설명을 읽고 예제를 작성해본다.

이 책으로 공부할 때 본문을 읽으면서 동시에 해설되어 있는 예제 프로그램을 직접 작성해 봅니다. 예제는 <u>반드시 입력해서 실행</u>하고 동작을 확인해 주십시오.
프로그램을 효율적으로 작성하기 위해서 Eclipse라는 툴을 사용합니다. 설치 방법과 사용 방법은 준비편에서 상세하게 설명합니다.

② 연습문제를 푼다.

이 책에는 연습문제가 곳곳에 있습니다. 이 문제들은 그 이유와 목적에 따라 본문 중 어디에 위치하는 게 좋은지 심사숙고 후 결정하였습니다. 연습문제를 생략하거나 읽기만 하고 건너뛰거나 하면 안됩니다. <u>모든 연습문제는 실제로 풀어 주십시오.</u> 손을 써서 직접 푸는 것이 중요합니다. 연습문제는 이 책에서 가장 중요한 부분입니다.

③ 정리를 읽는다.

각 장의 말미에는 정리가 있습니다. 정리를 잘 읽어주십시오. 그래서 배운 내용을 머릿속에서 완벽히 정리해 주십시오. 정리는 각 장의 내용을 한 번에 복습할 수 있도록 구성하고 있습니다.

교과서로서 활용한다.

이 책은 준비편, 문법과 프로그래밍편, 객체지향 입문편으로 되어 있습니다. 각 장은 예제, 해설, 연습문제로 구성되어 있습니다. 초보자가 독학으로 이해할 수 있을 정도의 쉬운 해설과 충분한 양의 연습문제 그리고 완전한 해설이 세트로 되어 있어, 고등학교, 대학원, 학원 등의 프로그래밍 강의의 교과서로 사용할 수 있습니다. 내용도 이 책과 속편 "알기 쉬운 Java 객체지향편"을 합치면 Oracle(오라클)사의 OCJP시험의 출제범위를 커버할 수 있는 구성입니다.

강의에서 사용하는 경우 이 책(입문편)에서 50%, 객체지향편(속편)에서 50%의 강의시간을 할당하도록 커리큘럼을 구성해 주십시오. 입문편에서 시간이 부족한 경우에는 문법과 프로그래밍편인 1~16장을 목표를 할 것을 권장합니다. 나머지 장은 시간에 여유가 있을 때 선택해 주십시오.

프로그래밍 연습

제비뽑기나 블랙잭을 소재로 하는 실전 프로그래밍 연습이 이 책의 마지막에 있습니다. 프로그래밍의 힘을 기르는 동시에 재미를 알게 해주기 위함입니다. 문법과 프로그래밍편을 끝내면 실제로 해 보는 것이 가능합니다.

감사의 말

출판되기까지 18개월의 기간 동안 많은 피드백을 주신 분들께 감사를 드립니다. 테스터로써 선행학습을 부탁드렸던 세미나의 학생 여러분과 교실 강의에 참가해 주신 학생분들께도 감사를 드립니다. 도바시슈이치군에게는 집필 중에 여러 조언을 받았습니다. 사토나카 타마키군, 마츠오유우스케군, 콘도 료스케군, 쿠치키요헤이군에게서도 중요한 조언을 받았습니다.

이 책의 원고 정리에서 내용에 대한 조언까지 여러 가지로 필자를 도와준 20년째 개인비서 역할을 해주고 있는 아내 카요코상에게도 깊은 감사를 드립니다.

시작하며 14

PART 1 / 프로그래밍의 준비

Chapter 1 ▶▶ 프로그래밍 언어의 진화와 Java 언어   16

- 1-1 ▶ 프로그래밍 언어란 18
- 1-2 ▶ 구조화 프로그래밍 언어 20
- 1-3 ▶ 객체지향 프로그래밍 언어 23
- 1-4 ▶ Java 언어란 25

Chapter 2 ▶▶ Eclipse(이클립스)를 사용한 프로그램 작성   30

- 2-1 ▶ Eclipse의 실행 방법 32
- 2-2 ▶ Eclipse를 실행한다. 34
- 2-3 ▶ 화면표시의 조절 35
- 2-4 ▶ Eclipse의 작동 설정 38
- 2-5 ▶ 프로젝트와 패키지 44
- 2-6 ▶ 프로젝트, 패키지, 클래스의 작성 46
- 2-7 ▶ HelloWorld 프로그램 작성 51
- 2-8 ▶ 프로그램을 실행한다. 54
- 2-9 ▶ Eclipse를 종료한다. 55

PART 2 / 프로그래밍과 문법

Chapter 1 ▶▶ 프로그램의 작성 방법   58

- 1-1 ▶ 프로그램의 구성요소 60
- 1-2 ▶ 블럭문과 들여쓰기 64
- 1-3 ▶ 주석문(코멘트문) 68
- 1-4 ▶ System.out.println 의 사용법 71

Chapter 2 ▶▶ 여러 가지 데이터형　　　　　　　　　　　　76

- 2-1 ▶ 데이터형의 분류와 역할 78
- 2-2 ▶ 변수란 85
- 2-3 ▶ 이름을 붙이는 방법 88
- 2-4 ▶ 변수 선언 94
- 2-5 ▶ 자동 형변환 99
- 2-6 ▶ char형의 표현 103
- 2-7 ▶ 캐스트 108

Chapter 3 ▶▶ 연산자와 연산　　　　　　　　　　　　　118

- 3-1 ▶ 기본적인 연산자 120
- 3-2 ▶ 증가 연산자와 감소 연산자 122
- 3-3 ▶ 사칙연산의 연산자 127
- 3-4 ▶ 문자열의 연결 131
- 3-5 ▶ 문자열 이외의 형의 변수와 연결 135
- 3-6 ▶ 더하기와 문자열 연결의 혼합 137
- 3-7 ▶ 대입 연산자 140
- 3-8 ▶ 다중 대입식 146

Chapter 4 ▶▶ 표준 클래스의 이용　　　　　　　　　　　152

- 4-1 ▶ 표준 클래스의 개요 154
- 4-2 ▶ 제곱근의 계산 155
- 4-3 ▶ Math 클래스의 API 158
- 4-4 ▶ 키보드 입력 클래스 164
- 4-5 ▶ 숫자의 입력 167
- 4-6 ▶ 문자열의 입력 171
- 4-7 ▶ 복수의 데이터 입력 174
- 4-8 ▶ Input 클래스의 API 176

Chapter 5 ▶▶ 배열과 for문　　　　　　　　　　　　　　　　　　182

5-1 ▶ 배열의 작성 방법 184
5-2 ▶ 여러 가지 형의 배열 185
5-3 ▶ for문의 작성 방법 188
5-4 ▶ SPD(Structured Programming Diagram) 191
5-5 ▶ { }가 없는 for문 194
5-6 ▶ 루프의 제어 변수 196
5-7 ▶ 배열요소의 표시 199

Chapter 6 ▶▶ for문의 사용 방법　　　　　　　　　　　　　　　　　204

6-1 ▶ 배열요소의 합계를 구한다 206
6-2 ▶ 여러 개의 for문 210
6-3 ▶ for문의 구성과 기능 213
6-4 ▶ for문의 요소 생략 219
6-5 ▶ 확장 for문 221

Chapter 7 ▶▶ 조건을 표현하는 연산자　　　　　　　　　　　　　　226

7-1 ▶ 관계 연산자 228
7-2 ▶ 관계식의 값 229
7-3 ▶ 문자의 비교 232
7-4 ▶ 문자열의 비교 238
7-5 ▶ 논리 연산자 241
7-6 ▶ 연산자의 우선 순위와 결합규칙 245
7-7 ▶ 더블(&&, ||)과 싱글(&, |)의 차이 248

Chapter 8 ▶▶ while문과 계산기 프로그램　　　　　　　　　　　　252

8-1 ▶ while문의 작성 방법 254
8-2 ▶ 조건부에 대입문을 포함하는 while문 258
8-3 ▶ 계산기 프로그램 263
8-4 ▶ { }를 쓰지 않는 while문 267

8-5 ▶ 반복 처리와 while문 269
8-6 ▶ do문 272

Chapter 9 ▶▶ if문과 투표 집계 프로그램   280

9-1 ▶ if문의 사용법 282
9-2 ▶ 투표 집계 프로그램 288
9-3 ▶ { }를 생략한 if문 291
9-4 ▶ else if문으로 여러 개의 경우를 처리한다. 294
9-5 ▶ 투표 집계 프로그램에 적용 296
9-6 ▶ 값의 범위로 경우를 나눈다. 300

Chapter 10 ▶▶ switch문과 복수의 분기   308

10-1 ▶ switch문의 사용 방법 310
10-2 ▶ switch문의 규칙 316
10-3 ▶ break문과 흐름제어 321

Chapter 11 ▶▶ break와 continue문   328

11-1 ▶ break문의 동작 330
11-2 ▶ continue문의 동작 333
11-3 ▶ 다중 루프와 라벨이 있는 break문 336
11-4 ▶ 다중 루프와 라벨이 있는 continue문 340
11-5 ▶ 다중 for 루프와 break문, continue문 343

Chapter 12 ▶▶ 배열의 구조   348

12-1 ▶ 배열의 구조 350
12-2 ▶ 배열 변수를 콘솔에 출력해 본다 353
12-3 ▶ 요소의 개수를 지정해서 배열을 작성한다 355
12-4 ▶ 배열의 선언, 작성, 초기화 359
12-5 ▶ 비어 있음과 null(널) 362

Chapter 13 ▶▶ 배열의 조작　　　　　　　　　　　　　　　368

13-1 ▶ 배열의 구조 …………………………………………………… 370
13-2 ▶ for문을 사용해서 배열 요소에 값을 설정하기 ………………… 374
13-3 ▶ 참조값의 복사 ………………………………………………… 377
13-4 ▶ 올바른 배열의 복사 …………………………………………… 380
13-5 ▶ 배열 변수는 캐스트할 수 없다 ………………………………… 383

Chapter 14 ▶▶ 다차원 배열　　　　　　　　　　　　　　　　388

14-1 ▶ 배열의 배열 …………………………………………………… 390
14-2 ▶ 배열의 배열 작성과 초기화 …………………………………… 395
14-3 ▶ 다차원 배열의 작성에 대한 정리와 주의점 …………………… 401

Chapter 15 ▶▶ 메소드　　　　　　　　　　　　　　　　　　408

15-1 ▶ 메소드의 역할 ………………………………………………… 410
15-2 ▶ 메소드 호출과 처리의 흐름 …………………………………… 411
15-3 ▶ 메소드에 인수 전달 …………………………………………… 416
15-4 ▶ 메소드 호출에서 실인수를 지정하는 방법 …………………… 422
15-5 ▶ 값을 반환하는 메소드 ………………………………………… 426
15-6 ▶ boolean값을 반환하는 메소드 ……………………………… 432

Chapter 16 ▶▶ 응용 메소드　　　　　　　　　　　　　　　　438

16-1 ▶ 복수의 메소드를 사용한다 …………………………………… 440
16-2 ▶ 메소드에서 메소드를 호출하기 ……………………………… 444
16-3 ▶ 배열을 받는 메소드 …………………………………………… 448
16-4 ▶ 배열을 받아서 처리 결과를 반환하는 메소드 ………………… 450
16-5 ▶ 메소드에서 배열의 내용을 변경한다 ………………………… 454
16-6 ▶ 반환값으로 배열을 돌려 주는 메소드 ………………………… 457

Chapter 17 ▶▶ 커맨드라인의 사용법　　　　　　　　　　　　466

17-1 ▶ 커맨드라인에서의 실행 ……………………………………… 468
17-2 ▶ 계층적 디렉토리와 경로 ……………………………………… 471
17-3 ▶ 윈도우의 내부 커맨드 ………………………………………… 473
17-4 ▶ 프로그램의 컴파일과 실행 …………………………………… 476
17-5 ▶ 커맨드라인 인수 ……………………………………………… 480
17-6 ▶ 수치 데이터 받기 ……………………………………………… 483

Chapter 18 ▶▶ 기타 연산자　　　　　　　　　　　　　　　　　　490

18-1 ▶ 조건연산자 …………………………………………………… 492
18-2 ▶ 2진수란 ………………………………………………………… 495
18-3 ▶ 16진수란 ……………………………………………………… 498
18-4 ▶ 8진수란 ………………………………………………………… 500
18-5 ▶ 보수(음수의 표현) …………………………………………… 501
18-6 ▶ 비트연산자 …………………………………………………… 503
18-7 ▶ 비트 시프트 …………………………………………………… 507

PART 3 / 객체지향 (오브젝트 지향)

Chapter 1 ▶▶ 클래스란　　　　　　　　　　　　　　　　　　　516

1-1 ▶ 객체지향과 클래스의 역할 …………………………………… 518
1-2 ▶ 클래스의 작성법 ……………………………………………… 521
1-3 ▶ 변수와 객체의 작성 …………………………………………… 523
1-4 ▶ 클래스의 작성과 이용방법 …………………………………… 526
1-5 ▶ 객체지향 방법이란 …………………………………………… 528

Chapter 2 ▶▶ 클래스의 구조　　　　　　　　　　　　　　　　　532

2-1 ▶ 생성자(컨스트럭터)의 작성법 ………………………………… 534

2-2 ▶	생성자의 사용법	535
2-3 ▶	생성자를 오버로드 한다	538
2-4 ▶	인스턴스 메소드란	540
2-5 ▶	인스턴스 메소드의 사용 방법	542

PART 4 / 프로그래밍 연습

준비 ▶	클래스 변수의 사용 방법	550
01 ▶	복권 뽑기 프로그램	553
02 ▶	블랙잭	559

부록

1 ▶	Java 개발 환경의 설치 방법	574
2 ▶	연산자 정리	588
3 ▶	URL 리스트	589
4 ▶	연습 문제의 해답과 해설	590

인덱스 ………………………………………………………………… 669

누구나
알기쉬운
자바 J

PART 01

프로그래밍의 준비

Java 언어로 프로그래밍을 배우기 위해서
알아두어야 하는 사전 지식을 정리했습니다.
또한, 프로그램 작성툴의 사용법도 배웁니다.

{Chapter 01}

프로그래밍 언어의 진화와 Java 언어

프로그래밍 언어의 목적은 무엇인가, 그것은 어떻게 진화해 왔는가
그리고 Java 언어는 그 안에서
어떤 위치를 차지하고 있는 언어인가를 이해합시다.

1-1 프로그래밍 언어란

프로그래밍 언어란 컴퓨터에게 명령을 전하기 위한 인공적인 말입니다. 원래는 대화나 제스처 같은 형식으로 명령을 이해시키는 것이 제일 좋지만 현대의 컴퓨터에게는 아직 불가능합니다. 그래서 종이 같은 것에 명령을 적어서 그것을 입력하도록 하고 있습니다. 어떤 명령어를 사용할 것인가를 설계하는 것도 쉽지 않은 일이지만 더욱 힘든 것은 그것을 컴퓨터에게 이해시키는 것입니다. 본래, 컴퓨터가 이해할 수 있는 것은 0과 1을 나열한 기호뿐입니다. 이것을 기계어라고 합니다. 예를 들어 10100001 같은 숫자가 나열된 것이 특정한 의미를 가지게 됩니다. 그러므로 프로그래밍 언어를 설계하면 그 다음은 프로그래밍 언어를 기계어로 번역하는 프로그램을 만들 필요가 있었습니다. 이 번역 프로그램을 **컴파일러**라고 합니다. 이것을 만드는 것이 매우 어려웠습니다.

이것을 세계 처음으로 실현한 사람이 IBM 연구소의 배커스(John Backus)씨입니다. 배커스씨를 중심으로 해서 개발한 세계 최초의 프로그래밍 언어를 FORTRAN(포트란, 1957년)이라고 합니다. 명령어로 수학식과 비슷한 것을 씁니다.

예를 들어,

    Y = SQRT(X)

라고 적으면 X의 제곱근을 계산해서 Y에 대입합니다. 그 밖에도 데이터를 입력하거나 프린터에 결과를 출력하는 명령도 있습니다. 그 후 FORTRAN은 과학기술 계산용으로 널리 쓰이게 됩니다.

같은 시기에 COBOL(코볼, 1959년)도 개발됩니다. 코볼은 처음에 오차없이 돈 계산을 할 수 있도록 만들어진 언어입니다. 회사의 경리 업무나 은행 업무에서 이용하기 위해서 만들어졌습니다. 사무를 보는 사람이 사용하기 쉽도록 배려하기 위해 영어의 문장과 비슷하게 명령을 하도록 했습니다.

예를 들면

    ADD 100 TO X.

는 X에 100을 더하는 명령입니다. 마지막에 마침표를 붙여서 보통의 영어 문장과 거의 비슷하게 만들었습니다(그렇다고 해서 자연어처럼 쉽게 말할 수 있는 것은 아니지만).

▶▶▶ 연습문제 1-1

다음 [ ] 안에 들어갈 말로 적당한 것을 말해 봅시다.

- 프로그래밍 언어란 [①]이다.
- 프로그래밍 언어를 기계어로 번역하는 프로그램을 [②]라고 한다.
- 세계 최초의 프로그래밍 언어는 [③]이고 사무용으로는 [④]가 있다.
---

① _____
② _____
③ _____
④ _____

참고   C 언어의 시대

1980년대초, 대부분의 PC가 게임용으로 사용되고 있었습니다. 게임 매니아들이 여러 가지 프로그램을 직접 만들어서 즐기던 시기였습니다. 게임을 만들기 위해 PC를 고속으로 구동할 수 있는 어셈블리 언어를 사용했습니다. 어셈블리 언어는 변환표가 있으면 수작업으로 기계어로 고칠 수 있는 기호 언어입니다. 많은 게임 매니아들이 어셈블리 언어의 프로그램을 노트에 적거나, 그것을 수작업으로 기계어로 변환해서 움직이게 하곤 했습니다.

C 언어는 1972년에 OS의 이식을 위해서 개발되었는데 80년대의 이런 상황에서 압도적인 지지를 받아 보급된 언어입니다. C 언어는 현대적인 구조화 언어이면서 기계어를 대체해서 사용할 수 있는 특징을 가졌습니다. 실제로 PC의 메모리를 직접 읽거나 쓰는 등 기계어적인 처리가 가능했습니다. 기계어를 필요로 하는 사람에게는 더욱 효율이 좋은 개발 환경을 만들어 주는 것, 그것이 C 언어입니다. 그 이후로 C 언어는 통신이나 제어 등의 분야에서 주요한 개발 언어로서 사용되고 있습니다.

(22 페이지 C 언어의 시대에 계속)

1-2 구조화 프로그래밍 언어

프로그래밍 언어는 천천히 그리고 확실하게 진화해 왔습니다. 최초의 진화는 **구조화**였습니다. 예를 들어 FORTRAN으로 프로그램을 만들어 보면 프로그래머의 실력에 따라서 프로그램의 품질(버그가 없는 것, 보수가 용이한 것 등)이 다르다는 것을 알 수 있습니다. 그래서 프로그램을 만드는 방법을 공부하는 것으로 누구라도 안정된 품질의 프로그램을 작성할 수 있도록 하자고 생각한 것이 **구조화 프로그래밍 언어**입니다.

구조화 프로그래밍은 비교적 단순한 기능을 가지는 작은 프로그램을 단위로 해서 전체를 만들어가는 것이 좋습니다. 이 작은 프로그램을 **서브루틴**이라고 합니다. 그리고, 프로그램의 처리를 기술하는 것에는 다음 3가지 기본 구조만을 사용할 것을 추천하고 있습니다.

순차구조 : 위에서 밑으로 명령문을 실행합니다.
분기구조 : 조건에 따라서 2개의 명령문 중에 한 가지를 실행합니다.
반복구조 : 일정 조건이 성립하고 있는 동안은 같은 명령문을 반복합니다.

[기본 3구조의 예시]

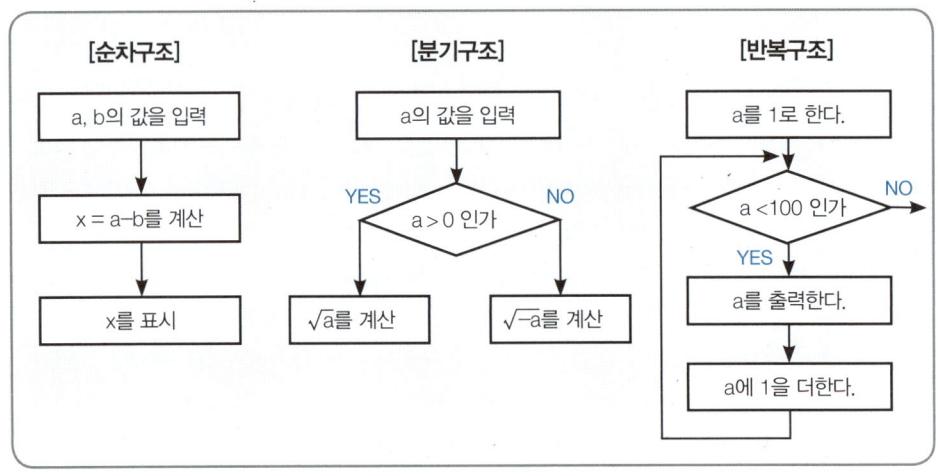

※ a, b, x는 여러 가지 값을 입력하는 것이 가능한 [**변수**]입니다. 여기에는 어떤 값을 대신하여 사용한다고 생각하면 됩니다. 변수에 관해서는 [2부 2장 변수란]에서 자세하게 설명하겠습니다.

이 기본 3구조만으로는 프로그램을 작성하는 것은 구조화 정리로서 증명되어 있습니다. 이렇게 기본 3구조만을 사용해 프로그램을 작성해서 설계와 보수를 쉽게 하는 것으로 안정된 품질의 프로그램을 작성할 수 있도록 하는 것이 구조화 프로그래밍 언어입니다.

구조화 프로그래밍 언어는 ALGOL(알골, 1960)로 시작해서 Pascal(파스칼, 1970), C(1972) 등이 등장했습니다. Pascal은 프로그래밍 교육용으로 그리고 C는 전문적인 프로그램의 개발에 이용되었습니다.

▶▶▶ 연습문제 1-2

다음의 [ ]에 들어갈 말이 무엇일까요?

- 구조화 프로그래밍 언어의 목적은 [①]하도록 하는 것이다.
- 구조화 프로그래밍 언어에는 [②]구조, [③]구조, [④]구조의 3개만을 사용한다.
- 구조화 프로그래밍 언어로 [⑤], [⑥], [⑦] 등이 있다.

① _____
② _____ ③ _____ ④ _____
⑤ _____ ⑥ _____ ⑦ _____

※ ② ③ ④의 해답 순서는 상관 없습니다.
※ ⑤ ⑥ ⑦의 해답 순서는 상관 없습니다.

> **참고 | C 언어의 시대**
>
> C 언어의 뒤를 이어 1983년 무렵 다음 세대를 맡을 C++ 언어가 개발되었습니다. C 언어는 벨 연구소의 데니스 리치를 중심으로 개발되었으며 C++ 역시 벨 연구소의 비야네 스트로스트룹이 개발했습니다. 덴마크 사람이기 때문에 이름이 굉장히 복잡해 보일지도 모르겠습니다.
>
> C++는 객체지향을 도입해서 대규모의 개발을 가능하게 한 첫 번째 실용 언어입니다. 처음에는 C언어의 확장으로써 설계되었기에 C 언어와는 어느 정도 상위호환성이 있습니다. 즉, 객체지향 설계라는 고도의 추상화한 프로그래밍이 가능하면서 어셈블리 언어의 대체로서도 사용 가능합니다. 그러므로 C++는 매우 강력하지만 익숙해지기까지는 위험이 가득합니다. 원인을 알 수 없는 어려운 에러도 발생합니다. 문법도 복잡해서 초보자에게는 맞지가 않습니다. 하지만, 하드웨어를 직접 구동하는 통신이나 제어 분야, 게임 프로그래밍 등에는 최고의 언어입니다. Java 언어를 배운 뒤에 꼭 도전해 볼 것을 권장합니다(Java 언어의 시대에 계속. p121).

1-3 객체지향 프로그래밍 언어

다음 진화는 대규모 프로그램의 개발을 쉽게 하기 위해서 고안되었습니다. 조금 딱딱한 표현으로 **객체지향(오브젝트지향)**이라고 합니다. 이 때까지의 프로그래밍 언어는 '논리'를 중심으로 생각해서 [어떤 순서로 계산할 것인가]만을 위주로 한 것에 반해, 객체지향 프로그래밍에서는 [어떤 부품을 조립해서 프로그램을 구성할 것인가]를 생각합니다. 그 부품을 [**객체(오브젝트)**]라고 합니다. 그래서 객체지향이라고 합니다.

부품이기 때문에 범용성이 있어서 널리 사용할 수 있습니다. 부품이 많으면 많을수록 프로그램 작성이 쉬워집니다. 이전에도 프로그램을 부품화한다는 발상이 없었던 것은 아니지만 기능별로 작은 프로그램을 작성하는 것만으로는 결코 범용으로는 사용할 수 없습니다. 객체지향이 성공한 것은 부품의 안에 데이터와 그것을 처리하는 기능을 하나로 묶는 방법을 고안했기 때문입니다.

이 방법에서는 같은 부품이지만 안의 데이터를 바꾸면 다른 부품이 됩니다. 예를 들어 시계라는 프로그램 부품을 작성해서 하나는 프랑스 시간을 다른 하나는 우리나라 시간을 넣어두면 같은 기계 부품을 사용해서 프랑스 시계와 우리나라 시계라는 완전히 다른 2개의 시계를 만들어냅니다. 이처럼 구체적인 데이터는 나중에 넣습니다. 부품을 만드는 단계에서는 그것이 어떤 데이터를 가지는지를 지정하지 않습니다. 다만, 부품의 안에 데이터를 저장할 공간만 만들어 둘 뿐입니다. 즉, 시계로 말하자면 추상적인 시계라는 개념만 프로그래밍하는 것입니다.

그렇게 해서 데이터를 두는 장소와 그것을 처리하는 프로그램을 하나로 해서 범용성이 아주 높은 부품을 만드는 것이 가능해졌습니다. 많은 프로그래밍 언어에서 이 부품을 **클래스**라고 합니다. 그리고, 클래스를 기본으로 해서 만든 구체적인 값을 가진 부품을 객체(오브젝트) 또는 인스턴스라고 합니다.

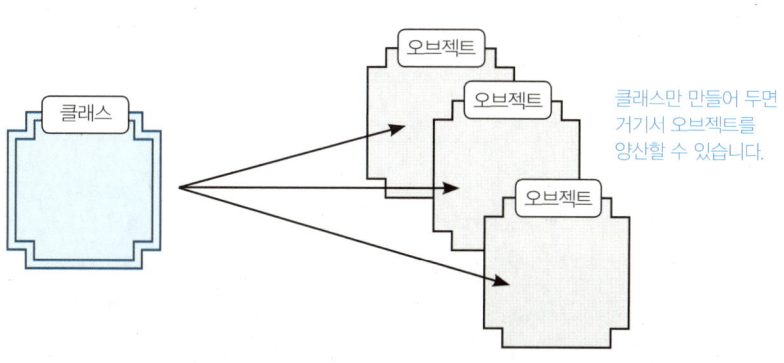

클래스만 만들어 두면 거기서 오브젝트를 양산할 수 있습니다.

객체지향 프로그래밍은 이와 같이 클래스를 부품으로 해서 몇 개를 작성해 두고, 그것을 조합해서 큰 작업을 하도록 하는 것입니다. 또한, 비슷한 오브젝트를 작성하거나, 같은 기능이라도 약간 다른 것을 만드는 경우가 많지만 그럴 때에 최소한의 노력만으로 합리적으로 작성할 수 있는 구조로 되어 있습니다.

게다가 최근에는 프로그램의 작성 방법도 **디자인 패턴**이라고 하는 개념으로 공유되고 있습니다. 디자인 패턴은 프로그램 작성법의 전형적인 패턴을 모아둔 것입니다. 디자인 패턴을 사용하면 다른 사람의 지혜를 자신의 프로그램에 적용하는 것이 가능합니다.

객체지향 프로그래밍은 안정적인 품질의 대규모 프로그램 개발을 가능하게 해주는 완전히 새로운 방법입니다. 객체지향 언어의 원조라고 할 수 있는 건 노르웨이에서 개발한 Simula(시뮬라)라는 언어입니다. 또한 이것의 영향을 받아 제록스의 팔로알토 연구소에서 1970년대에 개발한 Smalltalk(스몰톡)이라는 언어는 처음으로 [객체지향]이라는 이름을 사용했습니다. 객체지향 언어는 Simula와 Smalltalk에서 시작했다고 볼 수 있습니다.

현재는 벨연구소의 스트로스트룹이 개발한 C++(씨플러스플러스, 1983년)와 Sun Microsystem사가 개발한 Java(자바, 1990년)가 객체지향 프로그래밍 언어로써 널리 쓰이고 있습니다. 더구나 객체지향 언어는 구조화 언어의 특징을 포함하고 있습니다. 기본 3구조 등 문법의 기본 부분은 구조화 언어와 같은 구조를 가지고 있습니다.

▶▶▶ 연습문제 1-3

다음의 [ ]에 들어갈 말이 무엇인지 답하시오.

- 객체지향은 [①]와 [②]로 되어있다.
- 객체지향 프로그래밍에서는 프로그램 부분으로 [③]을 작성한다.
- 대표적인 프로그램 작성법을 모아둔 것을 [④]이라고 한다.
- 객체지향 언어는 [⑤]와 [⑥]로 시작해서 현재는 [⑦]와 [⑧]가 사용되고 있다.

① _____ ② _____
③ _____ ④ _____
⑤ _____ ⑥ _____
⑦ _____ ⑧ _____

1-4 Java 언어란

Java 언어는 C++와 나란히 객체지향 언어의 대표격으로 1990년에 썬마이크로시스템사에서 개발을 시작해서 1996년 쯤부터 급속히 보급된 언어입니다. 그 시기는 인터넷이 세계적으로 보급된 시기이기도 합니다. 현재에는 JCP(Java Community Process)라는 국제적인 조직에서 통일 규격을 유지하고 또한 계속적인 개정을 하고 있습니다.

1.4.1 Java 언어의 우위성 – 서블릿

인터넷에서 가장 중요한 위치를 차지하고 있는 것은 웹(홈페이지)입니다. 웹서비스를 제공하는 **웹서버**와 인터넷 익스플로러와 같은 **웹브라우저**의 보급이 인터넷의 폭발적인 발전을 가져왔습니다. Java 언어가 인터넷 세계에서 처음으로 주목받은 것은 애니메이션 등의 웹상에서 움직이는 프로그램을 작성할 수 있다는 것입니다. 일반 프로그램을 Java **애플리케이션**이라고 하는 것에 반해, 이것은 Java **애플릿**이라고 합니다. 애플릿은 웹에서 움직이는 작은 프로그램입니다. 하지만, 인터넷의 기술 발전에 따라 애플릿은 그다지 매력적인 것은 되지 못했습니다. 다른 기술에서도 비슷한 것이 가능하기 때문입니다.

▲ 자바 애플리케이션

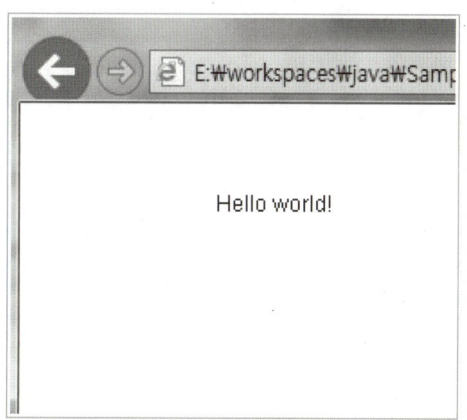
▲ 자바 애플릿

Java가 정말로 중요성을 가지게 된 것은 서블릿(servlet)이라는 기술이 등장한 후부터입니다. 서블릿은 서버에 설치하는 프로그램입니다. 우리가 웹에서 입력한 데이터를 받아서,

데이터베이스 검색 등 상황에 맞는 적절한 처리를 실행합니다. 그리고, 실행결과를 표시하는 웹화면을 만들어내서 우리들의 웹브라우저에게 돌려줍니다. 서블릿은 서버 컴퓨터 안에서 움직이므로 서버사이드의 기술입니다.

서블릿의 예를 들면 다음 화면은 논문 등을 검색하는 사이트 화면입니다. 이 화면에는 검색 키워드를 입력하는 필드가 있어 이곳에 무엇인가를 입력하고 [검색] 버튼을 클릭하면 서버 컴퓨터에 검색 키워드가 송신됩니다.

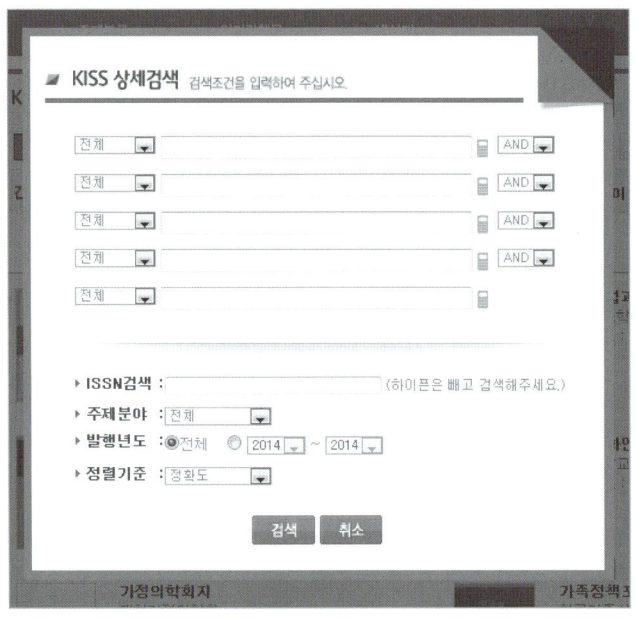

브라우저에서 입력된 데이터는 서버로 송신됩니다. 서버에서는 웹서버 시스템을 통해서 서블릿이 데이터를 받습니다. 서블릿은 받은 검색 키워드를 데이터베이스에서 검색해서 검색 결과를 표시하는 웹화면을 작성해서 돌려줍니다. 다음은 'Java'를 키워드로 검색했을 때 나타나는 화면입니다.

이런 과정에서 중요한 점은 우리들이 입력한 데이터를 서버사이드가 받아들여 처리를 실행하고 또한 실행 결과로 새로운 웹화면을 만들어서 돌려보내주는 것입니다. 그것은 단순히 홈페이지가 아니라 네트워크를 통한 정보처리 시스템이라고 할 수 있습니다.

이전의 네트워크 시스템에서는 중앙 컴퓨터에 다수의 단말기라고 하는 장치를 전용선을 통해서 접속해서 전용 소프트웨어를 사용했습니다. 서블릿을 사용하면 그것들을 인터넷으로 접속한 PC와 웹으로 바꾸는 것이 가능합니다.

현재, 비슷한 것을 CGI라는 기술과 스크립트 언어를 사용해서도 가능하지만 Java 언어는 실행속도와 처리효율면에서 타의 추종을 불허하는 우위성을 가지고 있습니다. 그런 이유로 서블릿은 대규모의 복잡한 시스템의 구축에 사용되고 있습니다. 인터넷의 보급으로 그런 시스템이 증가하고 있어 서블릿의 중요성은 점점 더 커지고 있습니다.

1.4.2 Java 언어 시스템

이용하고 있는 CPU(중앙처리장치, 컴퓨터의 중추)와 운영체제(OS)가 다른 컴퓨터에서는 같은 프로그램을 이용할 수가 없습니다. 그것은 프로그램의 실행 방법과 출력 방법, 데이터의 표시와 보관 방법 등 모든 방법이 다르기 때문입니다. 예를 들면 마이크로소프트 윈도우에서 실행되도록 만든 프로그램은 다른 OS를 사용하는 컴퓨터에서는 이용할 수가 없습니다. Linux(리눅스)나 Unix(유닉스) 등의 OS가 널리 쓰이고 있습니다만 윈도우에서 움직이도록 작성한 프로그램은 윈도우 외의 다른 OS에서는 실행되지 않습니다.

하지만, Java 언어로 작성한 프로그램은 "Write once, run anywhere"이라고 하는, 같은 프로그램을 여러 가지 OS에서 사용할 수 있습니다. 그것을 **멀티플랫폼 대응**이라고 합니다. 그것이 가능한 이유는 Java 언어에서 컴파일러는 프로그램(소스 프로그램이라고 하는)을 특정 기계어로 번역하는 것이 아니라 가상 언어로 번역하기 때문입니다. 그리고, 그 가상 언어를 특정 기계어로 번역해가면서 실행하는 시스템이 각 OS용으로 배포되어 있습니다. 가상 언어를 Java 바이트코드라고 하고 그것을 실행하는 시스템을 Java 가상 머신(JVM, Java virtual machine)이라고 합니다(머신이라고는 하지만 소프트웨어입니다). 최초의 Java 가상 머신은 바이트코드를 기계어로 번역하면서 실행하는 인터프리터(번역프로그램)라는 종류의 시스템이었습니다. 하지만, 인터프리터로는 실행속도가 느려서 현재는 실행 직전에 기계어로 번역해서 실행하는 방법(JIT, Just In Time)과 특히 사용하는 빈도가 높은 부분은 기계어로 번역해두는 방식(HotSpot) 등 처리 속도를 높이기 위한 방법들이 생겨나고 있습니다.

1.4.3 Java 언어의 그 외의 특징

현재 Java 언어에는 많은 수의 **클래스 라이브러리**(클래스를 쌓아둔 부품을 모아둔 것)가 있습니다. 예를 들면, 전자메일을 송수신하거나 암호를 작성하거나 그림을 그리는 데 사용되는 범용적인 부품(클래스)이 있습니다. 매우 많은 라이브러리가 있기 때문에 전부를 나열하는 것은 불가능합니다. 처음으로 사용할 때 각각의 사용법을 읽어보아야 합니다.

또한, 새로운 언어인 Java 언어에는 몇가지의 획기적인 기능이 있습니다. 예를 들면 **멀티스레드 기능**을 간단히 이용하는 것이 가능합니다. 멀티스레드는 전자메일을 보내면서 다른 메일을 체크하는 등 동시에 2가지 이상의 처리를 실행하는 것입니다. 그 외에도 프로그램의 보안을 시큐리티 기능, 각국의 언어 대응을 용이하게 해 주는 **국제화 기능**, 데이터베이스 액세스를 쉽게 해주는 JDBC, 객체의 뒤처리를 자동화해주는 **가비지 컬렉션** 등 수많은 기능들이 들어있습니다.

▶▶▶ 연습문제 1-4

다음의 [　]에 알맞은 것을 넣으시오.

- Java 언어는 처음으로 [①]에서의 응용을 대응한 프로그래밍 언어이다.
- Java 언어에서는 기존의 프로그램인 [②], 웹상에서 움직이는 [③], 서버에서 이용하는 [④]의 세 가지 타입의 프로그램을 작성하는 것이 가능하다.
- Java 언어는 기계어가 아니라 [⑤]를 번역한 프로그램을 [⑥]에서 실행한다.
- 프로그램을 다른 OS에서 동작하도록 하는 것이 가능한 Java의 특징을 [⑦]이라고 한다.
- Java 언어는 범용 프로그램 부품을 모은 [⑧]가 풍부하다.
- Java 언어의 기능으로써 동시에 여러 가지 프로그램을 동작시키는 것이 가능한 [⑨] 기능과 데이터베이스를 조작하는 [⑩], 객체의 뒷처리를 자동화 해주는 [⑪] 등이 있다.
- Java 언어의 규격은 [⑫]라는 조직에서 관리하고 있다.

① _____　② _____　③ _____
④ _____　⑤ _____　⑥ _____
⑦ _____　⑧ _____　⑨ _____
⑩ _____　⑪ _____　⑫ _____

{ Chapter 02 }

Eclipse(이클립스)를 사용한 프로그램 작성

최근에는 IDE(Integrated Development Environment 통합개발환경)라는
시스템이 사용되고 있습니다.
IDE를 사용하면 효율적으로 Java 프로그램을 작성할 수가 있습니다.
문법체크나 코드입력의 지원 등 편리한 기능이 많습니다.
또한, 작성한 프로그램을 바로 실행해서 결과를 볼 수도 있습니다.
어느새 IDE를 사용하지 않고 프로그램을 작성하는 것은
생각할 수도 없게 되었습니다.
그래서 이번 장에서는 오픈소스의 유명한 IDE인 Eclipse(이클립스)에 관해서
설정부터 프로그램의 실행까지 일련의 조작이 가능하도록
배워볼 예정입니다. 이번 장이 끝나면 Eclipse를 사용해서 프로그램을
작성하고 실행해서 테스트해보는 것이 가능합니다.

※ Java 언어의 프로그램을 작성하는 것은 JDK(컴파일러와 JVM)와 IDE(Eclipse)가 필요합니다. 이것들이 설치되어 있지 않다면 먼저 책 끝부분에 있는 부록의 [1.Java 개발 시스템의 도입 방법]을 읽고 설치를 먼저 해주기 바랍니다.

2-1 Eclipse의 실행 방법

작성한 프로그램을 저장한 영역을 Eclipse에서는 워크스페이스라고 합니다. 워크스페이스는 용도에 따라서 몇 개라도 만들 수 있지만 Eclipse를 실행할 때 어떤 워크스페이스를 사용할 것인가를 지정할 필요가 있습니다. 그렇게 하면 Eclipse의 실행이 약간 귀찮아집니다.

그래서, 평소에는 바탕화면의 아이콘을 사용해서 워크스페이스를 지정해 둡니다. 워크스페이스는 기억장치의 임의의 장소에 임의의 이름으로 작성하는 것이 가능하지만 여기서는 C 드라이브의 "myspace"라는 폴더를 워크스페이스로 작성하도록 하겠습니다.

2.1.1 설정 순서

(1) Eclipse 아이콘의 등록정보 다이얼로그를 연다.

Eclipse를 설치한 컴퓨터에는 바탕화면에 다음과 같은 아이콘이 표시되어 있습니다. 이 아이콘 위에 마우스를 갖다대고 오른쪽 버튼을 클릭해서 등록정보 다이얼로그를 띄웁니다.

❶ 마우스 오른쪽 버튼으로 eclipse의 아이콘을 클릭한다.
❷ 팝업 메뉴에서 등록정보를 선택한다. 등록정보 다이얼로그가 나타난다.

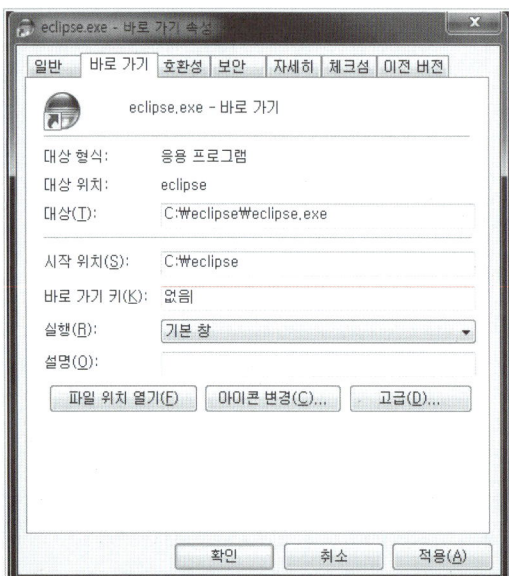

※ 혹시 바탕화면에 아이콘이 없는 경우는 다음의 순서로 아이콘을 만들어 주십시오.

❶ Eclipse의 시스템이 들어 있는 폴더를 찾는다.

❷ 폴더 안에 있는 eclipse.exe를 마우스 오른쪽 버튼으로 클릭해서 바로가기 만들기를 선택한다.

❸ 바로가기가 생기면 그것을 바탕화면에 끌어서 놓는다.

(2) 워크스페이스 정보를 추가한다.

[대상(T)] 란에 Eclipse 프로그램의 장소와 이름이 적혀있습니다. 그 란에 워크스페이스 정보를 추가로 적습니다.

여기서는 C 드라이브의 "myspace"라는 폴더를 워크스페이스로 작성해서 그림과 같이 정보를 적어 넣습니다.

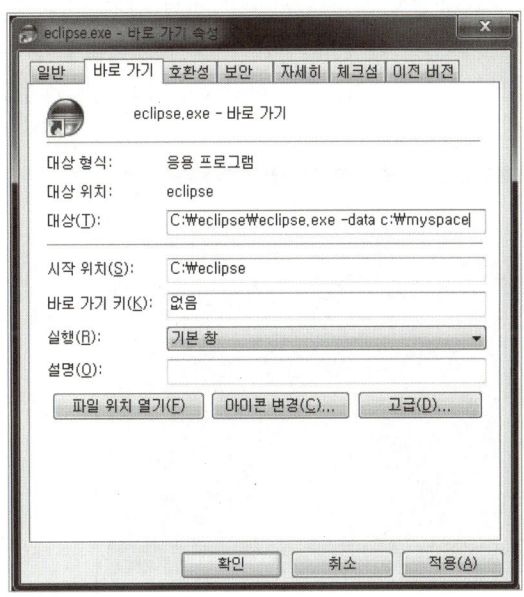

'-data'는 워크스페이스의 장소를 지정하기 위한 키워드입니다. 처음 적혀있는 문자열에서 한 글자 띄우고 [-data c:\myspace]라고 적어 넣어주십시오. 이때 '-date'라고 적지 않도록 주의하기 바랍니다.

-data와 c:\myspace의 사이에 1글자 띄워야 하는 것도 주의해야 합니다. 공백을 ▢로 표시하면 다음과 같습니다.

C:\eclipse\eclipse.exe ▢ -data ▢ c:\myspace

(3) 확인을 클릭해서 종료한다.

하단의 [확인] 버튼을 클릭합니다. 이것으로 설정을 종료합니다. Eclipse의 아이콘을 더블클릭하면 Eclipse가 실행되는 것을 확인할 수 있습니다. 또한, Eclipse의 버전에 따라서는 그 이외의 추가 설정이 필요할 경우도 있습니다. 지금까지 따라했는데도 실행되지 않는 경우는 이 책의 부록 [1.Java 개발시스템의 도입 방법]을 참조하기 바랍니다.

2-2 Eclipse를 실행한다.

앞 절에서 설명한 것에 따라 설정을 했다면 Eclipse의 아이콘을 더블클릭해서 실행해 봅시다. 처음으로 실행한 경우에는 다음과 같은 화면이 보일 것입니다. 좌상단의 탭에는 [환영]이라고 표시되어 있습니다. 이 화면은 필요 없기 때문에 x 버튼을 클릭해서 닫아 주십시오. 그러면 하단의 그림과 같이 Java 개발용의 화면이 됩니다.
(이용중인 컴퓨터 환경에 따라서는 처음부터 하단과 같이 표시될 경우도 있습니다.)

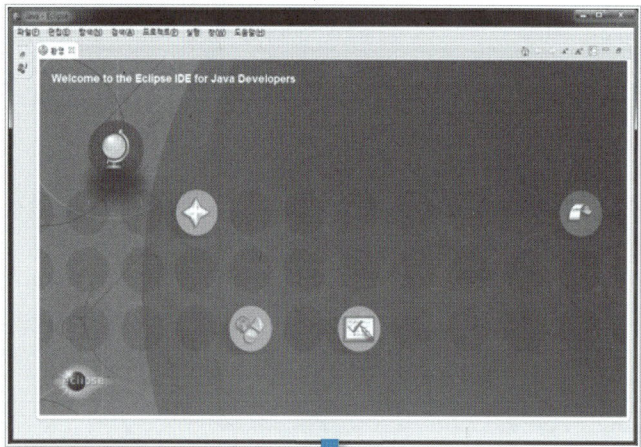
[실행 직후의 화면]

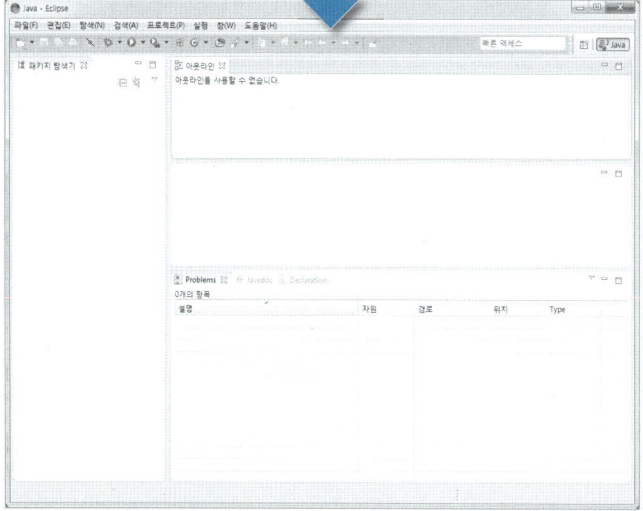
[Welcome을 끈 뒤에 표시되는 화면]

[주의]

본 장의 다음 절에서는 Eclipse의 설정을 변경합니다. 컴퓨터의 설정을 이 책의 설명과 그림대로 따라서 변경해 주십시오. 그러면 이 장이 끝나면 Eclipse를 사용하는 것이 가능합니다.

2-3 화면표시의 조절

패키지 탐색기, 아웃라인, 문제점 등 몇 개의 탭을 가진 다이얼로그가 화면에 나타납니다. 이 다이얼로그는 마우스로 탭을 드래그(마우스의 왼쪽 버튼을 클릭한 채로 끌어서 옮기는 것)해서 개인적인 취향대로 위치를 이동하는 것이 가능합니다. 또한 다른 다이얼로그의 위에 겹치는 것도 가능합니다.

현재 상태로는 다이얼로그가 너무 많아서 중요한 프로그램을 작성하는 중앙 부분이 좁습니다. 그래서, 내부의 윈도우를 이동하거나, 제거해서 프로그램을 작성하기 쉽도록 설정하는 것부터 시작하겠습니다.

(1) 윈도우를 이동한다.

아웃라인 탭의 위에 마우스 포인터를 놓고, 패키지 탐색기가 있는 쪽으로 드래그합니다. 패키지 탐색기의 아래쪽으로 드래그하면 검은색 화살표가 나타나고, 회색의 테두리가 나타납니다. 여기서 마우스 버튼을 떼어 주십시오.

※Eclipse 최신 버전인 Kepler에서는 화살표가 나타나지 않고, 연두색의 테두리만 나옵니다.

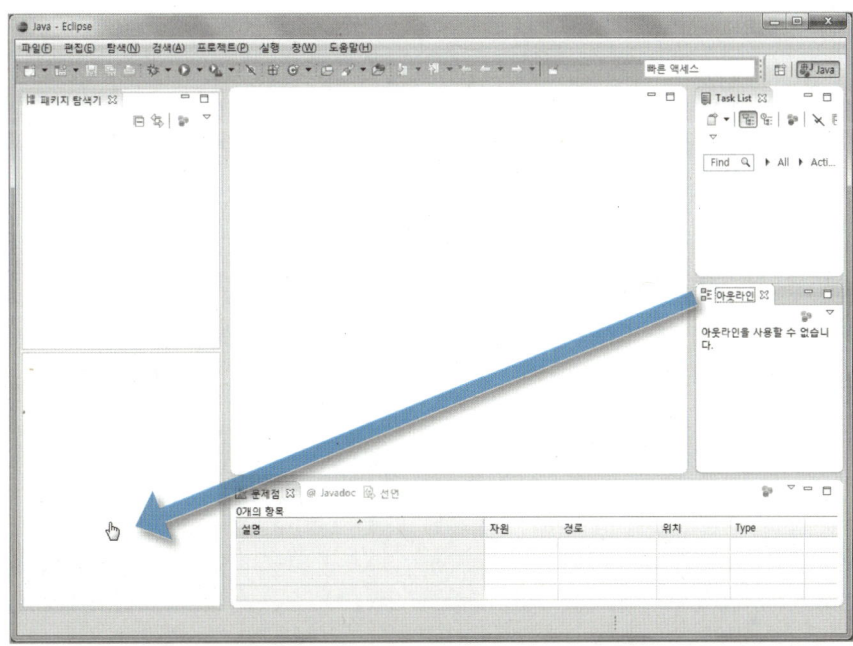

마우스 버튼을 떼면 다음 그림과 같이 아웃라인 탭이 패키지 탐색기의 하단으로 이동합니다. 이처럼 탭을 드래그해서 자유롭게 이동할 수 있습니다.

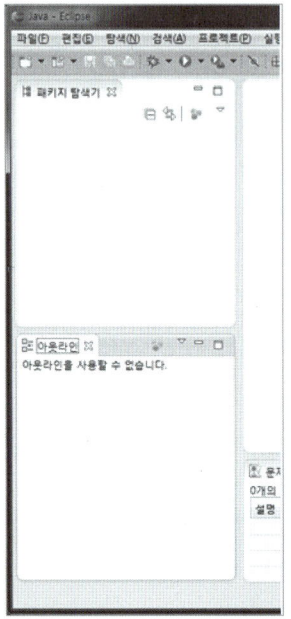

(2) 윈도우의 크기를 변경한다.

또한, 탭과 탭의 경계를 드래그하면 크기를 변경할 수 있습니다. 오른쪽에는 최소화, 최대화 버튼도 있습니다. 이렇게 함으로써 윈도우를 취향에 맞게 설정하는 것이 가능합니다. 여러 가지로 설정을 해 보십시오.

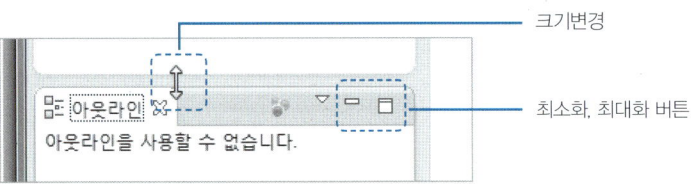

(3) 불필요한 윈도우를 없앤다.

필요하지 않은 윈도우는 없애도 됩니다. 없애버린 윈도우를 다시 표시하기 위해서는 메뉴에서 [창] ➡ [보기표시]를 선택합니다.

[창] ➡ [보기 표시]

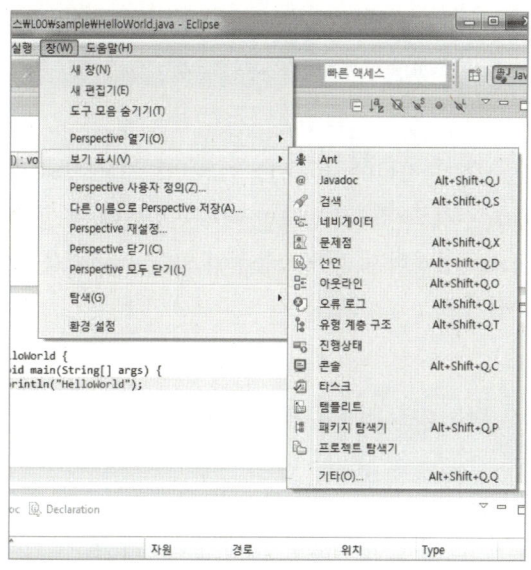

예를 들어 Task List 탭은 바로 사용하지 않기 때문에 오른쪽 위에 있는 x 표를 클릭해서 닫아도 됩니다. 프로그램을 작성하기 위해서 화면을 크게 하는 것이 가능합니다.

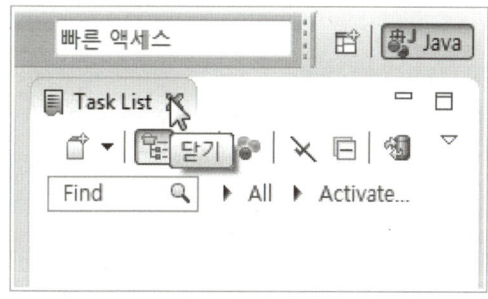

최종적으로 다음과 같은 화면으로 해 두면 프로그램을 작성하기 쉽습니다. 물론 자신의 취향에 맞게 설정해도 좋습니다.

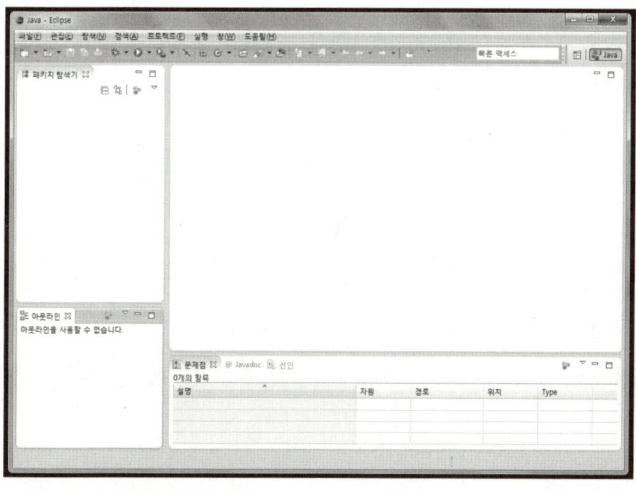

2-4 Eclipse의 작동 설정

Eclipse를 실행한 직후에는 다음과 같은 설정을 합니다. 특히 1), 2)는 반드시 설정해 주십시오. 1)을 설정하지 않으면 프로그램의 수정 작업에서 참조할 때 불편합니다. 또한 2)를 설정하지 않으면 프로그램이 정상적으로 동작하지 않을 가능성이 있습니다. 다음 설명에 따라서 자신의 시스템을 설정해 주십시오.

1) 프로그램을 작성할 때 각 라인의 라인 번호를 표시하도록 한다.
2) 컴파일러의 버전을 맞춘다.
3) 이탤릭체는 보기 어렵기 때문에 이탤릭체로 된 부분을 보통 글자체로 변경한다.
4) 중요하지 않은 부분을 표시하지 않기 위한 접기 기능을 끈다.

설정 다이얼로그를 열어서 설정합니다. 맨 먼저 메뉴에서 [창] -> [환경설정]을 선택해서 설정 다이얼로그를 띄워주십시오.

[창] ➡ [환경설정]

▼ 다이얼로그를 연다.

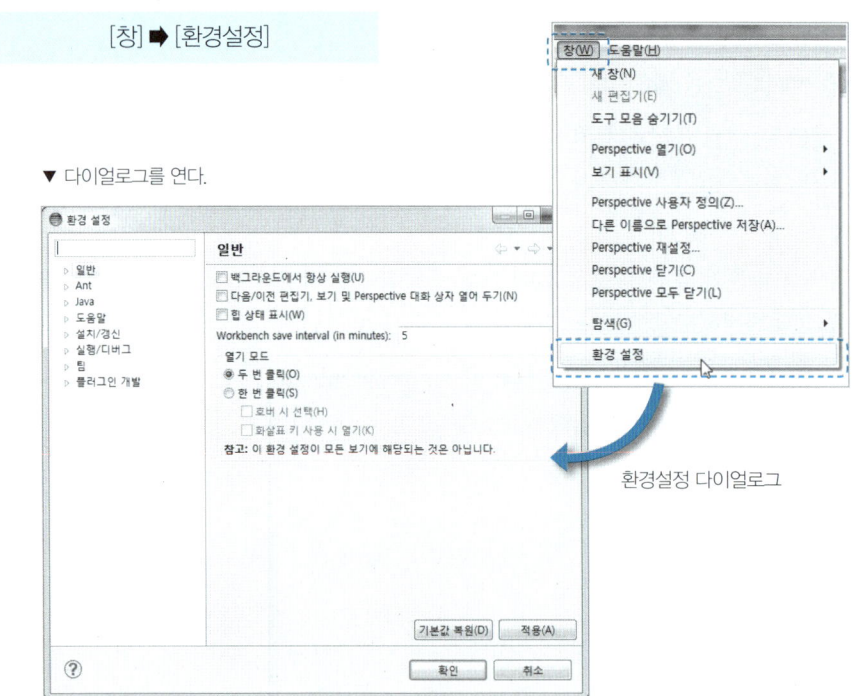

환경설정 다이얼로그

(1) 행 번호를 표시한다(필수).

환경설정 다이얼로그에서 다이얼로그 왼쪽의 트리에서 다음과 같이 [문서편집기]를 선택합니다. 오른쪽의 회색 창에 상세 설정화면이 나타나면 [행 번호 표시] 체크박스에 체크를 합니다.

[일반] ➡ [편집기] ➡ [문서편집기]

(2) 컴파일러의 버전을 설정한다(필수).

다이얼로그 왼쪽의 트리에서 [컴파일러]를 선택합니다. 다음에는 오른쪽의 회색 화면에서 [컴파일러 준수레벨]에서 최신버전(가장 큰 숫자)을 선택합니다.

[Java] ➡ [컴파일러]

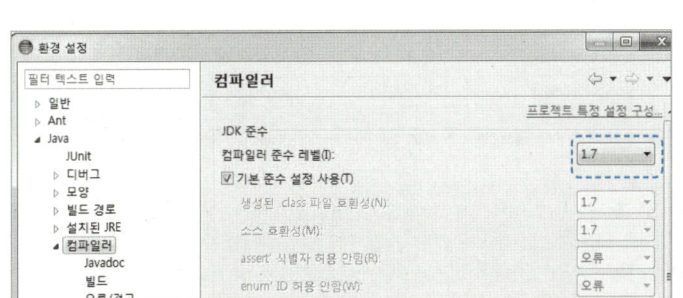

그리고, 다음과 같이 [적용] 버튼을 클릭해 주십시오. [확인] 버튼을 클릭하면 화면 설정 다이얼로그가 닫힙니다. 전체 설정을 마칠 때까지 [확인] 버튼을 클릭하지 않도록 해 주십시오. 혹시 클릭해서 창을 닫아버렸다면 다시 메뉴에서 [창] ➡ [환경설정]을 선택합니다.

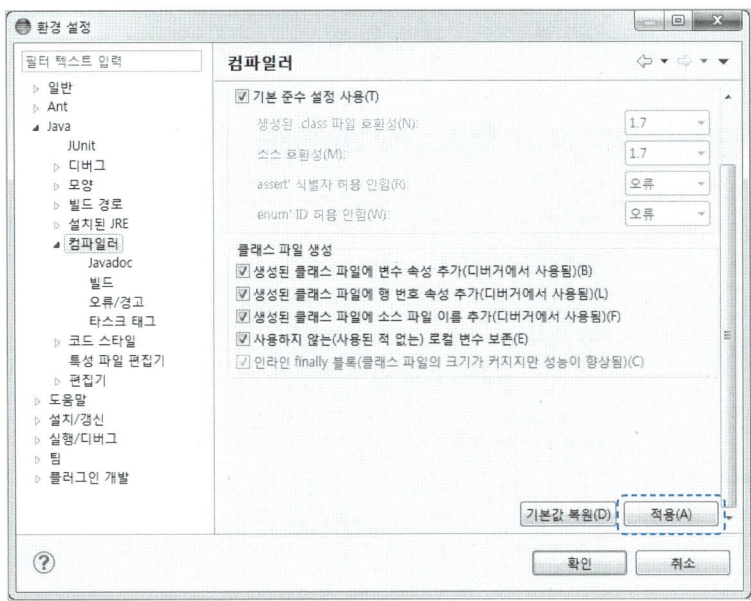

Eclipse의 구버전(버전 3.4 이전)에서는 적용을 클릭하면 다음과 같이 [전체 빌드를 하겠습니까?]와 같은 확인창이 나옵니다. 이것은 기존 프로그램을 재컴파일할 것인가 묻는 것인데 프로그램이 하나도 없는 상태에서도 표시됩니다. 혹시 표시된다면 [예]를 선택하면 됩니다.

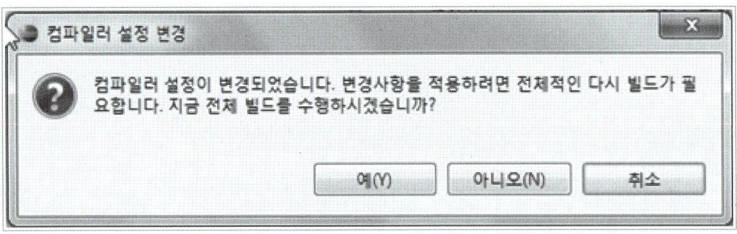

(3) 이탤릭체를 보통체로 바꾼다.

표준에서는 일부에서 이탤릭체를 사용하도록 설정되어 있습니다. 이것은 문자를 읽기 힘들도록 하기 때문에 이탤릭체가 아니라 보통의 글자체로 표시되도록 변경하는 것이 좋습니다. 일단 다이얼로그의 왼쪽의 트리에서 다음과 같이 선택합니다.

[Java] ➡ [편집기] ➡ [구문색상]

또한, 오른쪽의 회색창에서 다음과 같이 [Java]의 ▷마크를 클릭해서 상세 항목을 표시합니다.

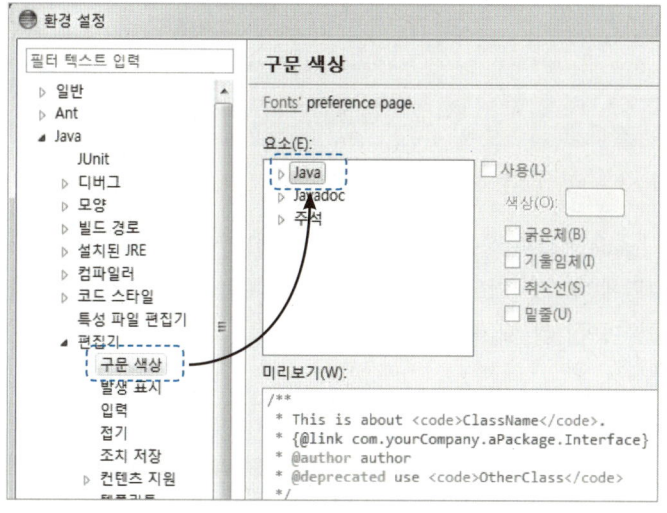

우측의 회색창에 각 구문의 이름이 표시됩니다.

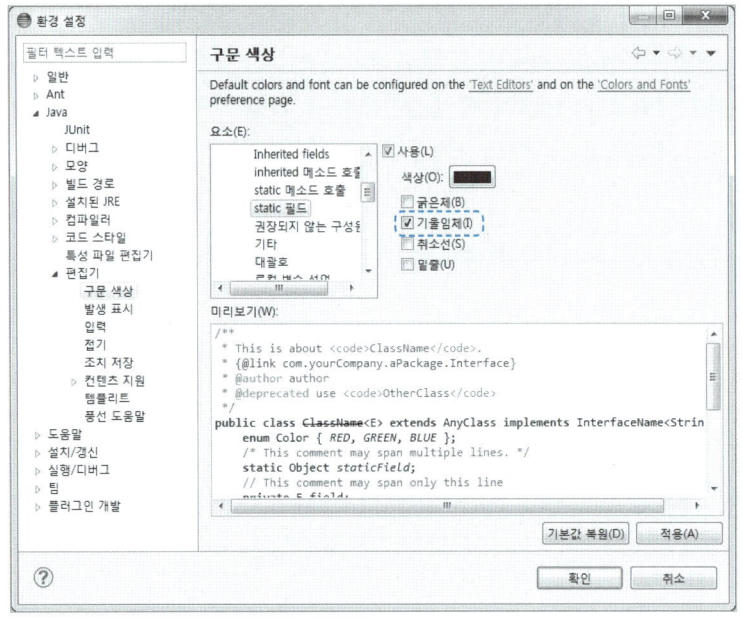

그 중에서 [static 필드]와 [static 메소드 호출]의 항목이 기울임체를 사용하도록 되어 있으므로 변경합니다. 위의 그림에 나오듯 [기울임체]의 체크를 없애 주십시오. 그리고 색깔을 변경합니다. 예를 들어 파란색의 [굵은체]로 설정합니다.

(4) 접기를 사용하지 않도록 합니다.

접기는 소스 프로그램의 표시를 않도록 하는 설정입니다. 복잡한 프로그램에서는 효과적이지만 처음에는 프로그램에서 표시되지 않는 부분이 있으면 변경된 부분을 알기 어렵기 때문에 사용하지 않도록 합니다.

다이얼로그의 왼쪽 트리에서 다음처럼 선택을 합니다.

> [Java] ➡ [편집기] ➡ [접기]

그리고, 오른쪽의 회색 화면에서 [접기 사용]의 체크를 해제하고 [확인] 버튼을 클릭해 주십시오.

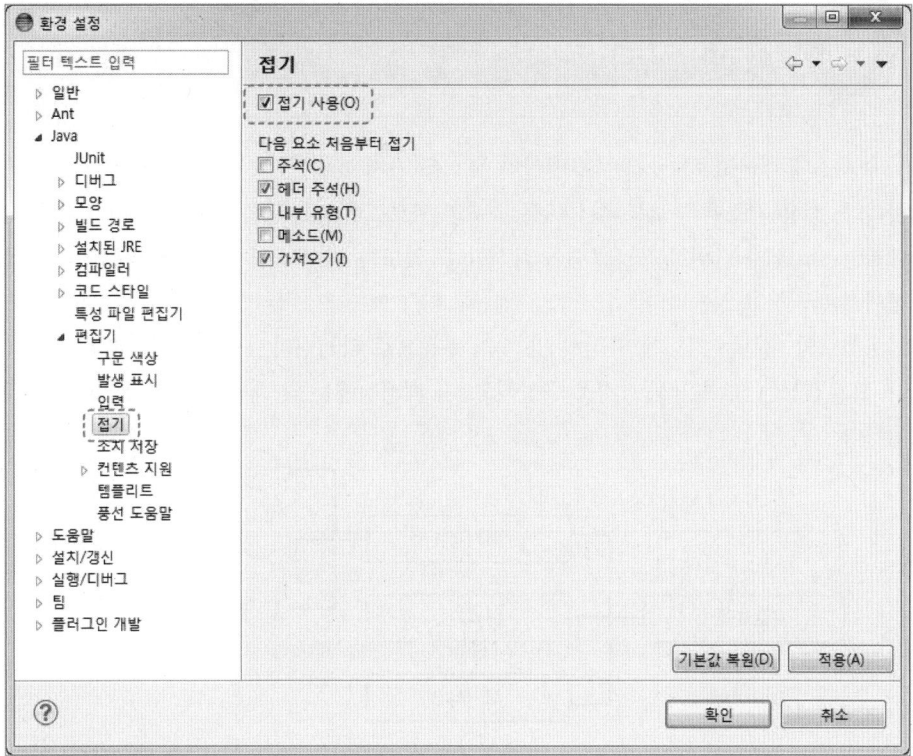

2-5 프로젝트와 패키지

[○○시스템]이라고 하는 것은 무엇인가 목적을 가지고 만들어진 프로그램의 모음을 뜻합니다. 실용 시스템은 보통 수십에서 수백의 프로그램으로 구성되어 있습니다. Eclipse 에서는 시스템을 단위로 프로그램을 작성할 수 있도록 시스템 전체를 **프로젝트**라고 이름 붙여서 관리하고 있습니다.

프로젝트의 내부는 기능에 따라서 몇 개의 부분으로 나눕니다. 이것을 **패키지**라고 합니다. 프로젝트는 몇 개의 패키지로 구성되고, 각 패키지에는 몇 개의 프로그램이 들어가게 됩니다.

실제 프로젝트의 예를 봅시다. 옆의 그림은 JEF라고 하는 프로젝트의 패키지 탐색기를 표시한 것입니다. 여러분의 화면의 패키지 탐색기에는 아직 아무 것도 표시되어 있지 않겠지만 작업을 진행해가면 이렇게 여러 가지가 생깁니다.

그림에서 source라고 하는 것이 프로그램 전체를 나타냅니다. 그 안에 있는 net.tkx.jef 가 패키지입니다. 그 패키지 안에 8개의 소스 프로그램(Database.java 등)이 포함되어 있습니다.

아래에 위치한 net.tkx.jefutil은 다른 패키지입니다. 그림에서는 표시되어 있지 않지만 그 안에도 몇 개의 프로그램이 포함되어 있습니다.

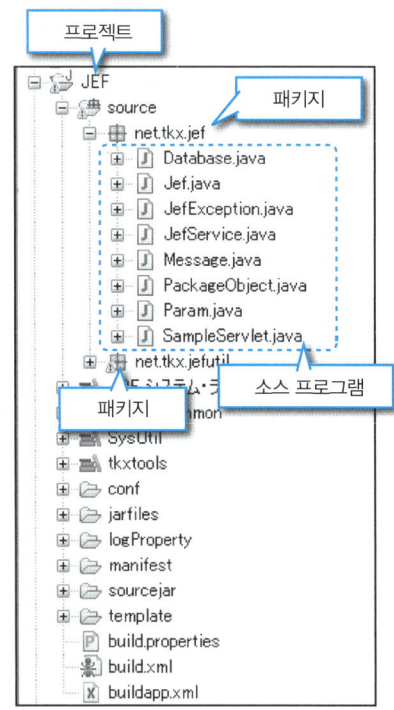

프로젝트에는 소스 프로그램 이 외에도 몇 가지 요소가 포함되어 있습니다. 중간 부분에 있는 JRE 시스템 라이브러리에서 tkxtools까지는 보통 라이브러리라고 부르는 데 이미 누군가가 만들어둔 프로그램으로 그것을 가져와서 사용하는 것입니다.

그리고, 그 밑에 있는 conf 등은 일반적인 폴더와 파일입니다. 이것처럼 프로젝트는 소스 프로그램과 라이브러리, 폴더, 파일 등으로 된 큰 덩어리로 하나의 프로젝트가 하나의 시스템을 담당합니다. 또한 패키지는 소스 프로그램을 몇 개의 묶음으로 나눈 것으로 많은 경우 그 기능을 기준으로 나누고 있습니다.

우리는 Eclipse에서 프로그램을 작성할 때도 처음에 프로젝트를 만들고 그 안에 패키지를 만듭니다. 그 다음에 패키지의 안에 소스 프로그램을 만드는 것이 순서입니다.

[프로그램의 작성 순서]

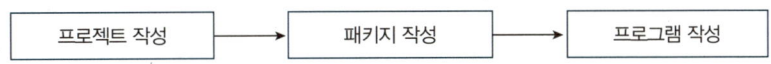

2-6 프로젝트, 패키지, 클래스의 작성

지금부터는 한 장에서 하나의 프로젝트를 만드는 것으로 하겠습니다. 프로젝트의 안에는 sample, exercise라고 하는 두 개의 패키지를 반드시 작성해 주십시오. sample은 입력한 예제 프로그램을 넣은 패키지, exercise는 작성한 연습문제 등을 넣는 패키지입니다.
그럼 바로 다음의 순서대로 이번 장을 위한 프로젝트를 만들어 보겠습니다.

(1) 프로젝트를 만든다.

① 신규 프로젝트 작성 버튼을 클릭합니다. 또는, 메뉴에서 다음과 같이 선택해도 됩니다.

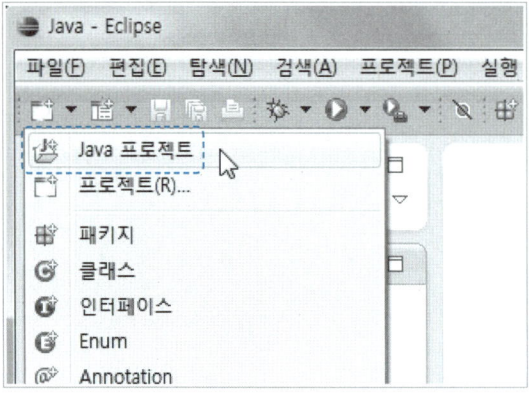

[파일] ➡ [새로 작성] ➡ [Java 프로젝트]

② 다이얼로그가 나타나면 프로젝트 이름에 '준비편의 2장'이라는 의미로 j02라고 입력하고 [완료]를 클릭합니다.

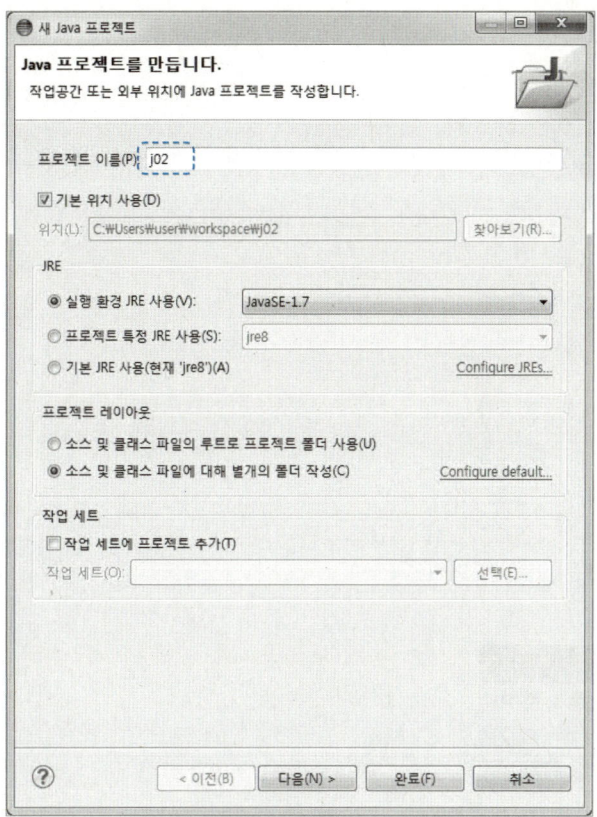

※프로젝트와 패키지는 실제로는 폴더로 만들어집니다. 따라서 프로젝트와 패키지의 이름은 폴더명으로 쓰일 수 있는 것이라면 무엇이든 사용할 수 있습니다.
- 프로젝트 이름으로 마이너스 기호(-)를 사용할 수 있습니다.
- 프로젝트 이름의 첫 글자는 영문 소문자로 시작해 주세요.
- 프로젝트 이름에 한국어를 사용하는 것도 가능합니다.

[완료]를 클릭하면 다음과 같이 패키지 탐색기 안에 j02라는 프로젝트가 생성됩니다.

(2) 패키지를 만든다.

다음은 패키지를 작성합니다.

① 어떤 프로젝트 안에 만들 것인가를 지정하기 위해서 일단 패키지 탐색기에서 j02 프로젝트를 클릭합니다.

② 다음으로 [새 패키지 작성] 버튼을 클릭합니다.

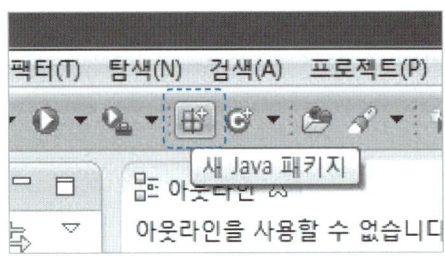

프로젝트와 같이 메뉴에서 다음과 같이 선택하는 것도 가능합니다.

[파일] ➡ [새로 작성] ➡ [패키지]

③ 다이얼로그가 열리면 이름란에 패키지 이름을 입력하고 [완료] 버튼을 클릭합니다. 여기서는 패키지이름을 영어 소문자로 sample이라고 입력합니다.

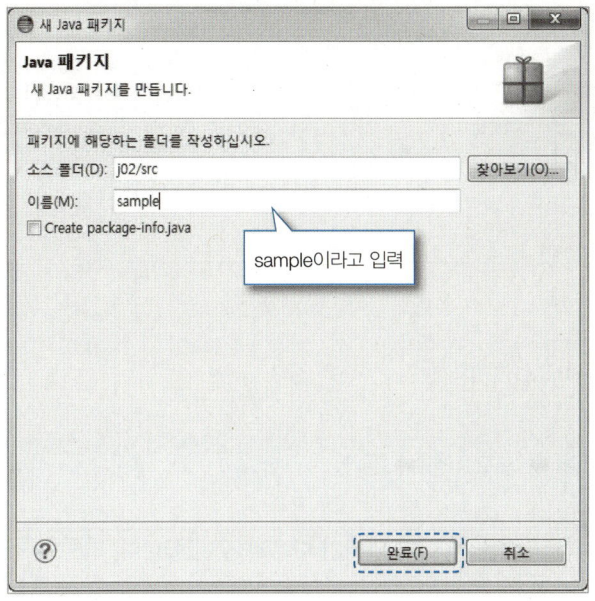

다음 그림과 같이 패키지 탐색기에 sample 패키지가 표시됩니다.

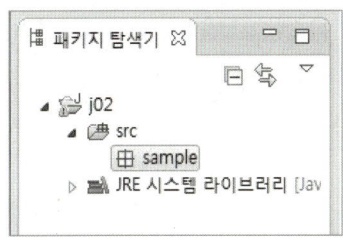

같은 방법으로 exercise 패키지도 만듭니다.

(3) 프로그램(클래스) 파일을 만든다.

① Java에서는 프로그램을 클래스라고 부릅니다. 어떤 패키지 안에 클래스를 만들 것인가를 지정하기 위해 먼저 패키지 탐색기에서 sample 패키지를 클릭합니다.

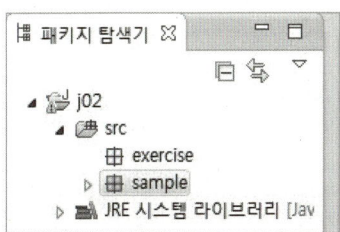

② [새 클래스 작성] 버튼을 클릭합니다.

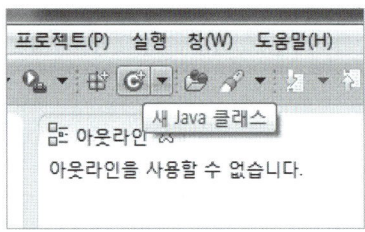

또는 메뉴에서 다음과 같이 선택해도 됩니다.

[파일] ➡ [새로 작성] ➡ [클래스]

③ 새 Java 클래스 다이얼로그(다음 그림을 참조)가 열리면 다음과 같이 합니다.

(1) [이름]에 클래스 이름으로 HelloWorld를 입력한다.
(2) public static void main(String[] args)에 체크를 한다.
(3) [완료] 버튼을 클릭한다.

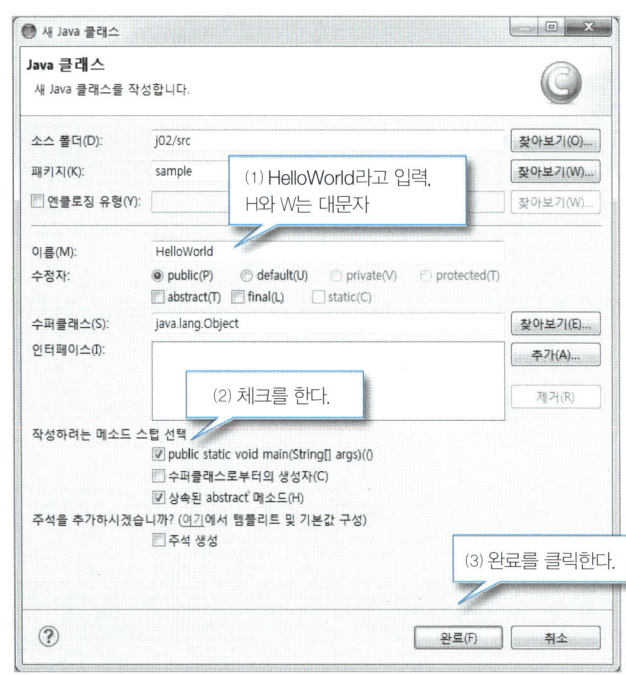

2-7 HelloWorld 프로그램 작성

여기까지의 작업으로 프로그램의 골격이 자동으로 작성되어 다음과 같은 화면이 보일 것입니다. 중앙의 큰 탭이 프로그램을 작성하는 화면입니다. 그것을 소스 프로그램 편집기라고 합니다. Eclipse에는 클래스의 이름을 지정해 주는 것만으로 이처럼 골격을 자동으로 만들어 줍니다.

```
HelloWorld.java
 1  package sample;
 2
 3  public class HelloWorld {
 4
 5      public static void main(String[] args) {
 6          // TODO 자동 생성된 메소드 스텁
 7
 8      }
 9
10  }
11
```

그리고, 프로그램 안에 다음과 같은 부분을 코멘트문(주석문)이라고 하며 프로그램에 관한 설명을 적어넣기 위한 부분입니다. 단순한 메모로서 프로그램의 실행에는 아무런 영향이 없습니다. 지워버려도 상관없지만 여기서는 그냥 두도록 하겠습니다. 주석문에 관해서는 다음 프로그래밍과 문법편(1.3 주석문)에서 자세하게 설명하도록 하겠습니다.

```
    // TODO 자동 생성된 메소드 스텁
```

그럼 프로그램의 자세한 내용은 나중에 설명하기로 하고 위의 주석문 다음에 다음과 같이 입력해 봅시다. 이것은 화면에 Hello World라고 출력만 하는 프로그램입니다.

```
System.out.println("Hello World!!");
```

입력하면 프로그램은 다음과 같이 됩니다.

```
HelloWorld.java
    package sample;

    public class HelloWorld {

        public static void main(String[] args) {
            // TODO 자동 생성된 메소드 스텁
            System.out.println("Hello World!!");
        }

    }
```

2.7.1 프로그램의 입력에 관해서

입력하는 도중에 다른 문자나 기호를 잘못해서 삭제하지 않도록 주의해 주십시오.
괄호({ })에도 의미가 있으므로 부주의하게 지워버리면 에러가 납니다. 주석문에서도 //나 /** 만 지워버려도 에러가 나므로 주의해 주십시오.

① println(프린트엘엔이라고 부릅니다)은 지정한 데이터를 출력하고 개행하는 기능이 있습니다. ln 없이 print만 입력하면 데이터만 나타내고 개행은 하지 않습니다.
② System.out.println의 앞에 문자 S는 대문자로 입력해야 합니다. Java 언어에서는 대소문자를 다른 문자로 인식하므로 주의할 필요가 있습니다.
③ 입력한 후 왼쪽 위의 [저장] 버튼을 클릭해서 프로그램을 저장합니다.

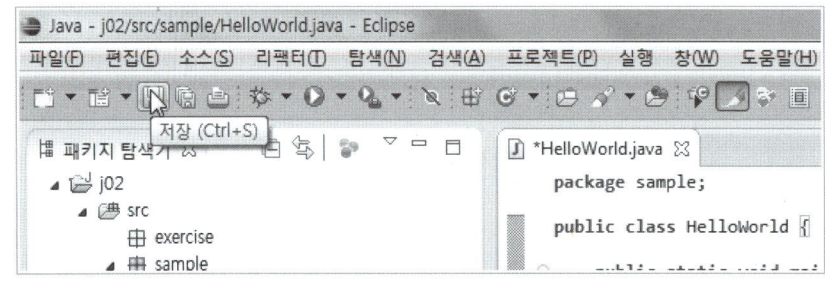

> **참고** Eclipse에서의 에러 표시

프로그램을 작성하는 도중에 다음과 같이 왼쪽 여백에 붉은색 에러마크가 나타나고 붉은 밑줄이 표시되는 경우가 있습니다. 이것은 입력도중에 잘못 입력(컴파일러 에러라고 합니다)된 것을 알리는 것입니다. 주의해서 잘못 입력하지 않도록 해야합니다. 아래의 경우는 맨 앞의 s가 소문자로 되어 있기 때문입니다.

```
public static void main(String[] args) {
    // TODO 자동 생성된 메소드 스텁
    system.out.println("Hello World!!");
}
```
에러마크
붉은색 밑줄
system은 틀림
System이 맞음

그리고, 다음과 같이 붉은색 에러 마크가 나타나는 경우도 있습니다. 자세히 보면 문장의 끝에 약간 붉게 되어있습니다. 이것은 마지막에 ;(세미콜론)을 넣지 않았다는 에러를 알려주는 것입니다. Java에서는 하나의 명령문의 끝에 세미콜론을 입력해야 합니다. 마침표와 같은 의미입니다. 깜빡하고 빠트리는 경우가 많으므로 주의하기 바랍니다.

또한, 키보드를 보지 않고 입력할 정도의 타이핑 실력이 되면 프로그램 작성이 매우 효율적으로 됩니다. 타이핑 연습도 게을리 하지 않기를 바랍니다.

```
public class HelloWorld {
    public static void main(String[] args) {
        // TODO 자동 생성된 메소드 스텁
        System.out.println("Hello World!")
    }
}
```
에러마크
붉은색 밑줄
문장의 끝에 ; 이 없다. 쉽게 확인하기는 힘들겠지만 자세히 보면 붉은색 밑줄이 있다.

2-8 프로그램을 실행한다.

작성한 프로그램을 실행하기 위해서는 다음과 같이 패키지 탐색기에 표시되어 있는 HelloWorld.java라는 클래스를 마우스 오른쪽 버튼으로 클릭하고 [실행도구] →[Java 응용프로그램]을 선택합니다.

[클래스 이름을 마우스 오른쪽 버튼으로 클릭] ➡ [실행도구] ➡ [Java 응용프로그램]

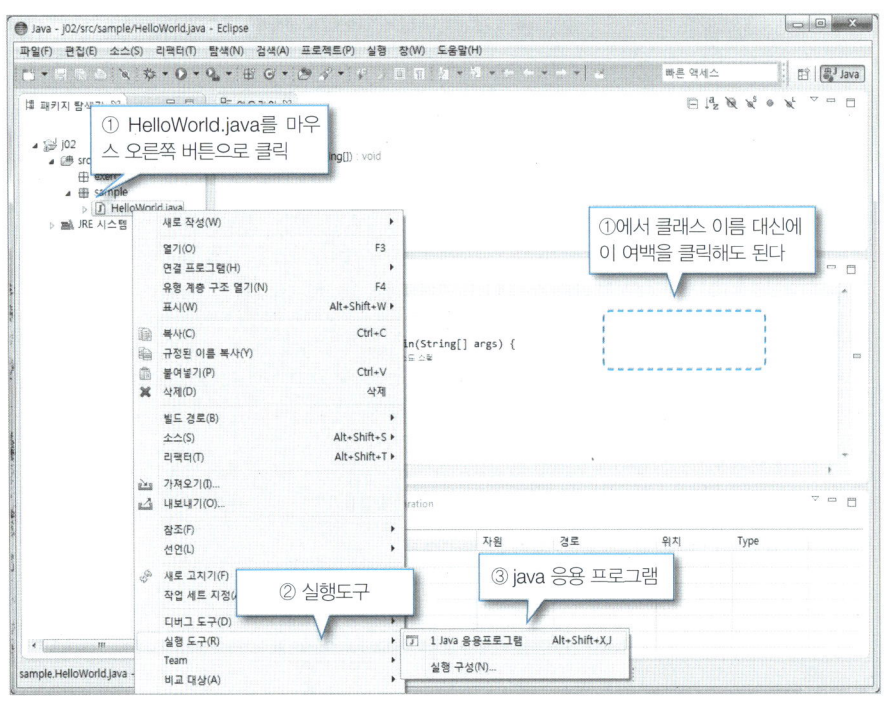

또한, 그림에 표시된 대로 ①에서 패키지 탐색기의 클래스 이름이 아니라 편집기 부분의 어딘가(어디라도 좋습니다)를 마우스 오른쪽 버튼으로 클릭해도 같습니다.

프로그램은 화면에 "Hello World"라고 출력만 하는 것입니다. 실행하면 콘솔 윈도우가 열리고 다음과 같이 실행결과가 표시됩니다. 콘솔은 프로그램의 출력 결과를 표시하는 윈도우입니다.

2-9 Eclipse를 종료한다.

일반적인 윈도우 프로그램처럼 화면 오른쪽 위의 붉은 종료(X) 버튼을 클릭하면 Eclipse를 종료하는 것이 가능합니다. 다음과 같이 종료 확인 다이얼로그가 나오면 [확인] 버튼을 클릭하면 됩니다.

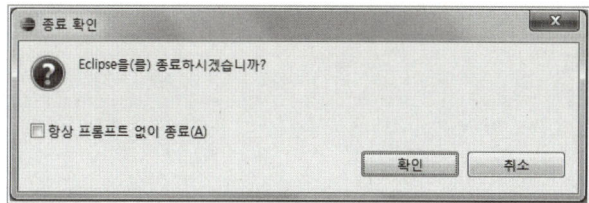

누구나
알기쉬운
자바 J

PART 02

프로그래밍과 문법

변수의 형과 연산자 그리고 배열 등의 데이터 구조를
바르게 이해하고, for문, if문, while문, 클래스, 메소드 등을 이용한
기본적인 프로그램을 작성하는 것이 가능해집니다.

{Chapter 01}

프로그램의 작성 방법

Java 언어에서는 프로그램을 클래스라고 합니다.
클래스에는 작성 규칙이 있습니다.
지금부터 프로그램을 시작하는 데 있어서
필요한 작성 방법을 알아보겠습니다.

1-1 프로그램의 구성요소

다음은 Eclipse로 작성한 프로그램입니다.

다음 화면 안에 보면 아무런 내용도 없는 라인과 코멘트문(주석문)을 볼 수 있는데 이 부분은 프로그램의 동작에는 아무런 영향도 끼치지 않습니다. 주석문은 프로그램 안에 적어 넣는 설명과 같은 메모입니다(주석문의 자세한 설명은 1.3 주석문에서 설명합니다).

```
HelloWorld.java
1  package sample;
2
3  public class HelloWorld {
4
5      /**
6       * @param  args
7       */
8      public static void main(String[] args) {
9          // TODO 자동 생성된 메소드 스텁
10         System.out.println("Hello World!!");
11     }
12
13 }
14
```

| 공백만 있는 라인 | 2, 4, 12번째 라인과 14번째 라인 이후 |
| 주석문 | 5~7번째 라인과 9번째 라인 |

다음은 주석문을 전부 삭제한 프로그램입니다. 이것이 프로그램의 기본 형태입니다. 지금부터 각 라인의 문법과 의미를 하나씩 알아보겠습니다.

```
HelloWorld.java
1  package sample;
2
3  public class HelloWorld {
4
5      public static void main(String[] args) {
6          System.out.println("Hello World!!");
7      }
8
9  }
10
```

또한, 프로그램에는 잘 보면 다음과 같은 특수한 작성법이 있습니다.

- 라인에 따라서 시작하는 위치가 오른쪽으로 들여쓰기가 되어있다.
- { }의 시작과 끝이 부자연스러운 위치에 적혀 있다.

이처럼 프로그램의 작성법에는 특유의 약속사항이 있습니다. 다음에는 이와 같은 약속사항에 대해서 설명합니다.

어떤 프로그램이라도 여기서 설명한 문법과 약속사항을 따라야 합니다.

(1) 패키지문과 공백 라인

일단, 첫 번째 라인은 **패키지문**이라고 합니다. 프로그램이 포함된 패키지의 이름을 적어 넣습니다. 첫 번째 라인에 적어 넣어야 합니다. 패키지문은 Eclipse에서 자동적으로 삽입합니다. 2, 4, 8번째 라인은 **공백 라인**입니다. 이미 설명한 대로 공백 라인은 무시되므로 단순히 보기 쉽도록 몇 개라도 삽입하는 것이 가능합니다.

```
 1  package sample;
 2
 3  public class HelloWorld {
 4
 5      public static void main(String[] args) {
 6          System.out.println("Hello World!!");
 7      }
 8
 9  }
10
```

패키지문

공백 라인을 많이 넣으면 느슨한 코드(프로그램)가 되어버립니다.
이 예제에서도 원래는 4, 8번째 라인에 공백을 넣지 않습니다.

(2) 클래스 선언 - 프로그램의 이름을 선언한다.

Java에서는 프로그램을 **클래스**라는 단위로 작성합니다. 3번째 라인은 클래스가 시작하는 부분으로 **클래스 선언**이라고 합니다. public class는 클래스 선언의 키워드로 HelloWorld가 클래스의 이름입니다. 클래스의 이름은 프로그래머가 맘에 드는 이름을 붙이면 되는데 첫 글자는 영어 대문자만 가능합니다.

부자연스러운 위치에서 시작하는 { 는 프로그램의 body 부분의 시작을 의미하고 }는 끝을 표시합니다. { }로 둘러싸인 범위를 **블럭**이라고 합니다.

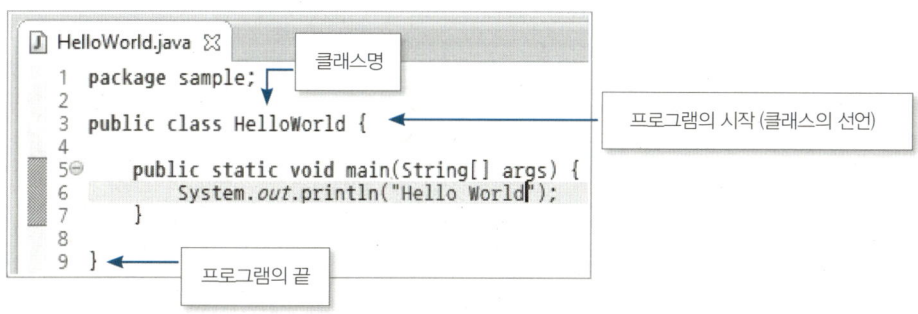

(3) 메소드 - 클래스를 구성하는 단위

프로그램의 body에 해당하는 부분을 메소드라고 합니다. 클래스에는 메소드를 몇 개라도 만드는 것이 가능하지만 뒤에 나올 메소드를 배우기 전에는 메소드가 하나만 있는 클래스만을 사용합니다. 메소드는 5~7번째 라인의 부분으로 5번째 라인을 **메소드 선언**이라고 합니다. 생소한 단어가 몇 개가 나왔는데 뒤에서 다시 그 의미를 설명하도록 하겠습니다. 메소드의 이름은 main입니다. main은 특별한 메소드에 붙이는 이름이므로 다른 이름으로는 사용할 수 없습니다.

여기에도 부자연스러운 위치에서 시작하는 { 가 메소드의 시작을 나타내고 } 가 끝을 나타냅니다. { }로 둘러싸인 부분에 명령문을 입력합니다.

```
HelloWorld.java
1  package sample;
2
3  public class HelloWorld {
4
5      public static void main(String[] args) {
6          System.out.println("Hello World");
7      }
8
9  }
```
메소드

(4) 명령문 - 실행하는 처리

메소드 안에 구체적인 일을 실행하는 것이 명령문입니다. 모든 명령문은 메소드의 블럭 안에 적어야 합니다. 명령문은 몇 라인이라도 적을 수 있습니다. 이 메소드에서는 6번째 라인에 한 줄만 적혀 있습니다.

이 명령문은 HelloWorld라는 문자열을 출력하는 명령입니다. 바로 뒤에 자세하게 설명할 것이므로 지금은 형태만 보기 바랍니다. 특히 명령문의 마지막에 세미콜론(;)이 있는 것에 주의해야 합니다. 세미콜론은 마침표와 같은 역할을 합니다.

```
HelloWorld.java
1  package sample;
2
3  public class HelloWorld {
4
5      public static void main(String[] args) {
6          System.out.println("Hello World");
7      }
8
9  }
```
명령문 / 마지막은 세미콜론

▶▶▶ 연습문제 1-1

다음 클래스에 대해서 물음에 답하시오.

```
        // Question  ←────────────── ①

        package sample;  ←────────── ②

        public class MyProgram {  ←── ③

    ┌   public static void │   A   │ (String[] args) {
    │
 ④ ─┤       System.out.println("It's me.")
    │
    │   }
    └
        }
```

1. 이 클래스의 이름은 무엇입니까?

   [답] _____

2. 1~4의 부분에 들어갈 것은 무엇입니까?

   ① _____ ② _____
   ③ _____ ④ _____

3. { }로 둘러싸인 부분을 무엇이라고 합니까?

   [답] _____

4. A에 무엇을 적어야 합니까?

   [답] _____

5. 이 클래스에는 한 가지 빠트린 것이 있습니다. 그것이 무엇입니까?

   [답] _____

1-2 블록문과 들여쓰기

예제에서 본 프로그램은 전부 라인의 왼쪽 맨 끝에서 입력하기 시작하는 것이 아니라 어떤 라인은 시작하는 위치가 조금 오른쪽으로 들여쓰기 되어 있습니다. 이것을 인덴트(들여쓰기)라고 합니다.

{ }로 둘러싸인 부분을 블록이라고 하고, 블록 안에 적는 것은 블록문이라고 합니다. 블록문은 거기까지의 시작 위치보다 오른쪽으로 4칸 들여쓰기를 합니다. 그 들여쓰기부터는 블록의 내용을 다른 문과 구별하기 쉽습니다.

블록문은 쓰는 위치를 오른쪽으로 4칸 들여쓴다.

```
public class HelloWorld {

            블록문

}
```

메소드를 쓰는 부분입니다.
메소드는 블록의 안에 블록문으로 작성됩니다.

들여쓰기를 해서 메소드의 내용을 구별하기 쉽도록 해 줍니다.

다음의 실제 클래스를 보면 음영으로 처리된 메소드 부분은 4칸 들여쓰기가 되어 있습니다.

```
package sample;
public class HelloWorld {
    public static void main(String[] args) {
        System.out.println("HelloWorld") ;
    }
}
```

그런데 메소드의 내용 안에도 또 다른 블록이 있습니다. 이처럼 겹겹이 있는 블록문도 같은 방법으로 들여쓰기 합니다. 중첩된 블록문은 쓰는 위치에서 한 번 더 오른쪽으로 4칸을 들여씁니다.

```
public class HelloWorld {
    public static void main(String[] args) {
            블럭문          ← 명령문을 적는 부분입니다.
    }
}
```

지금까지 설명한 부분을 실제의 클래스와 비교해 보면 음영으로 보이는 부분인 System.out.println("HelloWorld");가 4칸 더 들여쓰기 되어 있습니다. 이 부분은 메소드의 내용에 해당합니다.

```
package sample;
public class HelloWorld {
    public static void main(String[] args) {
        System.out.println("HelloWorld") ;
    }
}
```

블록문에서 들여쓰기하는 방법에 대해 설명했는데 들여쓰기를 하지 않았다고 해도 틀린 것은 아닙니다. 극단적인 예를 들어 설명하자면 위의 프로그램을 다음과 같이 적어도 에러가 일어나지 않습니다.

```
package sample;public class HelloWorld {public static void main(
String[] args) {System.out.println("HelloWorld") ;}}
```

Java 언어에는 키워드를 구별하는 한 개의 여백을 제외하고는 여분의 공백이나 개행은 단순히 무시됩니다. 즉, 있어도 그만, 없어도 그만인 것입니다. 문법적으로는 구별하기 위한 공백 이외에는 없어도 괜찮습니다.

다만, 그렇게 하면 의미를 전혀 모르게 되기 때문에 어떻게 하면 알기 쉽게 작성할 것인가를 의논해서 지금의 형태로 굳어지게 되었습니다. 다음 원칙을 지켜서 적는 것이 좋은 작성법입니다.

>>> 중요

코드의 띄어쓰기 원칙

- ;, { }를 적고 나서는 개행한다.
- { }로 둘러싸인 블록문은 이전 시작 위치보다 4칸 들여쓰기한다.
- }는 왼쪽으로 4칸 당겨쓴다.
- 위 경우 이외에는 쓰기 시작하는 위치는 바로 앞 라인과 동일한 위치로 한다.

다음은, 들여쓰기의 방법을 각 행별로 설명합니다.

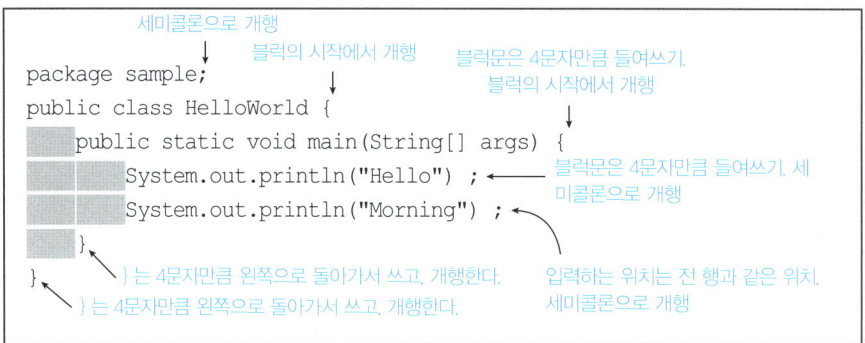

들여쓰기에는 4칸만큼 오른쪽으로 들여쓰기를 하는데 이때 스페이스키를 4번 입력하는 것보다 키보드에서 왼쪽에 있는 tab키를 타이핑해서 하는 게 좋습니다. Tab키는 들여쓰기를 하기 위한 키입니다.

>>> 중요

들여쓰기는 Tab키로 입력한다.

또한, Eclipse에서는 행의 끝에 개행키(Enter키)를 입력하면 다음 문장의 바른 시작 위치에 커서가 위치합니다. 즉, 들여쓰기가 자동적으로 되는 것입니다.

▶▶▶ 연습문제 1-2

1. 다음은 하나의 프로그램을 들여쓰기를 하지 않고 하나의 행에 연달아 이어서 쓴 것입니다. 프로그램을 바르게 들여쓰기해서 작성해 봅시다(Eclipse에서 작성합니다). 이 경우에 프로그램의 의미를 몰라도 상관없습니다. 단순히 세미콜론과 { }만 주의해서 적어보기 바랍니다.
클래스의 이름은 'Ex1_2_1'로 합니다.

```
public class Ex1_2_1 {public static void main(String[] args) {
System.out.println("minus!");System.out.println("zero!");System.
out.println("plus!");}}
```

작성 후 저장 버튼을 클릭해서 프로그램을 저장하는 것을 잊지 마십시오.

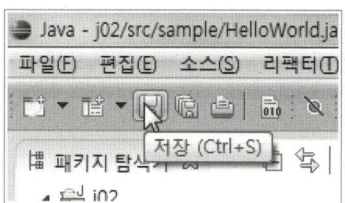

1-3 주석문(코멘트문)

주석문은 프로그램의 명령문이 아니라 프로그램에 일반 언어로 설명을 붙이기 위한 것입니다. 주석을 붙임으로써 프로그램을 알기 쉽도록 합니다. 주석문은 프로그램의 어디든지 적을 수 있으며 다음과 같은 세 가지 타입이 있습니다.

타입 1의 주석

```
 1 package sample;
 2 /*
 3  * 첫 번째 예제
 4  */
 5 public class HelloWorld {
 6
 7     /**
 8      * Hello World 라고 출력하는 메소드
 9      * @param args
10      */
11     public static void main(String[] args) {
12         // TODO Auto-generated method stub
13         System.out.println("HelloWorld");
14     }
15
16 }
```

타입 2의 주석

타입 3의 주석

타입 1 - 여러 행의 주석

```
/*
 * 첫 번째 예제
 */
```

/*로 시작해서 */로 끝나는 주석문입니다. /*에서 */까지 연속해서 여러 라인 전부를 주석으로 합니다. 보통 클래스와 메소드의 설명을 적기 위해 사용됩니다. 타이틀을 대신하는 주석이기 때문에 다음과 같이 "첫 번째 예제"라고 쓸 경우에도 이 형식을 사용합니다.

```
/* 첫 번째 예제 */
/**** 첫 번째 예제 ***/
/*/* 첫 번째 예제 */*/
```

한 행에 적어도 좋습니다.
*를 여러 개 적어도 좋습니다.
중첩구조로 적으면 에러가 발생합니다.

타입 2 - 설명문을 작성하기 위한 주석

```
/**
 * Hello World라고 출력하는 메소드
 * @param args
 */
```

프로그램에서 클래스의 설명문을 만들어 내는 javadoc이라는 프로그램이 JDK(Java의 개발자용 소프트웨어 세트)에 첨부되어 있습니다. 이 타입의 주석문은 javadoc 프로그램이 읽어서 설명문을 작성하는데 이용되는 주석으로 도큐멘트 주석문이라고 합니다.

타입 3 - 한 줄의 주석

```
// TODO Auto-generated method stub
```

//를 쓴 위치부터 라인의 끝까지가 주석문이 됩니다. 프로그램에서 특정 라인의 의미 등을 메모하는데 이용합니다. 여러 라인에 걸쳐서는 사용할 수 없습니다.

- 라인의 중간에서 끝까지 주석으로 한다.
    System.out.println("Hello World"); // "Hello World"를 출력한다.

- 라인처럼 사용하는 것도 가능하다(처음에 2글자의 //이 주석 기호가 된다).
    ///////////////// 안녕하세요. /////////////////

- 여러 라인에 걸쳐서 사용하면 에러가 난다.
    ///////////////// 안녕
        하세요 /////////////////

▶▶▶ 연습문제 1-3

다음의 주석문 작성 방법에서 문법 에러가 나는 것을 전부 고르세요.

A. /* hello라고 표시한다.* */
B. // hello라고
　표시한다. //
C. /**
　* 프로그램의 기능 :
　*　 hello라고 표시한다.
　*///

D. ////////// hello라고 표시한다. //////////////
E. /*　 /* hello라고 표시한다. */　 */
F. /* *** hello라고 표시한다. ****/
G. / * * * * hello라고 표시한다 * * * * /

1-4 System.out.println 의 사용법

System.out.println은 무언가를 출력하기 위한 명령입니다. println은 '프린트엘엔'이라고 읽으면 됩니다. 명령문이므로 메소드의 안에서만 사용할 수가 있습니다.
다음은 HelloWorld라는 문자열을 콘솔에 출력하는 예입니다.

```
System.out.println("HelloWorld");
```

여기서 콘솔이라는 것은 모니터 화면을 말합니다. Eclipse에서는 콘솔을 시뮬레이트하는 콘솔 윈도우에 결과를 출력합니다.

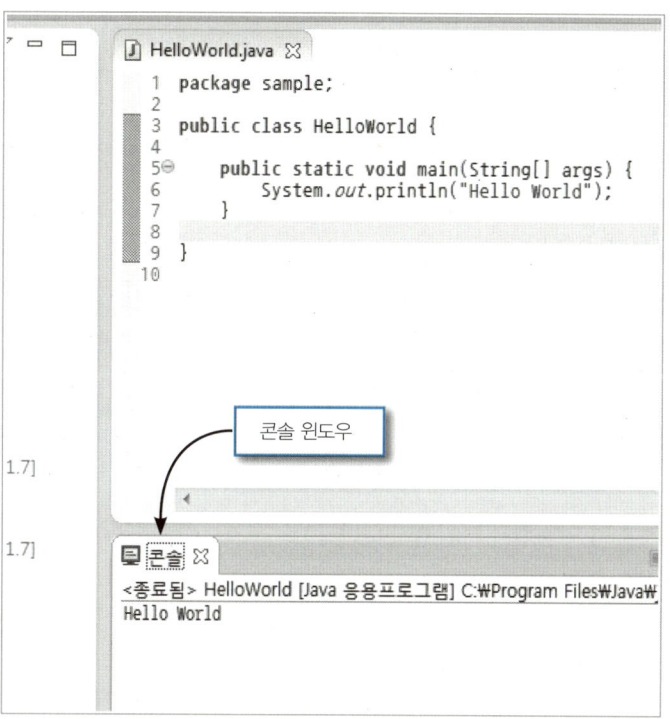

예제 1   println의 사용법

다음은 println의 기본적인 사용법을 나타내는 예제입니다. println은 출력하고 행을 바꿉니다.

```java
public class Sample1_4_1 {
    public static void main(String[] args) {
        // 출력하고 개행한다.
        System.out.println("hello");
        System.out.println("안녕하세요");
        System.out.println("안녕히계세요");
    }
}
```

```
■ 콘솔 ☒
<종료됨> Sample1_4_1
hello
안녕하세요
안녕히계세요
```
실행결과

설명

println은 문자열을 콘솔에 출력하고, 그 뒤에 개행을 합니다. 이 예제에서는 3개의 문자열을 출력하고 있는데, 3라인에 나누어 출력되는 것은 개행을 했기 때문입니다.
또한, 예제처럼 한국어도 출력됩니다.
"실행결과"는 Eclipse의 콘솔윈도우에 표시됩니다. 이 책에서는 이후에도 이런 형태로 실행결과를 출력합니다.

예제 2   print의 사용법

println에서 ln을 빼면 출력만 하고 개행을 하지 않습니다.

```java
public class Sample1_4_2 {
    public static void main(String[] args) {
        // 출력한다
        System.out.print("hello");
        System.out.print("안녕하세요");
        System.out.print("안녕히계세요");
    }
}
```

```
■ 콘솔 ☒
<종료됨> Sample1_4_2 [Java 응:
hello안녕하세요안녕히계세요
```
실행결과

> **설명**

print는 문자열을 콘솔에 출력만 하고 개행은 하지 않습니다. 그렇기 때문에 3개의 문자열이 하나의 행으로 출력됩니다. println과 비교해서 기억해 주십시오.

▶▶▶ 연습문제 1-4

1. 콘솔에 다음과 같이 2줄의 문자열을 출력하는 프로그램을 Eclipse로 작성하시오.

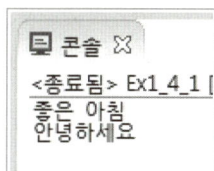

[힌트] println을 2번 사용하세요.

2. 콘솔에 다음과 같이 출력하는 프로그램을 Eclipse로 작성하시오.

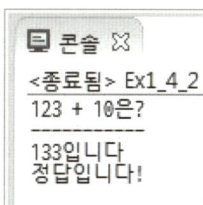

[힌트] 마이너스 기호를 사용해서 "---------"의 구분선을 나타냅니다.

프로그램의 구성

- 프로그램은 패키지 선언, 클래스 선언, 메소드로 구성된다.
- 명령문은 메소드의 안에 작성한다.
- 명령문은 세미콜론(;)으로 끝난다.
- { } 로 둘러싸인 부분을 블럭이라고 한다.
- 주석은 프로그램의 동작에 아무런 영향을 주지 않는다.
- 공백 라인도 프로그램의 동작에는. 아무런 영향이 없다.

```
package sample;
public class HelloWorld {
public static void main(String[] args) {
        System.out.println("HelloWorld");
        }
}
```

주석문

- 프로그램의 설명을 적는다.
- 어디에서는 입력할 수 있다.
- //는 적은 위치에서 행의 끝까지가 주석이 된다.
- /* */은 여러 행에 걸쳐서 주석이 된다.
- /** */은 여러 행에 걸쳐서 주석이 되고 javadoc용이다.

블럭문과 들여쓰기

- 블럭 안의 내용은 행 처음에 4칸만큼 오른쪽으로 들여쓴다.

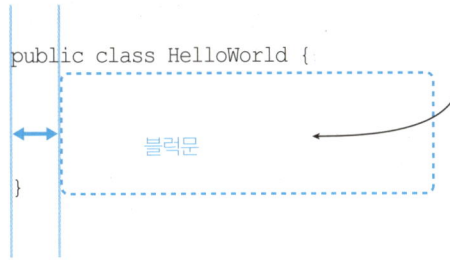

블럭문은 시작하는 위치에서 4칸만큼 오른쪽으로 들여쓴다.

메소드를 적는 부분으로 메소드는 블럭 안의 블럭문으로 작성합니다.

들여쓰기를 함으로써, 메소드의 내용이 구별하기 쉽게 된다.

- 프로그램 띄어쓰기의 원칙
    - ; { } 를 적고 개행한다.
    - { } 안의 블럭문은 그때까지의 행의 시작 위치보다 4칸만큼 들여서 작성한다.
    - } 는 시작 위치를 4칸만큼 왼쪽으로 되돌린다.
    - 이 이외에는 행의 시작 위치는 이전 행과 같은 위치로 한다.

- 들여쓰기는 Tab으로 입력한다.

System.out.println의 사용법

- `System.out.println("안녕하세요");` 는 "안녕하세요"를 출력하고 개행한다.
- `System.out.print("안녕하세요");` 는 "안녕하세요"를 출력하고 개행하지 않는다.
- `System.out.println("안녕하세요");` 의 처음 부분은 대문자 S이다.

{Chapter 02}

여러 가지 데이터형

'10 - 5'라는 식의 10과 5는 수치 데이터입니다.
한편 "안녕하세요"와 "한국어입니다"는 문자열이므로
계산에는 사용할 수 없습니다.
한마디로 데이터라고 해도 여러 가지 종류의 데이터가 있습니다.
그래서 Java 언어에서는 데이터의 종류를 **데이터형**이라고 부르며
엄밀하게 정의되어 있습니다.
데이터 처리를 하는 컴퓨터에 있어서 데이터형은 매우 중요한 개념입니다.

2-1 데이터형의 분류와 역할

Java 언어에서 사용하는 데이터형은 크게 2가지로 나뉩니다. 예전부터 있었던 전통적인 형은 **기본 데이터형**이라고 합니다. 다른 하나의 새로운 형은 객체의 개념에 기반한 **참조형**입니다. 다음 그림에서처럼 기본 데이터형은 **정수형**, **부동소수점형**, **문자형**, **논리형**의 4가지가 있습니다. 또한 참조형에는 **배열형**, **클래스형**, **인터페이스형**의 3가지가 있습니다.

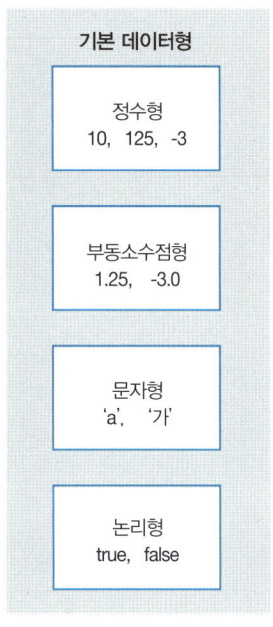
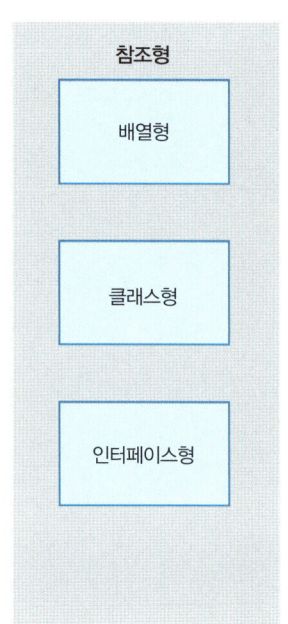

예를 들어 정수형은 정수를 취급하는 형입니다. Java 언어의 구체적인 정수형으로는 다루는 숫자의 크기에 따라 long, int, short, byte의 4가지가 있습니다. 부동소수점형도 double과 float의 2가지가 있습니다. 문자형은 char, 논리형은 boolean입니다. 또한 클래스의 하나로써 문자열형의 String을 사용합니다.

분류	형이름	설명	예
정수형	Int, byte, short, long	정수	125, -3
부동소수점형	Double, float	소수점이 있는 수	1.25, -3.0
문자형	Char	한 문자	'a', '가'
논리형	boolean	참(true)과 거짓(false)을 나타냄	True, flase
[문자열형]	String	문자열	'abc가나다'

위의 표에서 형이름의 발음은 다음과 같습니다.

int(인트),   byte(바이트),   short(쇼트),   long(롱)
double(더블),   float(플롯)
char(캐릭터)
boolean(불리언)
String(스트링)

이와 같이 많은 데이터형은 각각의 역할을 가지고 있습니다. 그다지 사용되지 않는 형도 있지만 기본적으로 어떤 때에 어떤 형을 사용하는가를 이해하는 것이 중요합니다.

정수형 ... 10, 125, -3

소수점이 없는 정수를 취급합니다. 거기에 비해 소수점이 붙은 수는 부동소수점이라고 합니다. 정수형은 소수점 이하의 숫자가 없습니다. 컴퓨터의 데이터 처리에서는 정수와 부동소수점수 중에 어떤 것을 사용할지를 결정하는 것에 따라 달라집니다.

- **int형**

  정수형은 대부분 int를 사용합니다. 취급하는 수의 범위는 대략 ±21억 4천만 정도입니다. 물론 국가 예산 같은 큰 자릿수를 계산하기 위해서는 부족할지라도 일반적인 용도로는 충분합니다. 그에 비해서 byte, short, long은 특별한 이유가 없다면 사용하지 않습니다.

- **byte형**

  -128~127까지의 범위밖에 사용하지 못하지만 작은 데이터를 덩어리로 해서 사용하는 것으로 음의 진폭이나 그래픽의 색깔, 통신 데이터 등을 나타낼 때 사용됩니다. 부정형의 특수한 데이터를 다루기 위한 형입니다.

- **short형**

  int의 반 만큼의 메모리를 사용하는 경제적인 정수형입니다. 그 대신에 다루는 값의 범위는 ±32000 정도 밖에 되지 않습니다. 대량의 메모리를 이용하는 현재는 별로 사용할 만한 이점이 없습니다.

- **long형**

int형으로 다룰 수 없는 큰 정수의 경우에 사용됩니다. ±922경 3000조 정도의 범위의 정수를 다룰 수 있습니다. 정수형 안에서는 특수한 위치에 있기 때문에 사용에 제약이 따르는 경우가 있습니다(특정의 구문에 long형만 사용하지 못하는 경우가 있습니다. '10. switch문과 분기'에서 설명합니다. 사용할 때는 숫자의 끝에 L이나(소문자엘)을 붙여서 long형 데이터라는 것을 명시할 필요가 있습니다. L 또는 l을 붙이지 않으면 문법 에러(컴파일러 에러)가 발생합니다.

예) 123456789012L, 9123854756l

부동소수점형... 1.25, -3.0

소수점이 붙어 있는 숫자입니다. 실수형이라고도 합니다. 소수점이 있는 숫자는 숫자의 각 자리와 소수점의 위치가 몇 번째에 있는가를 뜻하는 숫자가 따로 가지도록 되어 있습니다. 12345라고 하는 숫자는 소수점 위치가 어디인가에 따라 1.2345나 123.45가 될 수도 있습니다. 이처럼 소수점의 위치를 별도로 지정한다는 의미로 부동소수점이라고 합니다.

- **double형**

float형의 2배 정도(유효 자릿수)를 가진다는 의미로 double형이라고 합니다. 유효 자릿수는 10진수로 15자리 정도입니다. 컴퓨터 성능의 비약적인 향상에 따라 현재는 부동소수점으로 double을 사용하는 것이 보통입니다.

- **float형**

현재는 거의 쓰이지 않습니다. 사용할 때는 숫자의 끝에 F나 f를 붙이지 않으면 에러가 납니다.

예) 123.23F, 0.00235f

문자형 ...'a', '가'

하나의 문자를 다루는 형입니다. 컴퓨터는 모든 문자에 번호를 할당하고 문자를 정수로 바꿔서 기억합니다. 어떤 문자를 어떤 번호에 할당하는가는 여러 가지 방법이 있으며 Java 언어는 Unicode라고 하는 세계 표준 규격에 따르고 있습니다. Unicode는 세계의 문자를 0~65535의 정수에 할당한 것입니다. 예를 들어 문자 a는 97이 됩니다. 이것을 "a의 문자

코드는 97이다"라고 합니다. 이런 의미로 문자형은 음이 아닌 정수라고도 합니다.

- **char형**

  글자의 모양 이미지가 아니라 문자 코드를 저장하는 형입니다. 다만, 문자 코드로 문자를 나타내는 것은 이해하기 힘들기 때문에 '가', 'a', '1'과 같이 문자로 표현합니다. char형은 문자 1개분의 정보에 해당합니다. 작은따옴표(')를 사용하는 것에 주의해야 합니다. 또한 작은따옴표 자기자신은 '₩''로 표현합니다. 그리고 ' '와 같이 작은따옴표(싱글 쿼테이션)만을 적는 것은 문법 에러가 일어납니다.

논리형 ...true false

컴퓨터는 원래 논리를 다루기 위한 기계입니다. 그 기초가 되는 것이 명제의 진위를 다루는 명제 논리입니다. 예를 들어 "그것은 음수이다"라고 하는 명제(주장)가 맞는 것인가, 틀린 것인가를 판정합니다. 맞다면 true(참), 틀렸다면 false(거짓)가 됩니다. 그렇게 참과 거짓을 다루는 컴퓨터의 데이터형이 논리형입니다.

논리형은 프로그램의 조건 판단 등에 매우 중요한 역할을 합니다.

- **boolean형**

  논리형은 참과 거짓을 표현하는 값이기 때문에 값으로는 true와 false 둘 밖에 없다는 점을 명심해야 합니다. true, false라는 표현은 하나의 값입니다.

문자열형..."안녕하세요", "hello"

문자열은 "안녕하세요"나 "hello"와 같이 문자를 몇 개 나열한 것입니다. 형의 분류로는 클래스형에 속합니다. 지금까지 설명한 형은 모두 기본 데이터형에 속하는데 String은 기본 데이터형이 아닙니다.

- **String형**

  String형은 클래스형의 하나이며 클래스형에는 여러 가지 약속 사항이 있어서 신경을 써야 하지만 String형만은 마치 기본형인 것처럼 사용할 수 있습니다. 이것은 이전 언어(C, C++ 등)보다 좋아진 점입니다.

  다루는 데이터의 길이는 int형 정수의 최대치(2,147,483,647)까지입니다. 문자열 데이터는 큰따옴표(")로 문자열을 감싸는 것에 주의해야 합니다. 그러므로 "a"는 문자가 아니라 문자열입니다. 또한 " (공백 문자열)이나 ""(빈 문자열)도 유효한 문자열입니다.

2.1.1 다루는 값의 범위

지금까지 여러 가지 형에서 다루는 값의 범위를 정리했습니다. 비트수는 그 형의 값을 표현하는데 필요한 메모리의 양입니다. 컴퓨터의 내부처리는 2진수로 하게 되는데 비트라는 단위를 사용해서 2진수 한 자리를 1비트라고 합니다. 값의 범위는 그 형의 값으로 다룰 수 있는 범위를 2의 승수로 표현한 것입니다. 2의 승수에 관해서는 "18. 그 외의 연산자"에서 자세하게 설명하겠습니다.

비트수와 2의 승수에 의한 값의 범위는 기억하도록 해 주세요.

기억해둡시다 →

분류명	형이름	비트수	값의 범위	구체적인 값의 범위
문자형	char	16	$0 \sim 2^{16}-1$	0 ~ 65535
정수형	byte	8	$-2^7 \sim 2^7-1$	-128 ~ 127
	short	16	$-2^{15} \sim 2^{15}-1$	-32768 ~ 32767
	int	32	$-2^{31} \sim 2^{31}-1$	-2,147,483,648 ~ 2,147,483,647
	long	64	$-2^{63} \sim 2^{63}-1$	-9,223,372,036,854,775,808 ~ 9,223,372,036,854,775,807
부동소수점형	float	32		유효 자릿수는 10진수로 7자리
	double	64		유효 자릿수는 10진수로 15자리

※ 9,223,372,036,854,775,807는 922경 3372조 368억 5477만 5807이라고 읽습니다.

또한 다음 그림은 정수형에 관해서 형별로 비트수를 비교한 것입니다. 가운데를 0으로 해서 양수쪽과 음수쪽으로 할당된 비트수를 표시한 것입니다. 각각의 형이 표현할 수 있는 값의 범위를 대충 알 수 있습니다.

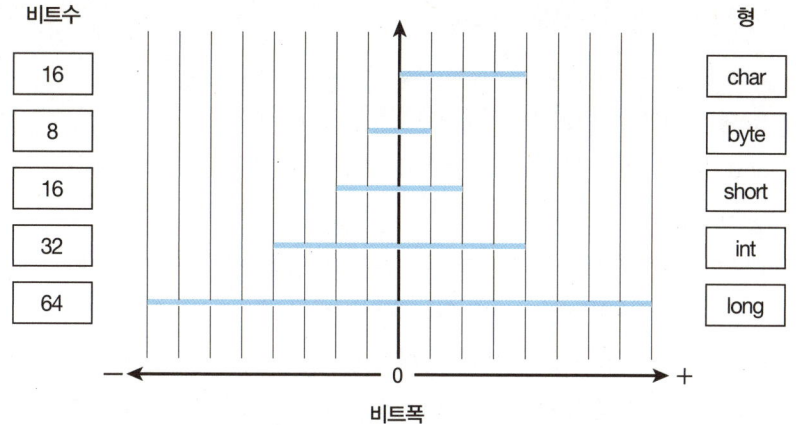

▶▶▶ 연습문제 2-1

1. 다음 데이터의 형이 무엇인지 답하시오. 단, 틀리게 적은 것은 "에러"라고 적어주십시오.

A. 12.3	B. 2.5F	C. 'abcde'
D. 32147582694L	E. "안녕하세요"	F. ''
G. "a"	H. false	I. " "
J. 'a'	K. 가	L. -123.0f
M. true	N. "true"	O. ""

A. _____ B. _____ C. _____

D. _____ E. _____ F. _____

G. _____ H. _____ I. _____

J. _____ K. _____ L. _____

M. _____ N. _____ O. _____

2. 다음 문장에서 틀린 것을 모두 고르시오.

> **A.** byte형은 -128에서 127까지의 값만 다룰 수 있다.
> **B.** Short형은 다룰 수 있는 값의 범위가 long형보다 작지만, int형보다 크다.
> **C.** true와 0은 같지 않다.
> **D.** int형은 32비트수이므로 다룰 수 있는 값의 상한이 2^{32}이다.
> **E.** int형은 32비트수이므로 다룰 수 있는 값의 상한이 2^{31}이다.
> **F.** char형은 사실상 양의 정수를 다루는 형이다.
> **G.** double형의 값은 끝에 D나 d를 붙여야 한다.

[해답] _____

3. long의 값의 범위로서 바른 것은 무엇인가요?

> **A.** $0 \sim 2^{64}$　　**B.** $0 \sim 2^{64}-1$
> **C.** $-2^{32} \sim 2^{32}-1$　　**D.** $-2^{32} \sim 2^{31}-1$
> **E.** $-2^{31} \sim 2^{31}$　　**F.** $-2^{31} \sim 2^{31}-1$
> **G.** $-2^{63} \sim 2^{63}-1$　　**H.** $-2^{64} \sim 2^{64}-1$

[해답] _____

2-2 변수란

프로그램에는 몇 가지 이유 때문에 변수가 필요합니다. 변수라는 것은 값을 넣는 곳으로 수학에서 x나 y를 변수라고 해서 사용하는 것과 거의 같은 것입니다. 예를 들어 수학에서 다음 식은 "x는 10이다"를 의미합니다.

$x = 10$

프로그램에서도 다음과 같이 적으면 "x에 10을 대입한다"라는 의미가 되어 결과적으로 x는 10이 됩니다.

```
x = 10;
```

약간 말하는 것이 다른 이유는 =이 하는 일이 수학과 프로그램에서 서로 다르기 때문이고 그것에 대해서는 나중에 다시 설명하겠습니다.

일단, 프로그램에서도 변수는 사용할 수 있습니다. 변수이기 때문에 여러 가지 값을 대입할 수 있습니다. 또한 변수에는 아무 이름이나 붙일 수 있습니다. 예를 들어, 다음과 같이 적는 것이 가능합니다.

```
number = 10;
```

위의 코드를 그림으로 나타낸다면 다음과 같습니다.

또한 다음처럼 새로운 값을 number에 재설정하는 것도 가능합니다.

```
number = 20;
```

이렇게 하면 number의 내용은 20으로 바뀝니다. 즉, 변수의 내용은 자유롭게 변경할 수가 있습니다.

또한 다음과 같이 적으면 number의 내용은 1이 증가하게 됩니다.

```
number = number + 1;
```

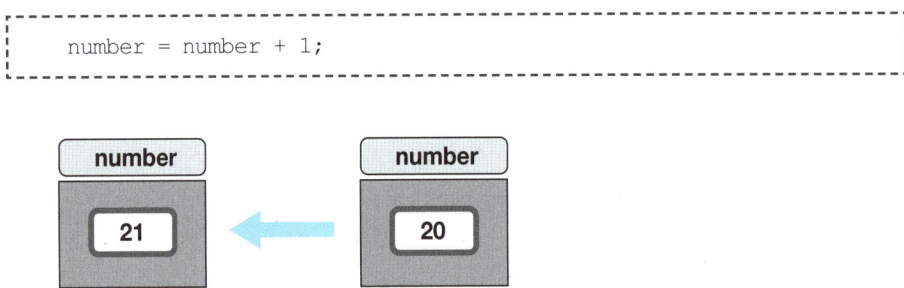

number = number + 1이라고 하는 식은 수학에서는 옳지 않습니다. 수학에서 =은 등호이기 때문에 "좌변과 우변이 같다"라는 의미가 됩니다. 하지만, 프로그램에서는 =에 등호의 의미는 없습니다. 프로그램에서 =는 다음과 같은 대입 연산을 의미합니다.

>>> 중요

등호의 의미

- =은 우변의 계산 결과를 좌변의 변수에 대입하는 연산이다.
- [변수] = [값이나 식]과 같은 형식으로 사용한다.

=의 동작이 수학과 다르다는 것은 매우 중요합니다. 대입 연산이라는 것을 잊지 말아야 합니다.

2.2.1 변수와 리터럴

변수에 대입하는 구체적인 값을 리터럴이라고 합니다. 10, 2.54, '가', "안녕하세요", true 와 같은 구체적인 값이 리터럴입니다. 변수는 리터럴을 담는 공간입니다. 변수와 리터럴은 한 쌍으로 기억해 주십시오.

2-3 이름을 붙이는 방법

변수의 이름은 자유롭게 정할 수 있습니다. 이처럼 프로그래머가 자유롭게 정할 수 있는 이름을 식별자라고 합니다. 식별자는 변수명 외에도 클래스명 등이 있습니다.
다음은 식별자에 사용할 수 있는 문자입니다.

> **》》 중요**
>
> **식별자에 사용할 수 있는 문자**
>
> ABCDEFGHIJKLMNOPQRSTUVWXYZ
> abcdefghIjklmnopqrstuvwxyz
> _$0123456789

사용할 수 있는 문자 중에서 기호는 _(언더바)와 $ 밖에 없다는 것에 주의해 주십시오. 이 외의 기호는 사용할 수 없습니다. 예를 들어 -(마이너스)와 #, &, %, ₩, ^, ? 등은 모두 사용할 수 없습니다. 다음과 같은 이름은 컴파일 에러가 발생합니다.

    kosuu-1   program#1   &name

또한 식별자를 만드는 방법에는 다음과 같은 규칙이 있습니다.

> **》》 중요**
>
> **식별자의 규칙**
>
> - 숫자로 시작할 수는 없다(첫 문자는 숫자 이외).
> - 영문자의 대문자와 소문자는 구별한다.
> - 예약어는 사용할 수 없다
> - 이름의 길이는 사실상 제한이 없다(문자열의 제한과 같다).

이름의 처음에 숫자가 올 수는 없습니다. 다음과 같은 이름은 컴파일러 에러가 발생합니다.

10name   12_number

또한, 대문자와 소문자는 전혀 다른 문자로 취급합니다. 다음과 같은 4개의 이름은 모두 다른 이름입니다.

myname   MYNAME   Myname   myName

2.3.1 예약어

예약어라는 것은 Java 언어에서 키워드로 예약된 단어입니다. 선언이나 처리를 기술하기 위한 것으로 일반적인 식별자로 사용하는 것은 불가능합니다. 아래에 그 리스트를 열거해 두었습니다.
이 예약어는 뒷 장에서 순서대로 설명할 것입니다. 나올 때마다 확인해서 그때마다 외우도록 합시다. package, public, static, class, void는 이미 나왔던 것으로 식별자로 사용하지 않도록 주의하기 바랍니다.

》》》 중요

예약어

abstract	assert	boolean	break
byte	case	catch	char
class	const	continue	default
do	double	else	enum
extends	final	finally	float
for	goto	if	implements
import	instanceof	int	interface
long	native	new	package
private	protected	public	return
short	static	strictfp	super
switch	synchronized	this	throw
throws	transient	try	void
volatile	white		

※ goto, const는 예약어로 되어 있지만 문법적으로 사용되지는 않습니다.
※ assert, enum, strictfp는 새롭게 추가된 예약어입니다.

예약어라도 문자의 일부를 대문자로 바꾸거나, 식별자의 일부로 사용하는 것은 문제가 없습니다. 다음은 식별자로 사용해도 에러가 발생하지 않습니다.

```
PACKAGE     Class   Void
publicName  static_name
```

2.3.2 식별자의 관습

식별자를 만드는 방법으로 다음과 같은 관습이 있습니다. 문법은 아니기 때문에 어긴다고 해서 컴파일 에러가 발생하지는 않습니다.

- 기본적으로 소문자로 시작한다.
- 2개 이상의 단어를 연속해서 쓸 때에는 2번째 이후의 단어는 첫글자를 대문자로 하거나 _로 잇는다.

myprogram ➡ myProgram 또는 my_program
bigredapple ➡ bigRedApple 또는 big_red_apple

이름을 붙이는 방법에도 관습이 있습니다. 문법으로 정해진 것은 아니기 때문에 위반해도 컴파일 에러는 발생하지 않습니다. 특히 변수명에서 VALUE와 같이 전부 대문자로 된 변수명은 특수한 용도로 사용되기 때문에 보통은 사용하지 않도록 합니다.

클래스명	변수명, 패키지명 등
• 기본적으로 소문자를 사용한다. • 첫 글자는 대문자로 한다. 예) Myprogram Plan Next_world3 VeryLongName	• 기본적으로 소문자를 사용한다. • 첫 글자는 소문자로 한다. 예) myvalue myName $number_3 verryLongName

2.3.3 한국어 이름

Java 언어는 국제화에 대응하고 있기 때문에 한국어로 식별자를 사용해도 컴파일 에러는 발생하지 않습니다. 다만, 프로그램은 알파벳을 기반으로 하고 있기 때문에 거의 사용되지 않고 있습니다.

| 주의 |

이름을 붙이는 방법

이름을 붙일 때 주의할 점은 다음과 같습니다.

[1] 식별자는 구체적이고 긴 이름을 사용하는 것이 가능하다. 문자수는 사실상 제한이 없다.
   int howManyDogs;
   int couter_02;

[2] 숫자로 시작하는 이름은 쓸 수 없다.
   max20   OK
   20max   ERROR

[3] 대문자와 소문자는 구별한다.
   Myname
   myName
   myname

[4] 예약어는 변수명으로 사용할 수 없다.
   forMe   OK
   for   ERROR
   For   OK

[5] 언더바(_), 달러기호($) 이외의 기호는 사용할 수 없다.
   my_var   OK
   my$var   OK
   my-var   ERROR
   &myvar   ERROR

▶▶▶ 연습문제 2-2

1. 다음 문장의 A~D에 들어갈 바른 말을 답해 주십시오.

- 변수에 대입하는 구체적인 값을 [A]라고 한다.
- 변수명과 클래스명 등 프로그래머가 만들 수 있는 이름을 [B]라고 한다.
- 미리 정해져 있는 [C]는 변수명과 클래스명으로 사용할 수 없다.
- 변수명으로 사용할 수 있는 기호는 _(언더바)와 [D]뿐이다.

A. _____   B. _____

C. _____   D. _____

2. 다음에서 변수명으로 잘못된 것을 모두 고르세요.

A. `N07`   F. `largeNumber-22`
B. `AMOUNT`   G. `#value`
C. `total_123`   H. `"tomandjane"`
D. `val$`   I. `BIGDecimal_SMALLDecimal`
E. `22_largeNumber`

[해답] _____

3. 다음 변수명을 관습에 따라 수정해 주세요.

A. tomsball   _____

B. longlong   _____

C. bigdecimal   _____

D. myoldpencil   _____

E. one_two_three   _____

4. 다음 클래스명을 관습에 따라 수정해 주세요.

A. tomsball　　　　　_____

B. longlong　　　　　_____

C. bigdecimal　　　　_____

D. myoldpencil　　　 _____

E. one_two_three　　 _____

2-4 변수 선언

프로그램에서는 변수의 값을 대입하기 전에 사용하는 변수의 형을 이름과 함께 선언할 필요가 있습니다. 이것을 변수 선언이라고 합니다.

다음은 int형의 변수 number, double형의 변수 data를 선언하고 있습니다.

```
int        number;
double     data;
```

변수 선언에는 다음과 같은 규칙이 있습니다.

> **》 중요**
>
> **변수 선언의 규칙**
>
> • 변수는 사용하기 전에 형과 이름을 선언해 둘 필요가 있다.
>
> [형 이름] [변수 이름] [;]

예제 1 변수 선언을 하고 변수를 사용한다.

다음은 정수형 변수 number를 사용하는 예입니다. 값을 대입하기 전에 변수 선언을 하지 않으면 안됩니다.

```java
public class Sample2_4 {
    public static void main(String[] args) {
        int number;                      // 변수 선언. 정수형 변수 number를 선언한다.
        number = 10;                     // number에 10을 대입한다.
        number = 20;                     // number에 20을 다시 대입한다.
        number = number + 1;             // number에 1을 더한 값을 number에 대입한다.
        System.out.println(number);      // number를 출력한다.
    }
}
```

> **설명**

맨 처음에 정수형 변수 number를 선언하고 있습니다. 다음은 number에 10을 넣고, 다시 20을 넣고 있는데 이 시점에서 number는 20이 됩니다. 그 뒤에 number = number + 1;에서 21이 number에 다시 대입됩니다.

이처럼 number에 값을 대입하거나, 계산에 사용하는 것을 변수 선언을 하지 않고 하면 컴파일러 에러가 발생하게 됩니다.

2.4.1 변수 선언과 컴파일러 에러

(1) 같은 이름의 변수를 선언하면 안된다.

이것은 형이 다르더라도 같이 적용됩니다. 같은 이름의 변수는 한 번 밖에 사용할 수 없습니다. 따라서 다음과 같이 한 번 선언한 변수와 같은 이름의 변수를 선언하면 컴파일러 에러가 발생합니다.

```
int number;
number = 10;
String number;        ← number라는 변수를 2번 선언했다.
number = "안녕하세요";
```

(2) 다른 형의 리터럴은 넣을 수 없다.

변수 선언에서 형을 결정하면 같은 형의 리터럴만 대입할 수 있습니다.
("2.5 자동형 변환"에서 설명하는 것과 같은 일부의 예외는 있습니다.)

```
int n;
n = 10.5;        ← int형 변수에 double의 값을 대입하고 있다.
```

2.4.1 변수 선언의 범위

변수 선언에는 몇 가지의 방법이 있습니다. 다음과 같은 방법으로 자주 사용됩니다.

- 선언과 동시에 값을 대입한다(이것을 초기화라고 합니다).
  ```
  int n = 10;        // n에 10을 대입한다.
  int m = n + 5;     // 식을 적어서 초기화하는 것도 가능합니다. m은 15가 됩니다.
  ```

- 복수의 변수를 동시에 선언한다.
  ```
  int n, m, p;
  ```

- 복수의 선언으로 일부의 변수만 초기화한다.
  ```
  int n = 10, m, p;
  ```

| 주의 |

다음과 같은 방법은 컴파일 에러가 납니다.

int a, double b; ← 형 이름은 문장의 처음에 한 번만 적습니다.
단, int a; double b;는 괜찮습니다.

int a=b=0; ← 선언은 하나씩 분리해서 적어야 합니다.
int a=0, b=0;는 괜찮습니다.

▶▶▶ 연습문제 2-3

1. 다음 프로그램의 빈 칸에 대응하는 변수 선언을 적으시오.

```
public class TypeSample {
    public static void main(String[] args) {
            ┌─────────────┐
            │      A      │
            ├─────────────┤
            │      B      │
            ├─────────────┤
            │      C      │
            └─────────────┘

        a   =   10;
        b   =   1.035;
        c   =   '가'

            ┌─────────────┐
            │      D      │
            └─────────────┘

        d   =   '가나다라마'

            ┌─────────────┐
            │      E      │
            └─────────────┘

        e   =   true;
    }
}
```

A. _____

B. _____

C. _____

D. _____

E. _____

2. 다음의 방법에서 틀린 것을 모두 고르시오.

A. int   number;
   Number = 10.0;

B. String   s = "abc";

C. boolean   b = "true";

D. char   c = '가' ;

E. int   n, int   m;

F. int   n, double   a = 1.5;

G. short s1,s2;

H. int   n = 10;
   char   n = 'a';

I. double   x;
   a = 10.5;

J. double   x = 1.5;
   double   y = x * 2.0;

K. int   n = 0;
   Int   m = n + 1.2;

[해답] _____

2-5 자동 형변환

리터럴을 변수에 대입할 때 반드시 같은 형의 변수라야 하지만 어느 정도 융통성 있는 구조가 있습니다. 그것을 자동 형변환이라고 합니다.
예를 들어 다음과 같은 long과 double 변수에 int값을 대입해도 에러가 나지 않습니다.

```
long    big = 10;       // 10L로 자동 형변환되어 big에 대입된다.
double  max = 10;       // 10.0으로 자동 형변환되어 max에 대입된다.
```

또한, 자동 형변환은 계산식 안에서도 발생합니다. 다음의 식에서 2는 int형이지만 계산식에서는 2 → 2.0으로 자동 형변환해서 계산됩니다. 일반적으로 계산식에서는 가장 크기가 큰 형으로 자동 형변환된 뒤에 실제로 계산을 합니다.

```
double x = 3.5;
double y = x * 2;       // 2는 2.0으로 자동 형변환되어 계산에 사용된다.
```

자동 형변환은 변환을 해도 정보의 손실이 일어나지 않을 때만 됩니다. 정보의 손실이 있는 경우는 자동 형변환이 되지 않습니다.
예를 들어 다음의 예는 10.5를 정수형 변수에 대입하려고 하고 있지만 자동 형변환은 되지 않습니다. 그래서 결국 컴파일러 에러가 발생하게 됩니다. 10.5의 소수점 이하 부분인 0.5가 없어져서 10이 되어 버립니다.

```
int  number = 10.5      // 10.5의 소수점 이하가 없어지므로 컴파일 에러가 발생한다.
```

계산식에도 같은 이유로 다음과 같은 방법은 자동 형변환되지 않고 컴파일러 에러가 발생합니다.

```
int n = 2;
int m = n + 1.2;        // 우변은 2.0 + 1.2로 double형으로 바뀌어서 계산되므로 3.2가 된다.
```

결국, 정보의 손실이 없다는 전제하에 자동 형변환이 일어나는 경우는 다음 2가지입니다.

> **》》 중요**
>
> **자동 형변환이 가능한 경우**
> - 정수형에서는 비트수가 작은 형에서 큰 형으로 자동 형변환이 된다..
> - 정수형은 부동소수점형으로 자동 형변환이 된다.

정수형의 자동 형변환은 다음의 그림을 보면 잘 알 수 있습니다. char형을 제외하고 그림의 윗 부분에 있는 형은 아래에 있는 형으로 자동 형변환이 됩니다.

char형은 문자형이지만 0 ~ $2^{16}-1$까지의 값을 가지는 정수형의 하나로 취급합니다. 따라서, 정수형에서 비트수가 16비트 이상인 int형, long형으로 자동 형변환됩니다. 즉, 대입하는 것이 가능합니다. 물론 다른 정수형도 같은 방식으로 double, float으로 대입 가능합니다.

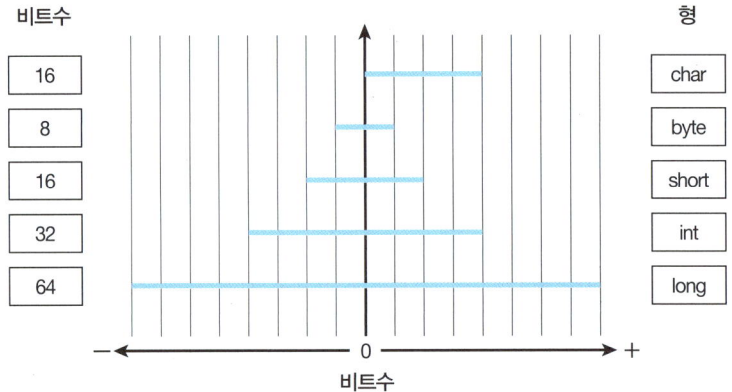

다음 그림에서처럼 화살표 방향은 자동형 변환이 가능한 경우입니다. 또한, 부동소수점형에서는 범위가 작은 float형은 double형으로 자동 형변환됩니다.

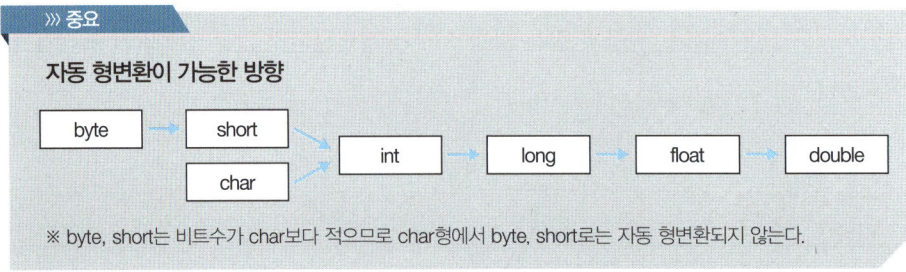

▶▶▶ 연습문제 2-4

1. 다음 문장에서 바른 것을 모두 고르시오.

> **A.** short형은 char형에 대입 가능하다.
> **B.** int형은 double형에 대입 가능하다.
> **C.** float형은 double형에 대입 가능하다.
> **D.** long형은 int형에 대입 가능하다.
> **E.** byte형은 long형에 대입 가능하다.
> **F.** short형은 byte형에 대입 가능하다.
> **G.** float형은 long형에 대입 가능하다.

[해답] _____

2. 다음의 코드를 실행했을 때, 바른 것은 어떤 것인가 답하시오.

```
1   public class Ex2_4_2 {
2       public static void main(String[] args) {
3           int    n = 5;
4           double a = 2.5;
5           a = a + n;
6           System.out.println(a);
7       }
8   }
```

A. 7.5라고 출력된다.

B. 3번째 라인에서 컴파일 에러가 발생한다.

C. 5번째 라인에서 컴파일 에러가 발생한다.

D. 실행하면 5번째 라인에서 정지하고 에러가 발생한다(실행시 예외라고 한다).

[해답] _____

3. 다음 코드를 실행했을 때 바른 것은 무엇인지 답하시오.

```
1    public class Ex2_4_3 {
2        public static void main(String[] args) {
3            int   n = 5, m;
4            long  a = 10L;
5            m = n + a;
6            System.out.println(m);
7        }
8    }
```

A. 15가 출력된다.

B. 3번째 라인에서 컴파일 에러가 발생한다.

C. 5번째 라인에서 컴파일 에러가 발생한다.

D. 실행하면 5번째 라인에서 정지하고, 에러가 표시된다(이것을 **실행시 예외**라고 한다).

[해답] _____

2-6 char형의 표현

char형은 문자의 글자 이미지가 아니라 문자에 할당된 번호를 저장하는 형이라는 것은 "2.1 데이터형의 분류와 역할"에서 설명했습니다. 문자 번호를 글자 이미지로 변환하는 것은 프린터나 출력 장치 같은 하드웨어의 역할입니다. 문자 번호를 받아서 대응하는 문자의 이미지로 출력하는 것입니다.

따라서, 프로그램상에서 char형을 16비트 수를 가지는 양의 정수형으로 보고 정수형의 하나로 취급할 수 있습니다. 구체적으로는 0~65535의 범위의 수를 가집니다.

>>> 중요

char형의 특징

- char형은 16비트의 양의 정수형(부호가 없는 정수형)이다.

예제 2 char형에 유니코드 에스케이프와 정수를 대입한다.

같은 문자라도 몇 가지 방법으로 표현하는 것이 가능합니다. 다음은 '가'라는 문자를 4가지 방법으로 대입한 것입니다.

```java
public class Sample2_6_1 {
    public static void main(String[] args) {
        char  ch1, ch2, ch3, ch4;
        ch1 = '가';           // 문자
        ch2 = '\u3042';       // 유니코드 에스케이프
        ch3 = 0x3042;         // 16진수. 16진수는 앞에 0x를 붙인다.
        ch4 = 12354;          // 10진수
        //
        System.out.println(ch1);
        System.out.println(ch2);
        System.out.println(ch3);
        System.out.println(ch4);
    }
}
```

> **설명**

유니코드 이스케이프라는 것은 16진수로 표현되는 문자 코드에 ₩u를 붙인 것입니다. 문자 코드는 10진수가 아니라 16진수로 표현합니다. 어떤 문자가 어떤 16진수로 표현되는지는 부록의 자료에 있는 URL인 "Unihan Database"에서 찾아보는 것이 가능합니다. 유니코드 이스케이프는 "문자와 완전히 동일한 것"으로 취급합니다.

가 ← 같다 → ₩uAC00

따라서 데이터로 취급할 때는 다음과 같이 작은따옴표로 감싸야 합니다.

```
ch1 = '가';
ch2 = '₩uAC00';
```

문자형은 정수형의 하나로 보며 정수를 대입하는 것도 가능합니다. '가'의 유니코드는 16진수로 AC00입니다. 또한 이것을 10진수로 표현하면 44032입니다. 어느 쪽이든 char형의 변수에 대입이 가능합니다. 16진수는 10진수와 구별하기 위해서 앞에 0x를 붙여야 합니다.

```
ch3 = 0xAC00;
ch4 = 44032;
```

16진수에 대해서는 "18. 그 외의 연산자"에서 자세히 다루도록 하겠습니다.

2.6.1 문자 코드와 이스케이프 문자

다음 표는 Unicode 표의 0000에서 007F까지를 표시한 것입니다. 영문자와 기호가 그 범위에 할당되어 있습니다.
표를 보는 법은 예를 들어 문자 'A'는 왼쪽의 0040에 열의 값 01을 더해서 0041이 'A'의 Unicode가 됩니다.

	00	01	02	03	04	05	06	07	08	09	0A	0B	0C	0D	0E	0F
0000									₩b	₩t	₩n		₩f	₩r		
0010																
0020	SP	!	"	#	$	%	&	'	(	)	*	+	,	-	.	/
0030	0	1	2	3	4	5	6	7	8	9	:	;	<	=	>	?
0040	@	A	B	C	D	E	F	G	H	I	J	K	L	M	N	O
0050	P	Q	R	S	T	U	V	W	X	Y	Z	[	₩	]	^	_
0060	`	a	b	c	d	e	f	g	h	i	j	k	l	m	n	o
0070	p	q	r	s	t	u	v	w	x	y	z	{			}	~	

이스케이프 문자		예
₩b	0008	백스페이스
₩t	0009	탭
₩n	000A	개행(줄바꿈)
₩f	000C	폼 피드
₩r	000D	캐리지 리턴
₩"	0022	큰 따옴표(")
₩'	0027	작은 따옴표(')
₩₩	005C	₩(역슬래시)

문자 코드표에서 음영으로 되어 있는 부분은 제어 문자라고 하는 보이지 않는 문자입니다. 줄바꿈과 같은 기능을 표현하기 위해서 이용합니다. 제어 문자 중에 굵은 테두리로 표시된 부분은 이스케이프 문자라고 합니다.

큰 따옴표("), 작은 따옴표('), 통화단위 기호(₩)도 그 앞에 ₩를 붙여서 이스케이프 문자로써 사용하는 것이 가능합니다. 이 문자들은 자신이 문자 데이터가 되는 경우에 사용합니다.

₩(원기호)는 한국어 환경에서의 표현입니다. 일반적으로는 ₩이 아니라 \(역슬래시)가 사용됩니다. ₩b, ₩t, ₩n라고 적을 때가 있는데 그것은 \b, \t, \n과 같은 것입니다. ₩와 \가 같은 문자 코드를 가져 한국어 환경에서는 ₩가 모두 \이 되기 때문입니다.

그 이외의 이스케이프 문자로서는 전에 설명한 유니코드 문자열을 나타내는 \u가 있습니다. \와 영소문자의 u를 사용합니다.

	의미	예
\u	4자리의 16진수. 유니코드 이스케이프	\u000A (10진수로는 10)

예제 3 이스케이프 문자를 표시하기

\t, \n, \", \', \\을 실제로 출력하도록 한 것이 다음 예제입니다.

```
public class Sample2_6_2 {
    public static void main(String[] args) {
        System.out.println("ABC\tDEF\tGHI");
        System.out.println("12345\n67890");
        System.out.println("\"\'\\");
    }
}
```

실행결과

```
<종료됨> Sample2_6_2
ABC     DEF     GHI
12345
67890
"'\
```

설명

\t를 출력하면 탭 기호가 됩니다. "ABC   DEF   GHI"는 탭에 따라서 간격이 비어 있는 것처럼 표시됩니다 또한 \n은 개행 문자로 사용됩니다. 1234567890이 \n의 위치에 따라 2개의 행으로 나뉘어져 출력됩니다. 또한, \", \', \\는 각각 해당하는 문자로 표현됩니다. 이처럼 ", ', \의 문자를 표시하고 싶을 때는 이스케이프 문자를 사용해야 합니다.

▶▶▶ 연습문제 2-5

1. 다음의 대입문에서 바른 것을 모두 고르시오.

```
A. char c = 81;
B. char c = 0x54;
C. char c = 54L;
D. char c = -20;
E. char c = 999999;
F. char c = \uEE0A;
G. char c = \uEE0A";
H. char c = '\uEE0A';
I. char c = \n;
J. char c = "\n";
K. char c = '\n';
```

[해답] _____

2. 이스케이프 문자를 사용해서 "123456789ABCDEF"를 다음처럼 출력하는 프로그램을 작성해 봅시다.

```
콘솔 ⊠
<종료됨> Ex2_5_2 [Java
123   456   789
AB    CD    EF
```

2-7 캐스트

자동 형변환이 되지 않는 경우는 정보의 손실이 발생할 때입니다. 하지만 프로그래머의 책임하에 강제적으로 형변환을 하는 것은 가능합니다. 그것을 캐스트라고 합니다. 캐스트는 몇 가지의 이유로 자동 형변환과는 반대로 변환하고 싶을 때 합니다.

캐스트는 다음과 같이 입력합니다.
number에는 10이 들어갑니다. 또한 x에는 10.0이 대입됩니다.

```
int number = (int)10.5;        // nubmer는 10으로 초기화된다.
double x = (double)number;     // x는 10.0으로 초기화된다.
```

캐스트는 일반적으로 다음과 같이 입력합니다. 캐스트의 대상은 값과 식입니다.

>>> 중요

캐스트 입력하는 법

(변환하려는 형)캐스트의 대상

예제 4 캐스트를 하고 결과를 본다.

```java
public class Sample2_7 {
    public static void main(String[] args) {
        int    n = (int)97.6;          // double을 int로 캐스트
        double x = (double)n;          // int를 double로 캐스트
        byte   b = (byte)n;            // int를 byte로 캐스트
        char   c = (char)b;            // byte를 char로 캐스트
        //
        int    m = (int)(5 * 1.3);     // 식도 캐스트할 수 있다.
        System.out.println(n);
        System.out.println(x);
        System.out.println(b);
        System.out.println(c);
        System.out.println(m);
    }
}
```

콘솔
<종료됨> Sample2_7
97
97.0
97
a
6

실행결과

설명

캐스트는 리터럴과 변수, 식에 적용 가능합니다.

문자 c에는 byte의 값을 캐스트해서 대입했습니다. 값은 97입니다. c를 표시하면 문자 'a'가 표시되는데 그것은 97이 'a'의 Unicode값이기 때문입니다. 식을 캐스트할 때는 예제와 같이 전체를 ( )로 감쌀 필요가 있습니다. 식을 계산한 결과는 6.5이지만 int로 캐스트되면 6이 됩니다.

또한 정수 n를 double의 x로 캐스트하고 있는데 그것은 자동 형변환이 되기 때문에 캐스트하지 않아도 에러가 나지는 않습니다.

char형을 포함하는 정수형의 캐스트의 구조는 다음의 그림를 보면 쉽게 이해가 갈 것입니다. 이 그림에서 아래의 형을 위에 있는 형에 대입할 때는 캐스트할 필요가 있습니다. 또한, 이 그림에서 byte와 short는 음수 부분이 있지만 char에는 없는 관계로 byte, short를 char에 대입하면 캐스트가 필요한 이유를 알 수 있을 것입니다. 반대로 char형은 byte, short보다 비트수가 크므로 캐스트하지 않으면 byte, short에 대입하기 어렵습니다.

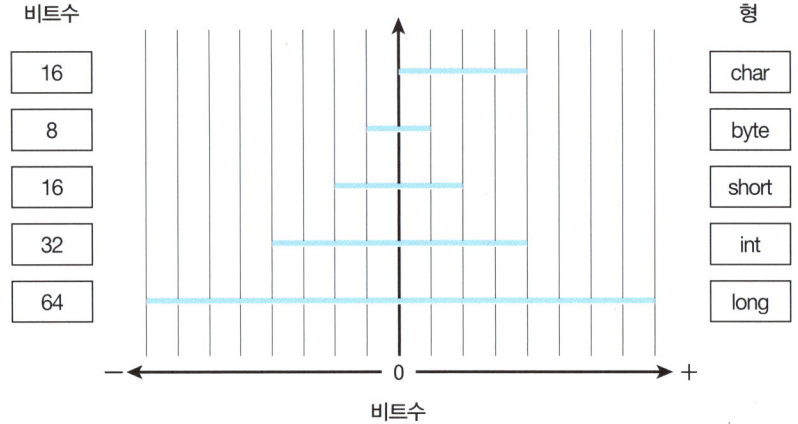

이상으로 캐스트가 필요한 부분을 정리했습니다. char형과 short, byte 간에는 캐스트가 필요한 경우를 주의해야 합니다. 그리고, double을 표현 범위가 작은 float에 대입할 때는 캐스트가 필요합니다. 또한, boolean형과 String형은 다른 형과 호환성이 없기 때문에 전혀 캐스트할 수 없습니다. 이것도 확실히 기억해야 합니다.

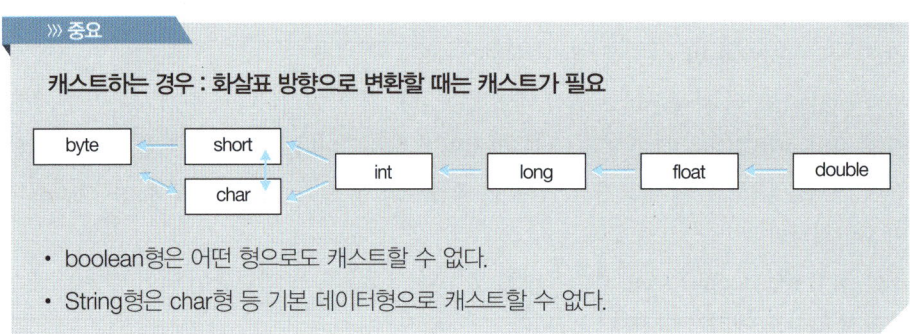

▶▶▶ 연습문제 2-6

1. 다음 프로그램에서 캐스트가 필요한 곳이 어디인지 라인 번호로 답하시오(2개 이상일 수도 있음).

A.

```
1    public class Ex2_6_1 {
2        public static void main(String[] args) {
3            int     n  =  10;
4            double  x  =  n + 1;
5            int     k  =  x;
6            long    ln =  x;
7        }
8    }
```

[해답] _____

B.

```
1    public class Ex2_6_2 {
2        public static void main(String[] args) {
3            int   n   =  10;
4            char  ch1 =  10;
5            char  ch2 =  n;
6        }
7    }
```

[해답] _____

C.

```
1    public class Ex2_6_3 {
2        public static void main(String[] args) {
3            char    ch  =   10;
4            short   sh  =   ch;
5            byte    b1  =   ch;
6            byte    b2  =   10;
7            char    ch2 =   b2;
8        }
9    }
```

[해답] _____

2. 다음 프로그램에서 컴파일 에러가 발생하는 라인을 모두 고르시오.

```
1    public class Ex2_6_4 {
2        public static void main(String[] args) {
3            double  x   =   10.5;
4            int     n   =   (int)x+1.5;
5            byte    b   =   (byte)true;
6            char    ch  =   'a';
7            String  str =   (String)ch;
8            boolean bl= (boolean)0;
9        }
10   }
```

[해답] _____

정리

데이터형의 분류와 역할

- 주요 데이터형(그 외에는 참조형으로 배열형, 클래스형, 인터페이스형이 있음)

분류명	형이름	설명	예
정수형	Int, byte, short, long	정수	125, -3
부동소수점형	double, float	소수점을 가진 수	1.25, -3.0
문자형	Char	한 문자	'a', '가'
논리형	Boolean	참, 거짓	true, false
문자열형	String	문자열	"abc가나다"

- 수치형의 비트수와 다룰 수 있는 값의 범위

형	bit수	범위
char	16	$0 \sim 2^{16}-1$
byte	8	$-2^7 \sim 2^7-1$
short	16	$-2^{15} \sim 2^{15}-1$

형	bit수	범위
Int	32	$-2^{31} \sim 2^{31}-1$
long	64	$-2^{63} \sim 2^{63}-1$
float	32	
double	64	

변수란

- 구체적인 값을 리터럴이라고 한다.
- 변수에 리터럴을 넣을 수 있다.
- 등호(=)는 [변수]=[식]의 형태로 사용한다.
- 등호(=)는 우변의 식의 계산 결과를 좌변의 변수에 넣는다(같다는 기호가 아님).

이름을 붙이는 방법

- 프로그래머가 자유롭게 붙일 수 있는 이름을 식별자라고 한다.
- 식별자에는 숫자, 영문자(대문자, 소문자)와 두 개의 기호(_, $)를 사용할 수 있다.
- 식별자는 숫자로 시작할 수 없다(21number 등은 불가).
- 예약어는 식별자로 사용할 수 없다.
- 이름의 길이는 실질적으로 제한이 없다.
- 기본적으로는 소문자를 사용한다(관습).
- 변수명은 소문자로 시작하고 클래스명은 대문자로 시작한다(관습).
- powerfulcomputerisgood ➡ powerfulComputerIsGood 식으로 사용한다(관습).

변수 선언

- 변수는 사용하기 전에 형과 이름을 선언해 두어야 한다. 예) int a, b, c;
- 형뿐만 아니라, 이미 선언한 변수와 같은 이름의 변수는 선언할 수 없다.
- 선언과 초기화를 동시에 해도 된다. 예) int a, b, n = 10;
- 변수와 대입하는 값은 같은 형이라야 한다.

자동 형변환

- 비트수와 값의 범위가 보다 큰 쪽의 형으로 자동 형변환이 일어난다.

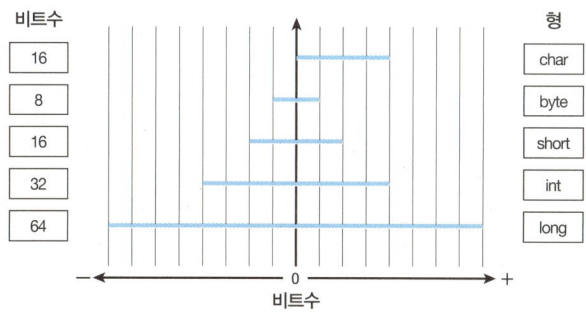

- 자동 형변환이 가능한 관계

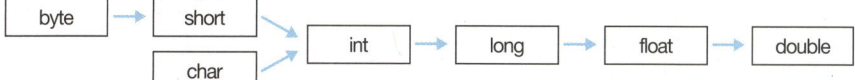

char형의 표현

- 문자형은 16비트의 양의 정수형이다.
- '가', '\uAC00'(유니코드 이스케이프), 0xAC00, 44032는 모두 같은 값이다.
- '\t'(탭), '\n'(개행) 등을 이스케이프 문자라고 한다.

캐스트

- (변환하려는 형)캐스트 대상   예) int n = (int)10.0;
- 자동 형변환할 수 없는 형의 변환에는 캐스트를 사용한다.
- boolean형은 어떤 형으로도 캐스트할 수 없다.
- String형은 char형과 같은 기본 데이터형으로 캐스트할 수 없다.
- 캐스트가 필요한 형의 관계

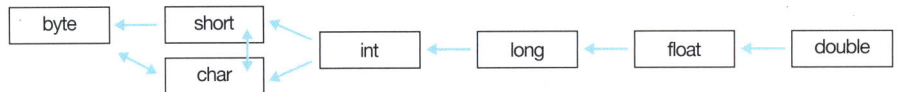

{Chapter 03}

연산자와 연산

가감승제 등의 연산에는 +, -, ×, ÷과 같은 기호를 사용해서 계산하지만
프로그래밍에서는 %, ++, +=과 같은 기호를 사용해서
나눗셈의 나머지만 구하거나, 1을 더하거나 하는
여러 가지 연산이 가능합니다.
이렇게 무엇인가 연산을 의미하는 기호를 연산자라고 합니다.
이 장에서는 Java 언어의 기본적인 연산자에 대해서 배워봅니다.

3-1 기본적인 연산자

다음의 표는 기본적인 연산자의 설명입니다. 우선순위라는 것은 하나의 식 안에서 연산자가 여러 가지 사용될 때 어떤 연산자가 먼저 적용되는가 하는 규칙입니다. 위에 있는 것일수록 우선순위가 높습니다. 또한 같은 칸 안에서는 같은 우선순위를 가집니다.

		이름	연산자	결합규칙
높음	단항연산자	후치 증감	++, --	좌→
↑		전치 증감	++, --	←우
우선순위		단항 플러스/마이너스	+, -	←우
		캐스트	(형)	←우
		곱하기, 나누기, 나머지	*, /, %	좌→
		더하기, 빼기	+, -	좌→
↓		문자열 연결	+	좌→
낮음		대입연산자	=, *=, /=, %=, +=, -=	←우

우선순위라는 것은 예를 들면 다음과 같은 연산에서 +보다 ×가 우선적이기 때문에 3 × 2 부분을 먼저 계산하는 규칙입니다.

   10 + 3 × 2

프로그래밍에서는 많은 연산자가 있기 때문에 우선순위를 분명히 정해 둘 필요가 있는 것입니다. 예를 들어, 다음의 식에서는(의미는 바로 뒤에서 설명합니다) ++가 = 보다 우선순위가 더 높기 때문에 최초에 ++a를 실행하고 그 결과를 b에 대입합니다.

   b = ++a;

한편 결합규칙이라는 것은 하나의 식의 안에서 같은 우선순위의 연산자가 여러 개 있을 때 왼쪽부터 적용하는지 혹은 오른쪽부터 적용하는지에 대한 규칙입니다. 예를 들어, 다음의 식에서 더하기는 왼쪽부터 하지만 대입은 오른쪽부터 적용합니다.

```
n - 10 + 15 +3;        // +는 왼쪽부터 계산(좌결합). 10+15 를 계산한 다음에 25+3을 계산
a = b = c =10;         // =은 오른쪽부터 계산(우결합). 먼저 c가 10이 되고 다음은 b, a의 순서
```

또한, ( )를 사용하는 것이 가능합니다. ( )를 사용하면 다음과 같이 우선순위와 결합규칙을 강제적으로 바꾸는 것이 가능합니다.

10 + (15 + 3)

이번 장에서는 이 연산자들의 사용방법을 자세히 설명합니다.

 Java 언어의 시대

Java 언어는 1990년대에 개발된 언어입니다. C, C++, Java는 10년 정도의 간격으로 등장했습니다. 필자는 역사의 흐름과 함께 순서대로 이 언어들을 사용해 왔습니다. 그러면서 알게 된 것이 프로그래밍 언어도 시대를 반영한다는 것입니다. 낮은 성능의 PC 능력을 한계까지 끌어내기 위해서 C 언어를 사용했습니다. PC가 고성능이 되면서는 한층 더 대규모의 개발을 가능하게 하는 C++가 사용되었습니다. 그리고, 인터넷이 보급되면서 그 편의성을 이용하기 위해서 Java 언어가 사용되고 있습니다.

더욱 큰 관점으로 보면 컴퓨터 세계의 패러다임 쉬프트가 20년 주기로 일어나고 있습니다. 이것은 대형 범용컴퓨터가 세계에 널리 쓰이기 시작한 1960년대, 개인용 컴퓨터가 대형 범용컴퓨터로 된 1980년대, 그리고 많은 컴퓨터가 인터넷에 연결된 2000년대입니다. Java 언어는 2000년대부터 유행하기 시작한 언어입니다. 그럼 그 뒤에는 무엇이 올까요? 과거의 역사를 보면 그것은 이미 등장한 상태일텐데요.

3-2 증가 연산자와 감소 연산자

프로그래밍에서는 회수와 개수를 세는 경우가 자주 있습니다. 그 때 사용하는 것으로 증가 연산자 ++과 감소 연산자 -- 가 있습니다. 이것들은 변수의 값을 1만 증가시키거나 감소시키는 일을 합니다.

```
int    n = 0, m = 0;         // n, m에는 0을 넣어둔다.
n++;
m--;
```

위와 같이 사용하면 n은 1이 더해져서 1이 되고 m은 1이 감소해서 -1이 됩니다. 이 연산자는 변수의 앞에 붙이는 것도 가능합니다.

```
++n;
--m;
```

앞에 붙이는 경우를 **전치**, 뒤에 붙이는 경우를 **후치**라고 합니다. 위 예제와 같이 단독으로 사용될 경우는 어느쪽이든 같은 결과를 가집니다. 이 연산자가 식 안에서 사용되면 전치와 후치의 결과가 다르므로 주의할 필요가 있습니다.

> **》 중요**
>
> **++와 --**
>
> - 전치의 경우 : 계산에 사용되기 전에 증감한다.
> - 후치의 경우 : 계산에 사용되고 난 뒤에 증감한다.

예제 1 전치와 후치의 다른 점을 확인하기

다음의 예제는 ++를 사용해서 전치와 후치의 다른 점을 확인합니다.

```java
public class Sample3_2_1 {
    public static void main(String[] args) {
        int    x, y;
        // 전치
        x = 10;
        y = ++x + 5;          // x에 1을 더한 다음에 x+5를 실행한다.
        System.out.println(x);
        System.out.println(y);
        //
        // 후치
        x = 10;
        y = x++ + 5;          // y = x + 5를 실행한 다음 x에 1을 더한다.
        System.out.println(x);
        System.out.println(y);
    }
}
```

실행결과
```
<종료됨> Sample3_2_1
11
16
11
15
```

설명

++x의 항목은 계산에 사용하기 직전에 x에 1을 더합니다. 반대로, x++의 항목은 계산에 사용되고 난 뒤에 1을 더합니다. 따라서 전치의 경우는 16이 되고, 후치의 경우는 y가 15가 됩니다.

- 전치의 경우

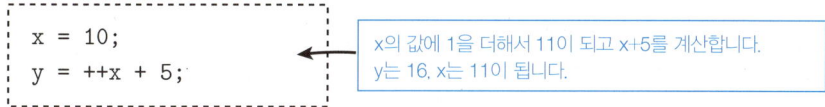

```
x = 10;
y = ++x + 5;
```
x의 값에 1을 더해서 11이 되고 x+5를 계산합니다.
y는 16, x는 11이 됩니다.

- 후치의 경우

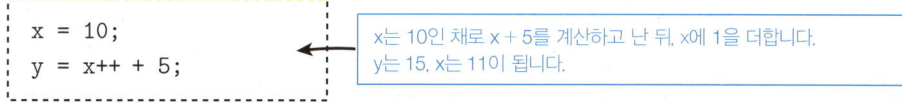

```
x = 10;
y = x++ + 5;
```
x는 10인 채로 x + 5를 계산하고 난 뒤, x에 1을 더합니다.
y는 15, x는 11이 됩니다.

그리고, ++x와 같이 x에 ++ 연산자를 적용하려면 x의 안에 무엇인가 값이 들어있어야 합니다. int x;로 선언한 것만으로는 x에 어떤 값도 들어있지 않기 때문에 주의하기 바랍니다.

3.2.1 여러 개의 항목이 있을 경우

증가, 감소 연산자를 사용하면 항목을 계산에 사용하기 직전 또는 직후에 값을 변화합니다. 그럼 다음과 같이 2개의 항목이 있는 경우는 어떻게 될까요?
( )안은 x의 값을 나타냅니다. 최초의 x는 10을 가집니다.

```
         (10)    (10)
   y  =  ++x  +  ++x  ;
```

우변은 더하기 연산입니다. ++x와 ++x를 더하려고 하고 있습니다.
여기서 왼쪽에 있는 ++x는 계산에 사용되기 직전에 1을 증가시킵니다. 11이 되기 때문에 그것을 식에 적용하면 다음과 같습니다.

```
                (11)
   y  =  11  +  ++x;
```

그 다음에는 오른쪽의 ++x를 더하는데 이때 오른쪽에 x도 이미 11인 것에 주의해야 합니다. 계산에 사용되기 직전에 1을 증가시키므로 12가 됩니다. 그것을 식에 적용하면 다음과 같습니다. 단, 이미 앞에 적용된 11은 변하지 않습니다. 이는 이미 계산되었기 때문입니다.

```
   y  =  11  +  12
```

그래서 y는 23이 됩니다.
전치에서는 계산에 사용되기 전에 그 항목만 값이 결정됩니다. 이외에도 같은 변수가 있으면 그것도 사용되기 직전에 처리해서 값을 결정합니다.
참고로 후치의 경우는 다음과 같습니다.

```
         (10)    (10)
   y  =  x++  +  x++  ;          // 최초의 상태. x는 10입니다.
                (11)
   y  =  10  +  x++  ;           // 10을 그대로 더하고, x를 1증가시킵니다. x는 11입니다.

   y  =  10  +  11  ;            // 11을 그대로 더하고, x를 1증가시킵니다. x는 12가 됩니다.
                                 //  y는 21이 됩니다.
```

예제 2 부동소수점에서의 사용

++, --는 double이나 float에서도 사용할 수 있습니다.

```java
public class Sample3_2_2 {
    public static void main(String[] args) {
        double x=1.24;
        x++;
        System.out.println(x);
    }
}
```

콘솔
<종료됨> Sample3_2_2
2.24

실행결과

▶▶▶ 연습문제 3-1

다음 식에서 x와 y의 값은 얼마가 되는지 구하시오.

A. int x=5, y;
　　y = x++;

[해답] x = _____　　y = _____

B. int x=5;
　　int y = ++x + 2;

[해답] x = _____　　y = _____

C. int x=5;
　　int y = x-- + 2;

[해답] x = _____　　y = _____

D. int x=5;
　　int y = 2*x++;

[해답] x = _____　　y = _____

E. `int x=5;`

   `int y=2 * ++x + 2;`

[해답] x = _____   y = _____

F. `int x=5;`

   `int y=2 * (x-- + 2);`

[해답] x = _____   y = _____

G. `int x=5;`

   `int y= ++x + ++x;`

[해답] x = _____   y = _____

H. `int x=5;`

   `int y= ++x + x++;`

[해답] x = _____   y = _____

I. `int x=5;`

   `int y= ++x + x--;`

[해답] x = _____   y = _____

3-3 사칙연산의 연산자

사칙연산이란 가감승제(더하기, 빼기, 곱하기, 나누기)를 뜻합니다. Java에서는 이 외에도 나머지를 구하는 나머지 연산(모듈러 연산)이 있습니다.

예제 3 사칙연산의 연산자

다음의 예제는 ++를 사용해서 전치와 후치의 다른 점을 확인합니다.

```java
public class Sample3_3 {
    public static void main(String[] args) {
        // 가감승제
        double    x=20, y=4, a1,a2,a3;
        a1 = x+y-3;
        a2 = x/y*5;
        a3 = x/(y*5);
        System.out.println(a1);
        System.out.println(a2);
        System.out.println(a3);
        // 단항+, 단항-
        int   m=5, n=8, s1,s2, s3;
        s1 = -m;
        s2 = +n;
        System.out.println(s1);
        System.out.println(s2);
        // 나머지
        s1 = 3%2;
        s2 = 2%2;
        s3 = 1%2;
        System.out.println(s1);
        System.out.println(s2);
        System.out.println(s3);
    }
}
```

```
<종료됨> Sample3_3
21.0  ┐
25.0  ├ 가감승제
1.0   ┘
-5    ┐
8     ┘ 단항 +, -
1     ┐
0     ├ 나머지
1     ┘
```
실행결과

> 설명

가감승제

가감승제의 연산자는 통상적인 사칙연산에서는 +, −, ×, ÷이지만, Java 언어에서는 +, −, *, /를 사용합니다. 곱셈은 *, 나눗셈은 /을 사용합니다. 또한 ( )(괄호)도 자유롭게 사용할 수 있습니다.

계산에서는 연산자의 우선순위를 주의해서 쓸 필요가 있습니다. 예를 들어 *와 /은 같은 우선순위를 가지기 때문에 ( )로 구분하지 않으면 기대한 결과가 나오지 않을 수 있습니다.

또한, 2*a라고 적을 곳에 2a라고 적는 경우가 많습니다. 주의해 주십시오.

단항 플러스, 단항 마이너스

+1이나 −1 등의 표현에 사용하는 것이 단항 플러스, 단항 마이너스입니다. 이들은 음수와 양수의 부호로서 사용됩니다. −a와 같은 변수에도 사용할 수 있습니다.

나머지 연산(모듈러)

나누기 연산의 나머지를 구하는 연산입니다. 나머지가 0인지 아닌지 확인할 때 사용되기도 합니다.

```
s1 = 3 % 2;     // 3을 2로 나눈 나머지
s2 = 2 % 2;     // 2를 2로 나눈 나머지
s3 = 1 % 2;     // 1을 2로 나눈 나머지
```

s1은 1, s2는 0, s3는 1이 됩니다. 나누는 수가 더 클 경우에는 나눠지는 수 그 자체가 나머지(모듈러)가 됩니다. 예를 들어 3 % 5의 답은 3입니다.

> ▶▶▶ 연습문제 3-2

1. 다음 식의 계산 결과를 답하시오.

```
10 * ( 15 + 3 ) / 6
```

[해답] _____

2. a와 b의 합계에 2.5를 곱한 결과를 출력하는 프로그램입니다. 빈 칸에 맞는 계산식을 쓰세요.

```
public class Ex3_2_2{
    public static void main(String[] args) {
        double a = 10;
        double b = 3;
        double answer = [          ]
        System.out.println(answer);
    }
}
```

[해답] _____

3. 반경 r인 원의 면적 s는 s = r × r × 3.14 로 구할 수 있습니다. 빈 칸을 채우고 프로그램을 완성하시오.

```
/*
 * 반경 r인 원의 넓이를 구하는 프로그램
 * 처리순서
 *   (1)  r 을 사용해서 면적을 계산한 결과를 변수 s에 대입한다.
 *   (2)  s 를 콘솔에 출력한다(System.out.println()을 사용해서).
 */
public class Ex3_2_3 {
    public static void main(String[] args) {
        double r = 5.5;
        [          (1)          ]
        [          (2)          ]
    }
}
```

[해답] (1)= _____   (2)= _____

4. a, b, c, d의 값은 얼마가 되는지 쓰시오.

```
int a = 20 % 6;
int b = 15 % 6;
int c = 20 % 6 % 2;
int d = 3 % 4;
```

A. _____

B. _____

C. _____

D. _____

5. 107을 13으로 나눈 나머지를 출력하는 프로그램을 작성하시오.

3-4 문자열의 연결

2개 이상의 문자열을 하나로 연결해야 할 때가 있습니다. 이럴 때는 **문자열 연결 연산자**인 +를 사용합니다. 예를 들면, 다음과 같이 연결하는 것이 가능합니다.

"안녕하세요." + "홍길동" + "씨" ➡ "안녕하세요.홍길동씨"

예제 4 문자열의 연결

다음은 문자열을 연결하여 출력하는 예제입니다.

```java
public class Sample3_4_1 {
    public static void main(String[] args) {
        String s = "안녕하세요" + "홍길동" + "씨";
        System.out.println(s);
    }
}
```

실행결과
```
<종료됨> Sample3_4_1
안녕하세요홍길동씨
```

설명

문자열의 연결은 프로그램에서 다음과 같이 문자열을 +로 연결합니다.

　　　String s = "안녕하세요." + "홍길동" + "씨";

+는 더하기 연산자와 같지만 문자열에 사용하면 문자열 연결 연산자가 됩니다. 콘솔에 표시하는 등 간단한 연결 표시가 필요할 때 사용합니다.

문자열 리터럴을 직접 연결하는 것뿐만 아니라 String형 변수를 연결하는 것도 가능합니다. 그 경우에는 다른 리터럴과 같이 식의 중간에 변수를 적어서 +로 연결합니다. 다음 그림은 name이라고 하는 변수를 연결합니다.

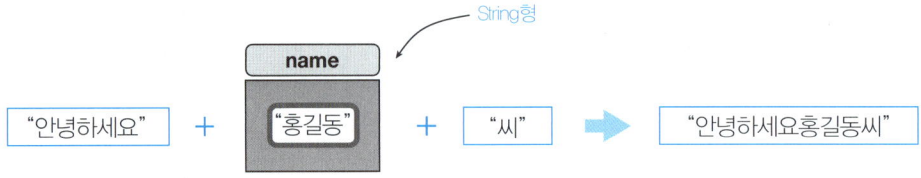

> **예제 5**   문자열 변수를 연결한다.

다음 프로그램을 작성해서 결과를 확인해 봅시다.

```java
public class Sample3_4_2 {
    public static void main(String[] args) {
        String name = "홍길동";
        String s = "안녕하세요" + name + "씨";
        System.out.println(s);
    }
}
```

실행결과
```
<종료됨> Sample3_4_2
안녕하세요홍길동씨
```

> **설명**

String형 변수 name에는 "홍길동"이라고 하는 데이터가 들어 있습니다. + 연산자로 연결하면 문자열 s에는 "홍길동"이 연결됩니다.

3.4.1 System.out.println( )의 기능

println 메소드의 ( ) 안에 직접 식을 넣는 것도 가능합니다. 앞으로도 이용할 기능이므로 여기서 설명하겠습니다. 예제 6은 예제 5를 이 방법으로 고친 것입니다.

> **예제 6**   println()에 직접 식을 넣는다.

```java
public class Sample3_4_3 {
    public static void main(String[] args) {
        String name = "홍길동";
        System.out.println("안녕하세요" + name + "씨");
    }
}
```

실행결과
```
<종료됨> Sample3_4_3
안녕하세요홍길동씨
```

> **설명**

불필요한 문자열 변수를 만들지 않고 직접 문자열 연결식의 결과를 출력합니다.
System.out.println( )에는 어떤 식이라도 적는 것이 가능합니다. 예를 들어 다음과 같이
계산식을 넣는 것도 가능합니다.

```
int n=5, m=3;
System.out.println( n/m+15 );
```

▶▶▶ 연습문제 3-3

1. 다음 프로그램과 그 실행결과를 보고 네모 안에 문자열 연결식을 넣으시오.

```
public class Ex3_3_1 {
    public static void main(String[] args) {
        String s1 = "서울시";
        String s2 = "김철수";
        System.out.println(                    );
    }
}
```

실행결과
```
콘솔
<종료됨> Ex3_3_1 [Java
서울시의김철수입니다
```

[해답] _____

2. 다음 프로그램과 그 실행결과를 보고, 네모 안에 문자열 연결식을 넣으시오.

```
public class Ex3_3_2 {
    public static void main(String[] args) {
        String  code1= "JA0132";
        String  code2= "JB3240";
        String  to1  = "서울";
        String  to2  = "대전";
        String  time1= "30분 지연되어";
        String  time2= "정시에";
        //
        System.out.println(            A            );
        System.out.println(            A            );
    }
}
```

실행결과
<종료됨> Ex3_3_2 [Java 응용프로그램] C:₩Program F
오늘 서울행 JA0132편은 30분 지연되어 출발합니다.
오늘 대전행 JB3240편은 정시에 출발합니다.

A. _____

B. _____

3-5 문자열 이외의 형의 변수와 연결

문자열 연결 연산자에서 무엇보다 중요한 기능은 문자열과 다른 형의 데이터를 연결하는 것이 가능하다는 것입니다. 이 기능은 매우 강력해서 어떤 형의 데이터라도 String형으로 변환해서 연결합니다. 다음 예는 int형의 변수 ans에 들어있는 값 20을 문자열과 연결하는 것입니다.

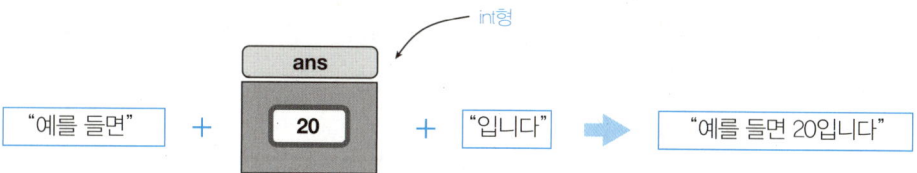

예제 7 문자열 이외의 형의 변수와 연결

```
public class Sample3_5 {
    public static void main(String[] args) {

        int ans = 20;
        System.out.println("예를 들면" + ans + "입니다.");
        //
        char    ansChar    = '가';
        double  ansDouble  = 105.5;
        boolean ansBoolean = true;
        //
        System.out.println("char의 예는" + ansChar + "입니다");
        System.out.println("double의 예는" + ansDouble + "입니다");
        System.out.println("boolean의 예는" + ansBoolean + "입니다");
    }
}
```

어떤 형태의 변수라도 연결할 수 있다.

실행결과
```
<종료됨> Sample3_5 [Java 응
예를 들면20입니다.
char의 예는 가입니다
double의 예는 105.5입니다
boolean의 예는 true입니다
```

> **설명**

int형, char형, double형, boolean형의 변수를 연결해서 표시하고 있습니다. 어떤 형의 변수라도 데이터를 문자열로 변환해서 연결합니다.

▶▶▶ 연습문제 3-4

1. 다음 프로그램의 빈 칸을 채워서 완성하시오.

```
public class Ex3_4_1 {
      public static void main(String[] args) {
            int n = 200;
            System.out.println(                        );
      }
}
```

실행결과: 모두 200명입니다.

[해답] _____

2. 다음의 프로그램은 a+2b를 계산하는 프로그램입니다. 빈 칸을 채워서 완성하시오.

```
public class Ex3_4_2 {
      public static void main(String[] args) {
            double a = 11.5;
            double b = 3.0;
            double answer =  a + (2.0 * b);
            System.out.println(                        );
      }
}
```

실행결과: 해답=17.5

[해답] _____

3-6 더하기와 문자열 연결의 혼합

편리한 연결 연산자 +이지만 +는 수치의 더하기 연산을 하는 연산자이기도 합니다. 어느 기능으로 움직일 것인가는 +의 양쪽에 있는 데이터의 형을 보고 자동으로 결정됩니다.

> **》 중요**
>
> **더하기와 문자열 연결의 혼합**
> - 양쪽에 숫자형 데이터가 있는 경우는 더하기 연산자로 동작한다.
> - −오른쪽이나 왼쪽 어느쪽이든 String형 데이터가 있을 경우는 연결 연산자로 동작한다.

예제 8 복잡한 문자열 연결

2개의 정수 변수와 문자열을 여러 가지 순서로 연결해서 출력하고 있습니다. 더하기 연산자와 연결 연산자가 혼재하는 경우는 연결하는 요소의 순서에 따라 결과가 다르게 되므로 주의해 주십시오.

+는 왼쪽부터 연산되므로 왼쪽부터 더하기나 연결이 되게 됩니다.

```java
public class Sample3_6 {
    public static void main(String[] args) {
        int a=11, b=22;
        System.out.println( a + b + "abc" );      // "33abc"
        System.out.println( "abc" + a + b );      // "abc1122"
        System.out.println( "abc" + (a + b) );    // "abc33"
    }
}
```

실행결과
```
<종료됨> Sample3_6
33abc
abc1122
abc33
```

설명

(1) 정수 변수를 왼쪽에 연결한 경우

a와 b의 더하기가 먼저 되어서 33이 되고 다음은 33과 "abc"가 연결되어 "33abc"가 됩니다.

```
int a=11, b=22;
String s = a + b + "abc";      // "33abc"
             ↑   ↑
           더하기  연결
```

(2) 왼쪽에 문자열을 연결하는 경우

제일 먼저 "abc"와 변수 a가 연결되어 "abc11"가 되고, 변수 b와 연결되어 "abc1122"이 됩니다.

```
int a=11, b=22;
String s = "abc" + a + b;      //"abc1122"
                 ↑   ↑
                연결  연결
```

(3) 정수 변수를 ( )에 묶은 경우

(a+b)를 먼저 계산해서 33이 되고, 그것을 abc에 연결되어 "abc33"이 됩니다.

```
int a=11, b=22;
String s = "abc" + (a + b);    // "abc33"
                 ↑     ↑
                연결   더하기
```

▶▶▶ 연습문제 3-5

1. 다음 프로그램에서 s1 ~ s5에는 어떤 값이 대입되는지 답하시오.

```
int    a=3, b=5;
String  s1 = a + b + "xxx";
String  s2 = "xxx" + a + b;
String  s3 = a * b + "xxx";
String  s4 = a + "xxx" + b;
String  s5 = "xxx" + (a + b);
```

[해답] s1= _____   s2= _____   s3= _____   s4= _____   s5= _____

2. 다음 프로그램의 실행결과를 보고 빈 칸을 채우시오.

```
public class Ex3_5_2 {
    public static void main(String[] args) {
        int    gaku  =  1200;
        int    zei   =  60;
        System.out.println(                    );
    }
}
```

실행결과
```
<종료됨> Ex3_5_2 [Jav
세금은1260원입니다.
```

[해답] _____

3-7 대입 연산자

=는 대입 연산자입니다. 즉, =는 무엇인가의 값을 변수에 대입하는 연산자입니다. 따라서 =의 왼쪽에는 반드시 변수여야 합니다. =는 다음과 같이 작용하는 연산자입니다.

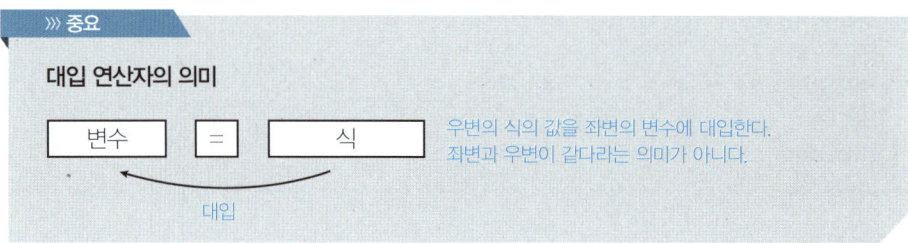

수학과 같이 「좌변과 우변이 같다」는 의미의 등호가 아닙니다. 주의하기 바랍니다. 그렇기 때문에 여러 가지 대입문을 만드는 것이 가능합니다.

예제 9 재대입

재대입이란 좌변의 변수가 우변의 식에 포함되어 있는 경우를 말합니다. 예를 들면 변수 val이 거기에 해당합니다. val은 우변에서 계산에 사용되어 그 결과를 다시 val에 대입합니다. val의 값을 재설정하기 때문에 재대입이 됩니다.

```
public class Sample3_7_1 {
    public static void main(String[] args) {
        intval = 5;
        val = val + 10;      // 재대입
        System.out.println("val="+ val);
    }
}
```

실행결과
```
<종료됨> Sample3_7_1
val=15
```

> **설명**

=는 등호가 아니기 때문에 재대입이 가능합니다. 이 프로그램에서는 4번째 라인의 좌우 양변에 val이라는 변수가 있는데 그렇다고 그 식이 틀린 것은 아닙니다.

```
val = val + 10;    // 재대입
```

먼저 val + 10을 계산해서 15를 구하고 그것을 val에 재대입합니다.

3.7.1 복합 대입 연산자

재대입을 단축해서 쓰기 위한 연산자입니다. 다음과 같은 +이외의 연산자에 대해서도 정의되어 있습니다. 재대입을 할 때에는 보통 이 복합 대입 연산자를 사용해서 간단히 씁니다.

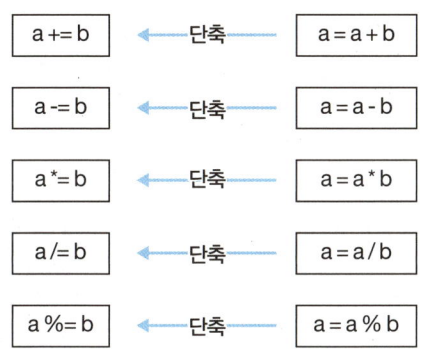

예제 10 초기화 에러

맨 처음에 어떤 값을 변수에 대입하는 것을 초기화라고 합니다. 재대입 처리에 초기화되지 않은 변수를 사용하면 컴파일 에러가 발생합니다. 다음 프로그램은 초기화되지 않은 변수를 사용해서 재대입처리를 하려고 하기 때문에 4번째와 8번째 라인에서 컴파일 에러가 납니다.

```
1   public class Sample3_7_2a {
2       public static void main(String[] args) {
3           int  n;
4           n = n + 10;        // n에는 어떤 값도 들어있지 않다.
5           System.out.println("n="+n);
6           //
7           int  m;
8           m += 10;           // m에는 어떤 값도 들어있지 않다.
9           System.out.println("m="+m);
10      }
11  }
```

설명

선언만 한 변수에는 아무런 값도 들어있지 않습니다. n, m은 각각 3번째와 7번째 라인에서 선언을 했지만 0은 아닙니다. "아무것도 들어있지 않은" 상태입니다. 따라서, 4번째 라인의 식에서 우변 n + 10은 계산할 수 없기 때문에 컴파일 에러가 발생합니다.

```
n = n + 10;
```

8번째 라인에서는 복합 대입 연산자를 사용하고 있지만 내부적으로 m = m + 10;을 계산하는 것과 같습니다. 식을 계산할 수 없기 때문에 컴파일 에러가 납니다.

```
m += 10;        // m = m + 10과 같다.
```

일반적으로 변수는 선언한 뒤에 무엇인가 값을 대입해서 초기화했는지, 아닌지를 컴파일러가 검사합니다. 실행하기 전에 컴파일러가 체크하는 것입니다. 이 예제에서는 3번째와 7번째 라인에서 선언만 하고 초기화를 하지 않았기 때문에 컴파일러 에러가 발생하는 것입니다.

변수를 선언하고 다음과 같이 초기화해 두면 컴파일 에러가 나지 않고 실행됩니다.

```
1   public class Sample3_7_2b {
2       public static void main(String[] args) {
3           int   n=0;
4           n = n + 10;    // n에는 0이 들어있다.
5           System.out.println("n= "+ n);
6           //
7           int   m=0;
8           m += 10;       // m에는 0이 들어있다.
9           System.out.println("m="+m);
10      }
11  }
```

실행결과
```
□ 콘솔 ⊠
<종료됨> Sample3_7_2b
n=10
m=10
```

예제 11 **복합 대입 연산자와 자동 캐스트**

복합 대입 연산자는 원래 캐스트를 해야 하는 경우에도 하지 않아도 되는 특성이 있습니다. 그렇다고 일부러 사용할 필요는 없지만 알아둘 필요는 있습니다.

```
public class Sample3_7_3 {
    public static void main(String[] args) {
        int    n    =    0;
        double x    =    15.8;
        n += x;        // double을 int에 대입하지만, 에러가 나지 않는다.
        System.out.println(n);
    }
}
```

실행결과
```
□ 콘솔 ⊠
<종료됨> Sample3_7_3
15
```

> **설명**

n = n + x;라고 할 경우에는 우변은 double이 되어 n = (int)(n+x);와 같이 캐스트할 필요가 있습니다. 하지만, 실질적으로 같은 처리를 하는 n += x는 캐스트할 필요가 없습니다. 소수 부분은 버리고 대입됩니다.

일반적으로 복합 대입 연산자에서는 캐스트를 해야 하는 대입 처리를 캐스트하지 않고 실행할 수 있습니다.

▶▶▶ 연습문제 3-6

1. 다음 프로그램에서 n은 얼마가 되는지 답하시오.

```java
public class Ex3_6_1 {
    public static void main(String[] args) {
        int  m = 3, n=0;
        n = n + m;
        n = n + m;
        n = n + m;
        System.out.println(n);
    }
}
```

[해답] _____

2. 다음 식을 복합 대입 연산자와 증가, 감소 연산자를 사용해서 고치시오.

```
① a = a + b;
② a = a - 1;
③ a = a % 7;
④ a = a + (b + 1);
```

① _____   ② _____
③ _____   ④ _____

3. 다음 코드를 실행한 결과를 밑에 있는 보기에서 고르시오.

(1)

```
1  public class Ex3_6_3A {
2      public static void main(String[] args) {
3          double x, y=12;
4          x %= y;
5          System.out.println("x=" + x);
6      }
7  }
```

[해답] _____

(2)

```
1  public class Ex3_6_3B {
2      public static void main(String[] args) {
3          int    n=10;
4          double x=3.0;
5          n %= x;
6          System.out.println("n=" + n);
7      }
8  }
```

[해답] _____

〔보기〕

A. n= 12가 출력된다.

B. n= 1이 출력된다.

C. 3번째 라인에 컴파일러 에러

D. 4번째 라인에 컴파일러 에러

E. 5번째 라인에 컴파일러 에러

F. 실행시 예외(실행 후 정지하는 에러)

3-8 다중 대입식

대입 연산자를 a=b=c;과 같이 다중으로 사용하는 것이 가능합니다. 복합 대입 연산자도 대입 연산자 중 하나이기 때문에 다중 대입이 가능합니다. 이 절에서는 다중 대입의 효과와 주의점을 설명합니다.

예제 12 대입 연산자의 다중 대입

=는 우결합입니다. a=b=c라고 하면 오른쪽부터 대입을 합니다.

```java
public class Sample3_8_1 {
    public static void main(String[] args) {
        int  a,b,c;
        c = 5;
        a = b = c;        // 다중 대입
        System.out.print("a=" + a);
        System.out.print(" b=" + b);
        System.out.print(" c=" + c);
    }
}
```

실행결과

```
□ 콘솔 ⊠
<종료됨> Sample3_8_1
a=5 b=5 c=5
```

설명

=을 몇 개 연결한 문장(다중 대입식)을 입력하는 것이 가능합니다. 그 결과 a, b는 모두 5가 됩니다.

```
a = b = c;        // 다중 대입
```

=는 우결합이기 때문에 오른쪽부터 순서대로 실행이 됩니다. 먼저 b=c가 실행되고, 다음 a=b가 실행됩니다.
이때 int a=b=c=5;과 같이 적지 않도록 주의해야 합니다. 다중 대입문으로 변수선언을 하면 컴파일 에러가 발생합니다. 선언과 다중 대입은 별도로 사용해야 합니다

3.8.1 System.out.println()

System.out.println()에서 마지막의 ln을 뺀 System.out.print( )는 출력만 하고 개행을 하지 않습니다. 이 예제처럼 데이터를 하나의 행에 표시할 때에 사용합니다. 이 예제에서 "a=5 b=5 c=5"라고 표시하기 위해 2번째 print부터는 print 메소드에서 b와 c 앞에 공백 문자를 넣습니다.
(공백 문자 대신 '\t'를 넣는 것도 가능합니다.)

```
System.out.print("a=" + a);
System.out.print("b=" + b);
System.out.print("c=" + c);
```

예제 13 다중 재대입

복합 대입 연산자도 다중 재대입이 가능합니다. 다음은 a, b, c의 3개의 변수에 초깃값을 넣어 두고, 다중 재대입을 하는 예입니다.

```
public class Sample3_8_2 {
    public static void main(String[] args) {
        int a=1,b=2,c=3;
        a+=b+=c;
        System.out.println(a + "\t" + b + "\t" + c );
    }
}
```

실행결과
```
<종료됨> Sample3_8_2
6    5    3
```

설명
복합 대입 연산자는 우결합이므로 먼저 오른쪽의 b와 c에 대해서 연산합니다.

```
  (2)   (3)
   b += c;
```

그 결과 c의 값은 변하지 않고 b는 3+2로 5가 됩니다. 다음은 a += b가 실행되는데 이 때 b는 5가 되어 있습니다.

```
   (1)    (5)
   a  +=  b;
```

그래서 a는 6이 됩니다.
최종적으로 a=6, b=5, c=3이 됩니다.

3.8.2 컴파일 에러가 되는 식

대입식에서 좌변은 변수이어야 합니다. 따라서 다음과 같은 식은 컴파일 에러가 납니다.

```
a  +=  (b + c)  += c;      // (b+c)는 식이므로 변수가 아니다.
a  +=  b ++     += c;      // b++는 식이므로 변수가 아니다.
```

▶▶▶ 연습문제 3-7

1. 다음의 프로그램에서 최종적으로 a, b, c의 값은 얼마가 되는지 구해보시오.

(1)

```
    int  a, b, c=10;
    c = c + 5;
    a = b = c;
```

A: _____   b: _____   c: _____

(2)

```
    int  a=2, b=4, c=6;
    a *= b *= c;
```

A: _____   b: _____   c: _____

2. 다음 코드를 실행했을 때 바른 결과를 보기에서 고르시오.

(1)

```
1    public class Ex3_7_2A {
2        public static void main(String[] args) {
3            int  a, b, c=2;
4            a += b += c;
5            System.out.println("a=" + a);
6        }
7    }
```

[해답] _____

(2)

```
1    public class Ex3_7_2B {
2        public static void main(String[] args) {
3            int  a=0, b=1, c=2;
4            a += b++ += c;
5            System.out.println("a=" + a);
6        }
7    }
```

[해답] _____

〔보기〕

A. 2라고 출력된다.

B. 4라고 출력된다.

C. 3번째 라인에서 컴파일 에러

D. 4번째 라인에서 컴파일 에러

E. 5번째 라인에서 컴파일 에러

F. 실행시 예외 (실행한 뒤에 정지되는 에러)

정리

기본적인 연산자

	이름	연산자	결합규칙
높음 ↑ 우선순위 ↓ 낮음	단항연산자 — 후치 증감	++, --	좌 →
	단항연산자 — 전치 증감	++, --	← 우
	단항연산자 — 단항 플러스/마이너스	+, -	← 우
	단항연산자 — 캐스트	(형)	← 우
	곱하기, 나누기, 나머지	*, /, %	좌 →
	더하기, 빼기	+, -	좌 →
	문자열 연결	+	좌 →
	대입연산자	=, *=, /=, %=, +=, -=	← 우

증가와 감소

- 전치 : ++a는 a를 계산에 사용하기 전에 1을 더한다. --a는 a를 계산에 사용하기 전에 1을 뺀다.
- 후치 : a++은 a를 계산에 계산하고 난 뒤에 1을 더한다. a--는 a를 계산에 사용하고 난 뒤에 1을 뺀다.
- double형에도 사용할 수 있다.

사칙 연산의 연산자

- 단항 +, 단항 - 는 변수에도 사용할 수 있다.
  예) -a
- 나머지는 나누고 남은 나머지값을 구한다.
- 나머지는 double형에도 사용할 수 있다.

문자열의 연결

- +는 문자열과 문자열을 연결하는 연결 연산자로써 사용된다.
- +는 문자열과 문자열 이외의 형의 변수도 연결 가능하다.

더하기와 문자열 연결의 혼합

- a+b에서 a, b 모두 숫자형이면 더하기 연산자로 사용된다.
- a+b에서 a, b 중에 하나 이상이 String이면 연결 연산자로 사용된다.

대입 연산자

- =는 우변의 값을 좌변의 변수에 대입하는 연산자이다(등호가 아님).
- a=a+10이나 b=b%5와 같은 재대입이 가능하다.
- 복합 대입 연산자는 재대입을 하기 위한 연산자이다.
  예) a += 1;, b %= 5;
- 재대입하는 변수는 초기화해 둘 필요가 있다.
  예) a = 1;, a += 1;
- 복합 대입 연산자는 형변환 에러가 일어나지 않는다.
  예) int n=1; n += 1.234; // OK!
- 대입 연산자는 a=b=c;과 같이 다중으로 사용 가능하다.
- 복합 대입 연산자는 a += b += c;와 같이 다중으로 사용 가능하다.

{Chapter 04}

표준 클래스의 이용

기본적인 사칙연산 외에도 제곱근, 거듭제곱, 반올림, 난수, 삼각함수 등
편리한 연산이 몇 개 더있습니다.
Java 언어에는 이와 같은 연산들이 프로그램(클래스)에
처음부터 많이 들어있습니다.
그 안에서도 표준 클래스는 매우 중요하고 자주 사용되는 클래스입니다.
이번 장에서는 표준 클래스 중에서 Math 클래스를 사용해 보겠습니다.
또한 키보드를 타이핑해서 값을 입력하기 위한 메소드에 대해서도
사용 방법을 설명합니다.
이번 장을 학습하고 나면 표준 클래스의 메소드를 이용하는 프로그램을
작성할 수 있을 것입니다.

4-1 표준 클래스의 개요

표준 클래스 중에 중요한 것들이 다음 그림에 있습니다. 이것들은 클래스이기 때문에 각각이 하나의 프로그램입니다. 형식적으로는 지금까지 작성해 온 클래스와 같은 것입니다. 하나의 클래스 안에는 여러 개의 메소드가 정의되어 있습니다. 그 메소드 하나하나가 제곱근이나 거듭제곱의 연산을 대응합니다.

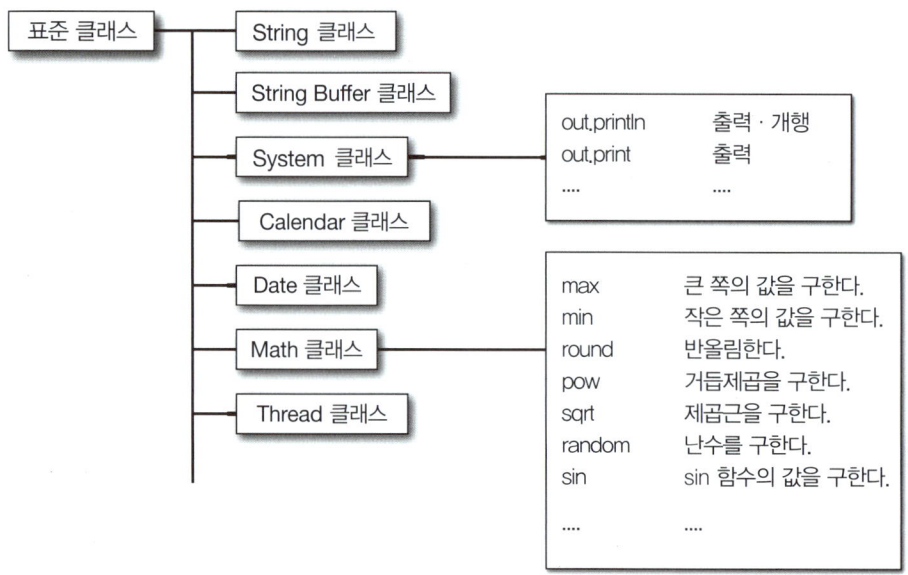

System 클래스의 out.println 등도 표준 클래스의 메소드입니다. String 클래스는 String형을 정의하고 있는 클래스입니다. StringBuffer 클래스는 문자열의 조작을 위한 클래스입니다. 또한 Calendar 클래스와 Date 클래스는 날짜의 조작을 위한 클래스이고 Thread 클래스는 멀티스레드를 이용하기 위한 클래스입니다.

이 클래스들의 사용방법은 Java API(Application Programming Interface)라고 하는 Java 언어의 설명서를 보면 자세하게 설명이 되어 있습니다. 인터넷에서 웹페이지로 보는 것도 가능합니다.

4-2 제곱근의 계산

먼저 제곱근의 계산을 해 보도록 하겠습니다. 제곱근은 Math 클래스의 sqrt 메소드를 사용합니다.

예제 1 제곱근을 계산한다.

```
public class Sample4_2{
    public static void main(String[] args) {
        double x;
        x = Math.sqrt(2.0);
        System.out.println("2.0의 제곱근은" + x);
    }
}
```

```
콘솔 ☒
<종료됨> Sample4_2 [Java 응용프로그램]
2.0의 제곱근은 1.4142135623730951
```

실행결과

설명

제곱근을 계산하기 위해서는 Math.sqrt() 메소드를 사용합니다. ( )안에 제곱근을 구하려는 값을 넣고 계산 결과를 대입문의 형태로 변수에 저장하는 것이 가능합니다. 예제에서는 2.0의 제곱근을 계산해서 변수 x에 저장했습니다. ( )안에 지정한 값을 **인수**라고 하고, 받은 계산 결과를 **반환값**이라고 합니다. 인수를 넘겨주고 반환값으로 결과를 받는 형태입니다. 또한 sqrt 메소드는 인수와 반환값의 형은 double입니다.

sqrt 메소드의 사용방법

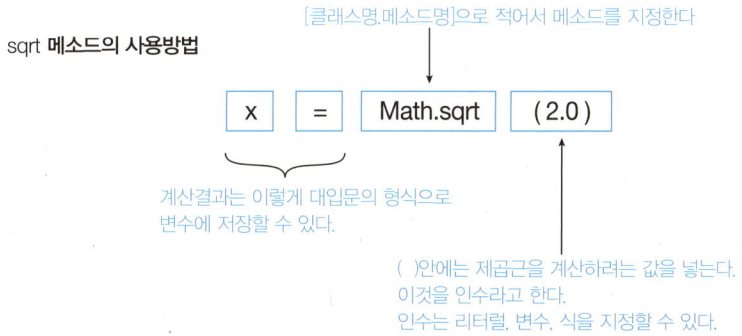

인수에는 식도 적을 수 있으므로 예를 들어 다음과 같은 표현도 가능합니다.

```
double x = Math.sqrt(2.0 + 3);    // 리터럴
dougle x = Math.sqrt(data);       // 변수
dougle x = Math.sqrt(x+y-10);     // 식
```

>>> 중요

제곱근을 구하는 sqrt 메소드

- Math.sqrt와 같이「클래스명.메소드명」의 형태로 사용한다.
- Math.sqrt(2.0)과 같이 ( )안에는 제곱근을 구하려고 하는 수를 지정한다.
- x = Math.sqrt(2.0)과 같이 계산 결과는 =을 사용해서 변수에 대입할 수 있다.

4.2.1 sqrt 메소드의 API(Application Programming Interface)

API라는 것은 다음의 3가지를 나타내는 것으로 그것을 보고 해당 메소드의 기능을 완전히 이해할 수 있습니다.

① 메소드의 이름은 무엇인가
② 메소드는 어떤 인수를 받아들이는가
③ 메소드는 어떤 값을 반환하는가

즉, API를 안다면 그 메소드를 사용할 수 있습니다. 그래서 Java 언어에서 메소드의 사용 방법은 API로 나타나게 됩니다. sqrt 메소드의 사용 방법을 API로 적으면 다음과 같습니다. ①, ②, ③에 주목해 주십시오.

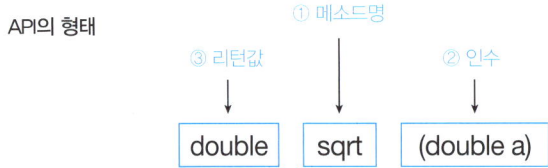

【 API의 의미 】
① 메소드의 이름이 무엇인가 ·············· sqrt

② 어떤 인수를 받아들이는가 ·············· 하나의 double값 a(제곱근을 구하려는 수)
③ 어떤 값을 반환하는가 (반환값) ········ double값(제곱근 값)

인수에 a라고 변수명이 적혀있는데 이것은 임시로 적어둔 것 뿐이므로 실제로 이용하는 경우에는 a 대신에 실제로 사용하고 있는 변수나 2.0과 같은 리터럴을 지정합니다. 그러므로 a는 **가인수**라고도 합니다.

▶▶▶ 연습문제 4-1

1. 3의 제곱근을 계산해서 다음과 같이 출력하는 프로그램을 eclipse로 작성하시오.

```
■ 콘솔 ⊠
<종료됨> Ex4_1_1 [Java 응용프로그램]
3.0의 제곱근은 1.7320508075688772
```

2. 다음의 프로그램에서 잘못된 부분을 말하시오.

```
int     sq;
sq = Math.sqrt(20.0);
System.out.println(sq);
```

[해답] _____

3. 2차방정식 $2x^2 - 15x - 8 = 0$의 해를 구하는 프로그램을 Eclipse로 작성하시오.

$$x = \frac{-b \pm \sqrt{b^2 - 4ac}}{2a}$$

〔 힌트 〕

- 방정식을 보면 a = 2, b = -15, c = -8이다.
- $d = \sqrt{b^2 - 4ac}$ 를 먼저 계산한다.
- $x1 = \frac{-b+d}{2a}$ 와 $x2 = \frac{-b-d}{2a}$ 를 구해서 답으로 한다.

4-3 Math 클래스의 API

Math 클래스는 비교적 자주 사용하는 메소드로 Sqrt 메소드와 비슷하게 다음과 같은 형태로 사용합니다. 앞에 클래스명을 붙여서 사용하는 메소드를 **클래스 메소드**라고 합니다.

Math. 메소드명 (인수) ← 클래스 메소드

| 주의 |

본 절의 API의 사용 방법에서는 단순하게 표현하기 위해 public static을 생략하고 있습니다.
예를 들어,
`public static long round(double a)`라고 적는 것을
`long round(double a)`라고 적고 있습니다.
public static에서 대해서는 "15.메소드"에서 설명합니다.

지금부터 메소드의 사용 방법을 설명하겠습니다. 설명을 읽지만 말고 사용 예를 직접 Eclipse로 입력해서 실행하고 결과를 확인하기 바랍니다.

4.3.1 round – 반올림 메소드

■ `long round(double a)`

(인수) a는 반올림할 값
(반환값) a의 소수점 이하를 반올림한 값

[사용예] 1.672를 반올림한다.

```
public class RoundSample {
    public static void main(String[] args) {
        long n = Math.round(1.672);
        System.out.println("1.672를 반올림하면" + n);
    }
}
```

콘솔
<종료됨> RoundSample
1.672를 반올림하면 2

실행결과

> **참고**
> round는 정수로 반올림합니다. 예를 들어 소수점이하 2번째 수에서 반올림하고 싶은 경우에는 java.math 패키지에 있는 BigDecimal 클래스를 사용합니다.

4.3.2 pow – 거듭제곱을 계산하는 메소드

■ `double pow(double a, double b)`

인 수 a는 거듭제곱할 수, b는 승수. 즉 a^b를 계산한다.
반환값 거듭제곱한 값

[사용예] 2^3을 계산한다.

```
public class PowSample {
    public static void main(String[] args) {
        double x = Math.pow(2,3);
        System.out.println("2의 3승은" + x);
    }
}
```

```
■ 콘솔 ☒
<종료됨> PowSample
2의 3승은 8.0
```
실행결과

4.3.3 max – 둘 중에 큰 쪽을 반환하는 메소드

■ `double max(double a, double b)`

인 수 a, b는 비교할 값
반환값 a와 b중에 더 큰 값

[사용예] a, b 중에 큰 값을 구한다.

```
public class MaxSample {
    public static void main(String[] args) {
        double x = Math.max(22.56, 18.9);
        System.out.println("22.56과 18.9 중에" + x + "가 더 크다");
    }
}
```

```
■ 콘솔 ☒
<종료됨> MaxSample [Java 응용프로그램]
22.56과 18.9 중에 22.56가 더 크다
```
실행결과

4.3.4 min – 둘 중에 작은 쪽을 반환하는 메소드

■ **double min(double a, double b)**

인 수) a, b는 비교할 값

반환값) a와 b중에 더 작은 값

[사용예] a, b중에 작은 값을 구한다.

```
public class MinSample {
    public static void main(String[] args) {
        double x = Math.min(22.56, 18.9);
        System.out.println("22.56과 18.9 중에 " + x + "가 더 작다.");
    }
}
```

실행결과
```
<종료됨> MinSample [Java 응용프로그램]
22.56과 18.9 중에 18.9가 더 작다.
```

4.3.5 random - 0.0 ~ 1.0 사이의 난수를 구하는 메소드

난수란 다음에 어떤 수가 나올지 모르는 값입니다. 어떤 수라도 같은 확률로 나옵니다. Java에서는 random() 메소드에서 0 ~ 1사이의 난수를 얻을 수 있습니다. 난수이므로 실행할 때마다 얻는 값은 다릅니다. 따라서 주사위를 굴린 값을 얻거나 할 때 사용합니다.

■ **double random()**

인 수) 없음

반환값) 0.0(포함) ~ 1.0(비포함)의 사이의 값

[사용예 1] 난수를 얻는다.

```
public class RandomSample {
    public static void main(String[] args) {
        double x1 = Math.random();
        double x2 = Math.random();
        ouble x3 = Math.random();
        System.out.println("난수1 : " + x1);
        System.out.println("난수2 : " + x2);
        System.out.println("난수3 : " + x3);
    }
}
```

실행결과
```
<종료됨> RandomSample [Java 응용프로그램]
난수1 : 0.028020293499699922
난수2 : 0.034095294069960943
난수3 : 0.4449230983930629
```

실행할 때마다 다른 수를 얻고 있습니다. 다음에 어떤 수가 반환될지 예측할 수 없는 것이 난수의 특징입니다.

[사용예2] 1,2,3, ..., k-1 중에 하나를 난수로 얻는다.

```
public class RandomSample2 {
   public static void main(String[] args) {
      int k = 6;      // k의 값을 여러 가지로 바꾸어서 테스트해 보세요.
      int n = (int)(Math.random()*k);
      System.out.println("난수 : " + n);   // 0, 1, 2, 3, 4, 5 중에 하나
      }
}
```

4.3.6 sqrt – 제곱근을 계산하는 메소드

■ **double sqrt(double a)**

(인 수) 제곱근을 계산하려는 수

(반환값) 0.0(포함) ~ 1.0(비포함)의 사이의 값

[사용예] 2.0의 제곱근을 계산한다.

```
public class SqrtSample {
   public static void main(String[] args) {
      double x = Math.sqrt(2.0);
      System.out.println("2.0의 제곱근은 " + x);
      }
}
```

실행결과

```
□ 콘솔 ⊠
<종료됨> SqrtSample [Java 응용프로그램]
2.0의 제곱근은 1.4142135623730951
```

▶▶▶ 연습문제 4-2

1. a=30.51, b=2.68일 때 다음의 값을 표시하는 프로그램을 작성하시오.

| 주의 |

프로그램의 처음에

```
double a=30.51;
double b=2.68;
```

일 때 (1), (2), (3), (5)에서 이 a, b를 사용해서 프로그램을 작성하시오.

5개의 프로그램을 작성하거나 하나의 프로그램에서 모두 처리해도 됩니다.

(1) a ÷ b 의 반올림값을 계산해서 출력한다.
(2) a의 b승을 계산해서 결과를 출력한다.
(3) a와 b중에 작은 것을 출력한다.
(4) 난수를 2개 구해서 출력한다.
(5) a의 제곱근과 b의 제곱근을 계산해서 출력한다.

2. 다음 프로그램을 작성하시오.

(1) 0.0(포함) ~ 10.0(미포함)의 범위의 난수를 하나 만들어서 표시하는 프로그램
 ※ 만든 난수를 10배로 만들어서 구하시오.
 일반적으로 n배 할 때(n은 미포함)는 0.0 ~ n의 사이에서 난수를 구하는 것이 가능합니다.

(2) −5 ~ 5의 범위의 난수를 하나 만들어서 표시하는 프로그램
 ※ 작성한 난수를 10배하고 5를 빼서 구하시오.
 일반적으로 0 ~ n의 사이의 난수에 m을 더하면 m ~ n+m의 사이의 난수를 구할 수 있습니다.
 이 문제는 m = −5일 때에 해당합니다.

(3) 1, 2, 3, 4, 5, 6의 값 중에 얻는 정수형 난수를 하나 만들어서 출력하는 프로그램

3. 삼각형의 세 변의 길이를 a, b, c라고 할 때 넓이는 다음 식으로 구할 수 있다.

$$s = \sqrt{s(s-a)(s-b)(s-c)}$$

여기서 $s = \dfrac{a+b+c}{2}$ 이다. (헤론의 공식)

이 공식을 사용해서 3변의 길이가 a=10, b=5, c=7일 때 삼각형의 넓이를 구하는 프로그램을 만드시오.

4-4 키보드 입력 클래스

앞으로의 학습을 위해서 키보드로 타이핑해서 입력한 값을 얻을 수 있는 메소드가 있다면 매우 편리할 것이다. 일반적으로 이런 메소드는 만들어서 써야 하지만 이 책에서는 필자가 만든 Input클래스를 사용하도록 하겠습니다. Input 클래스는 표준 클래스와 같은 방법으로 사용하는 것이 가능하며 학습용으로 적합합니다. 여기서는 그 이용 방법을 설명합니다. (혜지원 출판사 홈페이지 www.hyejiwon.co.kr의 자료실에서 다운로드 받을 수 있습니다.)

Input 클래스를 사용하기 위해서 다음과 같은 설정을 해 주십시오.

4.4.1. 셋업 순서

① Eclipse의 프로젝트에 lib라는 패키지를 작성해 주십시오.

lib는 전부 소문자로 해 주세요. Eclipse를 열어둔 채로 ②부터의 처리를 합니다.

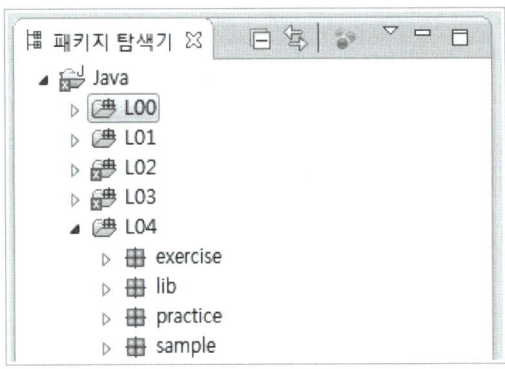

② Input.java를 적당한 폴더에 다운로드합니다.

여기서는 예를 들어 "내 문서"에 다운로드했다고 가정하겠습니다.

③ 탐색기를 열어서 내 컴퓨터를 열고, 다운로드한 Input.java를 표시합니다.

다운로드한 Input.java를 마우스 오른쪽 버튼을 클릭해서, "복사"를 선택합니다.

> **참고**
>
> Eclipse의 패키지 탐색기는 윈도우의 내 컴퓨터나 탐색기에 표시된 파일을 그대로 복사 & 붙여 넣기 하는 것이 가능합니다. Java의 프로그램 이외에도 어떤 파일이라도 가능합니다. 기억해두면 도움이 될 것입니다.
>
> 또한, 여기에서 나온 "리팩터"라는 기능은 패키지 이름 뿐만 아니라 프로그램 이름 등을 변경할 때와 같이 이름을 고칠 때 사용합니다.

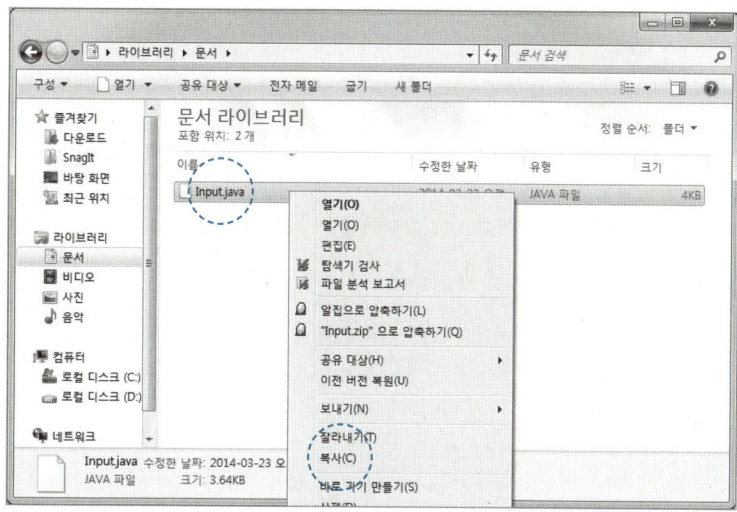

④ Eclipse로 돌아와서 패키지 탐색기의 lib 패키지를 마우스 오른쪽 버튼을 클릭하고 붙여넣기를 선택합니다.

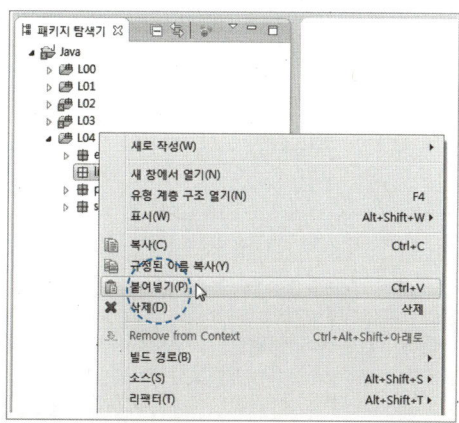

⑤ lib 패키지 안에 Input.java가 표시됩니다.

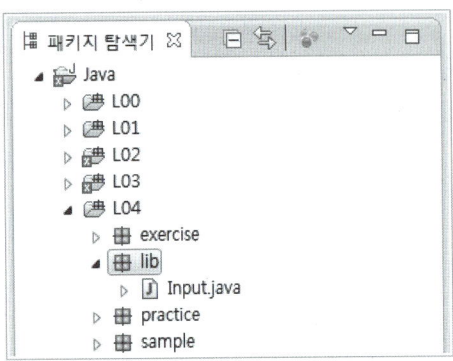

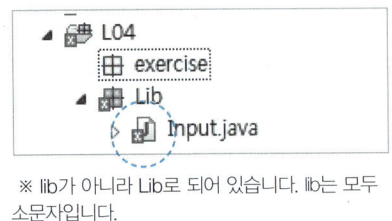

※ lib가 아니라 Lib로 되어 있습니다. lib는 모두 소문자입니다.

※ 혹시 다음 그림과 같이 붉은색 에러마크가 표시되면 패키지명이 틀렸을 가능성이 있습니다.

패키지명을 변경할 때는 패키지명을 마우스 오른쪽 버튼을 클릭해서 [리팩터] ➡ [이름바꾸기]를 선택합니다.

4-5 숫자의 입력

Input 클래스의 메소드를 사용하면 키보드로 입력하는 것이 가능합니다. 입력한 데이터의 형에 대응해서 메소드가 다른 것을 주의해 주십시오. 이 절에서는 숫자를 입력하는 프로그램을 설명합니다.

예제 2 키보드를 타이핑해서 숫자를 입력한다.

숫자(부동소수점수)를 입력해 봅시다. 다음은 키보드를 사용해서 정사각형의 한 변의 길이를 입력하면 그 넓이를 계산해서 보여주는 프로그램입니다.

```java
package sample;

import lib.Input;    // import 문

    public class Sample4_5 {
        public static void main(String[] args) {
            double  length  =    Input.getDouble("1변의 길이");   // double의 입력을 받음
            double  s       =    length * length;
            System.out.println("정사각형의 넓이 " + s);
        }
    }
```

설명

import문의 기능

키보드로 입력받기 위해서는 Input 클래스의 메소드를 사용합니다. 프로그램에서는 처음에 이 클래스를 사용한다는 것을 선언할 필요가 있습니다. 그것이 import문입니다. 3번째 라인에 있는 것이 import문입니다. 이 문은 클래스를 선언하기 전에 있어야 합니다. 또한 표준 클래스는 특수한 경우로 import문을 적을 필요가 없습니다.

import문의 사용 방법

import문에는 패키지명과 클래스명을 점(.)으로 연결하는 특수한 방법으로 입력합니다. lib.Input이라고 하면 lib 패키지에 있는 Input 클래스를 의미합니다.

```
import lib.Input;        // lib 패키지의 Input 클래스를 사용한다.
```

프로그램에서의 입력 지시와 값을 받는 방법

다음에 나오는 부분(프로그램의 7번째 라인)은 숫자를 입력하도록 지시하는 부분입니다. getDouble을 사용해서 입력하는 숫자는 Double형입니다. 입력된 데이터는 =을 사용해서 변수에 저장합니다. 표준 클래스인 Math 클래스에도 같은 식으로 하는 것을 설명했었습니다.

getDouble()은 ( )안에 입력 프롬프트로 출력되는 문자열을 지정할 수 있습니다. 예를 들어 사각형의 한 변의 길이를 입력하는 경우에는 "1변의 길이"라고 지정할 수 있습니다. 프롬프트 출력을 어떤 식으로 사용할지는 다음의 "실행 시의 조작과 프로그램의 동작"에서 설명합니다.

또한, 프롬프트 문자열은 반드시 지정해야 하는 것은 아닙니다. 지정하지 않으면 기본 프롬프트 문자열("Double")이 자동으로 표시됩니다.

```
double length= Input.getDouble("1변의 길이");    // Input.getDouble()이라도 된다.
```

실행시의 조작과 프로그램의 동작

프로그램을 실행하면 키보드를 타이핑해서 값을 프로그램에 전달하는 것이 가능합니다. 그 순서는 다음과 같습니다.

① **프로그램을 연다.**

getDouble 메소드를 실행하면 콘솔에 입력을 위한 프롬프트가 출력됩니다. getDouble()에서는 프롬프트는 지정한 문자열을 사용해서 [1변의 길이]라고 출력됩니다. 숫자를 입력하면 프롬프트의 오른쪽을 클릭해서 콘솔을 활성화(탭이 파란색이 됩니다)시킵니다.

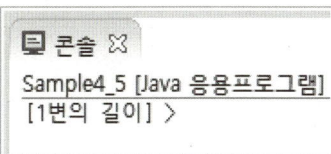

② **숫자를 입력한다.**

콘솔에서는 10 ↵ 를 입력합니다. 10이라고 타이핑하고 Enter키를 입력합니다.

이와 같이 입력하면 종료합니다. 10은 프로그램에서 length에 받아들입니다. 입력과 동시에 결과가 표시됩니다. 그것은 프로그램의 다음 부분이 실행되기 때문입니다. 이것은 계산 결과를 출력합니다.

```
double s = length * length;
System.out.println("정사각형의 넓이 " + s);
```

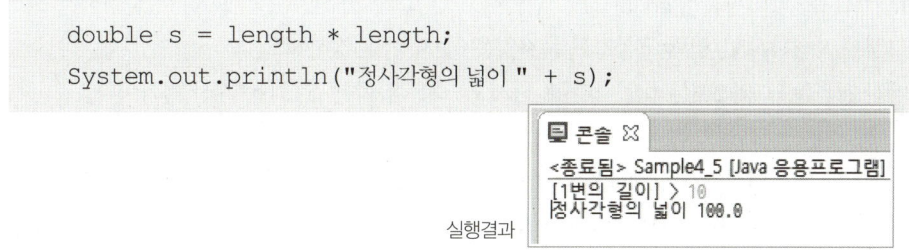

실행결과

자동 import

import문을 적지 않고 Input 클래스의 메소드를 사용하면 왼쪽에 에러 마크가 뜹니다. 그때 Eclipse에서 다음과 같이 하면 import문을 자동으로 입력해 줍니다.

① 왼쪽의 x 마크를 클릭한다.
② "'Input'(lib)을(를) 가져옵니다."를 더블클릭한다.

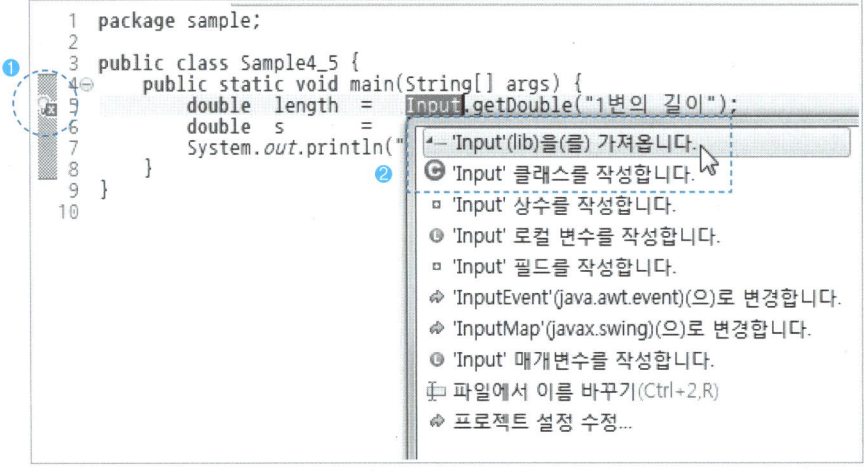

▶▶▶ 연습문제 4-3

1. 키보드를 타이핑해서 double값을 입력하고 그 값의 2배의 수를 계산해서 출력하는 프로그램을 작성하시오. 입력 프롬프트 문자열은 "숫자"를 지정하시오.
계산 결과는 "○의 2배는 □입니다"로 하시오. ○는 입력한 값, □는 계산 결과이다.

2. 키보드를 타이핑해서 double값을 입력하고, 그 값의 제곱을 계산해서 출력하는 프로그램을 작성하시오. 표시는 "○의 2승은 □입니다"로 하고 ○는 입력한 값, □는 계산 결과이다. 제곱을 계산하는 것은 표준 클래스의 pow 메소드를 사용한다. 입력 프롬프트 문자열을 "숫자"로 지정하기 바란다.

4-6 문자열의 입력

Input 클래스에는 데이터형별로 입력 메소드가 준비되어 있습니다. 여기에서는 문자열을 입력받아 봅시다.

예제 3 키보드를 타이핑해서 문자열을 입력한다.

이 예제는 키보드를 타이핑해서 이름을 입력받습니다. 그리고 입력받은 이름을 문자열로 받아들여 "안녕하세요. ○○씨"와 같은 형식으로 출력합니다.

```
1  package sample;
2
3  import lib.Input;        ← // import 문
4
5  public class Sample4_6 {
6      public static void main(String[] args) {    // 이름을 입력받는다.
7          String name = Input.getString("이름");
8          System.out.println("안녕하세요. " + name + "씨.");
9      }
10 }
```

설명

프로그램의 입력 지시와 값을 받는 방법

7번째 라인이 문자열을 입력하는 문입니다. 입력한 데이터는 =을 사용해서 변수에 저장됩니다. 입력 프롬프트 문자열로 "이름"을 지정합니다.

```
String name = Input.getString("이름");
```

실행 시의 조작과 프로그램의 동작

프로그램을 실행하면 키보드를 타이핑해서 값을 프로그램에 전달하는 것이 가능합니다. 그 순서는 다음과 같습니다.

① **프로그램을 시작한다.**

getString 메소드가 실행되면 콘솔에 입력을 받기 위한 프롬프트로 [이름]>이 출력됩니다. 이름을 입력하기 위해서 프롬프트의 오른쪽을 클릭해서 콘솔을 활성화(탭이 파란색으로 됩니다)시킵니다.

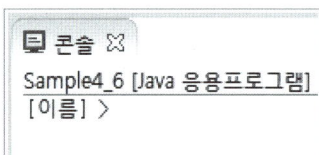

② **문자열을 타이핑한다.**

콘솔에서 홍길동 ⏎ 라고 입력한다. 홍길동이라고 타이핑한 뒤에 Enter키를 입력합니다.

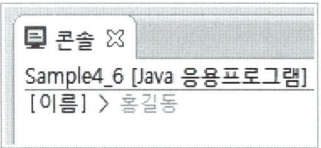

이상으로 입력을 마칩니다. 입력한 문자열은 프로그램에서 name에 저장됩니다. 입력과 동시에 결과가 출력되는데 그것은 프로그램의 다음 부분이 실행된 결과입니다. 입력한 이름을 인사말로 만들어서 출력합니다.

```
System.out.println("안녕하세요. "+name+"씨.");
```

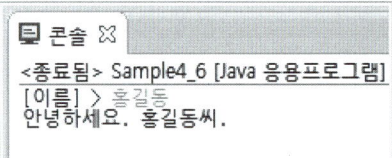

▶▶▶ **연습문제 4-4**

1. 키보드를 타이핑해서 동물의 이름을 입력하고 그 동물 이름을 문자열로 만들어서 표시하는 프로그램을 작성하시오.

프롬프트는 "좋아하는 동물은?"으로 하고, 그것을 사용해서 "○○의 특징은 무엇입니까?"라고 콘솔에 출력하시오.

4-7 복수의 데이터 입력

복수의 데이터를 입력하기 위해서는 키보드의 입력 메소드를 필요한만큼 실행시킵니다.

예제4   **복수의 숫자 데이터를 입력해서 더한다.**

다음 프로그램은 2개의 정수 데이터를 입력받아 그 합을 계산해서 출력합니다.
getInt() 메소드를 두 번 사용해서 2개의 정수를 a, b에 입력합니다. 프롬프트 문자열에는 "a"와 "b"라고 지정합니다.

```
importlib.Input;
public class Sample4_7 {
    public static void main(String[] args) {
        inta,b,c;
        a = Input.getInt("a");
        b = Input.getInt("b");
        c = a + b;
        System.out.println("a + b = " + c);
    }
}
```

설명

실행 시의 조작과 프로그램의 동작

　최초의 getInt( )의 프롬프트가 표시되면 2라고 입력하고 엔터를 입력합니다. 숫자는 변수 a에 저장됩니다.

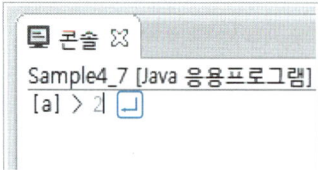

2번째의 getInt( )의 프롬프트가 표시되면 3이라고 입력하고 엔터를 입력합니다. 숫자는 변수 b에 저장됩니다.

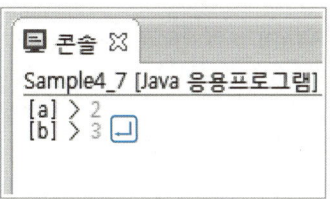

이상으로 입력이 완료되었습니다. 입력과 동시에 결과가 출력되는데 프로그램의 다음 부분이 실행되었기 때문입니다. 입력한 a와 b의 합계를 문자열과 함께 출력합니다.

```
System.out.println("a + b = " + c);
```

▶▶▶ 연습문제 4-5

1. 키보드로 int값을 2개 입력받아 변수 a, b에 넣고, a*b를 계산해서 출력하는 프로그램을 작성하시오. 출력 형태는 "a * b = ○"와 같이 하고 ○부분에 답을 넣는다. 프롬프트는 a를 입력할 때는 "a", b를 입력할 때는 "b"라고 한다.

2. 키보드로 double값 2개를 입력받아 변수 a, b에 넣는다. 그리고, x2 / y2를 계산해서 출력하는 프로그램을 작성하시오. 답은 "(x*x) / (y*y) = ○"라고 출력하고 ○부분에 답을 넣는다. 프롬프트는 x를 입력할 때는 "x", y를 입력할 때는 "y"라고 한다.

4-8 Input 클래스의 API

마지막으로 표준 클래스의 설명과 마찬가지로 Input 클래스의 API 도큐멘트를 정리합니다. Input 클래스에는 다음과 같은 메소드가 있습니다.

```
숫자의 입력        ---------- getInt( ), getLong( ), getShort( ), getByte( )
문자의 입력        --------   getChar( )
부동소수점의 입력   --------   getDouble( ), getFloat( )
문자열의 입력      ----------  getString( )
```

※ Java 언어에는 2개 이상의 단어를 연결해서 메소드명으로 할 경우 2번째 단어부터는 첫글자를 대문자로 합니다. 이것은 클래스명과 메소드명이 같습니다. 때문에 위의 getInt()에서 형 이름은 대문자로 시작합니다.

4.8.1 getInt( ) – 키보드로부터 int형 값을 입력받는다.

■ `int getInt()`

인 수 없음

반환 값 키보드로부터 입력받은 int 값

[설명] 프롬프트가 출력되기 때문에 숫자를 타이핑한 뒤에 마지막에 엔터키를 입력해야 합니다. 타이핑한 문자에 영어나 기호가 있으면 0이 입력됩니다. 엔터키만 타이핑하더라도 0이 입력됩니다.

[사용예]
```
int  n = Input.getInt();
System.out.println("입력한 정수 :" + n);
```

4.8.2 getLong( ) – 키보드로부터 long형 값을 입력받는다.

■ `long getLong()`

인수 없음

반환값 키보드로부터 입력받은 long값

[설명] 프롬프트가 출력되기 때문에 숫자를 타이핑한 뒤에 마지막에 엔터키를 입력해야 합니다. 엔터키만 타이핑하면 0이 입력됩니다.

[사용예]
```
longln = Input.getLong();
System.out.println("입력한 값 :" + ln);
```

4.8.3 getShort( ) – 키보드로부터 short 형 값을 입력받는다.

■ `short getShort ()`

인수 없음

반환값 키보드로부터 입력받은 short값

[설명] 프롬프트가 출력되기 때문에 숫자를 타이핑한 뒤에 마지막에 엔터키를 타이핑해야 합니다. 엔터키만 타이핑하면 0이 입력됩니다.

[사용예]
```
shortst = Input.getShort();
System.out.println("입력한 값 :" + st);
```

4.8.4 getByte( ) – 키보드로부터 byte형 값을 입력받는다.

■ `byte getByte ()`

인수 없음

반환값 키보드로부터 입력받은 byte값

[설명] 프롬프트가 출력되기 때문에 숫자를 타이핑한 뒤에 마지막에 엔터키를 타이핑해야 합니다. 엔터키만 타이핑하면 0이 입력됩니다.

[사용예]
```
bytebt = Input.getByte();
System.out.println("입력한 값 :" + bt);
```

4.8.5 getChar( ) – 키보드로부터 문자를 입력받는다.

■ `char getChar ()`

인수 없음

반환값 키보드로부터 입력받은 char값

[설명] 프롬프트가 출력되기 때문에 숫자를 타이핑한 뒤에 마지막에 엔터키를 타이핑해야 합니다. 엔터키만 타이핑하면 0이 입력됩니다.

[사용예]
```
char c = Input.getChar();
System.out.println("입력한 값 :" + c);
```

4.8.6 getDouble( ) – 키보드로부터 double형 값을 입력받는다.

■ `double getDouble ()`

인수 없음

반환값 키보드로부터 입력받은 double값

[설명] 프롬프트가 출력되기 때문에 숫자를 타이핑한 뒤에 마지막에 엔터키를 타이핑해야 합니다. double형이 되지 않는 값을 입력하면(영문자가 포함되는 등) 0이 입력됩니다.

엔터키만 타이핑하면 0이 입력됩니다.

[사용예]
```
double x = Input.getDouble();
System.out.println("입력한 값 :" + x);
```

4.8.7 getFloat( ) – 키보드로부터 float형 값을 입력받는다.

■ **float getFloat ()**

인수 없음

반환값 키보드로부터 입력받은 float값

[설명] 프롬프트가 출력되기 때문에 숫자를 타이핑한 뒤에 마지막에 엔터키를 타이핑해야 합니다. float형이 되지 않는 값을 입력하면(영문자가 포함되는 등) 0이 입력됩니다.
엔터키만 타이핑하면 0이 입력됩니다.

[사용예]
```
float f = Input.getFloat();
System.out.println("입력한 값 :" + f);
```

4.8.8 getString ( ) – 키보드로부터 문자열을 입력받는다.

■ **String getString ()**

인수 없음

반환값 키보드로부터 입력받은 String값

[설명] 프롬프트가 출력되기 때문에 숫자를 타이핑한 뒤에 마지막에 엔터키를 타이핑해야 합니다. 엔터키만 타이핑하면 null(비어있는 것을 의미하는 값)이 입력됩니다. null은 참조형에서만 사용할 수 있는 리터럴로 "없다"거나 "존재하지 않는다"를 의미합니다.
String은 클래스형의 하나입니다.

[사용예]
```
String str = Input.getString();
System.out.println("입력한 값 :" + str);
```

04 정리

표준 클래스의 개요

- 프로그램 작성에 이용하기 위해 Java 언어에 포함되어 있는 클래스
- 수학 계산, 문자열 처리, 날짜 처리, 멀티스레드 등 여러 가지가 있다.

제곱근의 계산

- `Math.sqrt`와 같이 "클래스명.메소드명"과 같은 형태로 사용한다
- `Math.sqrt(2.0)`과 같이 ( )의 안에 제곱근을 구하려는 값을 지정한다.
- `x = Math.sqrt(2.0)`과 같이 계산 결과를 =을 사용해서 변수에 할당할 수 있다.

Math 클래스의 API

- 반올림 : `long round(double a)`
- 거듭제곱 : `double pow(double a, double b)`
- 큰 쪽 : `double max(double a, double b)`
- 작은 쪽 : `double min(double a, double b)`
- 난수 : `double randon()`
- 제곱근 : `double sqrt(double a)`

키보드 입력 클래스

- 키보드를 이용해서 데이터를 입력받기 위한 학습용 클래스
- Input 클래스를 추가한 lib 패키지가 필요

숫자의 입력

- 프로그램의 맨 앞에 `import lib.Input;`이라고 import를 지정할 필요가 있다.
- 형마다 입력하는 메소드가 있어서 int형 데이터는 `Input.getInt();`라는 형식으로 사용한다.
- `Input.getint("정수를 입력");`이라고 지정하면 입력 프롬프트가 나타난다.
- 숫자를 입력하고 엔터키를 누른다.
- 엔터키만 입력하면 0이 입력된다.

문자열의 입력

- 문자열의 입력은 `Input.getString()`으로 한다.
- 엔터키만 누르면 `null`이 입력된다.

여러 개의 데이터를 입력하기

- 입력 메소드는 필요한 만큼 몇 개라도 입력하는 것이 가능하다.

Input 클래스의 메소드

- 정수의 입력   `getInt(), getLong(), getShort(), getByte()`
- 문자의 입력   `getChar()`
- 부동소수점의 입력 `getDouble(), getFloat()`
- 문자열의 입력   `getString()`

{Chapter 05}
배열과 for문

500명분의 신장(키) 데이터나, 1000건의 매출금액의 데이터와 같이
함께 취급하는 편이 더 좋은 데이터가 있다고 가정한다면
이런 것들을 다루는 데이터 구조는 많지만 그중에서 가장 기본적인 것이 배열입니다.
배열은 a[0], a[1]. a[2], … 과 같이 이름과 일련번호를 가지는 변수입니다.
같은 a라고 해도 그 0번째, 1번째, 2번째…와 같이 취급하는 것이 가능합니다
(0부터 세는 것에 주의). 이것을 배열요소라고 합니다.
그리고, 배열을 이용하기 위한 합리적인 처리구문도 있습니다.
예를 들면 1000개의 배열요소를 가지는 배열에서
전체의 합계를 구하기 위해서 어떻게 하면 좋을까요?
지금까지 배운 것으로는 합리적으로 처리할 수가 없습니다.
그래서, for문이라는 반복 처리의 구문을 배울 것입니다.
for문은 배열을 처리하기 위한 가장 좋은 구문입니다.

5-1 배열의 작성 방법

배열은 같은 형의 데이터를 함께 취급하는 것이 가능합니다. 어떤 형의 배열이라도 만드는 것이 가능합니다. 배열의 작성 방법은 몇 가지가 있습니다. 일단, 배열의 모든 데이터를 나열해는 방법을 배우겠습니다. 데이터는 { }의 안에 콤마(,)로 구분해서 열거합니다.

```
int[] n = { 5, 12, 8, 21, 9 }
String[] s = { "봄", "여름", "가을", "겨울" }
```

배열형이라는 것을 나타내기 위해서 형 이름에 [ ]를 붙이는 것에 주의해 주십시오.
{ }에 나열한 데이터가 **배열요소**에 대입됩니다. 예를 들어 정수를 5개 나열한 int형 배열의 예에서는 5개의 배열요소가 있습니다. 각각의 요소는 n[0], n[1]과 같이 이름에 [ ] 앞의 번호로 구별합니다. 이 번호를 **요소번호**나 **배열의 첨자**라고 합니다.

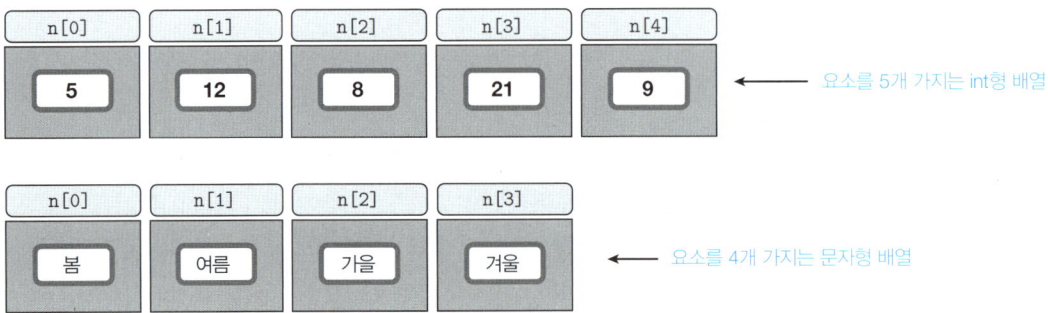

요소를 5개 가지는 int형 배열

요소를 4개 가지는 문자형 배열

배열의 작성 방법과 주의점은 다음과 같습니다.

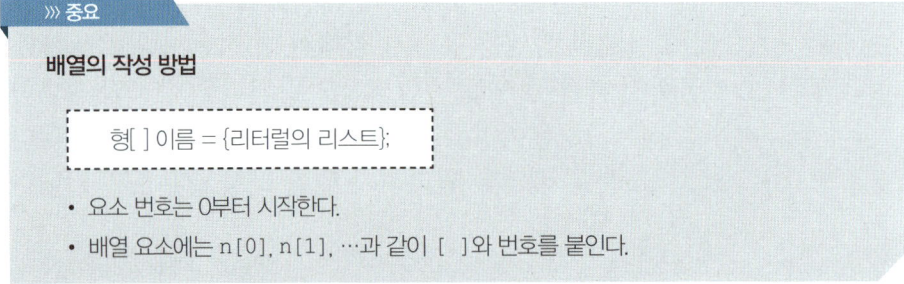

》》중요

배열의 작성 방법

형[ ] 이름 = {리터럴의 리스트};

- 요소 번호는 0부터 시작한다.
- 배열 요소에는 n[0], n[1], …과 같이 [ ]와 번호를 붙인다.

※배열은 수를 사용하는 처리나 데이터의 정렬을 하기 위해서 이용합니다. 또한, 배열은 오브젝트의 친구이기도 합니다. "12. 배열의 구조"에서 좀 더 구체적으로 구조를 설명하겠습니다.

5-2 여러 가지 형의 배열

여러 가지 데이터형의 배열을 만들 수 있습니다. 이 절에서는 대표적인 예를 몇 가지 소개하도록 하겠습니다. 그리고, 배열은 배열형이라는 하나의 형이라는 것을 기억하도록 합시다.

예제 1 여러 가지 형의 배열

배열을 만드는 프로그램과 그에 따라 만들어지는 배열을 그림으로 나타내 보았습니다. 프로그램에 적힌 요소의 순서가 어떤 배열요소가 되는지 확인해 보기 바랍니다.

```java
public class Sample5_2 {
    public static void main(String[] args) {
        int[] n      = {3, 5, 10, 14, 28};
        double[] x   = {0.3, 1.05, 2.2};
        char[] c     = {'좋', '은', '아', '침'};
        String[] s   = {"좋은아침", "안녕하세요", "안녕"};
        boolean[] b  = {true, false, true, true};
    }
}
```

설명

int [ ] n = {3, 5, 10, 14,28}

n[0]	n[1]	n[2]	n[3]	n[4]
3	5	10	14	28

double [ ] x ={0.3, 1.05, 2.2}

x[0]	x[1]	x[2]
0.3	1.05	2.2

```
char [ ] = {'좋', '은', '아', '침'}
```

c[0]	c[1]	c[2]	c[3]
'좋'	'은'	'아'	'침'

```
string [ ] s = {"좋은아침", "안녕하세요", "안녕"}
```

s[0]	s[1]	s[2]
'좋은아침'	'안녕하세요'	'안녕'

```
boolean [ ] s = {true,false,true,true}
```

b[0]	b[1]	b[2]	b[3]
true	false	true	true

▶▶▶ 연습문제 5-1

1. Sample5_2의 예를 보고 다음과 같은 배열을 정의하는 프로그램을 작성하시오.

- 정수형 배열 n

n[0]	n[1]	n[2]
105	20	13

- 실수형 배열 x

x[0]	x[1]	x[2]	x[3]
10.5	0.001	23.01	12.5

- 문자형 배열 c

c[0]	c[1]	c[2]	c[3]
'G'	'O'	'O'	'D'

- 문자열형 배열 s

s[0]	s[1]	s[2]
"버스"	"비행기"	"UFO"

- 논리형 배열 b

b[0]	b[1]	b[2]
true	false	false

2. 다음 프로그램에서 d1, d2, d3의 값은 각각 얼마인지 적으시오.

```
double [] dt = {1.1, 2.2, 3.3};
double d1, d2, d3;
d1 = dt[0] + dt[1];
d2 = dt[2] / dt[0];
d3 = (dt[0] + dt[1] + dt[2]) / 3;
```

[해답] d1=_____ d2=_____ d3=_____

3. 5개의 요소를 가지는 int형 배열 dn의 요소 중에 3번째의 요소를 표시하는 프로그램을 작성하시오. 단, `int[] dn = { 21, 12, 45, 3, 56 }`으로 한다.

5-3 for문의 작성 방법

배열요소의 값을 전부 출력하기 위해서는 다음과 같은 println 메소드를 사용하는데 요소가 많으면 프로그램의 라인 수가 늘어납니다.

예제 2 배열의 요소를 출력한다.

```
public class Sample5_3_1 {
    public static void main(String[] args) {
        int[] dn = {21, 12, 45, 3, 56};
        System.out.println(dn[0]);
        System.out.println(dn[1]);
        System.out.println(dn[2]);
        System.out.println(dn[3]);
        System.out.println(dn[4]);
    }
}
```

설명

예를 들어 요소수가 100개나 1000개인 경우는 라인 수가 너무 늘어나 합리적이지 못합니다. 이 경우에는 for문을 사용합니다. for문은

"○○회 반복한다."

라는 구문입니다. 요소가 5개인 배열형의 모든 요소를 표시하기 위해서는 표시하는 처리를 5번 해야 하므로 5회 반복하는 for문을 작성합니다.

for문의 일반적인 작성 방법은 다음 그림과 같습니다. 이것은 외국어의 구문과 같으므로 일단 형태를 기억할 필요가 있습니다.

>>> 중요

for문의 작성법 – 먼저 형식을 외우도록 합시다.

```
for ( int i = 0; i < 횟수; i++) {
        반복 실행하려는처리
}
```
몇 번 반복하는가

다음의 예제는 for문을 사용해서 "야호!"라는 문자열을 5번, 콘솔에 출력합니다. 반복을 5번 지정하고 반복 처리의 내용으로 "야호!"를 출력하는 println 메소드를 적습니다. 이 문의 "5"라고 하는 부분을 다른 수로 바꾸기만 하면 원하는 만큼 반복하는 것이 가능합니다.

반복 횟수 지정

```
for(int i=0; i<⑤ ;i++){
        System.out.println("야호!");          반복해서 처리할 내용 지정
}
```

예제 3 for문으로 같은 문자열을 5회 출력한다.

for문을 사용해서 "야호!"라는 문자열을 반복해서 5회 표시하는 프로그램은 다음과 같습니다.

```
public class Sample5_3_2{
    public static void main(String[] args) {
        for(int i=0; i<5; i++){
            System.out.println("야호!");
        }
    }
}
```

콘솔
<종료됨> Sample5_3_2
야호!
야호!
야호!
야호!
야호!

실행결과

> **설명**

실행결과를 보면 정확히 5회 반복하는 것을 알 수 있습니다. for문 안에 있는 println 메소드는 한 개이지만 for문에서 지정한 횟수만큼 println을 실행합니다. 확인을 위해서 5라는 숫자를 여러 가지 다른 수로 바꾸어서 실행해 보십시오.

▶▶▶ 연습문제 5-2

1. for문을 사용해서 다음의 처리를 3회 반복하는 프로그램을 작성하시오.

```
System.out.println("반복");
```

2. 다음의 2행의 처리를 for문 안에 적고 처리를 3회 반복하는 프로그램을 작성하시오. 입력과 출력을 3회 반복하는 프로그램이 된다.

```
int n = Input.getInt();
System.out.println(n);
```

3. Math 클래스의 random 메소드를 사용하면 난수를 얻는 것이 가능하다(난수에 대해서는 표준클래스를 참조). 다음 2행의 처리를 for문의 안에 넣어서 난수를 얻어서 그것을 출력하는 처리를 3회 반복하는 프로그램을 작성하시오.

```
double r = Math.random();
System.out.println(r);
```

5-4 　 SPD(Structured Programming Diagram)

프로그램의 흐름을 도식화하는 대표적인 방법은 플로우차트입니다. 직관적으로 알기 쉬운 반면 몇 가지 단점이 있습니다.

- 컴팩트하게 적을 수 없다.
- 프로그램과의 대응이 그다지 좋지 않다.

플로우차트는 컴팩트하지 않고, 프로그램 코드와 1대 1 대응하도록 작성할 수가 없습니다. 그래서 그 단점을 보완한 도식이 몇 가지 개발되고 있습니다. 여기서 설명할 SPD도 그 중 하나입니다. SPD는 논리의 흐름을 작은 기호와 문장으로 기술하고 소스코드와도 대응이 좋다는 특징이 있습니다.
이 책에서는 구문과 소스코드의 설명에 SPD를 사용하므로 읽는 법과 쓰는 법의 기본적인 부분을 설명하도록 하겠습니다.

5.4.1 순차구조의 SPD의 작성 방법

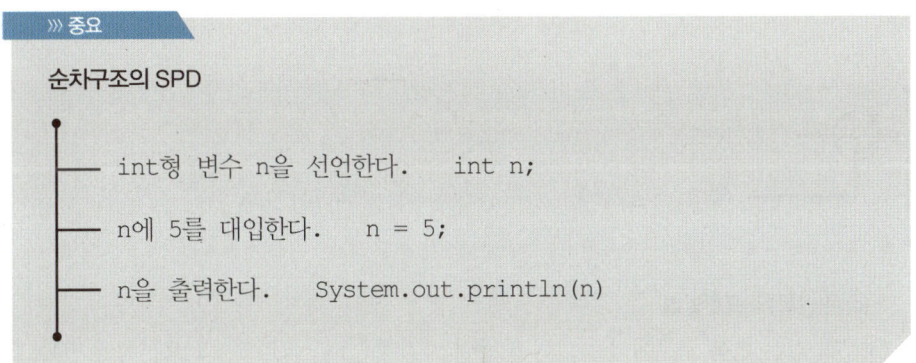

SPD는 위에서 아래로의 처리 흐름을 표현합니다. 왼쪽의 세로선은 처리 흐름의 메인스트림을 표현합니다. 하나의 처리는 가로선을 그어서 가지로 표현합니다. 가지에는 무엇을 하는가와 같은 구체적인 설명이나 프로그램 코드의 한 부분을 적습니다. 이 예시처럼 둘 다 적어도 됩니다. 내용을 알기 쉽게 하는 것이 중요합니다.
나타내는 실제의 프로그램과 비교해 보면 매우 잘 대응되어 있는 것을 볼 수 있습니다.

```
public class SpdTest {
    public static void main(String[] args) {
        int    n;
        n = 5;
        System.out.println(n);
    }
}
```

5.4.2 for문(반복 구조)의 SPD의 작성 방법

예제 3은 for문의 아주 간단한 예입니다.

```
public class ForSample {
    public static void main(String[] args) {
        for(int i=0; i<5; i++){
            System.out.println("야호!");
        }
    }
}
```

이것을 SPD로 고치면 다음과 같습니다.

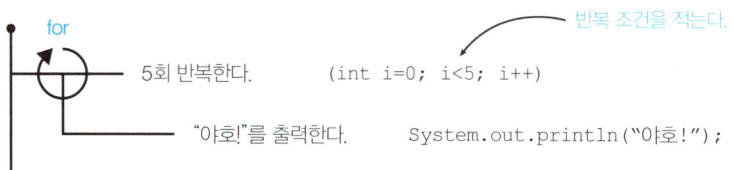

• **for문(반복)의 표현방법**

for문과 같은 반복 구문에서는 그림과 같이 가지에 ↻를 그리고, 그 오른쪽에 반복 조건을 적습니다. ↻ 위에 for라고 적어두는 것도 좋습니다. 반복 조건은 구체적으로 의미를 알 수 있도록 적습니다. 프로그램의 코드 조각을 적어도 좋습니다.

• **반복 처리의 작성 방법**

반복 처리의 작성은 먼저 for문의 가지에서 세로선을 내립니다. ↻로부터 수직으로 연장합니다. 이 새로운 세로선이 for문의 안에서 처리하는 부분을 의미합니다. 이 예시에서는 "야호!"라고 표시하는 것뿐이므로 가지가 되면 가로선을 하나 긋고 우측에 표시 처리를 적습니다. 구체적으로 적어서 알기 쉽도록 합니다.

for문도 프로그램과 일대일로 대응하는 것을 알게 되었습니다. SPD는 프로그램 코드와의 대응이 잘 되는 특징이 있습니다. 또한 메모용지 등에 손으로 쓸 수도 있어서, 처리의 흐름을 생각하는 도구로 써도 좋습니다.

▶▶▶ 연습문제 5-3

1. 다음의 SPD를 보고 프로그램을 작성하시오.

```
키보드로부터 x에 값을 입력받는다.
double x = Input.getDouble("값")
x를 사용해서 2x^2+5를 계산한다.
double y = 2 * Math.pow(x, 2) + 5
y를 출력한다.
System.out.println("정답=" + y)
```

2. 다음의 SPD를 보고 프로그램을 작성하시오.

```
문자열을 입력한다.        string str= input.getstring("문자열")
 for
  ↻   3회 반복한다.     (int i=0; i<3; i++
         문자열을 출력한다.     System.out.println(str);
```

3. 다음의 프로그램의 SPD를 작성하시오.

```
public class Ex5_3_3 {
    public static void main(String[] args) {
        System.out.println("-- 시작 --");
        for(int i=0; i<3; i++){
            System.out.println("반복");
        }
        System.out.println("-- 종료 --");
    }
}
```

5-5 { }가 없는 for문

for문에는 반복해서 실행하려는 것의 내용을 { }의 안에 적습니다. { }는 블록이라고 하고, 여러 줄을 하나의 명령문처럼 취급하는 것이 가능합니다. for문에서는 { }를 생략하는 방법도 있습니다. { }를 생략하면 for문의 반복 처리를 하나만 할 수 있다는 제약이 있습니다.

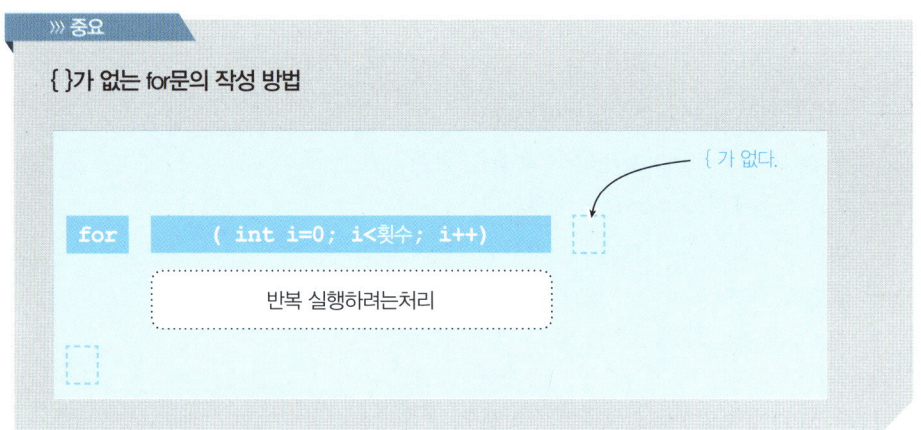

반복 처리를 하나만 적을 수 있으므로 다음과 같이 적으면 "BBB"를 출력하는 처리는 for문의 범위 밖이 되어서 반복 실행의 대상이 되지 않습니다.

예제 4 { }가 없는 for문

```
for ( int i=0; i<3; i++ )
    System.out.println("AAA");
    System.out.println("BBB");   // 이것은 for문의 바깥입니다.
                                 // 4문자 들여쓰기를 하면 안 되는 곳입니다.
```

설명

위처럼 작성하면 다음과 같은 결과가 나옵니다.

```
콘솔
<종료됨> Ex5_4_1
AAA
AAA    for문으로 출력된 부분
AAA
BBB
```

실수하기 쉬운 부분이므로 for문을 작성할 때는 "반복 실행하려는 처리"가 하나만 있는 경우에도 { }를 붙이는 것이 좋습니다.

▶▶▶ 연습문제 5-4

1. 다음의 프로그램에서는 어떤 결과가 나오는지 보기에서 고르시오.

```
for(int i=0; i<3; i++)
    System.out.print("A");
    System.out.print("B");
```

〔보기〕

A. ABABAB

B. AAABBB

C. AAAB

D. AAB

[해답] _____

2. 다음의 프로그램에서는 어떤 결과가 나오는지 보기에서 고르시오.

```
for(int i=0; i<5; i++)
    System.out.print("X"); System.out.print("Y");
```

〔보기〕

A. XYXYXYXYXY

B. XXXXXYYYYY

C. XXXXXY

D. XXXXY

[해답] _____

5-6 루프의 제어 변수

이번 절에서는 for(int i=0; i<횟수; i++)에서 사용되는 변수 i에 대해서 설명하겠습니다. 그 전에 "for문의 작성 방법"에 대해서 다시 한 번 보도록 하겠습니다.

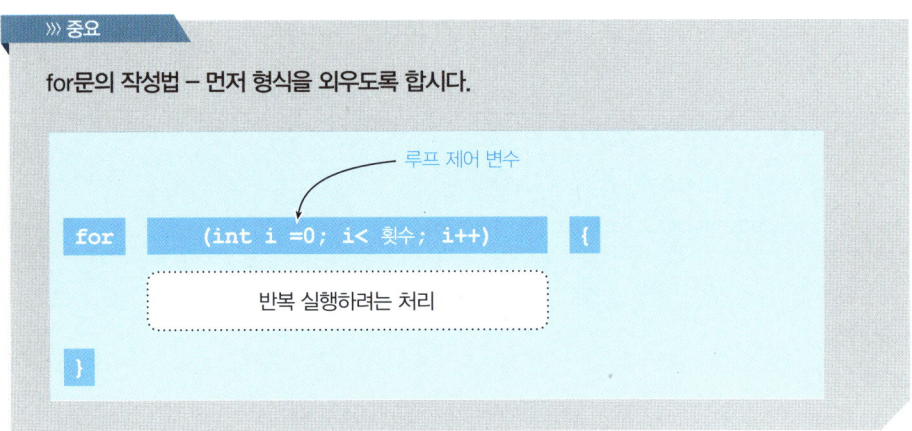

for구문에서 사용되는 i를 루프 제어 변수라고 합니다. 루프 제어 변수는 반복 횟수의 제어와 깊이 관련이 있습니다. 다음의 예제에서 루프 제어 변수의 동작을 설명하겠습니다.

예제 5 **루프 제어 변수 i를 확인한다.**

다음은 i의 값을 5회 반복해서 콘솔에 표시하는 for문입니다. 바로 전의 "야호!"와는 다르게 i를 출력하는 것에 주의해 주십시오. println 메소드에서 루프 제어 변수 i를 그대로 출력합니다.

```
public class Sample5_6 {
    public static void main(String[] args) {
        for(int i=0; i<5; i++){
            System.out.println(i);      // 주의
        }
    }
}
```

i의 값이 0, 1, 2, 3, 4로 변화하고 있습니다.

실행결과
```
<종료됨> Sample5_6
0
1
2
3
4
```

> **설명**

여기서 흥미로운 점은 0, 1, 2, 3, 4로 값이 변화한다는 것입니다.

- 0이 가장 먼저 출력되고,
- 4까지 출력되고 끝난다.
- 매번 1씩 값이 증가한다.

이것은 다음의 for문의 조건부에 대응하는 것입니다.

(int i=0; i<5; i++)

이 부분에서 다음을 지정하고 있습니다.

- int i=0   i의 최초값은 0으로 설정한다.
- i < 5   i가 5보다 작은 동안 실행한다.
- i++   반복 처리를 하고 나서 매번 i의 값을 1씩 증가시킨다.

그리고, i++은 ++i라고 적는 것과 같습니다. 또한 i = i + 1이나 i += 1이라고 적어도 됩니다.
중요한 것은 i를 얼마씩 증가시킬 것인가를 지정하는 것입니다. 결국, for문의 조건부에서는 루프 변수 i에 관해서 다음과 같이 지정하고 있습니다.

(초기치; 반복 조건; 증가)

그리고, 변수명으로 i를 사용하는 것에 특별히 의미는 없습니다. j라든가 index 등 다른 이름을 사용해도 됩니다. 관습적으로 i를 사용하고 있을 뿐입니다. 이것은 Fortran(1957) 언어부터의 전통입니다.
 또한, 다음과 같이 for문의 밖에서 선언된 변수를 루프 제어 변수로 사용하는 것도 가능합니다.

```
int i;
for(i=0; i<5; i++){
    System.out.println(i);
}
```

▶▶▶ 연습문제 5-5

1. 다음 프로그램은 어떤 결과를 가지는지 빈칸에 답하시오(프로그램을 작성하지 말고 생각해 보세요).

```
for(int i=0; i<6; i++){
    System.out.print(i);
}
```

[해답] **A.** _____


```
for(int i=0; i<5; i++){
    System.out.print(i * 2);
}
```

[해답] **B.** _____


```
for(int i=0; i<5; i++){
    System.out.print(i/2);
}
```

[해답] **C.** _____

5-7 배열요소의 표시

for문의 루프 제어 변수 i는 5회 반복할 때 0, 1, 2, 3, 4로 변화합니다. 그렇다면 이 i를 배열의 요소번호로 사용하면 어떨까요?

다음 프로그램에서는 a[i]와 변수 i를 사용해서 배열요소를 지정합니다.

예제 6 배열요소를 표시하다

```
public class Sample5_7 {
    public static void main(String[] args) {
        int []a = {10,20,30,40,50};
        for(int i=0; i<5; i++){
            System.out.println( a[i] );    // 주목
        }
    }
}
```

콘솔
<종료됨> Sample5_7
10
20
30
40
50

실행결과

설명

i가 0, 1, 2, 3, 4로 변화하므로 접근하는 요소도 a[0], a[1], a[2], a[3], a[4]로 변해갑니다. 다음 그림은 그 모습을 나타내고 있습니다.

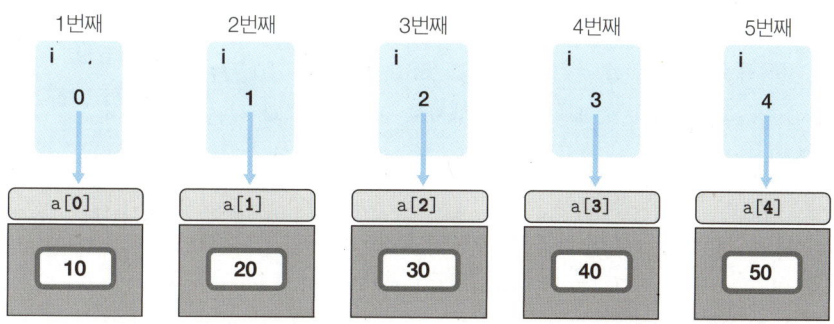

이 방법으로 배열의 요소에 간단히 접근할 수 있는 것을 알았습니다. 일반적으로 for문에서 배열을 조작할 때 루프 제어 변수는 배열의 요소번호로 사용됩니다. 그 배열을 Eclipse에서 작성해보고 결과를 확인해 보십시오.

| 주의 |

요소의 수를 잘못 세지 않도록 주의하세요. 요소의 수보다 많이 반복하게 되면 실행했을 때 ArrayIndexOutOfBoundsException이라는 에러가 발생합니다. 존재하지 않은 배열요소에 접근하려고 했기 때문입니다.

예제의 SPD

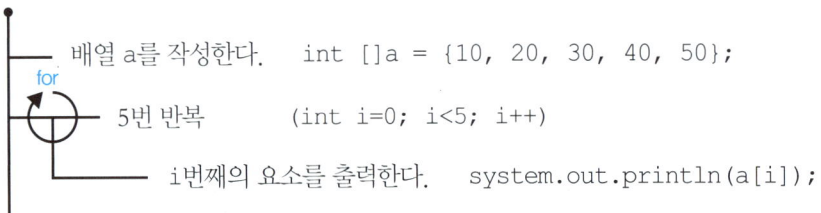

```
배열 a를 작성한다.         int []a = {10, 20, 30, 40, 50};
 5번 반복            (int i=0; i<5; i++)
   i번째의 요소를 출력한다.   system.out.println(a[i]);
```

▶▶▶ 연습문제 5-6

1. for문을 사용해서 double[] x = {1.5, 2.3, 0.6, 3.3, 9.0}의 모든 요소를 출력하는 프로그램을 작성하시오.

2. for문을 사용해서 String[] s = {"홍길동", "이순신", "김유신", "연개소문"}의 모든 요소를 출력하는 프로그램을 작성하시오.

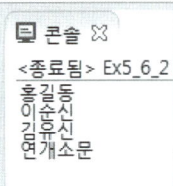

3. for문을 사용해서 int[] a = {10, 15, 68, 2, 47, 51 };의 모든 요소를 출력하는 프로그램을 작성하시오. 다음 그림과 같은 형식으로 출력하시오.

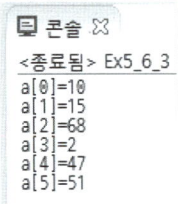

〔 힌트 〕

a[0]=10 와 같은 표시는 다음과 같은 문자열의 연결이 된다.

"a[" + ○ + "]=" + ○

○ 부분에 i나 a[i]를 넣으면 된다.

4. for문을 사용해서, `int[] a = {5, 7, 9, 4, 8};`의 각 요소의 10배인 값을 다음 그림과 같이 출력하는 프로그램을 작성하시오.

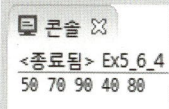

〔 힌트 〕
 for문의 반복 처리에는 다음의 두 줄을 넣는다.
  `int n = a[i] * 10;`
  `System.out.println(...);`

5. 다음과 같이 요소의 개수가 같은 2개의 배열 n1, n2가 있을 때
  `int[] n1 = {12, 11, 31, 51, 72};`
  `int[] n2 = {26, 14, 12, 22, 12};`
for문을 사용해서 각각 대응하는 요소의 합계를 그림과 같이 출력하는 프로그램을 작성하시오.

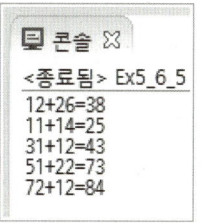

〔 힌트 〕 다음의 SPD를 참고하시오.

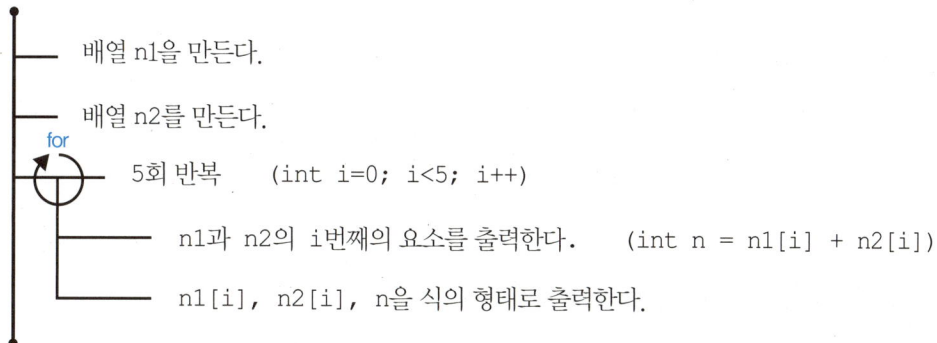

05 정리

배열의 작성 방법

- 형[ ] 이름 = { 리터럴의 리스트 };
  예) int[ ] n = {1,2,3,4,5};
- 요소번호는 0부터 시작한다.
- 배열요소에는 n[0], n[1], ... 과 같이 [ ]과 번호를 붙인다.

여러 가지 형의 배열

- 배열은 "배열형"이라고 하는 하나의 형이다.
- 배열형은 int[ ], double[ ], char[ ], String[ ], boolean[ ]이라고 쓴다.

for문의 사용 방법

- for문의 형태

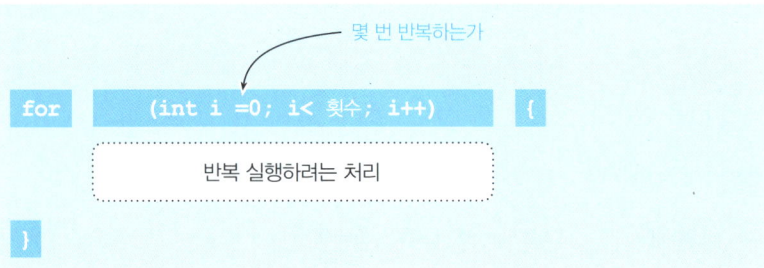

SPD(Structured Programming Diagram)

- SPD의 작성 방법

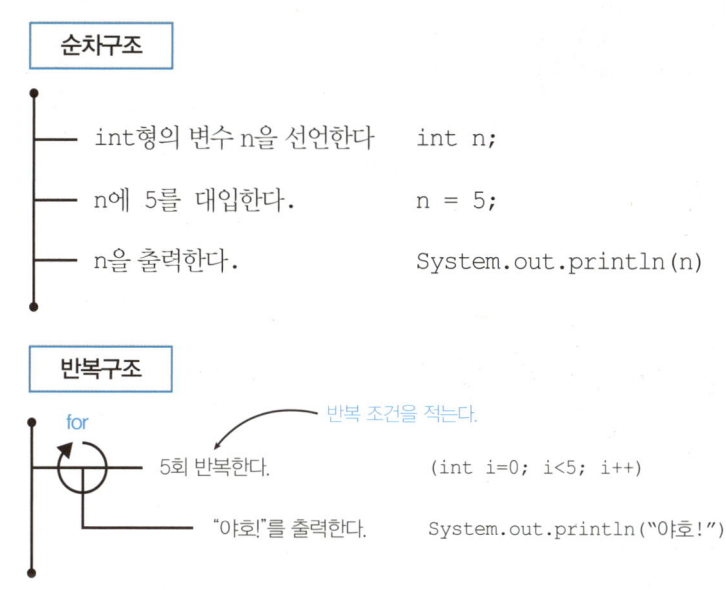

{ }를 적지 않는 for문

- 블록 { }를 사용하지 않고 하나의 문만 반복 실행한다.

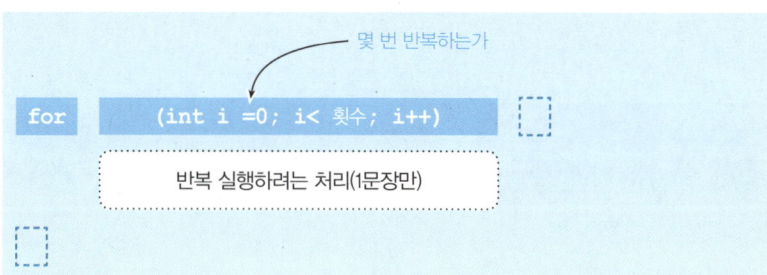

루프 제어 변수

- `(int i=0; i<n; ++i)`의 i를 루프 제어 변수라고 한다.
- 조건부는 `for( 초기값; 반복 조건; 증분)`이다.

배열요소의 표시

- for문의 안에는 루프 제어 변수(예를 들면 i)를 배열의 요소번호로 사용하는 것이 가능하다.
- 루프 제어 변수(예를 들면 i)가 배열요소의 수보다 크면 실행시 예외가 발생한다.

{Chapter 06}

for문의 사용 방법

for문과 배열을 사용한 집계 처리에 관해서 구체적으로 설명합니다.
for문의 자세한 규칙과 주의할 점
그리고 응용할 때 중요한 확장 for문에 관해서도 설명합니다.
이 장을 마치면 for문을 사용해서
실질적인 프로그래밍을 할 수 있게 될 것입니다.

6-1 배열요소의 합계를 구한다

for문의 루프 제어 변수 i를 사용해서 배열의 요소에 접근하는 방법은 이미 배웠습니다. 이 절에서는 숫자형 배열에서 모든 요소의 합계와 평균을 구하는 방법을 설명하겠습니다. 그러면 여러 가지 집계 처리를 할 수 있게 될 것입니다.

배열 a의 모든 요소의 합계를 total에 구한다.

>>> 중요

배열요소의 합계를 구한다.

```
int [ ] a = {10, 20, 30,40, 50};
int total = 0;
for (int i = 0; i < a.length; i++){    //몇 번 반복하는가
    total += a[i];    //재대입
}
```

- 미리 total을 0으로 초기화한다(필수).
- 배열의 요소의 수(a.length)를 반복횟수로 한다.
- total += a[i]로 재대입한다.

total은 반드시 0으로 초기화를 해야 합니다. 이것을 빠트리면 초기화되지 않은 값을 합계에 사용하게 되므로 컴파일 에러가 발생합니다.

배열요소의 개수를 구체적인 숫자가 아니라 a.length라고 적는 것이 중요합니다. 일반직으로 배열명과 length를 점(.)으로 연결한 것은 배열의 개수를 뜻합니다.

배열명.length   하나의 배열요소의 개수

요소의 개수로 5와 같이 구체적인 숫자를 적으면 틀리기 쉽고 에러의 원인이 됩니다. 여기서부터는 구체적인 숫자가 아니라 배열명.length를 사용하기 바랍니다.

```
double[] x = {1.1, 1.2, 4.5};    // x.length는 3
String[] s = {"aa", "bb"};       // s.length는 2
```

재대입은 합계를 구할 때 사용하는 것이 정석입니다. 그래서 복합 대입 연산자를 사용합니다.

재대입 total += n[i]은 total = total + n[i]과 같은 의미입니다.

다음 그림은 for문의 반복으로 total에 합계값을 구하는 것을 나타냅니다.

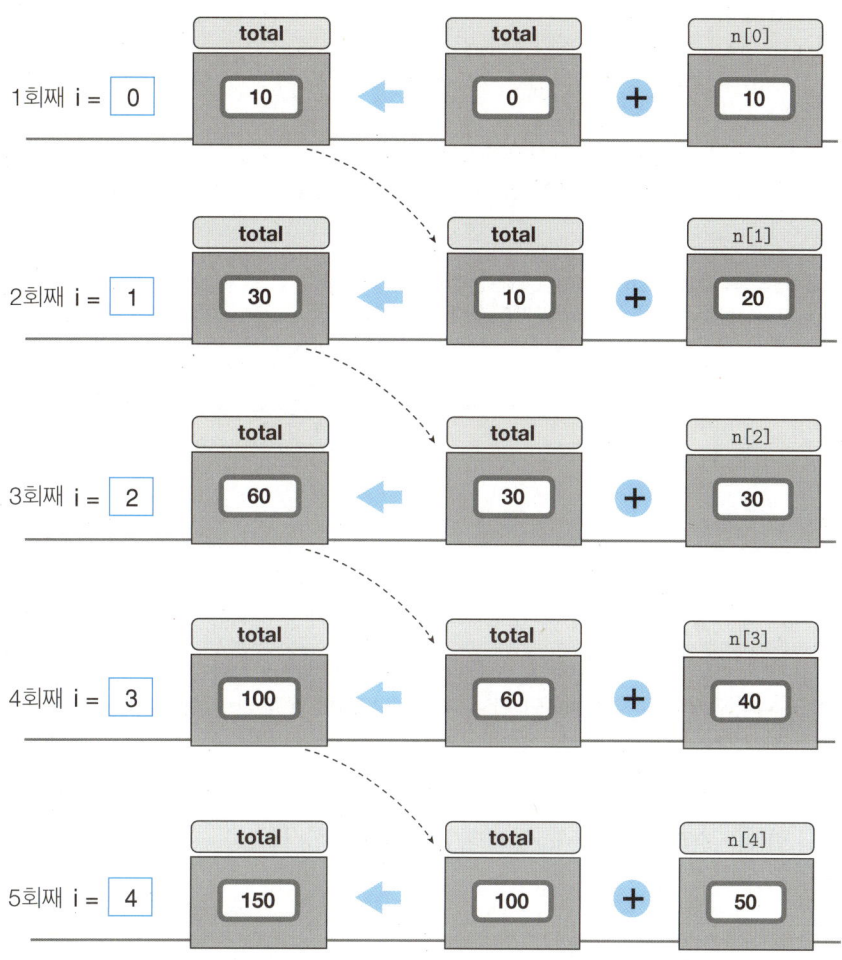

1회째에서는 n[0]와 total을 합해서 total에 재대입하므로 total은 10이 됩니다. 2회째에는 n[1]과 total을 더해서 total에 재대입하므로 total은 30이 됩니다. 이렇게 해서 total에 배열 a의 요소의 합계를 구할 수 있습니다.

예제 1 배열요소의 합계와 평균을 계산한다.

double 배열 x에 대해서 요소의 합계와 평균을 구해서 출력한다.

```java
public class Sample6_1 {
    public static void main(String[] args) {
        double[] x    =  {1.25, 0.85, 3.2, 4.11, 0.56, 7.6};
        double total =  0;
        for(int i=0; i<x.length; i++){
            total +=x[i];
        }
        double mean  =  total / x.length;
        System.out.println("합계="+ total);
        System.out.println("평균="+ mean);
    }
}
```

```
콘솔
<종료됨> Sample6_1 [Java 응용프로그램]
합계=17.57
평균=2.9283333333333332
```

실행결과

설명

처음에 합계의 패턴을 사용해서 모든 요소를 더합니다. 합계를 구하는 변수를 total로 해서 for문 안에 재대입을 사용해서 더합니다. for문의 앞에 total을 0으로 초기화하는 것을 잊지 말아야 합니다. 초기화하지 않으면 합계 처리의 부분에서 컴파일 에러가 발생합니다. 그리고

<u>평균의 합계와 결과의 출력을 for문의 바깥에 적어 주십시오.</u>

for문 안에 total/x.length를 적으면 불필요한 계산을 반복해서 하게 됩니다. 또한 출력을 for문 안에 적으면 "합계 = ○○"라는 것이 몇 번이나 출력됩니다.

6.1.1 예제의 SPD

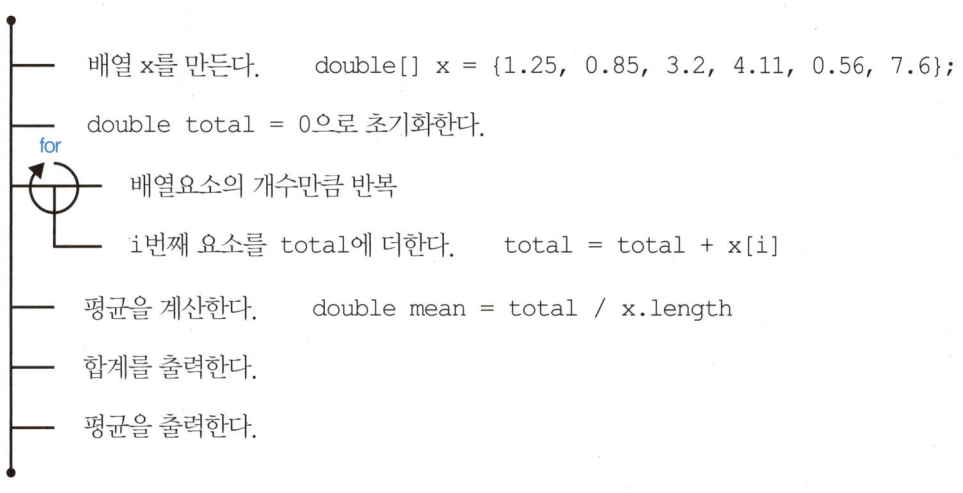

※ 평균의 계산에도 요소의 개수는 x.length를 사용한다.

▶▶▶ 연습문제 6-1

1. 다음의 배열요소의 합계와 평균값을 구해서 출력하시오.

A. int[ ] number = {15,26,88,45,85,96,47};

B. double[ ] data = {167.5, 180.3, 177.6, 166.7, 182.5, 175.4};

6-2 여러 개의 for문

하나의 프로그램 안에 여러 개의 for문을 쓰는 것이 가능합니다. 다음의 예는 배열의 합계와 평균을 구해서 출력하고 모든 배열요소를 출력합니다.

예제 2 복수의 for문을 사용한다.

```java
public class Sample6_2 {
    public static void main(String[] args) {
        double[] x    = {1.25, 0.85, 3.2, 4.11, 0.56, 7.6};
        double total =  0;
        for(int i=0; i<x.length; i++){
            total +=x[i];
        }
        double mean  =  total / x.length;
        System.out.println("합계="+ total);
        System.out.println("평균="+ mean);
        for(int i=0; i<x.length; i++){
            System.out.println(x[i]);
        }
    }
}
```

실행결과

```
<종료됨> Sample6_2 [Java 응용프로그램]
합계=17.57
평균=2.9283333333333332
1.25
0.85
3.2
4.11
0.56
7.6
```

설명

프로그램의 안에는 for문을 몇 번이라도 사용할 수 있습니다. 이것은 앞으로 나오는 다른 구문들도 마찬가지입니다. 하나의 구문을 한 번 밖에 사용할 수 없다던가 하는 것은 없습니다.

for문의 루프 제어 변수를 한 번만 사용할 수 있다던가 하는 것도 없습니다. 예를 들어, 항상 i를 사용해도 됩니다. for문의 ( ) 안에서 선언한 변수는 for문의 안에서만 유효합니다. for문의 바깥에서는 없는 변수가 되어 같은 이름의 변수는 한 번만 사용할 수 있다는 변수의 제약에도 위반되지 않습니다.

하지만 다음과 같은 사용은 에러가 납니다. for문의 바깥에 이미 i가 선언되어 있는 경우 for문의 안에 중첩해서 i를 선언하는 것은 안됩니다.

```
int i=0;
for(int i=0; i<n.length, i++) {
    System.out.println(n[ I ]);
}
```

▶▶▶ 연습문제 6-2

1. 연습문제 6-1에서 작성한 프로그램의 마지막 부분에 모든 요소를 표시하는 처리를 추가하시오. 예를 들면 6-1의 A에 다음과 같은 처리를 추가하는 것을 의미합니다.

　　　　배열요소의 개수(number.length) 만큼 반복
　　　　i번째 요소를 출력한다.　System.out.println(number[i])

연습문제 6-1 B도 같은 식으로 하시오.

2. double[] d={188.2, 175.6, 154.5, 168.2, 178.0}일 경우 다음의 프로그램을 작성하시오. (1) ~ (3)을 하나의 프로그램에서 각각을 순서대로 처리하도록 작성하시오.

(1) 모든 요소를 콘솔에 출력하시오.
(2) d의 배열요소의 평균값을 계산해서 변수 mean에 넣으시오.
(3) 모든 요소에 대해서, $(d[i] - mean)^2$을 계산하시오.

```
<종료됨> Ex6_2_2 [Java 응용프로그램]
188.2
175.6
154.5
168.2
178.0
234.0899999999995
7.289999999999939
338.56000000000023
22.09000000000016
26.009999999999994
```

〔 힌트 〕

for문을 사용해서 처리합니다.

다음의 SPD가 나타내는 처리를 추가합니다.

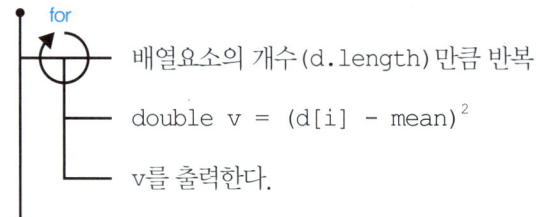

배열요소의 개수(d.length) 만큼 반복

double v = (d[i] - mean)^2

v를 출력한다.

6-3 for문의 구성과 기능

앞에서 배운대로 for문의 ( ) 안에는 3개의 식이 있습니다. 그 3개의 식은 각각 ①**초기설정** ②**반복조건** ③**후처리**입니다.

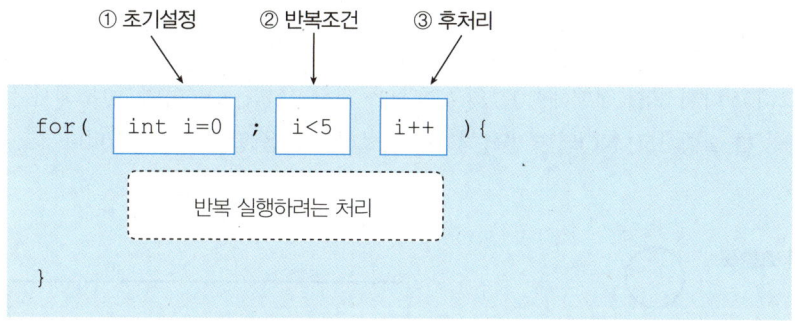

6.3.1 초기설정, 반복조건, 후처리

① ~ ③은 루프 제어 변수의 값을 매번 정해진만큼 변화시키면서 반복 처리를 실행하고 루프 제어 변수가 정해진 범위를 넘으면 반복을 끝낸다라는 구조로 실행됩니다.

① 초기설정
- for문의 시작에서 한 번만 실행됩니다.
- 루프 변수의 초깃값(최초의 값)을 설정합니다.

② 반복조건
- "반복해서 실행하려는 처리"를 실행하기 직전에 성립하는지를 검사하는 조건으로 이 조건을 만족하지 않으면 for문의 반복을 끝냅니다.
- 루프 변수가 가지는 값의 범위(상한 또는 하한)을 지정합니다.

③ 후처리
- "반복해서 실행하려는 처리"를 실행한 뒤에 무조건적으로 실행하는 처리.
- 루프 변수의 값을 변경합니다. 1을 증가시키는 것이 보통이지만 1씩 감소하거나 2씩 증가하는 등 자유롭게 증감을 지정할 수 있습니다.

6.3.2 for문의 처리의 흐름

다음의 그림은 for문의 ( )안에 ① ~ ③이 구체적으로 어떻게 움직이는가를 표시한 그림입니다.

처음에는 ①을 실행해서 i에 값을 넣습니다. ②는 i가 만족해야 하는 조건입니다. ①의 다음에 ②를 만족하는가를 검사합니다. 만약 조건을 만족하면(OK라면), "반복해서 실행하려는 처리"를 실행합니다.

그 다음에는 ③을 실행합니다. 한 번의 처리가 끝날 때마다 ③을 실행해서 i값을 변화시킵니다. 그리고 다시 ②를 실행해서 i값의 유효성을 검사합니다. OK라면 "반복해서 실행하려는 처리"를 실행하고, NO라면 반복처리를 종료하고 다음 단계로 진행합니다.

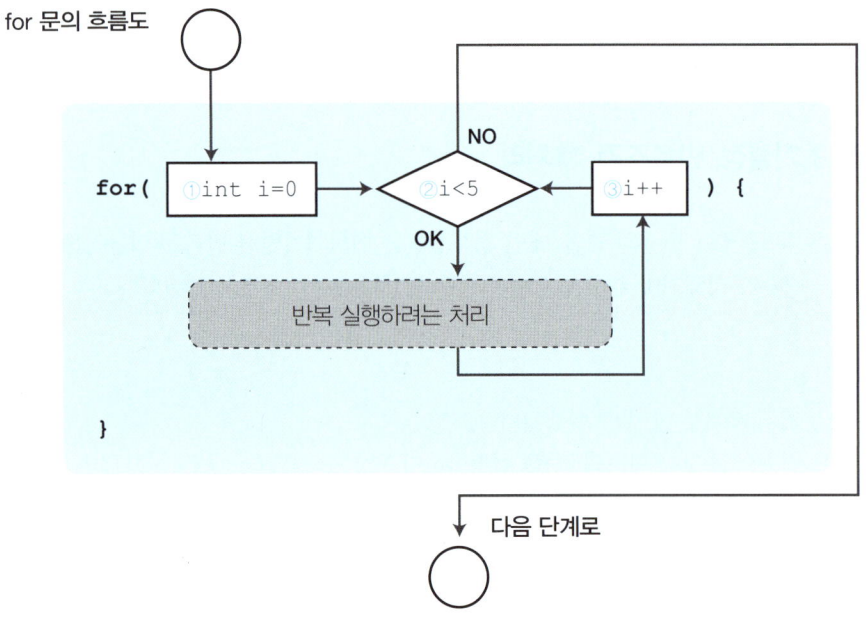

여기까지 ②의 i<5 부분을 "반복횟수를 지정"한다고 설명했는데 ①에서 i의 초기값을 0으로 설정하고, ③에서는 매번 1씩 증가시킬 때 성립됩니다.

i가 1부터 시작하는 경우

다음과 같은 예제에서는 i<5라고 지정해도 5회 반복하지 않습니다.
이 예제에서 i는 1, 2, 3, 4로 변하며 4회 반복하게 됩니다.

```
for ( int i=1; i<5; i++) {
    System.out.println(i);
}
```

실행결과
```
<종료됨> Sample6_3_1
1
2
3
4
```

i가 2씩 증가하는 경우

다음 예제는 i가 2씩 증가하는 경우입니다. 이 예제에서 i는 0, 2, 4로 변화하며 3회 반복합니다.

```
for(int i=0; i<5; i+=2){
    System.out.println(i);
}
```

실행결과
```
<종료됨> Sample6_3_2
0
2
4
```

하지만, 이런 사용 방법은 특수한 경우입니다. for에서는 역시 다음의 방법이 기본입니다. 이렇게 사용한다면 i<5는 5회 반복을 의미하고 논리적으로도 알기가 쉽습니다. 일반적인 경우에는 다음과 같은 방법으로 하는 게 좋습니다.

```
for(int i=0; i<5; i++){
    System.out.println(i);
}
```

이 형태의 for문은

"i는 0부터 시작해서 1씩 증가하고 5보다 작은 동안(5회) 반복한다."

라고 읽을 수 있습니다.

역순으로 처리하는 경우

가끔 필요한 것이 역순으로 처리하는 것입니다. 예제를 봅시다.

```
int[ ] n = {10, 20, 30, 40};
for(int i=3; i>=0; i--){
    System.out.println(n[i]);
}
```

실행결과
```
<종료됨> Sample6_3_4
40
30
20
10
```

여기서 i>=0으로 쓰는 것은 "0이상"을 의미합니다. 구체적으로는 다음의 7장에서 학습합니다. 0보다 크거나 같으면 되기 때문에 i의 값은 3, 2, 1, 0로 변화하면서 배열요소를 역순으로 표시합니다.

▶▶▶ 연습문제 6-3

다음의 for문에서 ①, ②, ③에는 어떻게 입력해야 좋을지 적으시오. 다만, □는 공백문자를 의미합니다. 실제의 프로그램에서는 이 부분에 스페이스를 입력해 주십시오.

1. 콘솔에 실행결과처럼 표시하는 for문입니다.
   7개의 값을 출력하는 것에 주의해서 조건을 넣으세요.

```
for( ① ; ② ; ③ ){
    System.out.print(i + "□");
}
```

실행결과
```
<종료됨> Ex6_3_1
0 1 2 3 4 5 6
```

※ println 메소드는 한 번 출력할 때 다음의 행으로 개행하지만 print 메소드는 개행하지 않습니다. 그래서, 이렇게 옆으로 연달아서 출력하는 것이 가능합니다. 구분해서 사용하도록 합시다.

[해답] ① _____ ② _____ ③ _____

2. 콘솔에 실행결과처럼 표시하는 for문입니다.
1부터 시작하는 것에 주의해서 i의 초깃값을 넣으세요.

```
for( ① ; ② ; ③ ){
    System.out.print(i + "□");
}
```

실행결과
```
<종료됨> Ex6_3_2
1 2 3 4 5 6
```

[해답] ① _____ ② _____ ③ _____

3. 콘솔에 실행결과를 표시하는 for문입니다.
i가 2씩 증가하는 것에 주의해서 증가분을 넣으세요.

```
for( ① ; ② ; ③ ){
    System.out.print(i + "□");
}
```

실행결과
```
<종료됨> Ex6_3_3
0 2 4 6
```

[해답] ① _____ ② _____ ③ _____

4. 다음 프로그램은 어떻게 출력되는지 보기에서 바른 것을 고르시오.

```
int [ ]a = {10, 20, 30, 40, 50, 60, 70, 80, 90, 100};
for(int i=1; i<a.length; i++){
    System.out.print(a[i]+" ");
}
```

〖 보기 〗

① 10 20 30 40 50 60 70 80 90 100
② 20 30 40 50 60 70 80 90 100 10
③ 20 30 40 50 60 70 80 90 100

[해답] _____

5. 다음 프로그램은 어떻게 출력되는지 보기에서 바른 것을 고르시오.

```
int [ ]a = {10, 20, 30, 40, 50, 60, 70, 80, 90, 100};
for(int i=a.length-1; i>0; i--){
    System.out.print(a[i]+" ");
}
```

〔보기〕

① 100 90 80 70 60 50 40 30 20 10

② 100 90 80 70 60 50 40 30 20

③ 90 80 70 60 50 40 30 20 10

[해답] _____

6-4 for문의 요소 생략

for문의 초기설정, 반복조건, 후처리는 어떤 것이든 생략할 수가 있습니다. 이들을 생략하는 예들을 알아둘 필요가 있습니다.

초기설정을 생략한 예
세미콜론(;)은 생략할 수 없습니다. for문의 바깥에 초기설정을 하고 있습니다.

```
int i=0, total=0;
for(; i<10; i++){       // 초기설정의 생략
    System.out.println(i);
}
```

초기설정과 후처리를 생략한 예
세미콜론(;)은 생략할 수 없습니다. 후처리가 없으면 무한루프가 되기 때문에 반복처리 뒤에 i++;를 추가하고 있습니다.

```
int i=0, total=0;
for(; i<10; ){          // 초기설정, 후처리의 생략
    System.out.println(i);
    i++;
}
```

모두 생략한 예
세미콜론(;)은 생략할 수 없습니다. 무한루프가 됩니다. "무한루프"라는 문자열을 영원히 출력합니다.

```
for( ; ; ){             // 모두 생략하면 무한루프가 된다.
    System.out.println("무한루프");
}
```

6.4.1 무한루프에 빠진 프로그램을 정지하는 방법

Eclipse의 콘솔 윈도우에는 프로그램의 정지 버튼이 있습니다. 강제적으로 종료하려는 경우에는 다음 그림과 같이 그 버튼(실행 중에는 빨간색)을 클릭하면 됩니다.

6.4.2 for문의 요소는 "식"이다

for문의 ( ) 안은 세미콜론(;)으로 3부분이 나뉘어 있습니다. 이것은 3개의 "식"을 적을 수 있다는 것을 의미합니다. 즉, 다음과 같이 몇 개의 동작을 동시에 하는 식을 이용하는 것이 가능하지만 사용하는 것은 추천하지 않습니다.

```
for ( int i=0, j=5;  i<j;  i++, j++) {
    ....
}
```

▶▶▶ **연습문제 6-4**

1. 다음 for문의 작성 방법에서 에러가 나는 것은 어느 것인가? 복수 개의 번호로 답하시오.

① `for(int i=0, int j=10; i<j; i++, j--)`
② `for(int i=0; ;i++)`
③ `for( ; )`
④ `for( ; ; )`
⑤ `for( )`
⑥ `int i; for(int i=0; i<5; i++)`
⑦ `int j; for(j=0; j<5; j++)`

[해답] _____

6-5 확장 for문

배열과 컬렉션(다수의 데이터를 쉽게 처리할 수 있는 방법을 제공하는 클래스들)을 조작할 때 처리를 간단히 하기 위해서 Java 5.0부터 도입한 또 다른 for문입니다. 루프 제어 변수를 적을 필요가 없는 것이 가장 큰 변화입니다. 루프 변수가 없기 때문에 모든 요소에 대해서 표시하거나 집계하는 등의 처리만 할 수 있지만 간단히 표현할 수 있는 장점이 있습니다.

>>> 중요

확장 for문의 작성법

for (① 요소가 들어갈 변수의 선언 : ② 배열이름) {
    반복 실행하려는 처리
    (①의 변수를 사용해서 처리)
}

예제 3 확장 for문으로 배열요소를 모두 출력한다.

```java
public class Sample6_5 {
    public static void main(String[] args) {
        int[ ] a = {10, 5, 8, 4, 3};
        for(int n : a){
            System.out.print(n + " ");
        }
    }
}
```

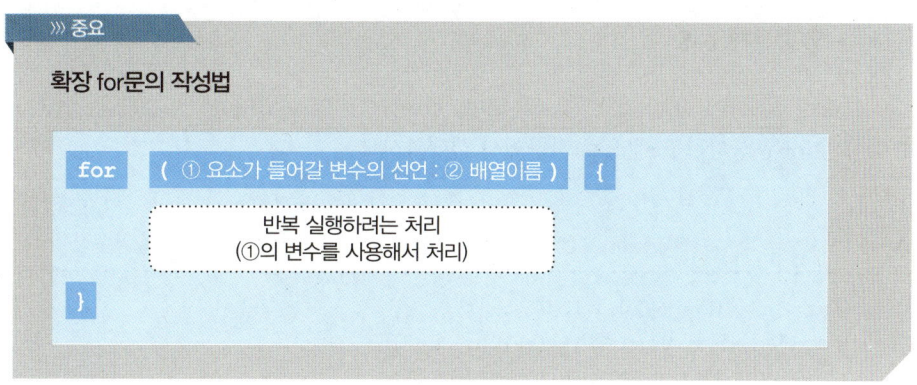

콘솔
<종료됨> Sample6_5
10 5 8 4 3

실행결과

> **설명**

for문의 안에서 요소가 들어갈 int형 변수 n을 선언합니다. 변수 n에 요소를 담습니다. a는 배열명입니다. for 루프가 실행되면 a[0]에서 순서대로 변수 n에 들어가게 됩니다. 프로그램에서는 n을 그대로 콘솔에 출력하고 있습니다.

for(int n : a)의 부분에서 변수명 n은 다른 이름이라도 상관없습니다. for(int num : a)과 같이 해도 좋습니다. 그 변수는 배열 a의 요소를 받아들이는 용도로 사용하는 변수이므로 자유롭게 이름을 붙이는 것이 가능합니다. for 루프의 반복 중에서 매회, 순서대로 a의 요소가 이 변수에 세팅되는 점에 주의해 주십시오.

▶▶▶ 연습문제 6-5

1. 다음의 for문을 확장 for문으로 바꾸어서 실행하시오.

A.

```java
int [ ] dt = {10, 3, 4, 9};
for(int i = 0; i<dt.length; i++){
    System.out.println( dt[i] );
}
```

B.

```java
String [ ] str = {"abc", "def", "ghi"};
String ss = "";
for(int i = 0; i<str.length ; i++){
    ss += str[ i ];
}
System.out.println(ss);
```

C.
```
double [ ]x = {10.5, 2.3, 2.2, 4.7};
double total=0;
for(int i = 0; i<x.length; i++){
    total += x[ i ];
}
System.out.println(total/x.length);
```

06 정리

배열의 요소들의 합계를 구한다.

- 배열요소를 합하기 위해서 합계를 넣은 변수를 0으로 초기화하고 for문으로 더한다.

> » 중요
>
> ```
> int [ ] a = {10, 20, 30, 40, 50};
> int  total = 0;
> for (int  i = 0; i < a.length; i++){
>     total += a [ i ];        // 재대입
> }
> ```
> 배열 a의 요소의 개수

- 배열명.length는 배열요소의 개수를 나타낸다.

복수의 for문

- 프로그램의 안에서 for문은 여러 번 쓸 수 있다.
- 루프 제어 변수 i를 for문의 안에서 선언하면 for문 안에서만 유효하다.

for문의 구성과 기능

- ( )은 (초기설정; 반복조건; 후처리)이다.
- 초기설정은 for문을 시작할 때 한 번만 실행된다.
- 반복조건은 반복 실행을 하려는 내용을 실행하기 전에 체크한다.
- 후처리는 반복 실행하려는 내용을 실행한 뒤에 반드시 실행된다.
- `for(int i=0; i<n; i++)`와 같이 0부터 시작해서 n회 반복하는 것이 표준적인 작성 방법
- `for(int i=n-1; i>=0; i--)`는 n-1부터 0까지 역순으로 처리한다.

for문의 요소 생략

- for문의 요소인 초기설정, 반복조건, 후처리는 모두 생략 가능하다.
- 세미콜론은 생략할 수 없다.
- 모두 생략한 for(;;)는 무한루프가 된다.
- 요소에는 식을 적는다.
  예) for(int i=0, j=5; i<j; i++, j--)

확장 for문

- 확장 for문은 루프 제어 변수를 사용하지 않고 반복 처리할 수 있다.

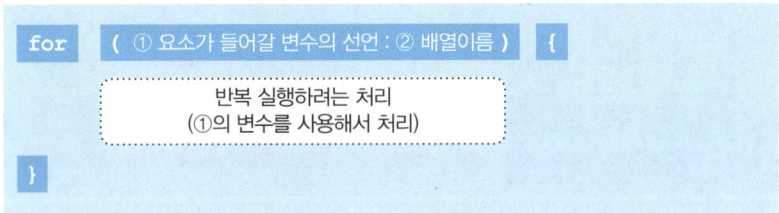

- 루프 제어 변수를 사용하지 않기 때문에 모든 요소를 처리하는 곳에서만 쓸 수 있다.

{Chapter 07}

조건을 표현하는 연산자

for문에서 본 것처럼 프로그램에서는 "조건"이 매우 중요한 동작을 합니다.
조건을 나타내는 문법은 관계 연산자와
그것을 조합하기 위한 논리 연산자로 되어 있습니다.
이번에는 이것들의 사용법을 익혀봅시다.

7-1 관계 연산자

조건을 쓰는 식에서는 다음과 같은 관계 연산자가 사용됩니다. 관계 연산자는 2개 항목의 대소관계를 기술하기 위한 연산자입니다.

관계 연산자	관계식의 예	의미
>	a > b	a는 b보다 크다(크다).
<	a < b	a는 b보다 작다(미만).
>=	a >= b	a는 b보다 크거나 같다(이상).
<=	a <= b	a는 b보다 작거나 같다(이하).
==	a == b	a는 b와 같다.
!=	a != b	a와 b는 다르다.

프로그래밍에서는 다음과 같은 관계식을 종종 사용합니다.

　　　[a는 양수]··················a>0
　　　[a는 b가 아니다]··········a!=b
　　　[a는 100이상]············· a>=100;

특히, "이상"일 경우에는 >이 아니라 >=을 사용하는 것에 주의하기 바랍니다. 또한, >=는 바른 표기법이지만 =>은 잘못된 표기입니다. 부등호를 먼저 써야 합니다.

7-2 관계식의 값

관계식의 값은 true나 false 둘 중 하나입니다. 관계식이 성립하고 있는지 여부, 즉 true나 false인지는 식의 변수의 값에 따라 달라집니다. 같은 식에서도 값이 다르면 답이 true가 되거나 false가 되거나 합니다.

>> 중요

관계식의 값은 true나 false 둘 중 하나이다.

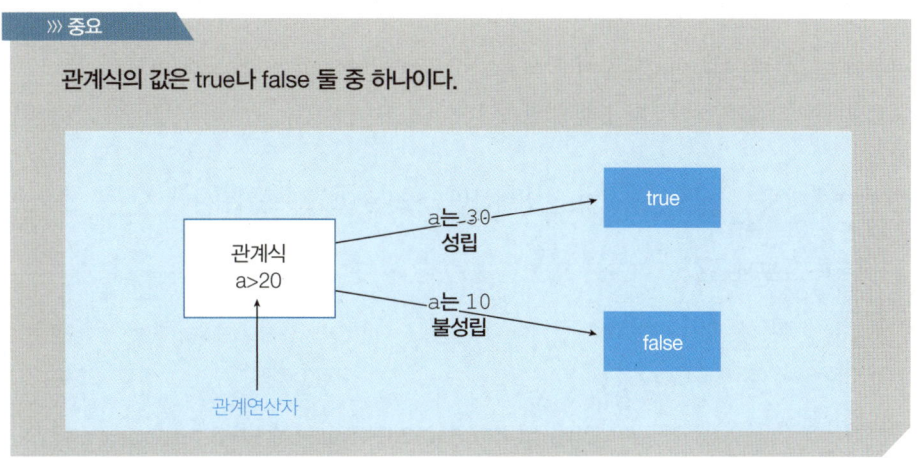

예제 1 ── 관계식 a > 20의 값을 확인한다

이 프로그램은 키보드를 사용해 정수를 입력하고 그 값을 변수 a에 대입시킵니다. 그리고 a>20이라는 관계식의 값을 출력합니다. 몇 번 실행해 다양한 값을 입력해 봅시다.

```
import   lib.Input;
public   class   Sample7_2{
    public static void main(String[] args) {
        int    a = Input.getInt();       // 정수를 a에 입력한다.
        System.out.println( a>20 );      // a>20의 결과를 출력한다.
    }
}
```

> **설명**

관계식의 값을 출력하기 위해서는 이 프로그램과 같이 println 메소드로 출력하는 것이 제일 좋습니다. println 메소드 안에 식을 쓰면 식을 계산한 결과값을 출력해 줍니다. 예를 들어 다음과 같이 하면 관계식의 값(true나 false)을 볼 수 있습니다.

```
System.out.println( a>20 );
```

당연히 true인지, false인지는 a 안에 어떤 값이 들어있냐에 따라 달라집니다.
프로그램을 다음과 같이 2회 실행해 봤습니다.

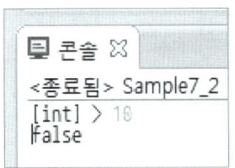

10을 입력하면 a>20는 false로 출력됩니다.

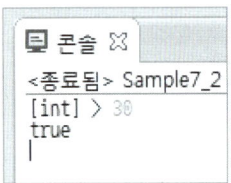

30을 입력하면 a>20은 true로 출력됩니다.

▶▶▶ 연습문제 7-1

1. 다음의 조건에 해당하는 관계식을 적으시오(n, m은 정수입니다).

예: 문제 "n은 10보다 크다" ----〉 답 : n>10

문제	해답
1) n은 10이상(같거나 크다)	
2) n은 10이하(같거나 작다)	
3) n은 10보다 크다.	
4) n은 10보다 작다.	
5) n은 10이 아니다.	
6) n은 10과 같다.	
7) n은 m+1과 같다.	
8) n은 m의 7배이다.	
9) n+1은 0이 아니다.	
10) n+m은 0이 아니다.	
11) n은 짝수이다(n을 2로 나누면 나머지가 0이 된다).	
12) n은 3의 배수이다(3으로 나누면 나머지가 0이 된다).	
13) n은 홀수이다.	
14) n의 3배는 12이다.	
15) n+m은 양수이다.	
16) n의 제곱근은 5.0보다 작다.	

※ 나머지를 구하기 위해서 %를 사용한다("3.3 사칙연산의 연산자"를 참조).
　제곱근의 비교에는 Math.sqrt() 메소드를 관계식에 직접 사용한다.

2. n, m은 정수로 n=3, m=5라고 하면 다음 식이 true인지, false인지 답하시오.

문제	해답
1) n==m	
2) n>=m	
3) n!=	
4) n+2==m	
5) n<=m-2	

7-3 문자의 비교

char형에서는 다음 표현들이 모두 같습니다.

```
char c;
c = 'a';              // 문자 a
c = '\u0061';         // 문자 a의 유니코드 이스케이프를 사용한 표현
c = 97;               // 10진수 정수의 문자 a의 코드
c = 0x61;             // 16진수 정수의 문자 a의 코드
```

즉, char형은 "문자코드번호(정수)"를 가지는 형입니다. 정수이기 때문에 int와 같은 관계연산자를 사용해서 크고 작음을 비교하거나, 같은지를 검사할 수 있습니다. 다만, 비교를 하기 위해서는 어떤 문자에 어떤 문자코드가 할당되는지 어느 정도 알고 있는 편이 좋습니다.

문자코드표(Unicode)는 아래와 같습니다.

	00	01	02	03	04	05	06	07	08	09	0A	0B	0C	0D	0E	0F
0000									\b	\t	\n		\f	\r		
0010																
0020	SP	!	"	#	$	%	&	'	(	)	*	+	,	-	.	/
0030	0	1	2	3	4	5	6	7	8	9	:	;	<	=	>	?
0040	@	A	B	C	D	E	F	G	H	I	J	K	L	M	N	O
0050	P	Q	R	S	T	U	V	W	X	Y	Z	[	\	]	^	_
0060	`	a	b	c	d	e	f	g	h	i	j	k	l	m	n	o
0070	p	q	r	s	t	u	v	w	x	y	z	{	|	}	~	

이 표를 보는 방법은 다음과 같습니다.

먼저, 문자 'a'는 0060 행과 01 열이 만나는 부분에 있기 때문에 0060 + 0001 = 0061이 문

자코드가 됩니다. 이 숫자들은 16진수로 적혀 있는 것에 주의해서 보기 바랍니다. 같은 방법으로 문자 'b'는 0062가 문자코드가 됩니다. 16진수는 프로그램에서는 앞에 0x를 붙여서 0x61이나 0x62라고 표현합니다. 구체적으로는 "18.3 16진수란"에서 설명하겠습니다.
a, b, c, …의 순서로 나열되어 있기 때문에 문자코드도 'a'보다 'b'가 크도록 되어 있습니다. 대략적으로 대소관계는 다음과 같이 되어 있습니다.
영문소문자가 영문대문자보다 값이 큰 것에 주의해야 합니다.

> 기호 < 숫자 < 영문대문자 < 영문소문자

예제 2 문자를 비교하는 관계식의 값을 확인한다.

다음의 예제는 'a'를 변수 ch에 대입하고 관계식의 값을 표시합니다. char형이라도 관계 연산자를 int와 double과 같은 숫자처럼 사용할 수 있다는 것을 알 수 있습니다.

```java
public class Sample7_3 {
    public static void main(String[] args) {
        char  ch = 'a';
        System.out.println(ch == 'a');
        System.out.println(ch < 'b');
        System.out.println(ch > 1.5);
    }
}
```

실행결과
```
<종료됨> Sample7_3
true
true
true
```

설명

문자는 다른 문자와 대소관계를 비교할 수 있습니다. 대소관계는 반각문자의 경우 알파벳 순서가 됩니다.
ch > 1.5에서는 double의 값과 비교하고 있는데 대입하는 것이 아니므로 형변환 에러가 나지는 않습니다. 상대가 숫자형이라면 어떤 형과도 비교할 수 있습니다.

7.3.1 문자에 관한 연산

문자를 정수로 취급할 때 틀리기 쉬운 점은 int형과 호환성이 있다고 생각하는 것입니다. 비교와도 관련이 있기 때문에 간단히 정리해두도록 하겠습니다.

일단, 다음과 같은 대입은 컴파일러 에러가 납니다. 더하기 등의 계산을 하면 그 결과는 반드시 int형이 되고, char에 대입할 수 없게 됩니다. 변수를 포함한 식을 char에 대입할 때는 캐스트할 필요가 있습니다. 이 예제에서 ch+1은 int형의 98이 됩니다.

```
char ch = 'a';
ch = ch + 1;      // 우변은 int로 해서 계산하기 때문에 대입할 수 없다.
```

일반적으로 Java 언어에서는 byte, short, char형의 변수와 값을 사용해서 계산하면 그 값들은 일단 int로 변환되어 계산이 됩니다. byte, short, char로는 계산하지 않습니다. 그러므로 식의 값은 항상 int가 됩니다.

단, 다음과 같이 리터럴을 직접 대입할 때는 에러가 나지 않습니다. char형의 변수는 int형의 리터럴을 대입할 수 있습니다.

```
ch = 98      // 정수 리터럴의 직접 대입은 OK
```

리터럴을 직접 대입하는 것과 같은 방식으로 다음 식도 에러가 나지 않습니다. 'a' + 1의 부분은 프로그램을 실행하지 않아도 계산이 되기 때문에 컴파일러는 사전에 98로 바꿔둡니다.

그러므로 ch=98;이라고 적는 것과 같게 됩니다.

```
ch = 'a' + 1;     // 컴파일러가 사전에 'a' + 1을 98로 바꾸므로 OK
```

또한 연산자에 따라서는 계산해도 형이 보존되는 것도 있는데 그것은 바로 증가, 감소 연산자와 복합 대입 연산자입니다. 다음과 같은 계산에서는 형의 보존이 되므로 컴파일러 에러가 나지 않습니다.

```
char ch = 'a';
ch++;                // ++, --는 OK
ch += 5;             // 복합 대입 연산자는 형을 보존한다.
ch += 1.5;           // double의 값이라도 OK. 이 예제에서 ch는 1이 증가한다.
```

▶▶▶ 연습문제 7-2

1. 다음의 조건에 상당하는 조건식을 적으시오(n, m은 정수로 한다).

예제 : 문제 "n은 10보다 크다" ----------> 해답 n > 10

문제	해답
1) c는 'a'보다 크다.	
2) c는 97보가 작다(97은 10진수).	
3) c는 ₩u0041이하(같거나 작다)	
4) c는 0x41 이상(같거나 크다. 41은 16진수)	
5) c는 m보다 작다.	
6) c는 'a'와 같지 않다.	
7) c는 m과 같다.	
8) c는 'a'+1과 같다.	
9) c는 m+1과 같다.	

2. 다음의 프로그램을 실행했을 때 결과로 바른 것을 보기에서 고르시오.

```
public class Ex7_2_2 {
   public static void main(String[] args) {
      char c='b', m='a';
      System.out.print(c>m+10.25);
   }
}
```

〔보기〕

① true라고 출력된다.

② false라고 출력된다.

③ 컴파일러 에러가 난다.

④ 실행시 예외가 발생한다.

[해답] _____

3. 다음 프로그램을 실행했을 때 결과로서 바른 것은 어느 것인지 보기에서 고르시오.

```
public class Ex7_2_3 {
    public static void main(String[] args) {
        char c1='a', c2='b';
        c2 = c1 + 1;
        System.out.print(c1<c2);
    }
}
```

〔보기〕

① true라고 출력된다.

② false라고 출력된다.

③ 컴파일러 에러가 난다.

④ 실행시 예외가 발생한다.

[해답] _____

4. 다음 프로그램을 실행했을 때 결과로서 바른 것을 보기에서 고르시오.

```
public class Ex7_2_4 {
    public static void main(String[] args) {
        char c1='a', c2='b';
        c2 += c1+2;
        System.out.print(c1<c2);
    }
}
```

〔 보기 〕
① true라고 출력된다.
② false라고 출력된다.
③ 컴파일러 에러가 난다.
④ 실행시 예외가 발생한다.

[해답] _____

7-4 문자열의 비교

관계 연산자를 사용해서 문자열의 대소를 비교하는 것은 불가능합니다. 문자열에는 크고 작음이 없기 때문입니다.

또한, ==나 !=을 사용해서 2개의 문자열이 같은지 판단할 수도 없습니다. ==나 !=는 문자열이 null(존재하지 않는 것을 의미)인지, 아닌지만 검사할 수 있습니다.

그 이유는 String이 기본 데이터형이 아니라, 참조형이기 때문입니다(참조형의 특징은 "12. 배열의 구조"에서 설명하겠습니다). 참조형은 오브젝트를 다루는 형입니다. 그래서, 문자열에는 == 대신에 equals 메소드를 사용합니다. equals는 모든 String형 오브젝트가 내장하고 있는 비교 메소드입니다.

예제 3 문자열이 같은지, 아닌지를 조사한다.

다음의 예제는 문자열 a와 b가 같은 내용을 가지는지 조사합니다. equals 메소드의 사용 방법을 나타내고 있습니다.

```java
public class Sample7_4{
    public static void main(String[] args) {
        String  a = "abc";
        String b = "cdef";
        //a와 b를 비교한다
        System.out.println(a.equals(b) );
        System.out.println( b.equals(a) );  // a와 b를 바꿔도 마찬가지다.
    }
}
```

실행결과
```
<종료됨> Sample7_4
false
false
```

> **설명**

2개의 문자열 a, b가 같은 내용을 가지는지 조사하는 것은 문자열 a의 equals 메소드를 사용해서 a.equals(b)과 같이 사용합니다. 같다면 메소드는 true를 반환하고 같지 않다면 false를 돌려줍니다. equals 메소드는 변수와 점(.)으로 연결해서 사용하는데 점은 "~의"라고 읽으면 좀 더 의미를 쉽게 알 수 있습니다.

> a.equals(b) ─ a의 equals 메소드로 a와 b가 같은 내용인지를 조사한다.

그리고, 문자열 b의 equals 메소드를 사용하는 것도 가능합니다. 어느 쪽을 사용해도 같습니다.

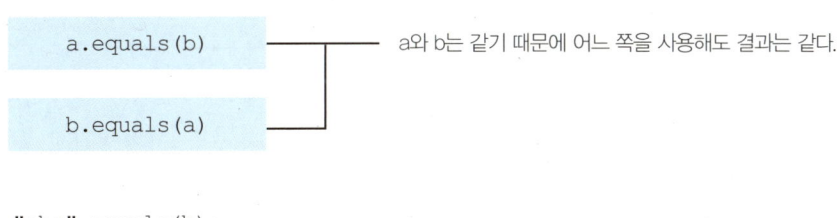

a와 b는 같기 때문에 어느 쪽을 사용해도 결과는 같다.

```
"abc".equals(b);

"안녕하세요".equals("안녕");
```

> **》》중요**
>
> **String형의 비교**
>
> - <, <= , >, >=을 String형에 사용하면 컴파일러 에러가 발생한다.
> - ==, !=를 String형에 사용하면 에러는 나지 않지만 올바르게 동작하지 않는다.
> - String의 비교는 equals( ) 메소드를 사용한다.

▶▶▶ **연습문제 7-3**

1. 다음의 조건에 해당하는 조건식을 적으시오.
   여기서 변수 s, t는 String형입니다.

문제	해답
1) 변수 s의 내용은 "안녕하세요"이다.	
2) 변수 s의 내용은 "안녕하세요"가 아니다.	
3) 변수 s와 t는 같다.	
4) 변수 s와 t는 같지 않다.	
5) "안녕하세요"와 변수 s는 같지 않다.	

2. 다음의 프로그램을 작성하시오.

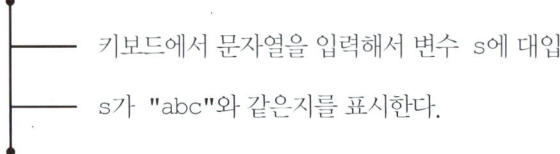

키보드에서 문자열을 입력해서 변수 s에 대입

s가 "abc"와 같은지를 표시한다.

s가 "abc"와 같은지, 아닌지를 표시한다"는 예제 3과 같은 방식으로 System.out.println에서 출력해 주세요.

7-5 논리 연산자

논리 연산자는 관계식을 연결하기 위해서 사용합니다.

관계연산자	의미
&& 또는 &	~ 그리고 ~ (논리곱)
|| 또는 |	~ 또는 ~ (논리합)
!	~의 반대, ~가 아님(논리부정)
^	한쪽만 true (배타적 논리합)

논리곱, 논리합은 다음과 같은 의미로 기억해 두십시오.
("|" 키는 키보드의 오른쪽 위에 있는 "₩" 기호의 키 입니다. Shift + ₩로 입력합니다.)

그리고	모든 관계식이 true(맞는)인 경우에만 true가 된다.
또는	어느 쪽이든 하나의 관계식이 true이면 true가 된다.

그리고 배타적 논리합은 한쪽이 true이고, 한쪽이 false라면 true가 되는 연산입니다. 모두 true이거나 모두 false이면 false를 반환합니다.

7.5.1 논리 연산자의 사용 방법 – 식의 작성 방법과 그 의미

```
a>0 && a<20
a>0 &  a<20
```
a는 0보다 **크고**, 20보다 작다.
(두 가지 방법이 있는데 일반적으로 위쪽의 방법인 &&를 사용한다.)

```
a<0 || a>20
a<0 |  a>20
```
a는 0보다 **작거나**, 20보다 크다.
(두 가지 방법이 있는데 일반적으로 위쪽의 방법인 ||를 사용한다.)

```
!(a==0)
```
a는 0이 **아니다**.("a는 0이다"의 부정)

```
(a==0) ^ (b==0)
```
a==0과 b==0 중에 **어느 한쪽만** true

예제 4 논리 연산자를 테스트한다.

다음의 프로그램은 논리 연산자의 테스트 프로그램입니다.

```
public class Sample7_5 {
    public static void main(String[] args) {
        int a=10;
        System.out.println( a>0 && a<20 );
        System.out.println( a<0 || a>5 );
        int b=5;
        System.out.println( !(a!=b) );
        System.out.println( (a==0)^(b==5) );
    }
}
```

```
□ 콘솔 ⊠
<종료됨> Sample7_5
true
true
false
true
```
실행결과

설명

a>0 && a<20은 "a가 0보다 크고 20보다 작다"라는 의미의 관계식입니다. 이 때 a는 10이므로 범위의 안에 있습니다.

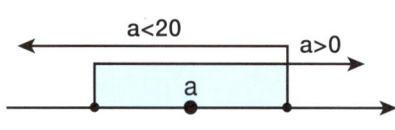

a<0 || a>5는 "a가 0보다 작거나 5보다 크다"라는 의미의 관계식입니다. 이 때 a는 10이므로 범위의 안에 있습니다.

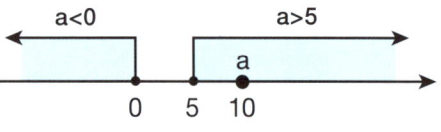

!(a!=b)는 "a와 b는 다르다"의 부정입니다. 즉 "a와 b는 같다"라는 의미의 관계식입니다. 이 때 a는 10, b는 5이므로 관계식은 false가 됩니다.

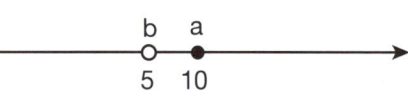

(a==0)^(b==5)는 "a는 0"과 "b는 5" 중에 어느 한쪽만 성립하는 경우 true라는 뜻입니다. (a==0)이 false, (b==5)가 true이므로 관계식은 true가 됩니다.

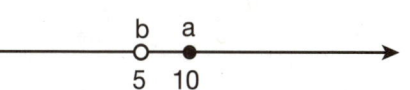

▶▶▶ 연습문제 7-4

1. 변수 a, b, c에 대해서 다음 관계식을 적으시오.

> 1) a는 5이상이고 20미만
> 2) a는 b보다 크고, c × 3보다 작다.
> 3) a는 7의 배수이고, 28의 배수가 아니다.
> 4) a는 b × 7보다 크지 않다(!을 사용할 것).

1) _____

2) _____

3) _____

4) _____

2. a=5, b=0일 때 다음의 관계식은 true인지, false인지 답하시오.

> 1) ! (a<=b+5)
> 2) ! (a==b)
> 3) a>0 && b>0
> 4) a>0 || b>0
> 5) ! (a>b)
> 6) ! (a>b) || b==0

1) _____   2) _____   3) _____
4) _____   5) _____   6) _____

3. 윤년이 되는 해는 다음의 조건 중에 하나를 만족하는 해이다. n년이 윤년인지를 검사하는 관계식을 적으시오.

- 4로 나누어지고, 100으로 나누어지지 않는 해
- 400으로 나누어지는 해

[해답] _____

7-6 연산자의 우선 순위와 결합규칙

연산자을 표로 정리하면 다음과 같습니다. 지금까지 나온 연산자들을 모두 표에 정리했습니다. 흰 부분이 이 절에서 학습한 관계 연산자와 논리 연산자입니다. 위에 있는 것일수록 우선 순위가 높습니다. 순서는 대략 다음과 같이 외우면 됩니다.

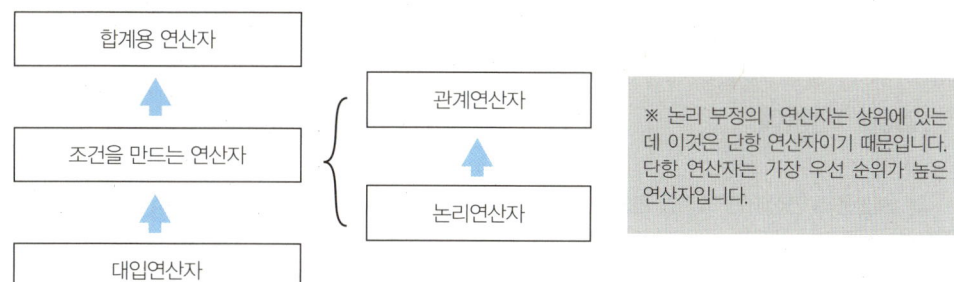

※ 논리 부정의 ! 연산자는 상위에 있는데 이것은 단항 연산자이기 때문입니다. 단항 연산자는 가장 우선 순위가 높은 연산자입니다.

– Java 언어의 연산자 –

이름		연산자	결합규칙
단항연산자	후치 증가, 감소	++, --	좌→
	전치 증가, 감소	++, --	←우
	단항 플러스, 마이너스	+, -	←우
	논리 부정	!	←우
	캐스트(형변환)	(형)	←우
곱하기, 나누기, 나머지		*, /, %	좌→
더하기, 빼기		+ -	좌→
문자열 연결		+	좌→
관계 연산자(대소비교 등)		<, <=, >, >=	좌→
관계 연산자(같다, 같지 않다 등)		==, !=	좌→
논리 연산자(&&)		&	좌→
논리 연산자(배타적논리합)		^	좌→
논리 연산자(||)				좌→
논리 연산자(논리곱)		&&	좌→
논리 연산자(논리합)		||	좌→
대입 연산자		=, *=, /=, %=, +=, -=	←우

※ &, ^, |는 비트 연산자로도 쓰입니다. 비트 연산자는 "18.6 비트 연산자"를 참고해 주십시오.

계산용으로는 단항 연산자가 상위에 있습니다. 조건을 만드는 연산자에서는 <, >, == 등의 관계 연산자가 상위에 있습니다. 그 아래에 &&(그리고), ||(또는) 등의 논리 연산자가 있습니다. 대입 연산자는 가장 최하위에 있는데 이것은 대입식에서 다른 연산자보다 먼저 대입되는 것을 막기 위해서입니다.

또한 오른쪽의 결합 규칙은 같은 연산자가 여러 개 있을 때 오른쪽부터 처리하는지, 왼쪽부터 처리하는지를 뜻합니다. 예를 들어 더하기의 + 연산자는 좌결합이므로 a+b+c는 왼쪽부터 계산하는데, 대입 연산자의 =는 우결합이므로 a=b=c일 때 b=c를 실행하고 난 뒤에 a=b를 실행합니다.

7.6.1 사용예

1. 계산용의 연산자는 조건을 만드는 연산자보다 우선도가 높기 때문에 괄호가 필요 없습니다.

    (a+b) > 10 ➡ a + b > 10

2. 논리 부정을 빼면 논리 연산자보다 관계 연산자의 우선 순위가 높기 때문에 괄호는 필요 없습니다.

    (a<0) || (a>20) ➡ a<0 || a>20

3. 논리 연산자에서는 ||보다 &&의 우선 순위가 높으므로 조건의 내용에 따라서는 괄호가 필요 없습니다.

```
int a=1, b=0, c=0;일 때
    a==0 && b==0 || c==0 ················· true
    a==0 && (b==0 || c==0) ············· false
```

4. 논리 부정은 가장 우선 순위가 높으므로 부정할 내용 전체를 반드시 괄호로 묶을 필요가 있습니다.

```
int a=1, b=2; 일 때
    !a == b; ················· 컴파일 에러(a가 int이므로 !a로 쓸 수 없습니다)
    !(a==b); ············· true
```

▶▶▶ **연습문제 7-5**

1. 다음의 관계식에서 연산자의 우선 순위를 볼 때 필요 없는 괄호가 있는 식을 모두 고르시오.

A. (a += 10) > 10

B. (a>10 && b<10) || a%3==0

C. !(a==1) && b==1

D. a>0 && (b>0 || c>0)

E. (a/5==0) || (a/6==0)

F. (a>5) || (b==0)

G. (a += 10) > b

H. (a+1) > 0 && (a-1) < 0

7-7 더블(&&, ||)과 싱글(&, |)의 차이

평소에는 프로그래밍에서 &나 |를 사용하지는 않습니다. 보통 &&와 ||를 사용합니다. 이것은 더블의 연산자(&&, ||)가 효율이 좋기 때문입니다. 더블의 연산자는 불필요한 검사를 생략하는 기능이 있기 때문에 **단락(회로) 연산자**라고도 합니다.

예를 들어

a=-1, b=-1일 때

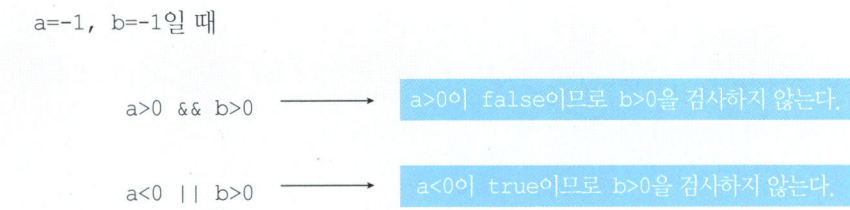

즉, 조건의 전반부에서 관계식의 값이 결정되는 경우에는 남은 검사를 생략하는 것이 단락 연산자입니다.

예제 5 단락 연산자의 동작을 확인

다음은 단락 연산자의 동작을 확인하는 프로그램입니다.

```java
public class Sample7_7_1 {
    public static void main(String[] args) {
        int    a=-1, b=-1;
        System.out.println( ++a>0 && ++b>0 );
        System.out.println("a=" + a);
        System.out.println("b=" + b);
    }
}
```

실행결과
```
<종료됨> Sample7_7_1
false
a=0
b=-1
```

설명

++a>0은 a의 값을 1 증가시키고 a>0을 검사합니다. 그러므로 검사되었는지, 아닌지는 a 의 값이 1 증가되었는지, 아닌지를 보면 알 수 있습니다. ++b>0도 같습니다. 즉, 검사했

다면 각각 값을 1 증가시켰을 것입니다.

실행결과를 보면 a는 0이 되어 증가했지만 b는 -1로 그대로 입니다. 이것은 b>0를 검사하지 않았다는 것을 의미합니다. a>0이 false이므로 이 시점에서 논리곱(&&)에 의해서 관계식의 값은 false로 확정되어 버립니다. 그러므로, b>0을 검사하지 않는 것입니다.

예제 6   비단락 논리 연산자의 동작을 확인

&, |는 비단락 연산자라고도 합니다. 반드시 식의 모든 요소를 검사하기 때문입니다. 다음의 예제는 &의 동작을 예제 5와 같은 프로그램으로 확인하는 것입니다.

```
public class Sample7_7_2 {
    public static void main(String[] args) {
        int a=-1, b=-1;
        System.out.println( ++a>0 & ++b>0 );
        System.out.println("a=" + a);
        System.out.println("b=" + b);
    }
}
```

```
콘솔
<종료됨> Sample7_7_2
false
a=0
b=0
```
실행결과

설명   &를 사용해서 예제 5와 같은 처리를 실행합니다.

이번에는 b도 증가되어서 -1에서 0으로 변해있습니다. 이처럼 &는 모든 식을 검사합니다.

▶▶▶ 연습문제 7-6

||를 사용해서 테스트 프로그램을 작성했다. ①, ②, ③에서 어떻게 출력되는지 적으시오.

```
public class Ex7_6 {
    public static void main(String[] args) {
        int a=1, b=-1;
        System.out.println( a++>0 || b++>0 );    //①
        System.out.println("a=" + a);            //②
        System.out.println("b=" + b);            //③
    }
}
```

[해답] ① _____ ② _____ ③ _____

07 정리

관계 연산자

- 관계 연산자

관계 연산자	관계식의 예	의미
>	a > b	a는 b보다 크다(초과).
<	a < b	a는 b보다 작다(미만).
>=	a >= b	a는 b보다 크거나 같다(이상).
<=	a <= b	a는 b보다 작거나 같다(이하).
==	a == b	a는 b와 같다.
!=	a != b	a와 b는 다르다.

관계식의 값

- 관계식의 값은 true나 false 중에 하나를 가진다.

문자의 비교

- char형은 문자의 코드 번호를 가지기 때문에 양의 정수형과 같다.
- 문자나 정수와 비교할 수 있다. 비교만 하는 경우는 double 등 부동소수점과도 할 수 있다.
- 대소 관계는 기호 < 숫자 < 영문대문자 < 영문소문자 순서로, 영어는 알파벳 순서대로 되어 있다.
- 변수를 포함하는 식은 int로 되기 때문에 char에 대입하기 위해서는 캐스트가 필요하다.
- char c += 0.12;는 에러가 나지 않는다. + = 등의 복합 대입 연산자는 캐스트가 필요 없다.

문자열의 비교

- 문자열 a, b가 같은지 비교하기 위해서는 a.equals(b)를 사용한다. b.equals(a)라고 해도 된다.
- 문자열 a, b를 a==b와 같이 비교해도 의미 없다. 컴파일 에러가 발생하지는 않는다.
- 문자열 a가 null인지, 아닌지 검사할 때만 a==null을 사용할 수 있다.

논리연산자

관계연산자	의미
&& 또는 &	~ 그리고 ~ (논리곱)
|| 또는 |	~ 또는 ~ (논리합)
!	~의 반대, ~가 아님(논리부정)
^	한쪽만 true (배타적 논리합)

연산자의 우선 순위와 결합 규칙

- 연산자의 우선 순위는 기억해 둘 필요가 있다. 대략의 순서는 다음과 같다.

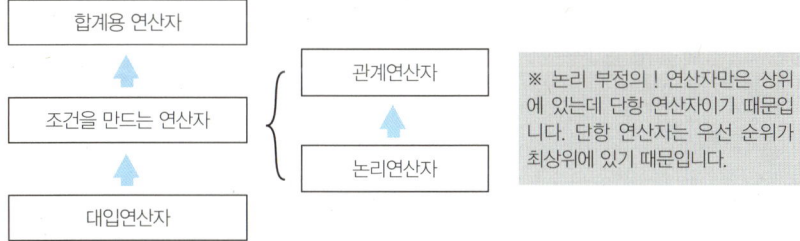

※ 논리 부정의 ! 연산자만은 상위에 있는데 단항 연산자이기 때문입니다. 단항 연산자는 우선 순위가 최상위에 있기 때문입니다.

더블(&&, ||)과 싱글(&, |)의 차이

- 단락 연산자 ||는 조건이 참이 되는 위치보다 오른쪽의 식은 검사하지 않는다.
- 단락 연산자 &&는 조건이 거짓이 되는 위치보다 오른쪽의 식은 검사하지 않는다.
- 보통은 단락 연산자를 사용하고 &나 |는 사용하지 않는다.

{Chapter 08}

while문과 계산기 프로그램

이번 장에서는 횟수가 정해지지 않은 반복에 대해서 다룹니다.
반복 횟수를 모르는 경우로는 예를 들어 계산기의 더하기가 있습니다.
계산기는 몇 개의 숫자가 입력될지 미리 생각하지 않습니다.
그 대신에 마지막에 = 키가 입력되면
그것이 종료라고 간주하고 결과를 출력합니다.
조건을 잘 사용하면 이런 문제도 for문으로 만들 수 있지만
세련된 방법은 아닙니다.
이런 경우에는 while문을 사용합니다.
그래서 이번 장에서는 계산기 프로그램을 예로 들어서
while문의 작성 방법을 배워보도록 합시다.

8-1 while문의 작성 방법

while문은 반복 조건만을 적는 간단한 구문입니다. 조건이 성립하는 동안에는 처리를 반복합니다.

>>> 중요

while문의 작성 방법

```
while (반복 조건) {
    반복해서 실행하려는 처리
}
```

while문이 어떻게 동작하는지 흐름도를 통해 알아보겠습니다.

whiel문에서는 먼저 반복 조건을 체크합니다. 조건이 성립(true)하면 "반복 실행하려는 처리"를 합니다. 처리가 끝나면 다시 반복 조건 체크로 돌아옵니다. 이렇게 반복 루프가 되고, 조건이 성립하지 않게 되면(false) 다음 단계로 넘어갑니다.

while 문의 흐름도

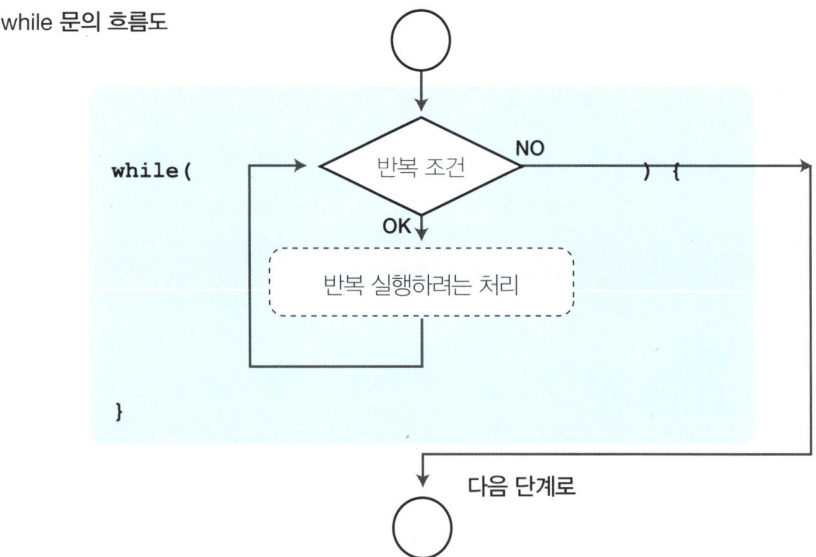

예제 1 **문자열을 5회 반복한다.**

다음 예제는 "야호"라는 문자열을 5회 출력하는 프로그램입니다.

```
public class Sample8_1 {
    public static void main(String[] args) {
        int    i=0;
        while(i<5){        // i가 5보다 작으면 반복한다.
            System.out.println("야호");
            i++;
        }              // 여기서 i값이 변한다
    }
}
```

실행결과:
```
콘솔
<종료됨> Sample8_1
야호
야호
야호
야호
야호
```

설명

while문의 반복 조건은 i<5입니다. while문의 밖에 i=0으로 되어 있고 while문의 안에 i++이 있어서 i의 값을 증가시키고 있습니다. while문의 안에서 "야호"라고 출력하고 i++을 실행하기 때문에 i의 값은 1씩 증가하게 됩니다. 5번째에서 i는 5가 되고 while문을 종료합니다.

흐름도

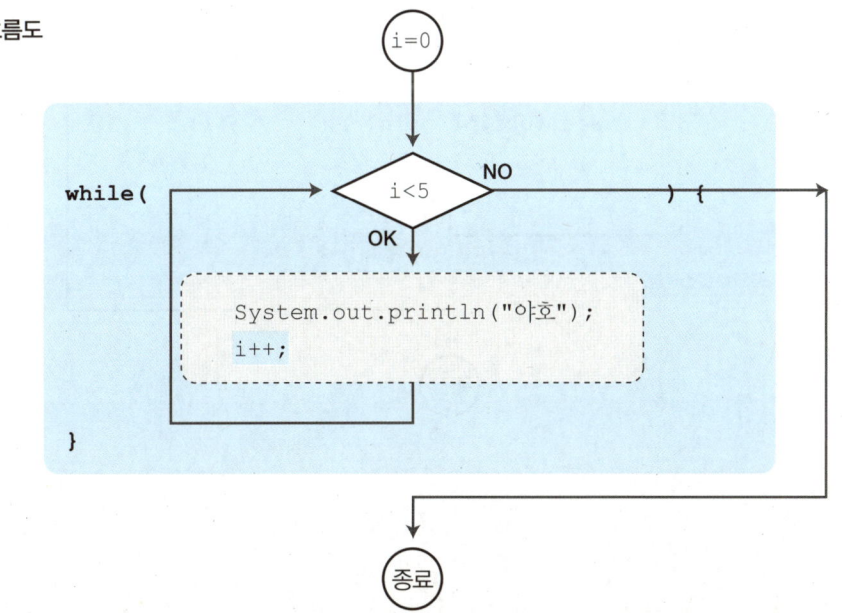

▶▶▶ 연습문제 8-1

1. 예제 1에서 "야호"에 i의 값을 붙여서 출력하도록 수정한 프로그램을 작성하시오.

실행결과

2. while문을 사용해서 "키보드로 정수를 입력 받아 그 값을 출력"하는 처리를 5회 반복하는 프로그램을 작성하시오. 아래 흐름도를 참고할 것.

흐름도

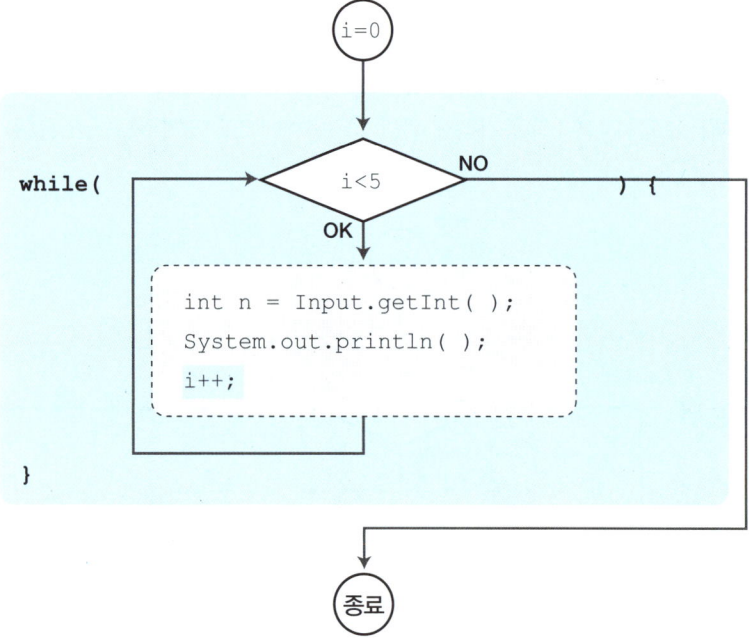

3. 1~10까지의 합계를 계산한 뒤에 출력하는 프로그램을 작성하시오.
아래 흐름도를 참고하고 i, total은 int형 변수임.

흐름도

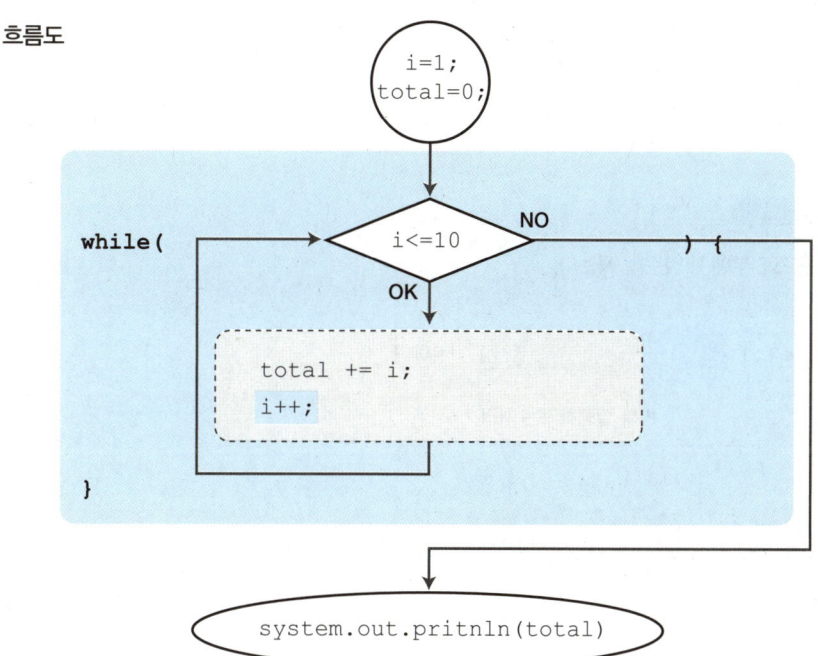

8-2 조건부에 대입문을 포함하는 while문

이전 절에서 알아본 while문의 사용 방법은 for문의 사용 방법과 흡사했습니다. 이번에는 while문답게 사용하는 방법을 배워보도록 하겠습니다. 그것은 조건부의 관계식에 대입문을 포함하는 방법입니다. 정석이라고 할 수 있는 방법이므로 꼭 기억해 주시기 바랍니다.

> **》》 중요**
>
> while문 조건부에 대입문을 적는다.
>
> 대입문은 관계식의 좌변에 적혀 있다.
>
> ```
> while( ( n=Input.getInt() ) !=0 {
>         반복 실행하려는 처리
> }
> ```
>
> - 대입문의 값은 좌변의 변수의 값이다.

반복 조건의 좌변은 (n = Input.getInt())와 같이 대입문으로 되어 있습니다. 대입문 전체를 ( )로 감싸고 있는 것은 = 연산자의 우선 순위가 !=보다 낮기 때문입니다.

이렇게 관계식의 좌변에 대입문을 넣으면 "대입문은 어떤 값이 되는가"라는 의문이 들텐데 대입문의 값은 그 좌변의 변수(여기서는 n) 값입니다.

n=Input.getInt( )에서는 좌변이 n이므로 대입문 전체의 값은 n의 값이 됩니다. 그러므로, 예제의 관계식은 n!=0을 검사하는 것이 됩니다. 이 n은 n=Input.getInt( )가 실행된 후의 n이라는 것에 주의해 주십시오. 즉, 먼저 n에 어떤 값이 대입이 되고 그 뒤에 n!=0인지를 검사합니다.

그러므로, 대입문을 관계식의 안에 넣으면 다음의 ①, ②를 한 번씩 실행하게 됩니다.

① n = Input.getInt( ) ················· 식을 실행한다.
② n != 0 ···································· n이 0인지, 아닌지 검사한다.

즉 다음과 같이 말할 수 있습니다.

> 입력과 동시에 입력된 값을 체크할 수 있다.

이런 것은 대입문을 포함한 조건식을 사용하지 않으면 꽤 어려운 방법으로 작성해야 합니다. 그러므로 매우 중요한 방법입니다.

이런 대입문을 사용하는 while문은 파일에서 데이터를 읽거나 쓸 경우에도 자주 사용됩니다.

예제 2 반복해서 키보드로 값을 입력한다.

다음 프로그램은 키보드로 반복해서 정수를 입력 받아 그 값을 콘솔에 출력합니다. 단, 0을 입력하면 반복을 종료합니다.

```
import lib.Input;
public class Sample8_2_1 {
    public static void main(String[] args) {
        int    n;
        while((n=Input.getInt())!=0){          // n이 0이 아니면 반복
            System.out.println(n+"을 입력");    // 입력한 값을 출력
        }
    }
}
```

실행결과

```
<종료됨> Sample8_2_1
[int] > 5
5을 입력
[int] > 15
15을 입력
[int] > 0
```

"0을 입력"이라는 출력이 없으므로 0을 입력한 순간 즉시 반복 처리를 종료하는 것을 알 수 있습니다.

설명

횟수를 정하지 않고 반복해서 무엇인가를 할 때는 while문을 사용합니다. 이 예제는 반복해서 정수를 입력하고 그것을 출력합니다. 0이 입력되면 종료하므로 관계식은 다음과 같이 적습니다.

(n = Input.getInt()) != 0) ← n에 값을 입력하고, n이 0이 아니면 반복

while문은 "n에 값을 입력하고, n이 0이 아니면 반복"이라는 의미가 되는 것에 주의하기 바랍니다.

예를 들어 0을 입력하면 0은 n에 대입되고 다음은 n!=0이라는 반복 조건을 체크합니다. n은 0이기 때문에 반복을 종료합니다. 즉, while문의 내용이 실행되지 않습니다. 그래서, 실행 예에서 마지막에 0을 입력했을 때 "0을 입력"이라고 출력되지 않는 것입니다.

8.2.1 while문의 SPD

다음은 예제 2의 SPD입니다. while문에도 ↻ 기호를 사용합니다. 처리의 흐름을 나타내는 세로선에서 수평으로 가지를 그리고 ↻ 기호를 넣어서 위에 작게 while이라고 써 둡니다. 수평선의 오른쪽에는 구체적인 조건을 알기 쉽게 적습니다. 이 예제처럼 프로그램 코드를 그대로 적어도 괜찮습니다.

while문에서의 반복 처리는 ↻ 기호에서 처리의 흐름을 나타내는 세로선을 긋고, 거기서 다시 수평으로 가지를 그리고 나서 적어 넣습니다. 처리 내용을 알기 쉽게 적는 것이 요령입니다.

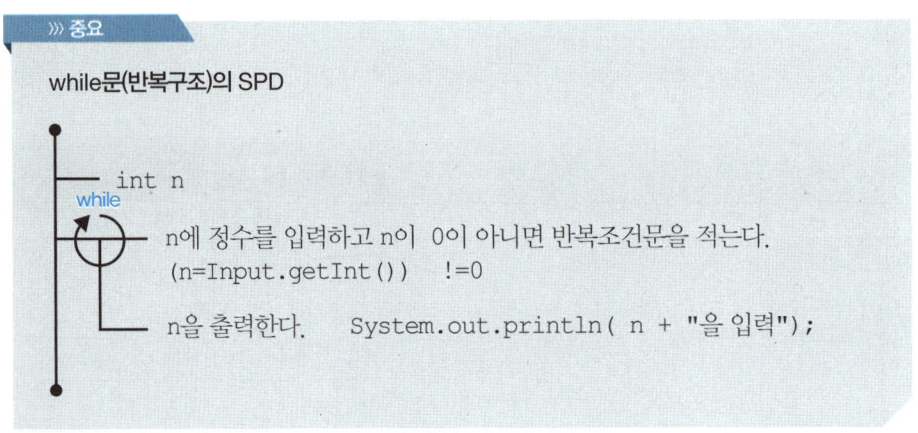

8.2.2 input 클래스

getInt 메소드는 Enter키만 입력하면 자동적으로 0이 입력됩니다. 0 ⏎ 라고 입력하는 대신에 Enter키만 입력하는 것도 가능합니다. 같은 방식으로 Enter키만 입력하면 getDouble 메소드에서도 0.0이 입력됩니다. 또한 getString 메소드에서는 null이란 "없다"를 의미하는 특별한 값이 입력됩니다. while문을 사용할 때는 이것을 염두에 두고 종료 조건을 적어 주십시오.

Enter키로 입력받는 값

Input 클래스의 메소드	Enter키만 입력했을 때의 값
getInt( ), getChar( )등의 정수 입력	0
getDouble( ), getFloat( )	0.0
getString( )	null

덧붙여서, 데이터 파일의 입력 처리에서 파일의 마지막에 오면 더 이상 데이터가 없다는 의미로 보통 0과 null이 입력됩니다. Input 클래스의 메소드 동작은 파일 입력의 스타일과 맞춘 것입니다.

예 1 : double의 값을 반복 입력해서 출력하고 0.0이 입력되면 종료한다.

```java
import lib.Input;
public class Sample8_2_2 {
   public static void main(String[] args) {
      double x;
      while((x=Input.getDouble())!=0){   // x가 0.0이 아니면 반복
         System.out.println(x);
      }
   }
}
```

실행결과
```
<종료됨> Sample8_2_2
[double] > 10.2
10.2
[double] > 3.52
3.52
[double] > ⏎
```
Enter키만을 입력했습니다(0.0이 입력됩니다).

예 2 : 문자열을 반복 입력해서 출력하고 null이 입력되면 종료한다.

```java
import lib.Input;
public class Sample8_2_3 {
   public static void main(String[] args) {
      String s;
      while((s=Input.getString())!=null){   // s가 null이 아니면 반복
         System.out.println(s);
      }
   }
}
```

실행결과
```
<종료됨> Sample8_2_3 [Java 응용프로그램]
[String] > 야호
야호
[String] > 안녕하세요
안녕하세요
[String] > ⏎
```
Enter키만 입력했습니다(null이 입력됩니다).

> **참고** **null이란**
>
> String은 기본 데이터형이 아니라 참조형입니다. null은 String과 같이 참조형에서만 사용하는 리터럴로 "없음" 또는 "존재하지 않음"을 의미합니다. "없음"일 때는 기본 데이터형에서는 0을 사용합니다만, String과 같이 문자열에서는 불가능합니다. 그래서 "없음"을 나타내는 특별한 값으로 null을 사용합니다.

▶▶▶ 연습문제 8-2

1. double의 값을 반복해서 입력하고, 입력된 값의 제곱근을 계산해서 출력하는 프로그램을 작성하시오. 0.0이 입력되면 종료하도록 합니다.

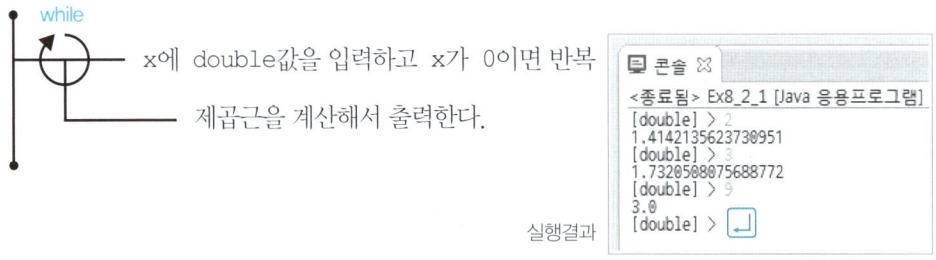

2. 여러 가지 이름을 반복해서 입력하고 입력된 값을 사용해서 "안녕하세요. ○○씨!"라고 출력하는 프로그램을 작성하시오. null을 입력하면 종료하도록 합니다.

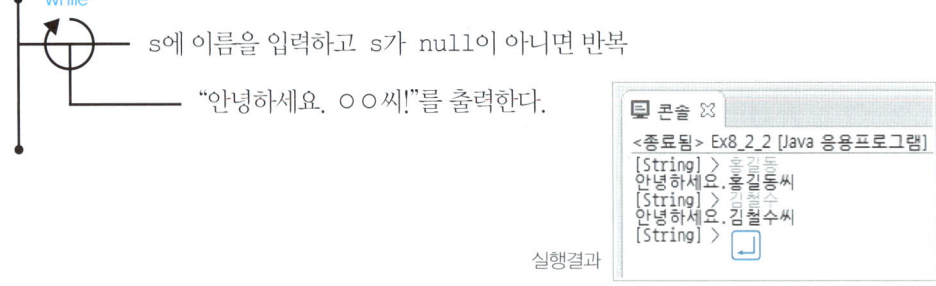

8-3 계산기 프로그램

계산기 프로그램은 더하기만을 하는 것으로 하겠습니다. 이전 절에서 Enter키를 입력할 때(즉, 0이 입력될 때)까지 반복 입력하는 방법을 배웠기 때문에 입력된 값을 합산하도록 프로그램을 수정하면 완성됩니다. for문을 사용한 배열요소 합산 패턴은 다음과 같습니다. 여기에서 입력한 값을 합산하는 패턴을 나타내었습니다. int형의 예지만 double도 마찬가지입니다.

>>> 중요

입력한 데이터의 값을 구한다.

```
Int total = 0, n;           // 0으로 초기화가 필수
while ((n=Input.getInt()) != 0) {
    total += n;             // 재대입으로 합산
}
```

- 입력용의 변수 n과 합산용의 total을 선언하고 total은 0으로 초기화한다.
- 대입문을 포함한 조건식을 적는다.
- total += n으로 재대입한다.

키보드로 입력한 값을 변수 total에 합산하는 전형적인 패턴을 나타내고 있습니다. int형을 예로 하고 있는데 double 등 다른 형에서도 같습니다. 조건부에서 값을 입력하고 동시에 종료 판단을 하는 것이 포인트입니다.

먼저 입력한 데이터를 담아두는 변수 n과 합계를 넣는 total을 선언합니다. total은 0으로 초기화 해야 합니다. 그렇지 않으면 재대입을 할 수 없기 때문에 컴파일 에러가 발생하게 됩니다.

다음으로 예제에서는 0을 입력하는 것을 종료 조건으로 하고 있습니다. while문에 대입문을 포함한 조건식을 적어서 n에 입력된 값이 0이 아니면 처리를 반복하도록 합니다. total에 n의 값을 합산하는 것은 복합 대입 연산자를 사용합니다. total+n을 계산해서 그 결과를 total에 대입합니다. 그것은 total = total + n;과 같습니다.

예제 3 키보드로 입력한 데이터의 합계를 구한다.

다음 프로그램은 n에 입력된 값이 0이 아니면 n을 total에 더하는 프로그램입니다. 0이 입력되면 (Enter키만 입력하는 것) 반복을 종료하고 그 때까지의 값을 출력합니다.

```java
import lib.Input;
public class Sample8_3_1 {
    public static void main(String[] args) {
        int n, total=0;
        while((n=Input.getInt())!=0){
            total += n;
        }
                System.out.println("합계="+total);
    }
}
```

실행결과

설명

횟수를 정하지 않고 입력된 데이터의 합계를 구합니다.
입력 데이터의 마지막에는 0을 입력하는 약속이 되어 있습니다. 프로그램의 SPD는 다음과 같습니다.

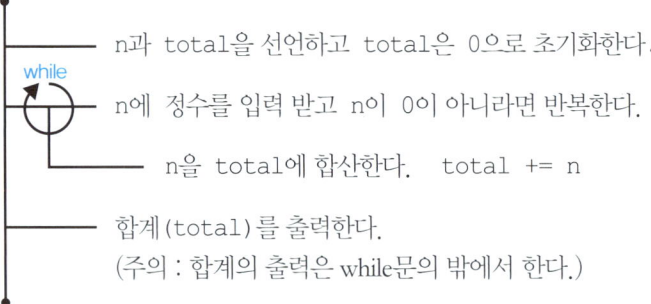

- n과 total을 선언하고 total은 0으로 초기화한다.
- n에 정수를 입력 받고 n이 0이 아니라면 반복한다.
- n을 total에 합산한다. total += n
- 합계(total)를 출력한다.
  (주의 : 합계의 출력은 while문의 밖에서 한다.)

▶▶▶ 연습문제 8-3

1. 예제를 보고 입력한 값을 합산하는 프로그램을 작성하시오. 입력하는 값을 double로 한다. 그리고 0을 입력하면 종료하고 합계를 출력하도록 만든다.

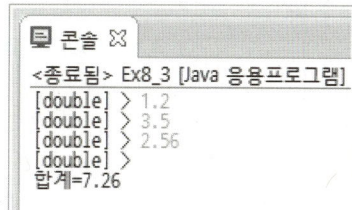
실행결과

예제 4 처리 횟수를 카운트한다

예제 3에서는 합계를 구하기만 하고 몇 건의 데이터를 합산하였는지는 몰랐습니다. 다음의 예는 데이터의 건수를 구하는 프로그램입니다.

```java
import lib.Input;
public class Sample8_3_2 {
    public static void main(String[] args) {
        int n, total=0, count=0;        // count에 0을 넣어서 선언
        while((n=Input.getInt())!=0){
            total = total + n;
            count++;      // 건수를 1증가 시킨다.
        }
        System.out.println("합계=" + total);
        System.out.println("건수=" + count);    // 건수를 출력한다.
    }
}
```

실행결과

설명

합산한 데이터의 건수를 알려면 "몇 번 반복 처리를 실행했는가"를 알 필요가 있습니다. 그 횟수는 입력한 데이터의 개수와 같습니다.
프로그램은 데이터의 건수를 카운트하기 위해서 변수 count을 새롭게 선언하고 먼저 0으로 초기화합니다. while 루프의 안에서는 ++ 연산자를 사용해서 ken의 값을 매번 1씩 증가시킵니다. 반복 처리가 종료하면 count의 안에 반복 횟수(데이터 건수)가 남습니다.
SPD로 나타내면 다음과 같습니다.

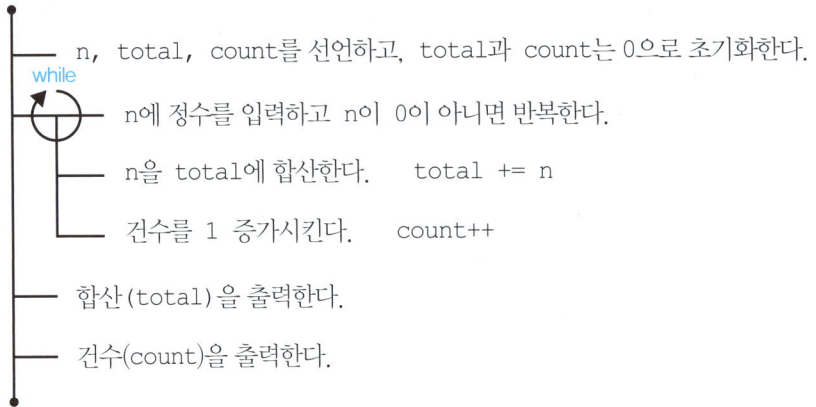

▶▶▶ 연습문제 8-4

입력된 값의 합계와 평균을 계산하는 프로그램을 작성하시오. 평균을 내기 위해서는 합계를 데이터 건수로 나누면 된다.

입력한 값은 double로 한다. 0을 입력하면 종료하고 합계와 평균을 출력하도록 하시오.

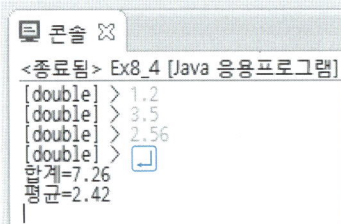

실행결과

8-4 { }를 쓰지 않는 while문

while문에서는 반복 실행하려는 내용을 { }의 안에 입력합니다. { }는 블록이라고 하고, 복수의 문을 하나의 문으로 묶는 효과가 있습니다. while문에서는 { }을 생략하는 것도 가능합니다. { }을 생략하면 while문의 반복 처리를 하나만 해야 하는 제한이 있습니다.

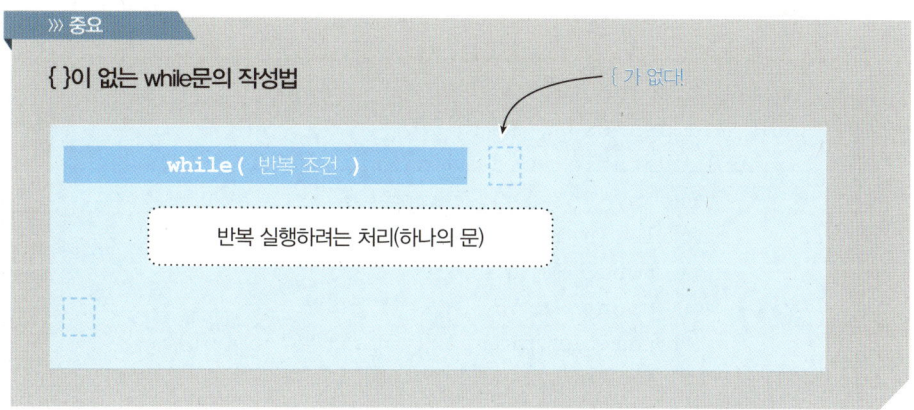

설명

반복 처리를 하나만 적을 수 있기 때문에 다음과 같이 적으면 "BBB"를 출력하는 처리는 while문의 범위 밖이 되어서 반복 처리의 대상이 되지 않습니다.

```
int i = 0;
while (i++ < 3)
    System.out.println("AAA");
    System.out.println("BBB");   ← 이것은 while문의 범위 밖입니다.
                                   4칸 들여쓰기를 하면 안되는 곳입니다.
```

위의 프로그램은 다음과 같이 출력됩니다.

※ while(i++ < 3)에는, ++가 후치 연산자이므로 i<3을 체크한 뒤에 i를 1증가시킨다.
그러므로, i는 0, 1, 2로 변화한다.

에러가 일어나기 쉬운 원인이 되기 때문에 while문을 사용할 때는 "반복해서 실행하려는 처리"가 하나만 있더라도 { }를 붙이도록 하는 것이 좋습니다.

▶▶▶ 연습문제 8-5

다음의 프로그램을 실행하고, 5, 3, 4, 0을 입력했을 때의 결과로 올바른 것은 어느 것인지 보기에서 고르시오.

```
1   import lib.Input;
2   public class Ex8_5 {
3      public static void main(String[] args) {
4         int n, total=0, count=0;
5         while((n=Input.getInt())!=0)
6            total += n;
7         count += 1;
8         System.out.println(total+"/"+count);
9      }
10  }
```

〖보기〗

A. 12/4라고 출력된다.
B. 12/3이라고 출력된다.
C. 12/1이라고 출력된다.
D. 12/0이라고 출력된다.
E. 5번째 라인에서 컴파일 에러가 난다.
F. 8번째 라인에서 실행시 예외가 발생한다.

[해답] _____

8-5 반복 처리와 while문

이 절에서는 while문을 사용할 때 주의할 점들을 알아보겠습니다.

8.5.1 for문과 같은 사용법

while문도 for문처럼 반복 횟수를 지정하는 것이 가능합니다. 5회 반복하는 처리를 for와 while로 작성해 보겠습니다.

[for문]

```
for ( int i=0; i<5; i++ ) {     // 5회 반복합니다.
    System.out.println(i);
}
```

[while문]

```
int i = 0;      // i에 0을 입력한다.
while(i<5) {
    System.out.println(i);
    i++;    // i을 1 증가시킵니다.    ← 빠트리면 무한루프가 됩니다!!
}
```

while문에서는 반드시 다음의 처리를 기술해야 합니다.

① while문의 밖에서 i를 선언하고 초기화한다.
② 반복 처리의 마지막에 i++로 증가시킨다.

8.5.2 반복 처리와 무한루프

while문에서는 반복 조건을 작성할 때 주의가 필요합니다.
예를 들어 다음의 프로그램은 무한루프가 되어버립니다. 반복 조건에 리터럴의 true를 입력했으므로 조건식은 true에서 바뀌지 않고 영원히 반복 처리를 실행하게 됩니다.
(Eclipse에서 실행한 프로그램이 무한루프가 되었을 경우에는 콘솔 윈도우의 정지 버튼을 클릭하면 됩니다.)

```
    int i=0;
    while(true){
        System.out.print(i+" ");
        i++;
    }
```

콘솔 윈도우의 정지버튼

다음의 예제도 무한루프가 됩니다. 왜냐하면 i는 무한히 증가하고, i>=0이라는 반복 조건에 대해서 i가 결코 거짓이 되지 않기 때문입니다.

```
    int i=0;
    while(i>=0){
        System.out.print(i+" ");
        i++;
    }
```

한편, 다음의 예제는 한 번도 while문이 실행되지 않습니다. while문은 실행하기 전에 조건을 체크합니다. 이 예제에서는 i>0이지만 i의 값은 앞에서 0이 되어 있기 때문에 while문은 한 번도 실행되지 않습니다.

```
    int i=0;
    while(i>0){
        System.out.print(i+" ");
        i++;
    }
```

마지막 예제는 반복 조건의 안에 증가 연산자를 사용한 복잡한 예제입니다. 후치의 ++이기 때문에, i<10을 체크한 뒤에 i를 1 증가시킵니다. while문에서는 1에서 10까지를 화면에 출력합니다. System.out.print(i+"")을 실행하기 전에 i가 1 증가되어 있는 것에 주의해 주십시오.

```
    int i=0;
    while(i++ < 10){
        System.out.print(i+" ");
    }
```

콘솔
<종료됨> Ex8_6 [Java 응용프로그램]
1 2 3 4 5 6 7 8 9 10

실행결과

▶▶▶ 연습문제 8-6

다음 프로그램의 출력으로서 바른 것을 마지막에 있는 공통 보기에서 고르시오.

1.

```
int i=5;
while(i>0){
    System.out.print(i-- + " ");
}
```

[해답] _____

2.

```
int i=0;
while(i++<5){
    System.out.print(i + " ");
}
```

[해답] _____

3.

```
int i=1;
while(i%5>0){
    System.out.print(i +" ");
    i++;
}
```

[해답] _____

4.

```
int i=5;
while(i>0)
    System.out.print(i + " ");
    i--;
```

[해답] _____

〖 공통 보기 〗
① 1 2 3 4 5
② 0 1 2 3 4
③ 5 4 3 2 1
④ 5 5 5 … 무한루프
⑤ 1 2 3 4
⑥ 컴파일 에러
⑦ 실행 시 예외

8-6 do문

while을 사용하는 또 하나의 구문으로 do문이 있습니다.

do문은 한 번 반복 처리를 실행한 뒤에 조건을 체크합니다. 적어도 한 번은 "반복 실행하려는 처리"를 실행하는 점이 while문과 다릅니다.

마지막에 세미콜론(;)이 필요한 것도 while문과는 다르므로 주의합시다.

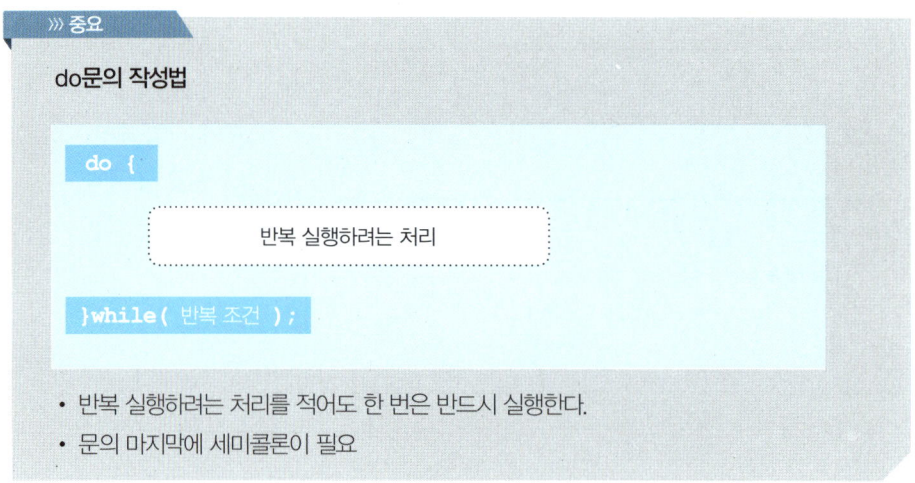

- 반복 실행하려는 처리를 적어도 한 번은 반드시 실행한다.
- 문의 마지막에 세미콜론이 필요

do문의 흐름도

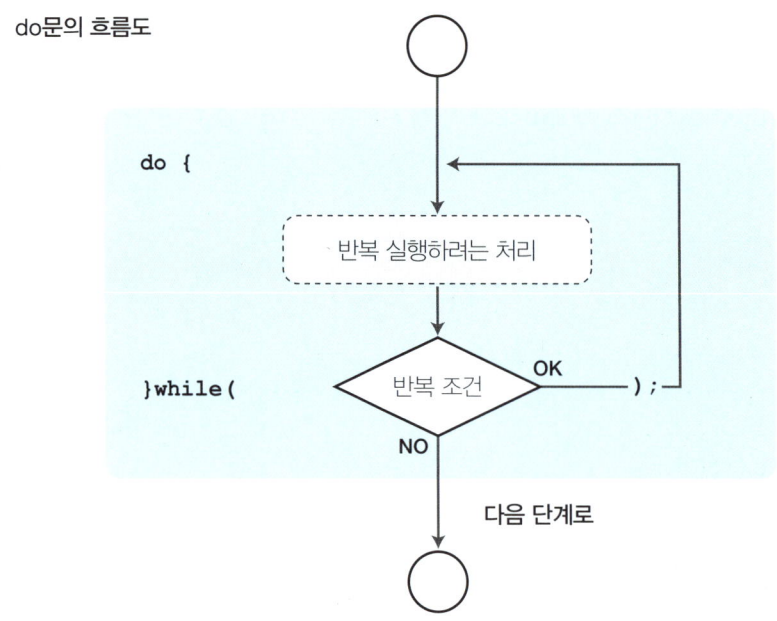

또한, while문과 같이 { }을 생략하면 do의 다음에 적는 1행만 "반복 실행하려는 처리"로 간주합니다. 실수의 원인이 되므로 항상 { }를 생략하지 않도록 합시다.

| 예제 5 | do문의 동작 |

do문은 처리를 실행하고 나서 조건을 검사합니다. 다음 예제는 do문과 while문의 다른 점을 보이기 위한 예제입니다.

```
public class Sample8_6_1 {
    public static void main(String[] args) {
        int i=-5;
        do {
            System.out.print(i + " ");
            i++;
        }while(i>0);
    }
}
```
반드시 한 번은 실행된다.

```
■ 콘솔 ⊠
<종료됨> Sample8_6_1
-5
```
실행결과

설명

예제의 반복 조건은 i>0(i가 양의 값)입니다. i에는 처음부터 이 조건을 만족하지 못하는 값으로 -5가 들어있습니다.

do문은 조건을 체크하지 않고 반복 처리에 들어갑니다. 그렇기 때문에 print 메소드에서 -5가 출력되고 다음으로 i++에서 i는 -4가 됩니다. 조건을 체크하는 것은 그 다음입니다. 1회째의 조건 체크에서 i>0이 아니기 때문에 do문은 종료합니다.

한편 같은 처리를 while문으로 작성한 것이 다음 예제입니다. while문에서는 최초에 반복 조건을 체크합니다. i=-5이므로 반복 조건 i>0을 만족하지 않습니다. 반복 처리는 한 번도 실행되지 않고 프로그램은 종료합니다. 콘솔에는 아무것도 출력되지 않습니다.

```
public class Sample8_6_2 {
    public static void main(String[] args) {
        int i=-5;
        while(i>0) {
            System.out.print(i + " ");
            i++;
        }
    }
}
```

📋 콘솔 ⊠
<종료됨> Sample8_6_2

실행결과

8.6.1 do문의 SPD

예제를 SPD로 표현하면 다음과 같습니다. 조건부가 제일 아래의 가지입니다.

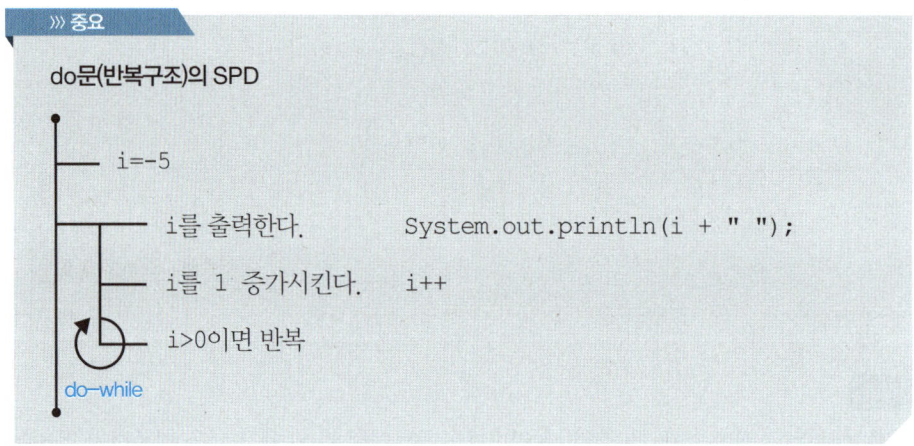

8.6.2 로컬 변수의 유효 범위

다음의 예제는 n에 입력한 값을 출력하는 프로그램입니다. do문을 사용해서 입력과 출력을 반복 실행하고 n에 0이 입력되면 종료하는 것으로 했지만 이 프로그램은 컴파일 에러가 나고 실행되지 않습니다. 왜일까요?

```
import lib.Input;
public class Sample8_6_3 {
    public static void main(String[] args) {
        do {
            int n = Input.getInt();       // n은 블록 안의 로컬 변수
            System.out.println(n);
        }while(n!=0);
    }
}
```
블록의 바깥에서 n을 체크하고 있다.

그 이유는 변수 n이 do문의 블록문 안에 선언되어 있기 때문입니다. { }로 둘러싸인 부분이 블록문입니다. 블록문의 안에 선언된 변수는 블록의 바깥으로 나오면 존재하지 않는 것으로 취급되기 때문에 주의해야 합니다.

메소드 안에서 선언된 변수는 보통 **로컬 변수**라고 합니다. 로컬 변수는 변수를 선언한 블럭 안에서만 유효한 변수입니다.

그러므로, 다음과 같이 블럭의 밖에 변수 n을 선언해야 합니다. 블록문의 밖에 선언한 변수는 블록문의 안에서도 유효합니다.

```
import lib.Input;
public class Sample8_6_4 {
    public static void main(String[] args) {
        int n;
        do {
            n = Input.getInt();
            System.out.println(n);
        }while(n!=0);
    }
}
```

로컬 변수는 프로그램의 여기저기서 사용됩니다. 로컬 변수의 유효 범위에 관해서는 다음을 기억해 두기 바랍니다.

>>> 중요

로컬 변수

- 변수를 선언한 블럭 안에서만 유효하다.
- 블록의 밖에서 선언한 변수는 블록의 안에서도 유효하다.

▶▶▶ 연습문제 8-7

1. 다음은 do문을 사용해서 n에 입력된 값의 합계를 구하는 프로그램입니다. 이 프로그램을 실행하고 10, 20, -7, -5, 0의 순서대로 값을 입력했을 때 합계는 얼마로 출력되는지 적으시오.

```
import lib.Input;
public class Ex8_7_1 {
    public static void main(String[] args) {
        int n, total=0;
        do {
            n = Input.getInt();
            total += n;
        }while(n>0);
        System.out.println("합계="+total);
    }
}
```

[해답] _____

2. 다음의 프로그램을 실행한 결과로서 바른 것은 어느 것인지 보기에서 고르시오.

```
public class Ex8_7_2 {
    public static void main(String[] args) {
        int a=0;
        do{
            System.out.print(a);
        }while(a++<5);
    }
}
```

〖 보기 〗

① 01234

② 012345

③ 0123456

④ 무한루프가 된다.

⑤ 컴파일 에러(문법에러)가 난다.

[해답] _____

3. 다음 프로그램을 실행한 결과로 바른 것을 보기에서 고르시오.

```
public class Ex8_7_3 {
   public static void main(String[] args) {
      do{
         int i = 0;
         System.out.print(i++);
      }while(i<5);
   }
}
```

〔보기〕

① 01234라고 출력된다.
② 12345라고 출력된다.
③ 0을 무한히 출력한다.
④ 1을 무한히 출력한다.
⑤ 컴파일 에러가 난다.
⑥ 실행시 예외가 발생한다.

[해답] _____

while문의 작성법

- while문의 형태

```
while (반복 조건) {
        반복해서 실행하려는 처리
}
```

- while문의 반복 처리에 들어가기 전에 반복 조건을 체크한다.
- for문과 같은 식으로 하기 위해서는 스스로 루프 제어를 한다.

조건부에 대입문을 포함하는 while문

- 이 형식으로 입력과 동시에 입력한 값을 체크할 수 있다.
  (n에 값을 입력하고 n이 0이 아니면 반복 실행한다)

```
while( ( n=Input.getInt() ) !=0 {
        반복 실행하려는 처리
}
```

- 대입문의 값은 좌변의 변수 값이다.

계산기 프로그램

- 키보드로 입력한 값의 합계를 구하는 패턴

```
int total=0, count=0, n;      // 0으로 초기화가 필요
while ((n=Input.getInt()) != 0) {
    total += n;               // 재대입으로 합산
    count++;                  // 건수를 카운트한다.
}
```

- 합계를 구하기 위해서는 합계값을 넣을 변수를 0으로 초기화해 두지 않으면 컴파일 에러가 난다.
- 처리 건수를 카운트하기 위해서는 while문 안에 합산과 동시에 카운트를 한다.

{ }이 없는 while문

- { }이 없는 while문은 반복 실행하려는 내용을 하나의 문만 쓸 수 있다.

```
while( 반복 조건 )
    반복 실행하려는 처리(하나의 문만)
```

반복 처리와 while문

- while문은 맨 처음에 조건을 체크하기 때문에 한 번도 반복 처리를 실행하지 않는 경우도 있다.
- while(true)은 무한루프가 된다.

do문

- 형식은 다음과 같다.

```
do {
    반복 실행하려는 처리
}while( 반복 조건 );
```

- 적어도 한 번은 반복하려는 처리를 실행하고 나서 조건을 체크한다.
- 문의 마지막에 세미콜론이 필요
- do 블럭의 안에 선언한 변수는 로컬 변수이기 때문에 블럭 밖의 while 조건부에서는 무효가 된다.
- while문과 같이 { }를 생략할 수 있다.

```
do
    반복 실행하려는 처리(하나의 문만)
while( 반복 조건 );
```

{Chapter 09}

if문과 투표 집계 프로그램

많은 데이터를 집계해서 2개의 군으로 나누는 것을 생각해 봅시다.
예를 들어 남자와 여자, 찬성과 반대,
100보다 크거나 작다와 같이 많은 예가 있습니다.
이와 같은 판정과 그 결과에 따라 처리를 하기 위해서는 if문을 사용합니다.
if문은 앞에서 배운 관계식을 사용해서 조건 판정을 하는 것이 가능합니다.
이번 장에서는 찬성과 반대 표의 수를 합산하는 투표 집계 프로그램을
예로 들어 if문의 사용법을 배워보도록 하겠습니다.

9-1 if문의 사용법

if문은 ( )안의 조건이 성립하는가, 아닌가로 어느 한쪽의 처리를 하기 위한 구문입니다. 조건으로서 적는 것은 a==0이나 a>0과 같은 7장에서 배웠던 관계식입니다. 관계식의 값이 true인지, false인지에 따라 다른 처리를 하는 구문이 if문입니다.

> **》 중요**
>
> **if문의 작성법 – 일단 형식을 외웁시다.**
>
> ```
> if (조건) {
>     조건이 성립했을 때 실행하는 처리
> } else {
>     조건이 성립하지 않았을 때 실행하는 처리
> }
> ```

if문의 흐름도

if문은 조건에 따라 어느 한 쪽의 처리만을 하는 구문입니다.

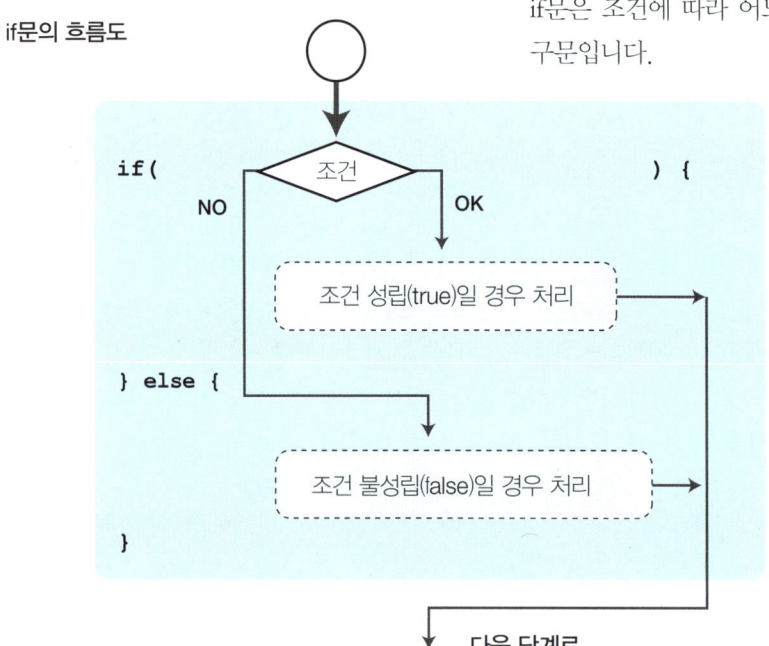

예제 1 조건에 따라 찬성인가, 반대인가를 출력한다.

이 프로그램은 정수를 입력하고 그 값이 1이면 찬성, 그렇지 않으면 반대라는 문자를 콘솔에 출력합니다.

```
import lib.Input;
public class Sample9_1_1 {
    public static void main(String[] args) {
        int n = Input.getInt();
        if(n==1){
            System.out.println("찬성");
        }else{
            System.out.println("반대");
        }
    }
}
```

```
📋 콘솔 ☒
<종료됨> Sample9_1_1
[int] > 1
찬성
```

실행결과

설명

이 예제에서는 if문의 ( )안에는 n==1이라는 관계식이 있습니다. 키보드로 입력한 n이 실제로 1이면 이 관계식은 true가 되고, "찬성"이라는 문자를 출력합니다. n이 1이 아니면 "반대"라는 문자열을 출력합니다.

9.1.1 else의 생략

else이하는 생략할 수 있습니다. 예를 들어 위의 예제에서 찬성만을 조사하는 것이라면 else이하를 생략해서 다음과 같이 적습니다.

```
import  lib.Input;
public class Sample9_1_2 {
    public static void main(String[] args) {
        int n = Input.getInt();
        if(n==1){
            System.out.println("찬성");
        }
    }
}
```

9.1.2 if문의 SPD

if문의 SPD의 기본형은 다음과 같습니다.

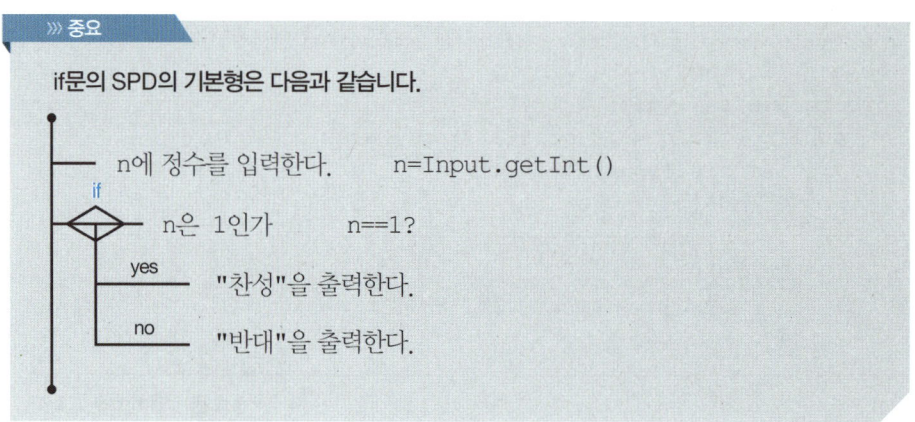

SPD에서의 if문의 기호는 ◇ 입니다. 처리의 흐름을 나타내는 세로선에서 수평으로 가지를 늘립니다. ◇ 기호를 그립니다. 그 가지의 오른쪽에 판단하려고 하는 "조건"을 적습니다. 알기 쉽도록 적어두고 위 예시처럼 프로그램 코드를 추가로 적어도 됩니다.

◇ 기호에서 세로로 늘려서 if문에서의 처리를 나타냅니다. 이 세로선으로부터 원칙상 Yes와 No의 2개의 가지를 늘립니다. 각각의 가지의 끝에는 Yes일 경우의 처리, No일 경우의 처리를 적습니다.

else를 생략한 경우에는 No의 가지를 적지 않습니다.

▶▶▶ 연습문제 9-1

1. 다음 예에서 if문의 의미를 적으시오.
    data, n, value 등은 이미 선언해서 적당한 값으로 초기화되어 있다고 가정합니다.

(예)

```
if (data==0) {
    System.out.println("값은 제로입니다.");
}
```

[해답] ~ 만약 data가 0이면 "값은 제로입니다"라고 출력한다.
[해답] ~ 만약 data가 0이면 "값은 제로입니다"라고 출력한다.

(1)

```
    if(data!=0) {
        data *= 10;
    }
```

[해답] 만약 _____ 라면

(2)

```
    if (n>0) {
        System.out.println( n + "건입니다.");
    } else {
        System.out.println("데이터가 없습니다.");
    }
```

[해답] 만약 _____ 라면 _____

그렇지 않으면 _____

(3)

```
    if ( n>0 || n<-5 ) {
        ans = value * -1;
    } else {
        ans = value;
    }
```

[해답] 만약 _____ 라면 _____

그렇지 않으면 _____

2. 키보드로 변수 x에 입력 받은 값의 제곱근을 계산해서 출력하는 프로그램을 작성해 봅시다. 이때 x가 양수이면 그대로 제곱근을 계산하지만 음수이면 x에 −1을 곱해서 양수로 만든 뒤에 제곱근을 계산합니다. 다음의 흐름도를 보고 프로그램을 작성하시오.

if문의 흐름도

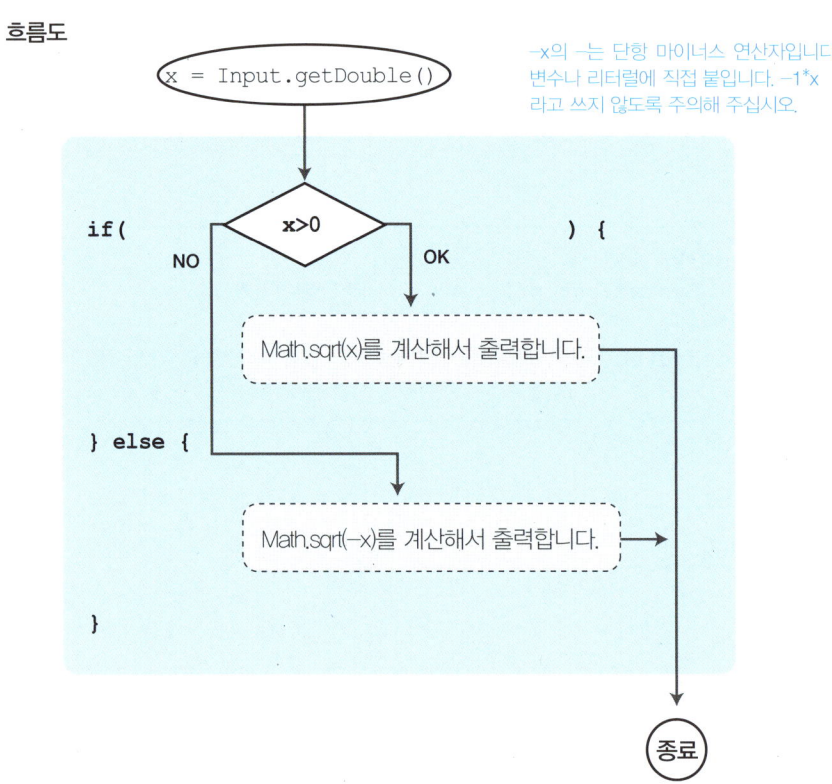

−x의 −는 단항 마이너스 연산자입니다. 변수나 리터럴에 직접 붙입니다. −1*x 라고 쓰지 않도록 주의해 주십시오.

3. 키보드로 변수 c에 입력 받은 문자가 숫자인지, 아닌지를 판단합니다. 숫자이면 "숫자입니다"를 출력하고, 그 외에는 "숫자가 아닙니다"라고 출력합니다. 다음의 SPD를 보고 프로그램을 작성하시오.

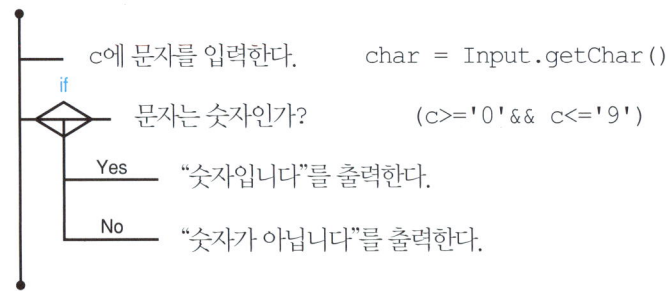

※ 문자형은 문자 번호를 담는 형이므로 정수로 이런 비교가 가능합니다. "7.3 문자의 비교"를 참조해 주십시오.

4. 다음 프로그램을 작성하시오.

 (1) 키보드로 문자열을 입력 받아 "안녕하세요"이면 Good morning를 출력하고, 아니면 hello를 출력한다.

〖 힌트 〗 문자열은 equals를 사용해서 비교한다.

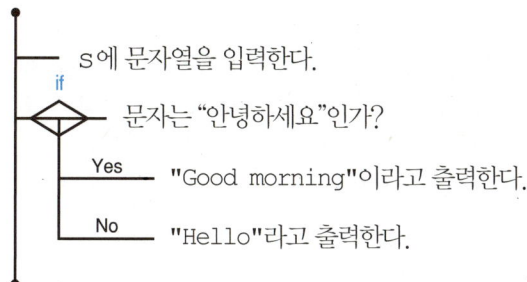

 (2) 키보드로 정수를 입력 받아 3의 배수이면 "3의 배수입니다"를 출력하고 아니면 "3의 배수가 아닙니다"를 출력한다.

〖 힌트 〗 3의 배수는 3으로 나눈 나머지가 0이 된다.

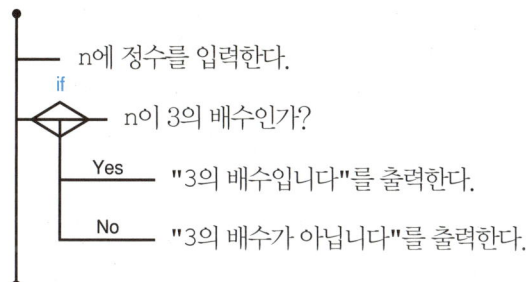

 (3) 키보드로 년수를 입력받아 그 해가 윤년인지 판단한다.
 윤년이면 "윤년입니다"를 화면에 출력하고, 아니면 "윤년이 아닙니다"라고 출력한다.

〖 힌트 〗 4로 나누어 떨어지고, 100으로 나누어 떨어지지 않는 해 또는 400으로 나누어 떨어지면 그 해는 윤년입니다.

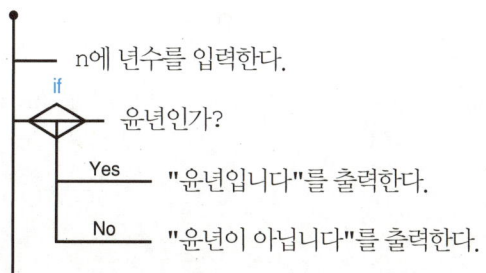

9-2 투표 집계 프로그램

이제 찬성인가, 반대인가를 집계하는 투표 집계 프로그램을 만들어 보도록 하겠습니다. 찬성을 1, 반대를 2라는 숫자로 입력하도록 하겠습니다. 그리고 입력한 값은 tupyo라는 변수에 넣도록 하겠습니다.

if문에서 찬성인가, 반대인가(1인가, 2인가)를 판단할 수 있습니다. 찬성이라면 chansung이라는 변수를 증가시키고, 반대라면 bandae라는 변수를 증가시키도록 하겠습니다.
이 부분의 프로그램은 다음과 같습니다.

```
(tupyo=Input.getInt()) != 0) {
if (tupyo == 1) {
    chansung++;        // 찬성을 1 증가시킨다.
} else {
    bandae++;          // 반대를 1 증가시킨다.
}
```
············ (A)

많은 사람이 투표를 하기 때문에 (A)의 처리는 몇 번이라도 반복해서 실행하게 됩니다. 또한 모든 사람이 투표하면 0을 입력하여 종료합니다. while문을 사용하면 이것은 (B)와 같이 쓸 수 있습니다.

```
while ((tupyo=Input.getInt()) != 0) {
    "반복 실행하려는 처리"
}
```
············ (B)

"반복 실행하려는 처리" 부분에는 (A)를 그대로 적습니다. while문의 바깥에는 변수 tupyo, chansung, bandae를 선언하고 초기화합니다. chansung, bandae의 각 변수는 0을 대입하여 초기화 해 두지 않으면 chansung ++, bandae ++ 처리에서 컴파일 에러가 발생하므로 주의해야 합니다.

예제 2 조건에 따라 찬성인가, 반대인가를 집계한다.

지금까지 한 부분을 정리해서 결과를 출력하는 부분까지 완성한 것이 다음 프로그램입니다.

```java
import lib.Input;
public class Sample9_2 {
    public static void main(String[] args) {
        int tupyo, chansung = 0, bandae = 0;      // 변수 선언
        while ((tupyo=Input.getInt()) != 0) {     // 반복 입력
            if (tupyo == 1) {
                chansung++;          // 찬성을 1 증가시킨다.
            } else {
                bandae++;            // 반대를 1 증가시킨다.
            }
        }
        System.out.println("찬성" + chansung);
        System.out.println("반대" + bandae);
    }
}
```

실행결과
```
■ 콘솔 ☒
<종료됨> Sample9_2 [Java 응용프로그램]
[int] > 1
[int] > 1
[int] > 2
[int] > 1
[int] > 2
[int] > 1
[int] > ↵
찬성4
반대2
```

설명

SPD로 처리의 흐름을 정리했습니다.

— tupyo, chansung, bandae를 선언하고, chansung과 bandae는 0으로 초기화한다.

while
— tupyo에 정수를 입력하고, tupyo가 0이 아니면 반복한다.
  (tupyo=Intput.getInt( )) !=0
  if
    찬성인가?   (tupyo == 1)
    Yes
    — 찬성을 1 증가시킨다.   chansung++
    No
    — 반대를 1 증가시킨다.   bandae++

— 찬성을 출력한다.

— 반대를 출력한다.

이 예제는 while문과 if문을 조합한 것뿐으로 절대 특수한 프로그램이 아닙니다. 오히려 많은 프로그램이 이와 같은 반복 처리와 조건분기의 조합으로 이루어져 있습니다. 순차, 반복, 조건분기라고 하는 단 3가지의 구조로 모든 논리를 표현할 수 있는 것은 이와 같이 조합이 가능하기 때문입니다.

▶▶▶ 연습문제 9-2

연습문제 9-1의 4번에서 작성한 프로그램을 다음과 같이 수정하시오.

1. 키보드로 문자를 입력 받아, "안녕하세요"이면 "Good morning!"이라고 출력하고, 아니면 "Hello!"라고 출력한다. null이 입력될 때까지 반복해서 처리한다.

2. 키보드로 정수를 입력 받아 3의 배수이면 "3의 배수입니다."를 출력하고, 아니면 "3의 배수가 아닙니다"라고 출력한다. 0이 입력될 때까지 계속해서 반복 실행한다.

3. 키보드로 년도를 입력 받아 윤년이면 "윤년입니다"라고 출력하고, 아니면 "윤년이 아닙니다"라고 출력한다. 0이 입력될 때까지 반복해서 처리한다.
   ※윤년의 판단 방법은 7장의 7-4를 참고하기 바랍니다.

9-3 { }를 생략한 if문

if문도 { }를 생략할 수 있습니다. 단, 처리문을 하나만 적을 수 있습니다.

> **》 중요**
>
> **{ }를 생략한 if문의 작성 방법**
>
> if (조건)
>   조건이 성립할 경우만 실행하는 문(하나의 문)
>
> else
>   조건이 성립하지 않을 경우만 실행하는 문(하나의 문)

다음 방법에서는 else일 때 실행되는 것은 a--; 뿐입니다. 마지막의 println 메소드는 if의 바깥에 있어서 독립한 문입니다. if문과 관계없이 실행됩니다.

```
if (a<0)
    a++;
else
    a--;
System.out.println(a);
```

else에 따른 처리문은 a--; 뿐입니다. 이 문은 독립한 문으로 if에 관계 없이 실행됩니다.

또한 다음의 방법은 컴파일 에러가 발생합니다. a++만 유효한 처리문입니다. else에 끼여 있기 때문에 println 메소드는 쓸데 없는 기술로 간주되어 컴파일 에러가 발생하게 됩니다.

```
    if (a<0)
        a++;
        System.out.println(a);
    else
        a--;
```

a++;만이 if문에 따른 처리문입니다. 다음에 else가 있기 때문에 이것은 쓸모 없으므로 컴파일 에러가 발생됩니다.

틀리기 쉬운 부분이므로 { }의 생략은 신중하게 해야합니다.

▶▶▶ 연습문제 9-3

1. 다음은 do문을 사용해서 n에 입력된 값의 합계를 구하는 프로그램이다. 이 프로그램을 실행하고 10, 20, -7, -5, 0의 순서대로 값을 입력했을 때 합계는 얼마로 출력되는지 고르시오.

```
public class Ex9_3_1 {
    public static void main(String[] args) {
        int [ ] a={2, -3, 9, 8, -5};
        int n;
        for(int i=0; i<a.length; i++){
            n = a[i];
            if(a[i]<0)
                n*=-1;
                System.out.print(n+" ");
            else
                System.out.print(n+" ");
        }
    }
}
```

① 2 3 9 8 5라고 출력된다.
② 2 9 8이라고 출력된다.
③ 컴파일 에러가 발생한다.
④ 실행시 예외가 발생한다.

[해답] _____

2. 다음 프로그램은 입력한 값의 합계를 계산한다. 입력한 값이 음수일 경우에는 count를 증가시켜 음수 값의 개수를 센다. 이 프로그램을 실행하고 10, 20, -5, 0이라고 입력했을 때의 설명으로 바른 것은 몇번인가?

```
public class Ex9_3_2 {
    public static void main(String[] args) {
        int total = 0, count = 0, n;
        while ((n=Input.getInt()) != 0) {
            if (n > 0)
                total += n;
            else
                total += n;
                count++;
        }
        System.out.println(total+" " + count);
    }
}
```

① 25   1이라고 출력된다.
② 25   3이라고 출력된다.
③ 컴파일 에러가 발생한다.
④ 실행시 예외가 발생한다.

[해답] _____

9-4 else if문으로 여러 개의 경우를 처리한다.

전 절에서 만든 프로그램에서 찬성은 1, 반대는 2를 입력했습니다. 하지만, 잘못해서 1, 2 이외의 숫자를 입력하면 어떻게 될까요? 실제로 실행해봅시다.

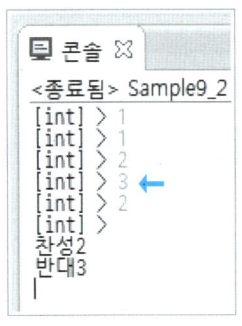

다음 예제처럼 3을 입력했더니 찬성 2, 반대 3이 되어 있습니다. 3은 반대표에 더해져 있습니다. 이것은 1 이외는 전부 else로 처리를 하고 있기 때문입니다.

```
if (tupyo == 1) {
    chansung++;        // 1의 경우
} else {
    bandae++;          // 1이외의 경우
}
```

이와 같은 경우에서는 else-if문을 사용해서 1, 2, 그 외 이렇게 3가지의 경우로 나눌 필요가 있습니다. else-if문은 3가지 이상의 경우로 나누고 싶을 때 사용하는 구문입니다.

> **》 중요**
>
> **{ }를 생략한 if문의 작성 방법**
>
> ```
> if (조건) {
>     A가 성립하는 경우 실행하는 처리
> } else if (조건B) {
>     A가 성립하지 않고, B가 성립하는 경우의 처리
> } else {
>     A도 B도 성립하지 않는 경우의 처리
> }
> ```

위의 그림에서는 else-if문이 하나만 있지만 필요에 따라 몇 개든 추가할 수 있습니다. 그러므로, 3가지 이상의 경우를 나누는 것이 가능합니다.

다음은 else-if문의 흐름도를 나타낸 것입니다.

① 조건 A부터 순서대로 아래 방향으로 성립하는가를 검사한다.
② 성립하는 조건을 찾았을 경우 거기에 정의된 처리를 실행하고 if문을 나온다.
③ 어떤 조건에도 성립하지 않을 경우 마지막의 else 뒤에 있는 처리를 실행하고 if문 밖으로 나온다.

else-if문의 흐름도

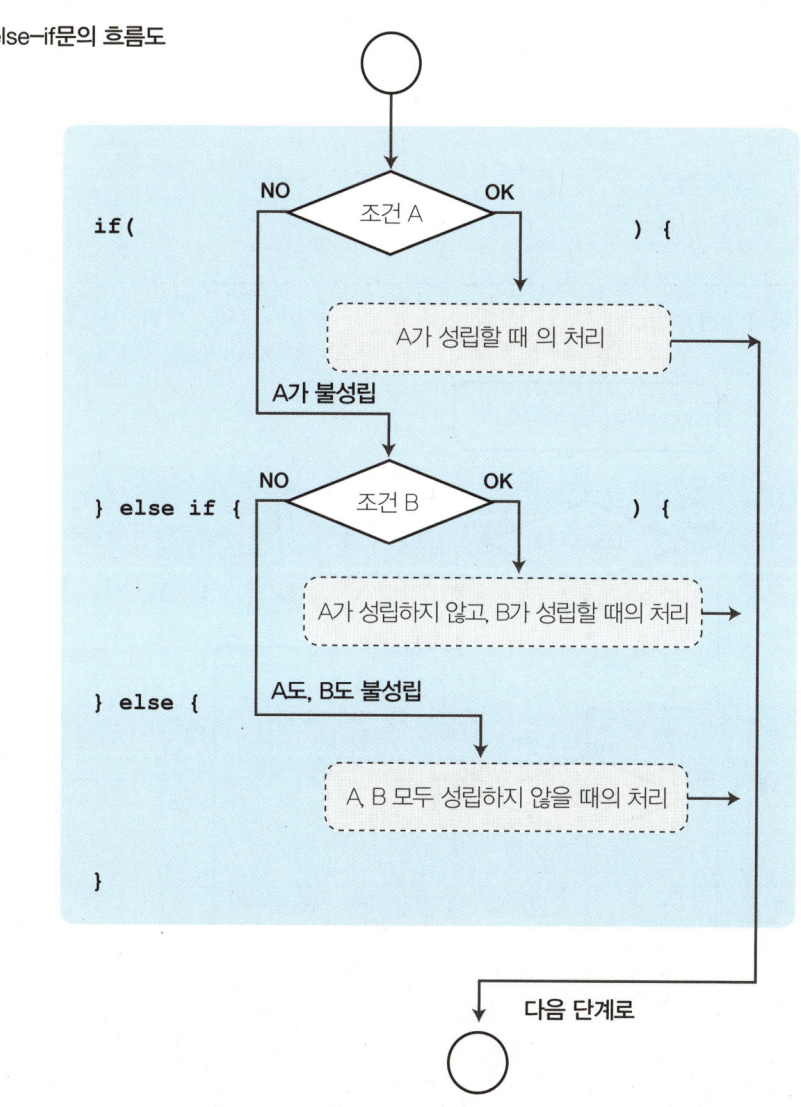

9-5 투표 집계 프로그램에 적용

투표 집계 프로그램에서는 ①1(찬성)의 경우, ②2(반대)의 경우, ③그외(무효)의 경우를 조사할 필요가 있습니다. 그래서, else-if문에서 tupyo가 1인 경우, 2인 경우, 그외의 경우로 나누고 있습니다. 무효를 카운트하기 위해서 새로운 변수 muhyo를 추가합니다.

```
int tupyo, chansung=0, bandae=0, muhyo=0;
while ((tupyo = Input.getInt()) != 0) {
    if (tupyo == 1) {           // 찬성의 경우
        chansung++;
    }else if(tupyo == 2){       // 반대의 경우
        bandae++;
    }else{                      // 그 외의 경우
        muhyo++;
    }
}
```

다음은 처리의 흐름도입니다.

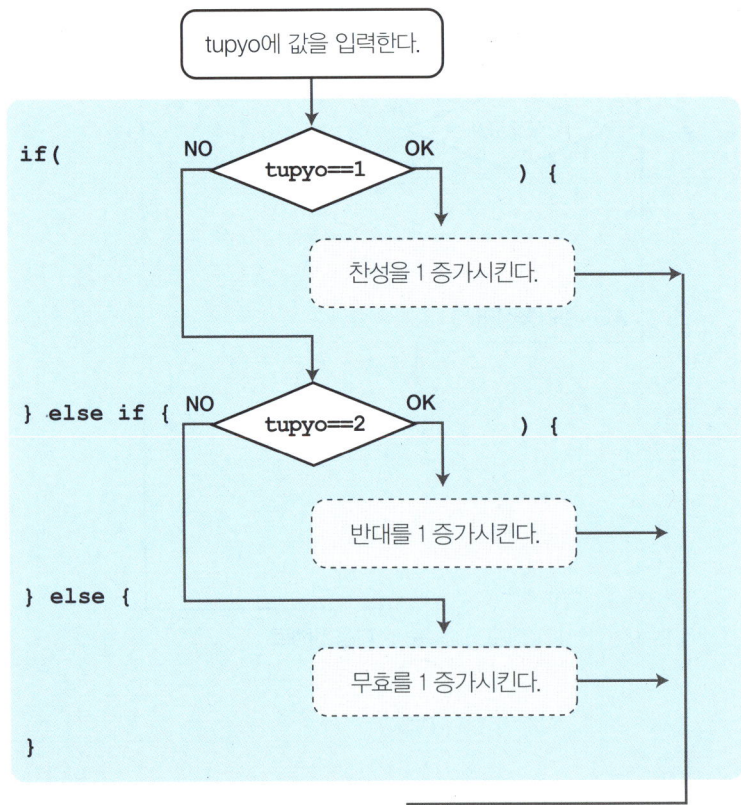

예제 3 찬성, 반대, 그 외를 집계한다.

실행 예제에서는 3이 제대로 무효표로 카운트되었습니다.

```
import lib.Input;
public class Sample9_5 {
    public static void main(String[] args) {
        int tupyo, chansung=0, bandae=0, muhyo=0;
        while ((tupyo = Input.getInt()) != 0) {
            if (tupyo == 1) {              // 찬성의 경우
                chansung++;
            }else if(tupyo == 2){          // 반대의 경우
                bandae++;
            }else{                         // 그 외의 경우
                muhyo++;
            }
        }
        System.out.println("찬성" + chansung);
        System.out.println("반대" + bandae);
        System.out.println("무효" + muhyo);
    }
}
```

```
🖳 콘솔 ✕
<종료됨> Sample9_5
[int] > 1
[int] > 1
[int] > 2
[int] > 3
[int] > 2
[int] >
찬성2
반대2
무효1
```

9.5.1 else-if문의 SPD

기본적인 작성 방법은 변하지 않지만 ◇ 기호의 오른쪽에는 체크하는 내용을 알기 쉽게 적습니다. if문의 흐름을 나타내는 세로선에서 3개 이상의 가지를 늘립니다. 각 가지에는 체크하는 조건을 간결하게 적습니다. 조건은 관계식 대신에 말로 적어도 됩니다.

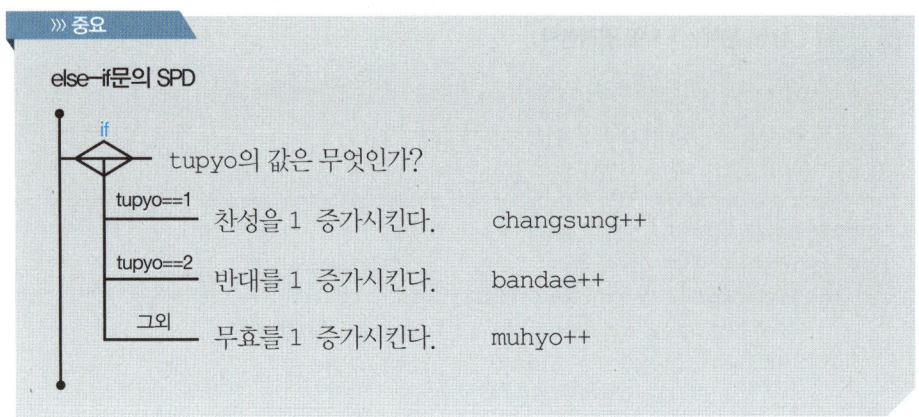

예제의 SPD는 다음과 같이 적을 수 있습니다.

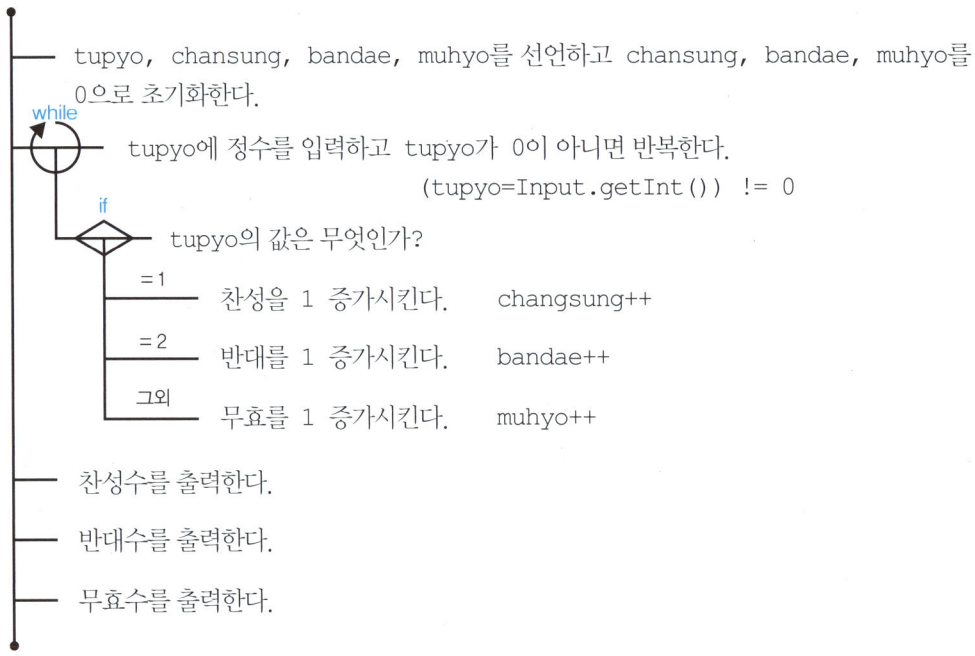

▶▶▶ **연습문제 9-4**

다음 프로그램을 작성하시오.

1. 키보드로 변수 ch에 문자를 입력 받아, 'a'나 'A'이면 "A키가 입력되었다."라고 출력하고, 'a' 또는 'B'이면 "B키가 입력되었다."라고 출력한다. 그 외의 값은 "그 외의 키가 입력되었다."라고 출력한다.

2. 키보드로 변수 s에 문자열을 입력 받는다. 그것이 "좋은아침"이면 "Good morning"을 출력하고, "좋은밤"이면 "Good evening"을 출력한다. 그 외는 "Hello"를 출력한다.

3. 키보드로 변수 n에 정수를 입력 받아 그것이 124이면 "당첨"이라고 출력하고, 123이나 125이면 "아차상"이라고 출력한다. 그 외에는 "꽝"를 출력한다.

9-6 값의 범위로 경우를 나눈다.

수치의 범위를 이용해서 여러 개의 경우로 나누는 방법을 설명하겠습니다. 불필요한 조건을 적지 않도록 주의할 필요가 있습니다. 예를 들어 정숫값을 조사해서 다음과 같은 3가지 경우로 나누는 것을 생각해 볼 수 있습니다.

① 10미만, ② 10이상 ~ 50미만, ③ 50이상

다음 예제에서 이렇게 경우를 나눕니다.

예제 4 숫자의 범위를 나눈다.

```
import lib.Input;
public class Sample9_6 {
    public static void main(String[] args) {
        int n = Input.getInt();
        if(n<10){
            System.out.println("10미만");
        }else if(n<50){
            System.out.println("10이상~50미만");
        }else{
            System.out.println("50이상");
        }
    }
}
```

실행결과
```
<종료됨> Sample9_6
[int] > 25
10이상~50미만
```

설명

다음의 예제 프로그램에서 음영으로 되어 있는 부분은 필요가 없는 부분이므로 주의해 주십시오.

else if 는 n<10이 아닐 경우에 실행되므로 n<10이 아니라는 것은 n>=10이라는 뜻이 되므로 else if문의 조건으로써 n>=10은 불필요하게 됩니다. 적어도 에러가 나는 것은 아니지만 불필요한 기술이므로 식이 복잡하게 됩니다.

```
int n = Input.getInt();
if(n<10){
    System.out.println("10미만");
}else if(n>=10 &&n<50){
    System.out.println("10이상~50미만");
}else{
    System.out.println("50이상");
}
```

`n>=10 &&` — 불필요

다음의 흐름도를 보고, 만약 n<10이 아니면 n>=10을 전제조건으로 해서 n<50인가를 조사하는 것을 알 수 있습니다. 또한 마지막에 있는 else는 n<50도 아닌 경우이므로 n>=50이라고 판단된 것입니다.

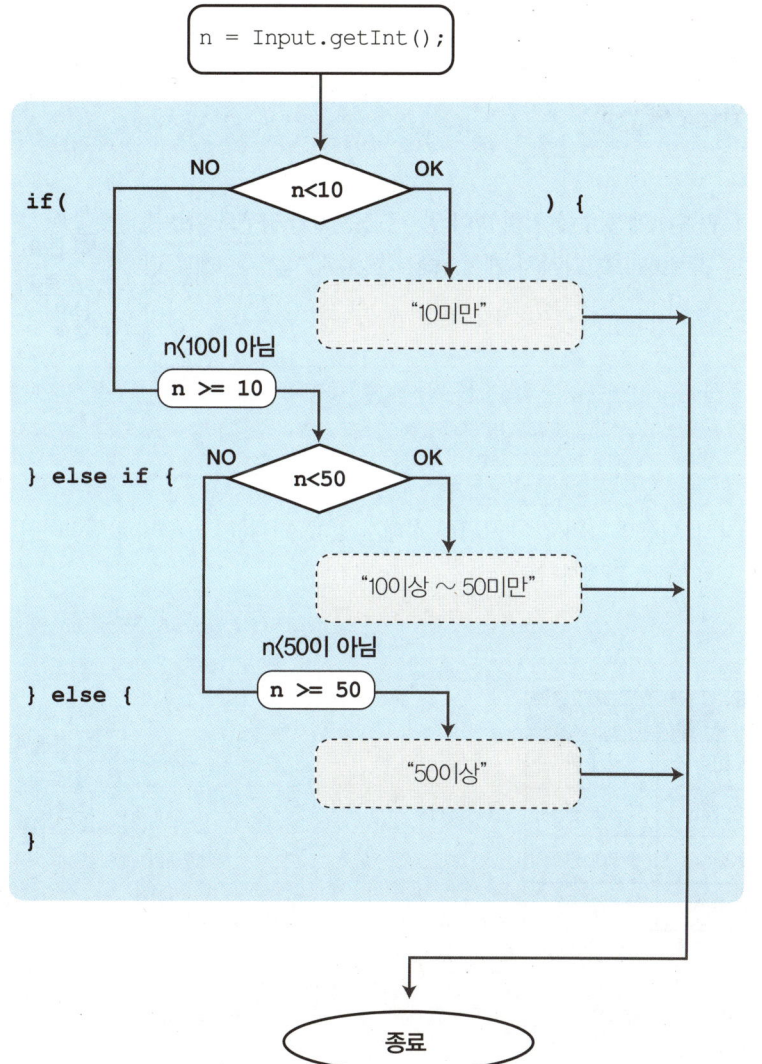

301

〖 SPD 〗
SPD에서는 구분을 명확히 하기 위해서 3개의 가지에서 각각 검사하는 값의 범위를 적습니다.

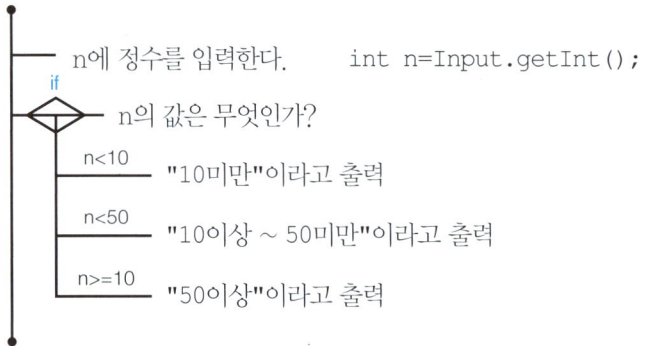

▶▶▶ 연습문제 9-5

1. 키보드로 변수 n에 정수를 입력 받아 양수, 음수, 0의 경우로 나누는 프로그램을 작성하시오. 각각의 케이스에서 "양수", "음수", "제로"라고 출력하도록 한다.

실행결과

2. 거리에 따라 다음의 표와 같이 요금이 정해져 있다. 거리를 km 단위로 입력하면 배송료를 산출하는 프로그램을 작성하시오.

거리	요금
50Km 미만	300원
50~100Km	500원
100~500Km	700원
500Km 이상	1000원

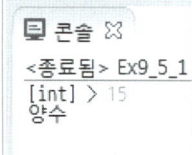

실행결과

3. 키보드로 반복해서 정수를 입력하고 0이 입력되면 종료하는 프로그램을 만들어 보는데 수치를 하나 입력할 때마다 다음과 같이 처리하도록 한다.

- 입력한 값이 1000보다 작으면 "1000미만"이라고 출력한다.
- 입력한 값이 1000이상 2000미만이면 "1000이상~2000미만"이라고 출력한다.
- 입력한 값이 2000이상 3000미만이면 "2000이상~3000미만"이라고 출력한다.
- 입력한 값이 그 외의 값이면 "범위 밖"이라고 출력한다.

if문의 작성 방법

- if문은 조건이 성립하는지, 아닌지에 따라 선택적 처리를 합니다.
- else 이하는 필요에 따라 생략할 수 있습니다.

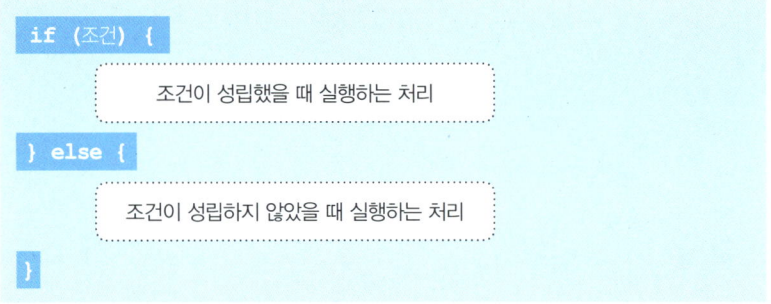

- SPD에서 if문은 ◇ 를 적은 가지이다. 오른쪽에 판정하는 내용을 알기 쉽게 적는다.

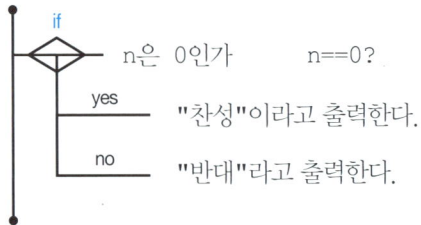

투표 집계 프로그램

- while문으로 반복해서 투표하는 프로그램을 만들어본다.
- while문의 안에 if문을 적어서 찬성(=1)인지, 반대(=2)인가를 판정한다.

{ }를 생략한 if문

- if문도 { }를 생략할 수 있다. 처리문은 하나만 적을 수 있다.

```
if (조건)
    조건이 성립할 때만 실행하는 문(1개만)
else
    조건이 성립하지 않을 때만 실행하는 문(1개만)
```

else if문에서 여러 개의 경우를 나눈다.

- 2개 이상의 경우를 나누기 위해서는 else if문을 사용한다. else if는 몇 개라도 쓸 수 있다.

```
if (조건) {
    A가 성립하는 경우 실행하는 처리
} else if (조건B) {
    A가 성립하지 않고, B가 성립하는 경우의 처리
} else {
    A도, B도 성립하지 않는 경우의 처리
}
```

투표 집계 프로그램에 적용

- 그 밖의 경우를 else if구문으로 추가한다.
- else if의 SPD는 판단에서 분기하는 가지를 추가한다.

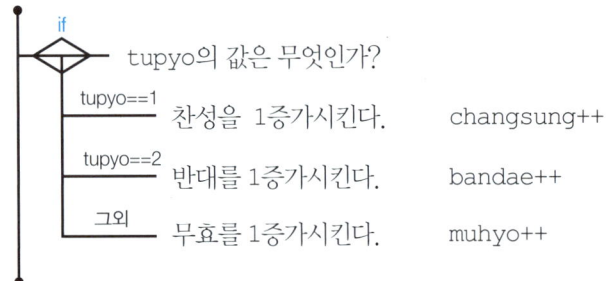

값의 범위로 경우를 나눈다.

- 0~10, 10~50, 50 이상과 같은 수치로 나누는 if문의 경우 불필요한 논리식을 적지 않도록 주의한다.

```
if (n<10) {
        // 0~10일 때 처리
} else if (n<50) {
        // 10~50일 때 처리
} else {
        // 50 이상일 때 처리
}
```

이곳을 n>=10 && n<50이라고 적지 않도록 한다. 왜냐하면 n>10이기 때문에 이 else-if까지 온 것이다. n >=10은 이미 체크한 것이다.

Chapter 9 갈등과 투표 집계 프로그램

{Chapter 10}

switch문과 복수의 분기

if문에서 else-if문을 사용하면 3개 이상의 분기가 가능한 것을 배웠었는데
그것을 좀 더 유연하게 하는 것이 switch문입니다.
switch문은 비교적 다수의 분기를 주로 다루는 구문입니다.
유일한 제한은 조건에 정수만 사용할 수 있다는 것입니다.
편리한 기능이지만 어떤 조건식이라도 사용할 수 있는 것은 아닙니다.
이번 장에서는 switch문의 기능을 알고, if문과의 차이를 확인해 봅시다.

10-1 switch문의 사용 방법

switch문은 "수"로 분기를 하게 됩니다. 예를 들어, 1인가, 2인가, 그 외 다른 값인가에 따라 3가지의 경우로 분기를 합니다. 1일 경우에는 ○○, 2일 경우에는 ○○와 같이 "그 수가 얼마인가"에 따라 처리를 선택하게 됩니다. 관계식을 사용하지 않기 때문에 "5이상"과 같은 경우로는 분기를 할 수가 없습니다. 복잡한 조건 판정은 할 수 없지만 단순 명쾌한 문법이 switch의 장점입니다.

>>> 중요

switch문의 사용법

n이 얼마인가에 따라 분기를 한다.

```
switch ( n ) {
    case 1:
        n==1 일 경우에 실행하는 처리
        break;
    case 2:
        n==2 일 경우에 실행하는 처리
        break;
    default:
        n이 1이나 2가 아닐 때 실행하는 처리
        break;   (생략가능)
}
```

- n에는 정수형의 변수, 식을 지정한다(char는 가능, long은 불가능).
- case 라벨에는 리터럴을 지정한다(변수, 식은 불가능).
- break문으로 switch문에서 나온다.

예제 1   1, 2, 그외의 경우로 나눈다

```
import  lib.Input;
public  class  Sample10_1 {
    public  static  void  main(String[] args) {
        int n=Input.getInt();
        switch(n) {
          case 1:
            System.out.println("1입니다.");
            break;
          case 2:
            System.out.println("2입니다.");
            break;
          default:
            System.out.println("1, 2 이외의 값입니다.");
        }
    }
}
```

switch문

```
■ 콘솔 ⊠
<종료됨> Sample10_1
[int] > 1
1입니다.
```

실행 예 : 1을 입력하면 "1입니다"라고 출력된다.

설명

◆ **switch()** 에서는 ( )안에 검사하려는 변수나 식을 넣습니다. 예제에서는 변수 n을 넣었기 때문에 "n의 값은 얼마인가"에 따라 분기하는 것을 의미합니다.
다음과 같은 식으로 적는 것도 가능합니다(a, b는 int형의 변수이다).

```
switch(a+b-1) { }
switch(b%5) { }
```

◆ **case 1:, case 2:** 는 caes문(케이스문)이라고 하고 분기를 지정합니다. case문은 몇 개라도 필요한만큼 지정할 수가 있습니다. case의 뒤에 n의 값과 :(콜론)을 붙입니다. 예제에서는 다음과 같이 분기를 하고 있습니다.

```
case  1:            // n==1의 경우
case  2:            // n==2의 경우
case  3:            // 그 외의 경우
```

case에는 구체적인 값을 지정하기 때문에 정수 리터럴입니다. 변수는 쓸 수 없습니다. 올바른 작성법을 알아보면 다음과 같습니다.

```
case   3:              // 정수 리터럴
case   'm':            // 문자 리터럴
case   '\u0061':       // 유니코드 이스케이프로 표현한 문자
case   'm'+1:          // 리터럴만 인식
```

◆**default:**는 "그 외"의 경우를 의미합니다. if의 else에 해당하는 것이 default(디폴트)입니다. 뒤에 콜론(:)을 붙이는 것을 잊지 않도록 주의하십시오.

◆**break**문은 switch문 밖으로 나가도록 동작합니다. 분기 처리의 마지막에 반드시 break문을 씁니다. default는 가장 마지막에 사용하므로 break문을 생략할 수 있습니다.

> **참고** **컴퓨터 스킬**
>
> 필자의 집 가까이에 최신 설비를 자랑하는 병원이 있습니다. 28개의 진료과에 180명의 의사와 530명의 간호사가 매일 800명의 외래 환자와 매년 12,500명의 입원 환자를 진료하는 대형 병원입니다. 모든 정보가 전자화, 온라인화 되어 입구에서 진찰 카드를 통과시키는 것만으로 내원 수속이 완료됩니다. 고도로 정보화된 시설임에도 불구하고 진료 예정 시간이 되어도 진료를 받을 수 없는 경우가 종종 있습니다. 그 원인 중 하나로 의사들의 컴퓨터 스킬을 들 수 있습니다. 의사가 전자 차트를 작성하기 위해서 키보드를 타이핑해야 하는데 결코 빠르지가 않습니다. 진료시간 중 쓸데 없는 시간이 걸리는 원인이었습니다. 실제로 어떻게 하면 타이핑을 빠르게 할 수 있는지 진료실에서 의사한테 가르쳐 준 적도 있었습니다.
>
> 여러 사람을 가르쳐 본 결과 20대까지는 빠르면 2주간, 길어도 4주 정도면 타이핑을 빠르게 하는것이 가능하고 40대 정도가 되면 2달 남짓 걸린다는 사실을 알았습니다. 사용하는 키보드 타이핑 연습 소프트웨어는 어떤 것이라도 좋습니다. 누구라도 마스터할 수 있습니다. 중요한 것은 매일 훈련할 것, 키보드를 보지 않고 타이핑할 것(당연하지만)입니다.

10.1.1 switch문의 흐름도

다음은 switch문의 흐름도입니다. break로 switch문 밖으로 빠져나가는 점에 주목해 주십시오.

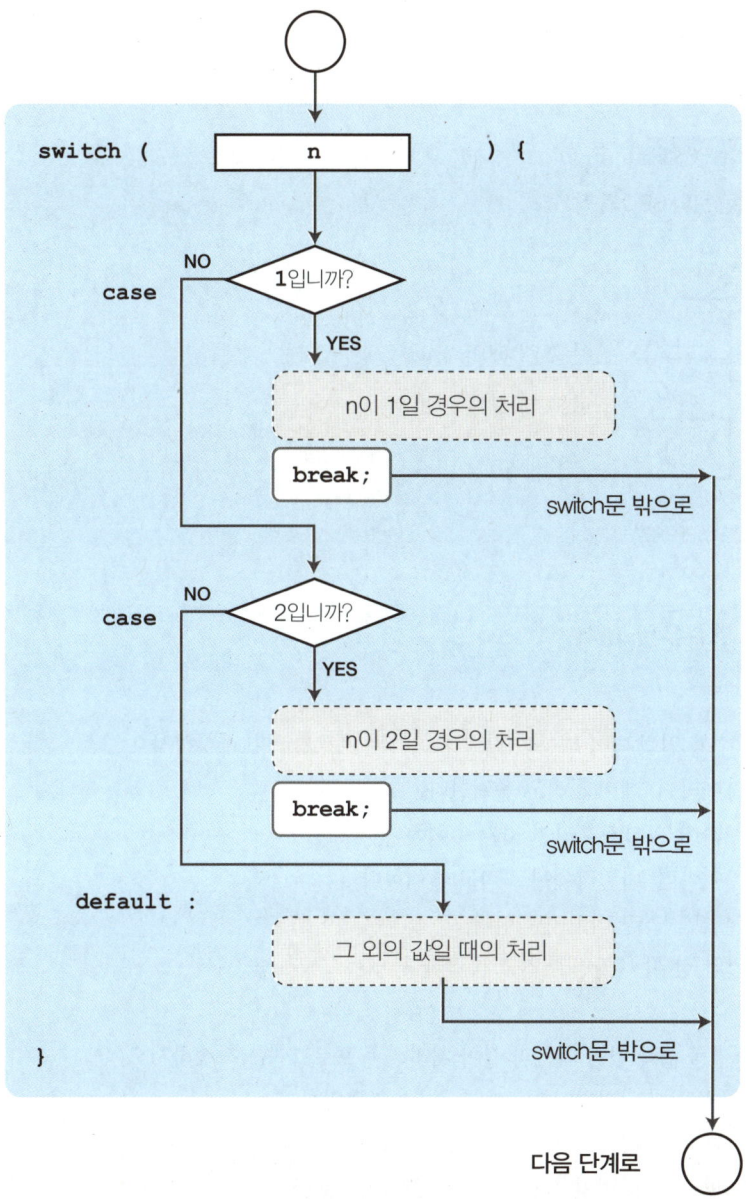

10.1.2 switch문의 SPD

else-if문과 같은 형식이 됩니다. 구별하기 위해서 ◇ 기호 위에 switch라고 써 줍니다. 그리고 ◇ 기호를 적은 가지의 오른쪽에는 체크하려는 변수나 식을 적습니다. 이 예제에서는 n입니다.

switch문의 처리의 흐름을 나타내는 세로선에서 case문에 대응하는 가지를 늘리고, 1, 2, n 등의 값을 적습니다. 가지의 오른쪽에는 대응하는 처리를 적습니다.

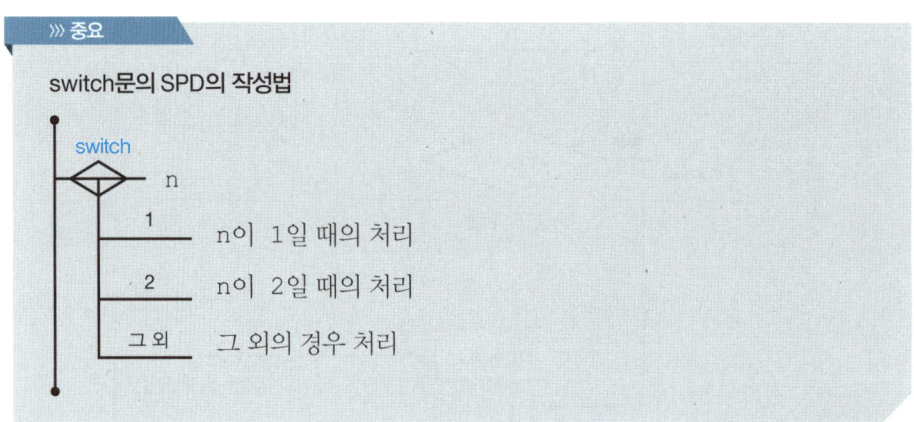

▶▶▶ 연습문제 10-1

1. n에 정수를 입력 받아 다음과 같이 처리하는 프로그램을 작성하시오.
- n이 1이라면 "햄버거"라고 출력한다.
- n이 2라면 "포테토후라이"라고 출력한다.
- n이 3이라면 "바닐라쉐이크"라고 출력한다.
- n이 4라면 "콜라"라고 출력한다.
- 그 외의 경우는 "불명"이라고 출력한다.

2. n에 정수를 입력 받아 다음과 같이 처리하는 프로그램을 작성하시오.
- 5로 나누어서 나머지가 0이면 "5n"이라고 출력한다.
- 5로 나누어서 나머지가 1이면 "5n+1"이라고 출력한다.
- 5로 나누어서 나머지가 2이면 "5n+2"라고 출력한다.
- 5로 나누어서 나머지가 3이면 "5n+3"이라고 출력한다.
- 5로 나누어서 나머지가 4이면 "5n+4"이라고 출력한다.

〔힌트〕
- switch(n%5)로 나머지를 구하는 식을 switch문 안에 입력합니다. 마지막에 "5로 나누어서 나머지가 4인 경우"는 default:로 처리할 수 있습니다. 물론 case문으로 처리해도 됩니다. 그 경우에는 default는 생략합니다.

10-2 switch문의 규칙

switch문의 구조에서는 { }를 생략할 수 없습니다. { }가없으면 break문의 의미가 없어지기 때문입니다. 이것이 if문과 다른 점입니다.

그리고 switch문에는 :(콜론)이 처음으로 나왔습니다. :로 끝나는 문은 일반적으로 라벨이라고 합니다. case문은 case 라벨, default문은 default 라벨입니다. 라벨은 분기할 곳을 출력하는 표식으로 사용되는 문입니다. switch문은 라벨에 따라 분기하는 구문이라고 말할 수 있습니다.

10.2.1 switch문에 지정할 수 있는 형

switch( )에서는 ( )안에 검사하려는 변수나 식을 적습니다. 예제에서는 변수 n을 적고 있으므로 "n의 값은 얼마인가"에 따라 분기한다는 것을 의미합니다. ( )안에 적는 변수나 값은 정수형으로 int나 char, byte, short이여야 합니다. 이것 이외의 형은 사용할 수가 없습니다. long은 정수형이지만 사용할 수 없으므로 주의해야 합니다. 물론 double, float, String, boolean도 사용할 수 없습니다.

> switch문의 ( ) 안에는 int, char, byte, short형만 지정할 수 있습니다.

예제 2 문자의 종류로 분기를 한다.

이번 예제는 문자 c의 값이 'a'인가 아니면 'b'인가 또는 그밖에 것인지에 따라 처리를 다르게 하고 있습니다.

```
import lib.Input;
public class  Sample10_2_1 {
    public  static  void  main(String[] args) {
        char c=Input.getChar();
        switch(c) {  // char형
          case'a':
            System.out.println("a입니다.");
            break;
          case'b':
            System.out.println("b입니다.");
            break;
          default:
            System.out.println("a, b이외의 값입니다.");
        }
    }
}
```

```
<종료됨> Sample10_2_1
[char] > a
a입니다.
```
실행결과

설명

문자형은 정수의 문자 번호를 저장하는 형입니다. 어떤 문자라도 컴퓨터 내부에서는 문자 번호로 변환되어 저장됩니다. 그러므로, 문자형은 정수형처럼 switch문에 쓸 수 있습니다.

10.2.2 case문에 지정할 수 있는 값

case문에 지정하는 값은 정수 리터럴만 가능합니다. 정수이외의 형이나 변수, 식은 지정할 수가없습니다. 또한 정수형이라도 long형은 사용할 수가 없으므로 주의하기 바랍니다.
다음은 모두 컴파일 에러가 발생하는 사용법입니다.

```
case   3;       // 문장 끝이 세미콜론으로 되어 있습니다.
case   m:       // 변수는 사용할 수 없습니다.
case   10.5:    // double은 사용할 수 없습니다.
case   10L:     // long은 사용할 수 없습니다.
case   a+1:     // 식은 사용할 수 없습니다.
case   a>0:     // 관계식도 사용할 수 없습니다.
```

10.2.3 default문

default문은 필요 없으면 쓰지 않아도 됩니다. 필요할 경우에 한 번만 사용할 수 있습니다. 그리고 default문은 반드시 switch문의 마지막에 써야 하는 것은 아닙니다. 별로 좋은 방법은 아니지만 다음과 같이 사용해도 제대로 실행이 됩니다.

예제 3 default문을 끝이 아닌 위치에 두는 switch문

```
import lib.Input;
public class  Sample10_2_2 {
    public  static void main(String[] args) {
        char c=Input.getChar();
        switch(c) {
          case'a':
            System.out.println("a입니다.");
            break;
          default:
            System.out.println("a, b이외의 값입니다.");
            break;
          case'b':
            System.out.println("b입니다.");
        }
    }
}
```

실행결과
```
<종료됨> Sample10_2_2
[char] > g
a,b이외의 값입니다.
```

▶▶▶ 연습문제 10-2

1. 변수 ch에 문자를 입력 받아 ch가 'a'이면 "그저께", 'b'이면 "어제", 'c'이면 "내일", 'd'이면 "모레", 그 외의 값이면 "오늘"이라고 출력하는 프로그램을 작성하시오.

2. 다음 switch문의 작성 방법에서 틀린 부분을 모두 찾으시오. int n=0; double x=10.0으로 합니다.

A. switch(n) { }

B. switch(Math.sqrt(n)) { }

C. switch((int) x) { }

D. switch(n%0.3) { }

E. switch(-n) { }

F. switch(n + x) { }

[해답] _____

3. 다음의 case문의 사용 예에서 틀린 부분은 어디인지 모두 고르시오.

A. case 10/3.0:

B. case 'a'+ 1:

C. case -5:

D. case a==10:

E. case 3;

F. case 'j':

G. case 10 + 15L:

H. case true:

I. case 10%2:

[해답] _____

4. 다음의 프로그램을 실행했을 때의 설명으로 바른 것은 몇번입니까?

```
double x=13.0;
switch(x%3) {
  case 1:
    System.out.println("A");
    break;
  default:
    System.out.println("B");
}
```

(주의)
% 연산자는 double의 값에 대해서도 사용할 수가 있습니다.

① A
② B
③ 컴파일 에러가 발생한다.
④ 실행시 예외가 발생한다.

[해답] _____

5. 다음 프로그램을 실행해서 1을 입력했을 때 설명으로 바른 것은 몇번입니까?

```
int n;
switch(n=Input.getInt()) {
  case 2:
    System.out.println("Bye");
     break;
  default:
     break;
  case 1:
    System.out.println("Hello");
}
```

① Bye
② Hello
③ 아무것도 출력되지 않는다.
④ 컴파일 에러가 발생한다.
⑤ 실행시 예외가 발생한다.

[해답] _____

10-3 break문과 흐름제어

switch문에서는 흐름의 제어를 위해서 break문이 중요하게 사용됩니다. 사실 break문은 switch문에서만 쓰이는 것이 아니라 여러 곳에서 쓸 수 있습니다. 원래의 기능은 단순히 블록의 바깥으로 탈출하는 것입니다.

switch문은 전체가 { }로 둘러싸여 있고 하나의 블럭문으로 되어 있습니다. break문은 이 switch 블럭에서 탈출하기 위해서 사용됩니다.

그럼, break문을 사용하지 않으면 어떻게 될까요?

다음 예제를 살펴봅시다. 전에 나왔던 예제에서 break문만 없앤 것입니다.

예제 4 : break가 없는 switch문

이번 예제는 문자 c의 값이 'a'인가 아니면 'b'인가 또는 그밖에 것인지에 따라 처리를 다르게 하고 있습니다.

```java
import lib.Input;
public class Sample10_3_1 {
   public static void main(String[] args) {
       int n=Input.getInt();
       switch(n) {
         case 1:
           System.out.println("1입니다.");
         case 2:
           System.out.println("2입니다.");
         default:
           System.out.println("1, 2이외의 값입니다.");
       }
   }
}
```

```
■ 콘솔 ⊠
<종료됨> Sample10_1
[int] > 1
1입니다.
2입니다.
1,2이외의 값입니다.
```

1만 입력했을 뿐인데 모든 println문이 실행되었습니다.

> **설명**

1을 입력하면 확실히 case 1:로 분기가 되고 또 모든 println문을 차례대로 실행하고 있습니다. 즉, break문이 없기 때문에 switch문의 밖으로 나갈 수 없는 것입니다. case 2:, default:는 실행의 순서에는 전혀 영향을 끼치지 못합니다.

Java 언어에서는 끝에 콜론(:)을 붙이면 라벨이라는 것이 됩니다. case문과 default문은 1: 이나 2: 등의 정수 라벨로 프로그램상에서 분기 시작 위치를 나타내는 기능밖에 없습니다.

break문을 입력하는 것을 까먹고 쓰지 않으면 의도하는 바와는 전혀 다르게 동작하는 switch문의 구조가 좀 위험하긴 합니다. 버그의 원인이 될 수도 있습니다. 하지만, 이런 구조를 이용해서 다음과 같이 편리하게 사용할 수도 있습니다.

예제 5 switch문에서 "또는"(OR조건)을 구현한다.

이 예제는 변수 n에 입력한 값이 1 또는 2일 경우에는 OK라고 출력하고 3이면 NO라고 출력하고, 그 외에는 ERROR이라고 출력합니다. "1 또는 2"를 구현하기 위해서 일부러 case 1:만 적고, 처리문과 break를 생략하는 것에 주의하기 바랍니다.

```java
import  lib.Input;
public  class  Sample10_3_2 {
    public  static  void  main(String[] args) {
        int n = Input.getInt();
        switch(n) {
          case 1:
          case 2:
            System.out.println("OK");
            break;
          case 3:
            System.out.println("NO");
            break;
          default:
            System.out.println("ERROR");
        }
    }
}
```

```
 콘솔
<종료됨> Sample10_3_2
[int] > 1
OK
```

1을 입력한 결과를 나타내고 있습니다.
case 2:로 처리되어 "OK"를 출력하고 있습니다.

> **설명**
>
> 이 예제에서는 1을 입력했지만 2를 입력해도 OK가 출력됩니다. 이것은 1 또는 2이면 OK라고 출력하는 것과 같은 의미입니다. 이런 유연함도 switch문의 장점입니다.

10.3.1 switch문에서의 분기 방법

else-if문과 같이 처음부터 순차적으로 일치하는가를 검사하는 것과는 다릅니다. case문이 지정한 값을 보고 직접 해당하는 case문 또는 default문으로 분기합니다. 그러므로, 어떤 case문을 앞에 적어도 상관이 없습니다. 또한 default문의 위치도 반드시 끝에 있어야 하는 것은 아닙니다. 예제 5의 case와 default을 다음과 같이 나열해도 결과는 같습니다. 단, break문은 적어주어야 합니다.

```
switch(n) {
    case 3:
        System.out.println("NO");
        break;
    default:
        System.out.println("ERROR");
        break;        // 뒤에 case문이 있다면 break문이 필요
    case 1:
    case 2:
        System.out.println("OK");
        break;        // 이 break문은 없어도 됩니다.
}
```

▶▶▶ 연습문제 10-3

1. 변수 n에 정수를 입력 받아 다음과 같이 처리하는 프로그램을 작성하시오.
   - n이 1이나 2이면 1000을 출력한다.
   - n이 3이면 2000을 출력한다.
   - n이 4나 5나 6이면 3000을 출력한다.
   - n이 7이나 8이면 4000을 출력한다.
   - 그 이외면 5000을 출력한다.

2. 다음 프로그램에서 1 ~ 6의 숫자를 입력했을 때 어떻게 출력되는지 보기에서 고르시오.

```
int val=Input.getInt();
switch(val) {
  case 1:
  case 2:
      System.out.println("A");
  case 3:
      System.out.println("B");
      break;
  case 4:
      System.out.println("C");
  case 5:
      System.out.println("D");
      break;
  default:
      System.out.println("E");
}
```

〖 보기 〗

1. A
2. B
3. C
4. D
5. E
6. AB
7. ABC
8. ABCD
9. ABCED
10. BC
11. BCD
12. BCDE
13. CD
14. CDE
15. DE

〈해답〉

입력	출력
1	
2	
3	
4	
5	
6	

10 정리

switch문의 작성법

- switch( )에서 판단할 변수나 식을 넣고 case문으로 분기한다.
- "얼마인가"라는 '정수의 값'으로만 분기할 수 있다.
- case문에는 구체적인 정수의 값(정수 터럴)을 지정한다.
- case문에서 처리가 끝나는 위치에 break문을 넣어 switch문에서 빠져나온다.
- default는 그 외의 경우를 뜻한다.
- SPD는 else-if문과 같은 형식이 된다. 분기하는 수만큼 가지를 내어주면 된다.

```
               n이 얼마인가에 따라 분기를 한다.
switch ( n ) {
   case 1:
         n==1 일 경우에 실행하는 처리
         break;
   case 2:
         n==2 일 경우에 실행하는 처리
         break;
   default:
         n이 1이나 2가 아닐 때 실행하는 처리
         break;  (생략가능)
}
```

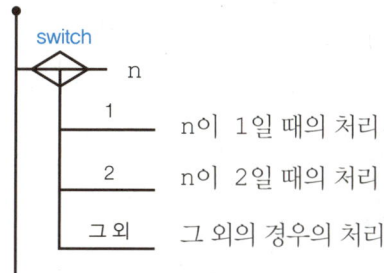

switch문의 규칙

- switch문의 ( )에는 byte, short, int, char형의 변수나 식만 사용할 수 있다.
- case문에는 byte, short, int, char형의 리터럴만 사용할 수 있다.
- case문에는 변수나 식(관계식 포함)을 사용할 수 없다.
- float, double, long, boolean은 switch문에도, case문에도 사용할 수 없다.
- dafault문은 어디에 위치해도 괜찮지만 case문보다 앞에 둘 경우에는 break문을 넣어야 한다.

break문과 흐름의 제어

- switch문에서의 분기는 if문과 같이 위에서부터 차례대로 매칭하는 방식이 아니다.
- switch문에서는 해당하는 case문에 직접 분기한다.
- case문의 순서와 default문의 위치는 switch문의 분기 처리에는 영향이 없다.
- case문이나 default문으로 분기한 뒤에는 break문이 나오거나 switch문이 끝날 때까지 순차적으로 명령문을 실행한다.
- case문과 default문은 실행 순서에는 상관이 없다.
- case문에서 탈출하기 위해서 필요한 위치에 break문을 적어야 한다.
- 의도적으로 break문을 적지 않고 "또는(OR)"의 처리를 할 수 있다.

{Chapter 11}

break와 continue문

투표 데이터를 차례대로 입력합니다.
데이터는 1, 1, 2, 2, 1, 2와 같은 방식으로 1이나 2 의 값을 입력합니다.
1은 찬성, 2는 반대를 의미합니다.
이 때, 1과 2 이외의 데이터가 입력되면 어떻게 해야 할까요?
지금까지는 무효로 카운트 했는데 그 외에도 2가지의 방법이 더 있습니다.
① 집계를 정지한다(반복 처리를 중지하고 루프에서 나온다).
② 그 데이터만 무시한다(그 데이터만 무시하고
다음 데이터부터 반복 처리를 재개한다).
Java 언어에는 ①을 break문으로 또한 ②를 continue문으로 처리합니다.
이번 장에서는 이것들의 사용법을 배워보도록 하겠습니다.

11-1 break문의 동작

break문을 for나 while의 안에서 사용하면 루프(반복)를 중지하는 명령문이 됩니다.
break는 하나의 블록문({ }로 둘러싸인 범위)에서 밖으로 강제로 나오는 동작을 합니다.
보통 다음 그림과 같이 if문과 같이 사용하고 특정 조건이 만족되면 강제적으로 중지하도
록 합니다.

break문의 동작

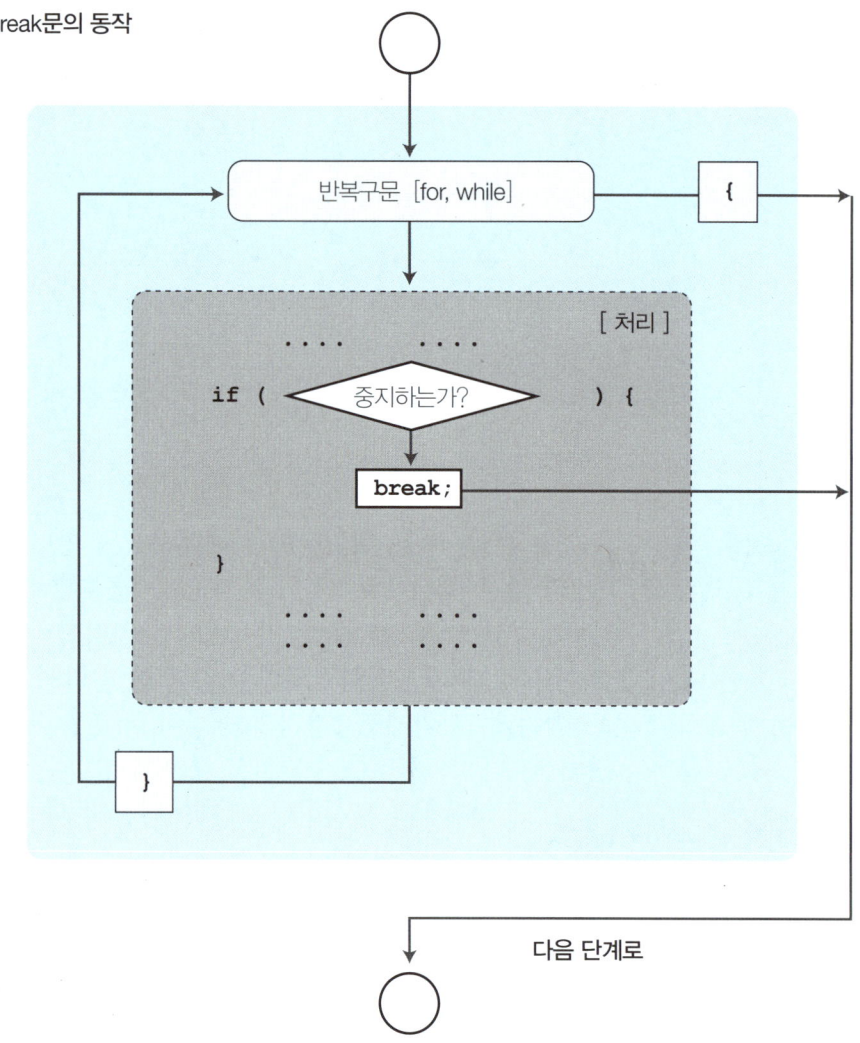

> **예제 1**   break문으로 루프에서 강제 탈출하기

다음 예제는 투표 집계 프로그램에서 음수(이상한 값)가 입력된 경우에 집계를 중지하는 프로그램입니다. 음영으로 출력된 부분을 자세히 보기 바랍니다.

입력한 값이 들어있는 변수 tupyo를 if문으로 체크하고 음수인지를 조사합니다. 만약 음수이면 "중지합니다"라고 출력하고, break문으로 즉시 반복을 정지하고 while문의 밖으로 탈출합니다.

이것은 break를 사용하는 매우 일반적인 방법입니다.

```java
import lib.Input;
public class Sample11_1 {
    public static void main(String[] args) {
        int tupyo, chansung=0, bandae=0, muhyo=0;
        while((tupyo = Input.getInt()) != 0) {
            if(tupyo<0) {
                System.out.println("중지합니다.");
                break;
            }
            if(tupyo == 1) {
                chansung++;
            } elseif(tupyo == 2) {
                bandae++;
            } else {
                muhyo++;
            }
        }
        System.out.println("찬성"+chansung);
        System.out.println("반대"+bandae);
        System.out.println("무효"+muhyo);
    }
}
```

실행결과

```
<종료됨> Sample11_1
[int] > 1
[int] > 1
[int] > 2
[int] > -1
중지합니다.
찬성2
반대1
무효0
```

> **설명**

−1이 입력되면 break문으로 while 루프를 종료합니다. 4건의 데이터를 입력했지만 집계 결과는 3건(찬성 2, 반대 1)만 있고 −1은 데이터로 분류, 집계되지 않고 종료되었기 때문입니다.

▶▶▶ **연습문제 11-1**

1. 키보드로 double의 수를 반복해서 입력 받아 변수 total에 합계를 구하는 프로그램을 작성하시오. 반복하는 구문은 while문을 사용하고 0을 입력하면 "합계=○○"라고 출력하고 종료하도록 한다. 만약 도중에 음수가 입력되면 "음수입니다."를 출력하고 처리를 중지하도록 만든다. 그리고, 처리를 중지한 경우라도 그때까지의 합계를 출력하고 종료해야 한다.

2. {5, 3, 9, -1, 20, 2}를 요소로 가지는 배열 a를 작성한다. 그 다음에 for문을 사용해서 a의 각 요소를 하나씩 그 제곱근을 계산해서 출력한다. 만약 요소의 값이 음이면 "음수입니다"라고 출력하고 처리를 중지하도록 한다.

3. 다음 프로그램을 실행했을 때 출력되는 것은 무엇인가?(복수개) 보기에서 골라 번호로 모두 답하기 바랍니다.

```
double a = 0.0;
while(a<5){
    if(a==3){
        break;
    }
    System.out.println(a++);
}
```

〔주의〕
double형 변수도 증감 연산자를 사용할 수 있습니다.

〔보기〕
① 0.0
② 1.0
③ 2.0
④ 3.0
⑤ 4.0
⑥ 5.0

[해답] _____

11-2 continue문의 동작

continue문은 for문과 while문 등의 안에서만 사용하는 것이 가능합니다.
다음의 그림에 나타난 것처럼 continue문은 사용된 위치로부터 이후의 처리를 건너뛰고 반복의 시작 위치로 돌아가게 됩니다. 루프를 계속 진행한다는 점에 주의해 주십시오. break문처럼 루프를 정지하지는 않습니다.

continue문의 동작

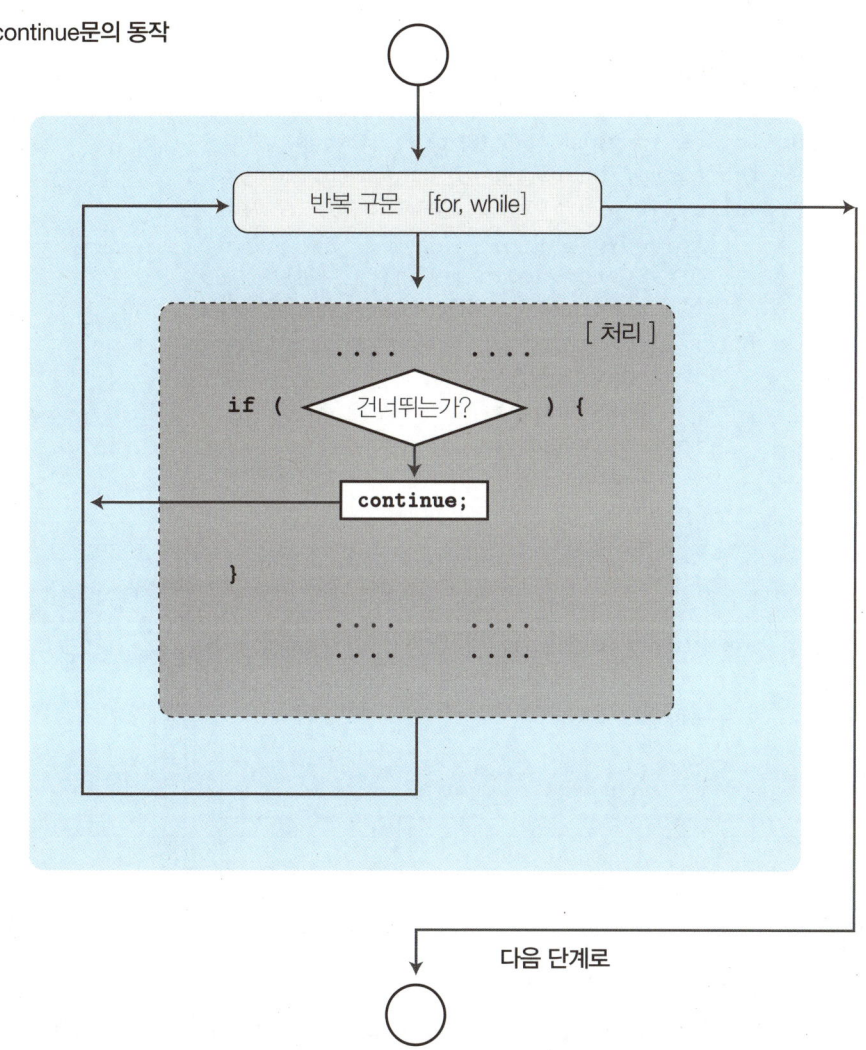

예제 2 continue문의 처리를 건너뛰기

다음의 예제는 투표 집계 프로그램에서 음의 값(이상한 값)을 입력했을 경우에 그것을 집계에 더하지 않는 프로그램입니다. continue문을 사용해서 집계 처리를 건너뜁니다.
음영으로 표시된 부분에 주목해 주십시오. 입력된 값이 들어있는 변수 tupyo를 if문에서 체크합니다. tupyo가 음수라면 "건너뜁니다."를 출력하고, while문의 처음으로 돌아갑니다. 이 경우에는 아래에 있는 else-if 구문의 분기 처리는 모두 건너뛰게 됩니다.

```
import lib.Input;
public class Sample11_2 {
    public static void main(String[] args) {
        int tupyo, chansung=0, bandae=0, muhyo=0;
        while ((tupyo = Input.getInt()) != 0) {
            if(tupyo<0){
                System.out.println("건너뜁니다.");
                continue;
            }
            if (tupyo == 1){
                chansung++;
            }elseif(tupyo == 2){
                bandae++;
            }else{
                muhyo++;
            }
        }
        System.out.println("찬성" + chansung);
        System.out.println("반대" + bandae);
        System.out.println("무효" + muhyo);
    }
}
```

```
□ 콘솔 ⊠
<종료됨> Sample11_2
[int] > 1
[int] > 1
[int] > 2
[int] > 5
[int] > -1
건너뜁니다.
[int] > 2
[int] >
찬성2
반대2
무효1
```
실행결과

> **설명**
>
> -1이 입력되면 continue문에서 while 루프의 처음으로 돌아갑니다. 6건이 입력되었는데 5건(찬성 2, 반대 2, 무효 1)만 있는 것을 보면 -1일 때 분류 집계를 처리하지 않고 건너뛴 것을 알 수 있습니다.

▶▶▶ 연습문제 11-2

1. 키보드로 반복해서 double형 숫자를 입력하고, 제곱근을 계산해서 출력하는 프로그램을 작성합니다. 반복 처리는 while문을 사용하고, 0을 입력하면 종료합니다. 도중에 음수가 입력되면 "음수입니다."라고 출력하고 제곱근의 계산은 건너뜁니다. 반복 처리를 계속해서 다음 값을 입력 받도록 만들어 봅시다.

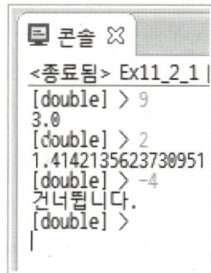

2. {10, -12, 5, -12, 12, 25}를 요소로 가지는 int형 배열 a를 작성합니다. 그 다음에 확장 for문을 사용해서 a의 요소를 하나씩 꺼내서 그 제곱근을 계산해서 출력합니다. 요소의 값이 음수이면 "음수입니다."라고 출력하고 처리를 건너뛰도록 합니다.

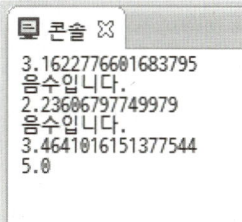

3. 다음의 프로그램을 실행했을 때 출력되는 것은 무엇인가?(복수 선택) 보기에서 골라 번호로 모두 답하시오.

```
double a = 0.0;
while(a<5){
    if(a==3){
        a++;
        continue;
    }
    System.out.println(a++);
}
```

〔보기〕

① 0.0

② 1.0

③ 2.0

④ 3.0

⑤ 4.0

⑥ 5.0

11-3 다중 루프와 라벨이 있는 break문

for문 안에 다른 for문이나 while문이 있는 구조를 다중 루프라고 합니다. break문은 루프(반복 처리)를 탈출하지만 이 경우에는 break문이 포함된 루프를 1단계만 탈출합니다. 다중 루프를 한 번에 모두 탈출하지는 못합니다. 한 번에 모두 탈출하려면 라벨이 있는 break문을 사용해야 합니다.

> **예제 3** 다중 루프에서 보통의 break문 사용하기

다음 예제는 for문의 안에 다시 while문이 있는 프로그램입니다. 이와 같은 반복이 중첩된 형태를 다중 루프라고 합니다. 안쪽의 while문은 무한 루프이지만 break문이 있기 때문에 i의 값이 한 번 출력되고 바로 루프를 탈출하게 됩니다.
밖의 for 루프는 3회 반복하기 때문에 0, 1, 2로 세 번의 i값을 출력합니다.

```
for (int i=0; i<3; i++) {
    while (true) {                  // break로 탈출하는 루프
        System.out.println(i);
        break;
    }
}
```

```
🖥 콘솔 ⊠
0
1
2
```
실행결과

> **설명**

다음 그림에서 보듯이 while 루프는 break문으로 탈출할 수 있는데 바깥쪽의 for 루프는 탈출하지 못했습니다. break문은 그것이 포함된 가장 안쪽의 루프를 탈출하기 때문입니다. 그러므로, while문을 나와도 바깥쪽의 for 루프 범위 안에 있습니다. 따라서 for에 의해 다음 반복을 시작하게 됩니다.

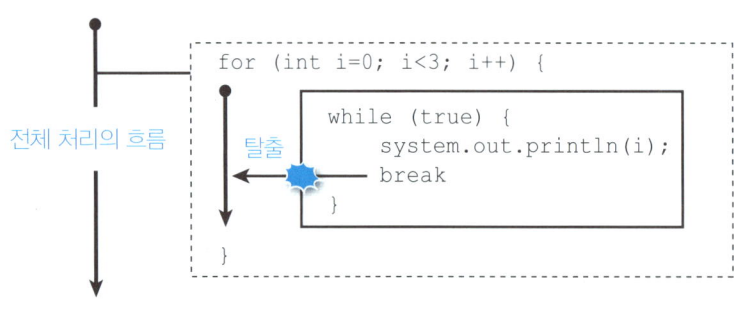

다중 루프에서는 이상한 상태에 처했을 때 가장 바깥쪽에 있는 루프를 탈출해야 할 때가 있는데 이 예제에서 보듯이 보통의 break문으로는 그것이 불가능하다는 것을 알 수 있습니다.

예제 4 다중 루프에서 라벨이 있는 break문으로 사용하기

다음 예제는 지정한 루프까지 한 번에 탈출하는 break문입니다. 어떤 루프까지 탈출할 것인가는 라벨을 사용해서 지정할 수 있습니다.

```
flag:
  for (int i=0; i<3; i++) {
     while (true) {
         System.out.println(i);
         break flag;
     }
  }
```

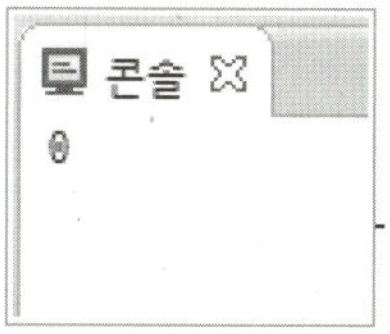

실행결과

설명

음영 박스에 있는 flag가 라벨입니다. 라벨은 임의의 이름에 콜론(:)을 붙인 것입니다. 예를 들어 여기서는 flag라는 라벨을 바깥쪽의 for문에 붙였는데 이것은 다음 그림에서 보듯이 for문 전체에 flag라는 이름을 붙인 것과 같은 효과를 가집니다.

그러므로, break flag;를 실행하면 한 번에 for문까지 탈출할 수 있습니다.

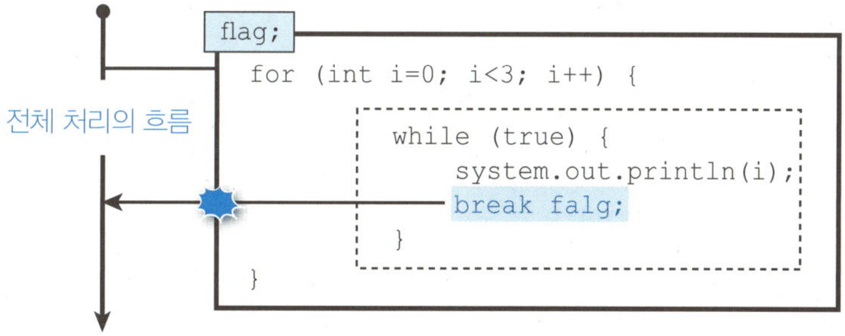

```
flag;
for (int i=0; i<3; i++) {
     while (true) {
         system.out.println(i);
         break falg;
     }
}
```

전체 처리의 흐름

11.3.1 라벨을 붙이는 방법

라벨을 붙이는 방법을 정리하면 다음과 같습니다.

라벨에서의 개행

라벨을 루프의 앞에 붙여도 상관없습니다. 이것은 줄을 바꿔서 2행으로 한 것과 같습니다. Java 언어에서는 개행 자체는 의미가 없습니다. 개행을 해도, 하지 않아도 문법적으로는 같습니다.

```java
flag: for (int i=0; i<3; i++) {
    while (true) {
        System.out.println(i);
        break flag;
    }
}
```

라벨과 루프

다음 예제에서는 for문에는 flag2라는 라벨이, while문에는 flag3이라는 라벨이 붙어 있습니다. flag1은 n=0;에 붙어있습니다. break flag1이라고 입력하면 컴파일러는 flag1이라는 이름의 반복 구문을 찾지만 flag1이라는 이름의 for문이나 while문이 없으므로 컴파일러 에러가 발생하게 됩니다.

라벨은 여러 가지 장소에 붙이는 것이 가능하지만 반복 구문의 안에 있는 break나 continue가 사용할 수 있는 라벨은 for, while, do 등에 붙어있는 라벨입니다.

```java
int n;
flag1: n=0;
flag2: for (int i=0; i<3; i++) {
    flag3: while (true) {
        System.out.println(i);
        break flag1;
    }
}
```

컴파일러 에러가 난다.
바르게 쓰려면

break flag2;나
break flag3;

로 써야 한다.

다중 라벨

라벨의 앞에 라벨을 붙여도 상관없습니다. 다음의 break문은 break flag1;나 break flag2; 모두 바르게 동작합니다.

```java
flag1: flag2:
for (int i=0; i<3; i++) {
    while (true) {
        System.out.println(i);
        break flag1;
    }
}
```

break flag2;라고 써도 괜찮습니다.

▶▶▶ 연습문제 11-3

1. 다음 프로그램은 바깥쪽의 루프가 while문의 무한 루프이고 안쪽의 루프는 for문으로 되어 있습니다. 이 프로그램의 출력 결과로 바른 것은 무엇인지 보기에서 맞는 번호를 고르시오.

```
flag: while (true) {
    for (int i=0; i<5; i++) {
        if(i==3) break flag;
        System.out.print(i+" ");
    }
}
```

〔보기〕

① 0

② 0 1

③ 0 1 2

④ 무한 루프

⑤ 컴파일 에러

⑥ 실행시 예외

[해답] _____

2. 다음 프로그램의 출력으로 바른 것은 무엇인지 보기에서 고르시오.

```
flag1:
flag2: while (true) {
    for (int i=0; i<5; i++) {
        if(i==3) break flag1;
        System.out.print(i+" ");
    }
}
```

〔보기〕

① 0   ② 0 1   ③ 0 1 2

④ 무한 루프   ⑤ 컴파일 에러   ⑥ 실행시 예외

[해답] _____

11-4 다중 루프와 라벨이 있는 continue문

continue문은 그 이후의 처리를 중지하고 루프(반복 처리)의 맨 처음으로 돌아가는 기능이 있는데 continue문이 포함된 루프에 대해서입니다. 다중 루프의 처음으로 한 번에 돌아가지는 않습니다. 한 번에 돌아가기 위해서는 라벨이 있는 continue문을 사용해야 합니다.

예제 5   **다중 루프에서 보통 continue문을 사용한다.**

다음 예제는 3회 반복하는 for문의 안에 무한 루프인 while문이 있습니다. while문의 안에 i의 값을 출력하고 바로 continue문을 실행하는데 while문의 앞으로 돌아가므로 무한 루프가 됩니다.

```
for (int i=0; i<3; i++) {
    while (true) {
        System.out.println(i);
        continue;
    }
}
```
※ 실행하면 무한 루프가 된다.

설명

다음의 그림에서 나타내는 것처럼 continue문에서는 while 루프의 앞으로 돌아가고 바깥쪽의 for문 앞으로는 돌아가지 않습니다. <u>continue문은 그것이 포함된 가장 안쪽의 루프 앞으로 돌아가기만 합니다.</u> 그러므로 바깥쪽의 for 루프의 앞으로 돌아가지 못하는 것입니다. 따라서 while 루프 안에서 무한 루프에 빠지게 됩니다.

```
for (int i=0; i<3; i++) {
    while (true) {
        system.out.println(i);
        continue;

    }
}
```
돌아간다

다중 루프에서는 이상한 상태에 빠졌을 때 루프의 가장 바깥쪽으로 돌아가고 싶을 때가 있는데 이럴 때는 보통의 continue문으로는 불가능하다는 것을 알 수 있습니다.

예제 6 **다중 루프에서 라벨이 있는 continue문을 사용한다.**

continue도 라벨이 있는 continue문을 사용할 수가 있습니다. 다음의 예제는 라벨이 있는 continue문을 사용해서 while문이 아니라 for문의 앞으로 돌아가는 예제입니다.

```
flag: for (int i=0; i<3; i++) {
    while (true) {
        System.out.println(i);
        continue flag;
    }
}
```

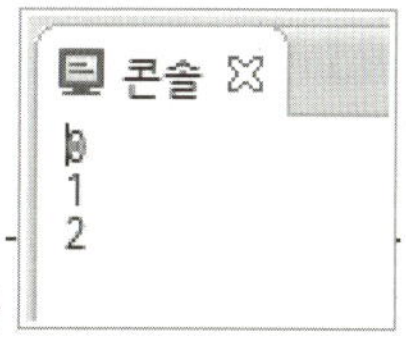

실행결과
```
0
1
2
```

설명

음영으로 되어 있는 flag:가 라벨입니다. 라벨은 임의의 이름에 콜론(:)을 붙인 것입니다. 예를 들어 flag라는 라벨은 바깥쪽의 for문에 붙어있는데 다음 그림에서 보듯이 for문 전체에 flag라는 이름이 붙어 있는 것과 같은 효과를 가집니다.

그러므로, continue flag;를 실행하면 한 번에 for문까지 돌아가는 것이 가능합니다.

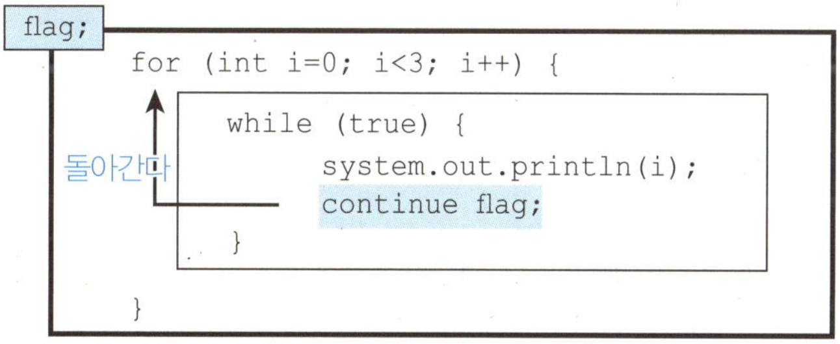

```
flag;
for (int i=0; i<3; i++) {
    while (true) {
        system.out.println(i);
        continue flag;
    }
}
```
돌아간다

while문의 안에서 i의 값을 출력하지만 라벨이 있는 continue문으로 바로 for문의 앞으로 돌아옵니다. 실행 결과를 보면 처음에 0, 두 번째는 1, 세 번째는 2가 출력되는 것을 알 수 있습니다.

▶▶▶ 연습문제 11-4

1. 다음 프로그램의 실행 결과로 바른 것은 어느 것인지 보기에서 고르시오.

```
flag: for(int i=0; i<5; i++) {
    for(;;) {
        System.out.print(i+" ");
        continue flag;
    }
}
```

〔보기〕
① 0
② 0 1
③ 0 1 2
④ 0 1 2 3
⑤ 0 1 2 3 4
⑥ 무한 루프
⑦ 컴파일 에러
⑧ 실행시 예외

[해답] _____

2. 다음 프로그램의 출력으로 바른 것은 무엇인지 보기에서 고르시오.

```
flag: for(int i=0; i<2; i++) {
    for(int j=0; j<3; j++) {
        if(j>1){
            continue flag;
        }
        System.out.println(i+":" +j);
    }
}
```

〔보기〕
① 0:0
② 0:1
③ 0:2
④ 1:0
⑤ 1:1
⑥ 1:2

[해답] _____

11-5 다중 for 루프와 break문, continue문

다중으로 된 for문은 복잡하게 보이지만 익숙해지면 그렇게 어렵진 않습니다. 여기서는 다중 for문의 동작을 설명하고 그 다음에 라벨이 있는 break문을 적용한 예제를 설명하겠습니다.

예제 7 다중 for 루프의 루프 제어 변수

다음 예제는 for문 2개가 다중으로 되어 있습니다. 밖의 for문은 2번 반복하고, 안쪽의 for문은 3회 반복합니다. 제어 변수는 바깥쪽은 i, 안쪽은 k입니다.

```
for(int i=0; i<2; i++){
    for(int k=0; k<3; k++) {
        System.out.println(i+"-"+k);
    }
}
```

콘솔 ⊠
0-0 ⎫
0-1 ⎬ 바깥쪽 루프의 1회째
0-2 ⎭
1-0 ⎫
1-1 ⎬ 바깥쪽 루프의 2회째
1-2 ⎭

실행결과

설명

다음의 표처럼 예제의 2중 루프는 i가 0일 때와 1일 때 각각의 안쪽의 루프를 실행합니다. 그 때 안 쪽의 루프는 k가 0, 1, 2로 바뀝니다.

i의 값	k의 값
0	0
	1
	2
1	0
	1
	2

실행순서 ↓

일반적으로 2중 루프라면 "바깥쪽의 루프 횟수" × "안쪽의 루프 횟수"가 전체의 루프 횟수가 됩니다. 이 예제에서는 6회인데 예제의 실행 결과를 보면 확실히 6회가 출력된 것을 알 수 있습니다.

예제 8 다중 for 루프에서 라벨이 있는 break문을 사용한다.

이 예제의 루프 구조는 예제 7과 같습니다. 바깥쪽 for문의 라벨에 flag라는 이름을 붙여 두었습니다. 안쪽의 for문 안에 break flag;가 있습니다.

```
flag: for(int i=0; i<2; i++){
    for(int k=0; k<3; k++) {
        if (i>k) break flag;
        System.out.println(i+"-"+k);
    }
}
```

실행결과
```
0-0
0-1
0-2
```

설명

다중 루프의 문제에서는 i와 k의 값, 대상으로 하는 식을 다음과 같이 표로 나타내면 알기 쉽습니다. 조건식 i>k의 값을 표의 오른쪽에 ×(false), ○(true)로 적어 놓았습니다. 또한, break가 실행되어 없어진 부분은 – 입니다.

i의 값	K의 값	i>k
0	0	×
	1	×
	2	×
1	0	○
	1	–
	2	–

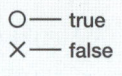

○ — true
× — false

이 표에서 break문에 의해 탈출하는 것은 i>k가 되었을 때입니다. 처음으로 i>k가 되는 것은 (i,k)가 (1,0)이 되었을 때입니다. 이 때 break flag;의 의해서 for문을 탈출합니다.

| 예제 9 | 다중 for 루프에서 라벨이 있는 continue문을 사용한다 |

이 예제에서 루프 구조는 예제 7과 같습니다. 바깥쪽의 for문에 라벨로 flag라는 이름이 붙어있습니다. 안쪽의 for문 안에는 continue flag;가 있습니다. if문의 조건은 i<k라는 것에 주의해 주십시오.

```
flag: for(int i=0; i<2; i++){
    for(int k=0; k<3; k++) {
        if (i<k) continue flag;
        System.out.println(i+"-"+k);
    }
}
```

설명

다중 루프의 문제에서는 i와 k의 값, 대상이 되는 식을 다음과 같이 표로 만들면 알기 쉽습니다. 조건식 i<k의 값을 표의 오른쪽에 ×(false), ○(true)라고 적어 놓았습니다. 또한 continue에 의해 실행되지 않은 부분은 - 입니다.

i의 값	K의 값	i < k
0	0	×
	1	○
	2	-
1	0	×
	1	×
	2	○

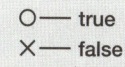
○ — true
× — false

이 표에서 continue문에 의해 for문의 앞으로 돌아오는 것은 (i,k)가 (0, 1), (1,2)일 때 입니다.
이 때 for문의 앞으로 돌아옵니다.

▶▶▶ 연습문제 11-5

1. 다음 프로그램을 실행했을 때 출력되는 것은 어느 것인지(여러 개가 있다) 보기에서 골라서 그 번호를 모두 답하시오.

```
flag: for(int i=0; i<2; i++){
    for(int j=0; j<3; j++) {
        if(i+j>1) break flag;
        System.out.println(i+":"+j);
    }
}
```

〔보기〕

① 0 : 0　　② 0 : 1　　③ 0 : 2　　④ 1 : 0　　⑤ 1 : 1　　⑥ 1 : 2

[해답] _____

2. 다음 프로그램을 실행했을 때 출력되는 것은 어느 것인지(여러 개가 있다), 보기에서 골라서 그 번호를 모두 답하시오.

```
flag: for(int i=0; i<2; i++){
    for(int j=1; j<5; j++) {
        if(i+j==3) continue flag;
        System.out.println(i+":"+j);
    }
}
```

〔보기〕

① 0 : 0　　② 0 : 1　　③ 0 : 2　　④ 1 : 0
⑤ 1 : 1　　⑥ 1 : 2　　⑦ 1 : 3　　⑧ 1 : 4

[해답] _____

11 정리

break문의 동작

- for문과 while문의 안에서 강제적으로 탈출한다.
- if문과 세트로 사용하고 어떤 조건일 때 루프에서 강제 탈출할 때 사용한다.

continue문의 동작

- for문과 while문의 안에서 후속 처리를 건너뛰고 루프의 앞으로 간다.
- if문과 세트로 사용하고 어떤 조건일 때 처리를 건너뛰고, 루프의 앞으로 돌아갈 때 사용한다.

다중 루프와 라벨이 있는 break문

- 보통 break문은 가장 안쪽의 루프만 탈출할 수 있다.
- 라벨을 붙이면 for문이나 while문이 이름을 붙일 수 있다.
- 라벨은 개행하지 않고 직접 for나 while의 앞에 적어도 된다.
- 라벨에 라벨을 붙여도 상관없다. 이 경우에 어떤 라벨이든 유효한 라벨이다.
- 라벨이 있는 break문은 라벨 이름을 붙인 루프를 한 번에 탈출할 수 있다.
- for나 while이외의 문에 붙은 라벨명을 break문에서 지정하면 컴파일 에러가 발생한다.

다중 루프와 라벨이 있는 continue문

- 보통 continue문은 가장 안쪽의 루프 앞으로 돌아가는 것만 가능하다.
- 라벨을 붙이는 것으로 for나 while이 이름을 붙이는 것이 가능하다.
- 라벨이 있는 continue문은 라벨 이름이 있는 루프의 앞으로 한 번에 돌아갈 수 있다.
- for나 while이외의 문에 붙인 라벨명을 continue문에 지정하면 컴파일 에러가 발생한다.

다중 for 루프와 break문, continue문

- for 루프의 제어 변수가 어떻게 변화하는지를 이해할 것
- 안쪽의 루프가 한 번 순회하면 바깥쪽의 루프가 1회 실행된다.
- 표에 적어서 상태를 파악하는 것이 좋다.

{Chapter 12}

배열의 구조

배열을 만드는 방법은 크게 2가지입니다.
①초깃값을 나열해서 배열을 작성한다(앞에서 배웠습니다).
②요소의 개수만 지정해서 배열을 작성한다.
①은 간단하지만 융통성이 없습니다.
②의 경우 처음에는 모든 요소가 초깃값(0 등)이기 때문에
필요한 값은 나중에 대입할 필요가 있습니다.
둘 다 일장일단이 있으며 나눠서 사용할 필요가 있습니다.

12-1 배열의 구조

배열은 많은 데이터를 요소 번호로 구별해서 조작할 수 있는 데이터 구조입니다. 데이터와 그것을 조작하는 기능을 하나로 모은 것을 객체라고 합니다. 그러한 의미로 배열도 객체입니다. Java 언어에서는 객체를 작성하면 색인 번호가 붙은 상자에 넣어 객체 창고에 보관합니다. 변수에 대입하는 것은 객체가 아니라 그 색인 번호인 것에 주의해 주십시오. 객체 창고는 힙(heap)이라고 불리는 영역에서 JVM(Java Virtual Machine)이 관리하고 있습니다. 또한 색인 번호를 참조값 혹은 단순하게 참조라고 합니다. 배열 변수에는 참조가 들어있습니다. 다음 그림에서 그 내용을 설명하고 있습니다.

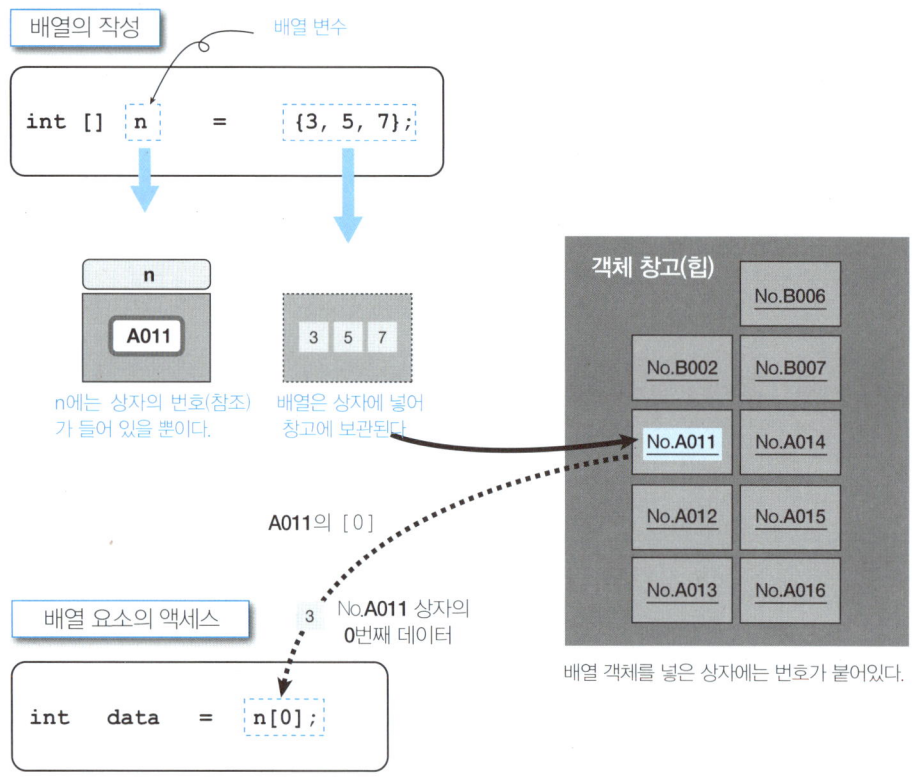

배열 변수는 n입니다. 참조가 들어가 있으므로 참조형 변수라고도 합니다. 그러므로 n[0]은 참조형 변수 n과 요소 번호[0]을 사용하여 데이터에 액세스할 수 있습니다.

12.1.1 참조의 역할

참조라는 것은 객체 창고에 보관된 객체의 색인 번호입니다. 참조가 있으면 객체 창고에서 순식간에 목적 객체를 찾아낼 수 있습니다. <u>이는 지하철 물품 보관소에 물건을 맡기고 그 열쇠를 곁에 두는 것과 같은 방식입니다.</u> 본체를 가지고 다니지 않아도 되기 때문에 이 편이 빠르게 실행됩니다.
Java 언어에서는 배열 객체를 상자에 넣어 창고에 보관하고 배열 변수에서는 그 열쇠에 해당하는 참조를 넣어 두는 것입니다.

배열을 조작할 필요가 있을 때에는 참조에서 배열 객체를 찾아냅니다. 그리고 요소 번호에서 지정된 요소에 액세스합니다. 예를 들어 n[0]을 추출하기 위해서 그 객체의 0번째 데이터를 꺼내는것입니다.
배열 본체를 항상 휴대하는 것이 아니라 필요할 때에 참조를 이용해 액세스합니다.
컴퓨터이기 때문에 요소 데이터를 꺼내는 것은 순식간에 끝나며 어렵지 않습니다.

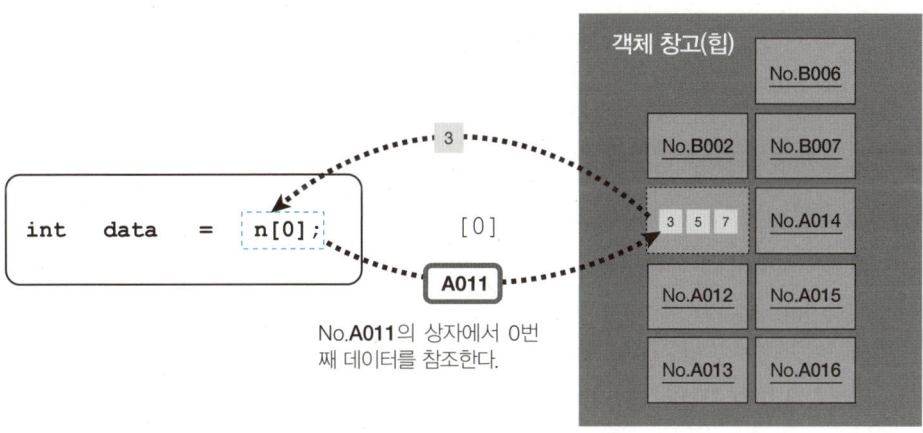

No.A011의 상자에서 0번째 데이터를 참조한다.

12.1.2 객체 창고는 어디에 있는가

Java 프로그램은 JVM(Java Virtual Machine)이라는 소프트웨어가 실행하는 것이라고 책의 첫 부분에서 설명했습니다. JVM은 Java의 프로그램을 실행하는 환경입니다.
JVM은 프로그램을 실행하기 위해서 스택(stack)과 힙(heap)이라는 메모리 영역을 확보합니다.

이 중에서 힙은 배열 객체 등을 넣어두는 장소입니다. 스택은 주로 로컬 변수 등 일시적인 데이터를 보관하는데 사용됩니다.

12.1.3 참조형이란

참조는 보통의 값이 아니라 특별한 구조를 가지는 데이터입니다. 이것을 하나의 데이터 형태로 여겨 참조형이라고 합니다. 또한 참조형의 값을 참조라고 합니다. 참조라는 언어에는 『객체를 참조하기 위한 값』이라는 뉘앙스가 포함되어 있습니다 참조형에는 몇 가지 종류가 있는데 **배열형**, **클래스형**, **인터페이스형**으로 나눌 수 있습니다.
또한 null은 참조형의 리터럴입니다. 참조로서 유효하지 않은 값을 설정하고 있기 때문에 null을 사용해서 특정 객체를 참조하는 것은 불가능합니다.

>>> 중요

배열의 구조

- 배열은 객체이고 객체창고(힙)에 위치합니다.
- 배열 변수에는 배열 객체의 참조가 들어있습니다

▶▶▶ **연습문제 12-1**

1. 다음 공란에 해당하는 단어가 무엇인지 답하시오.

- 배열은 복수의 데이터를 집합해서 요소 번호로 액세스할 수 있게 한 [A]이다.
- 배열의 선언 int[]n={12,8,-5,4};에서 n에는 [B]가 들어있다
- 작성된 배열의 실체는 [C]에 위치한다.
- 배열형은 [D]형의 일종이다.

A. _____   B. _____
C. _____   D. _____

12-2 배열 변수를 콘솔에 출력해 본다

배열 변수에 들어있는 것은 참조입니다. 중요한 키워드이므로 확실히 기억해 두십시오. 변수 안에 참조가 있으면 그것을 출력할 수 없는 것일까? 다음 예제에서는 int[ ]형의 배열을 작성하고 배열 변수의 내용을 println 메소드로 출력했습니다.

예제 1 배열 변수를 출력한다.

다음 예제는 3회 반복하는 for문의 안에 무한 루프인 while문이 있습니다. while문의 안에 i의 값을 출력하고 바로 continue문을 실행하는데 while문의 앞으로 돌아가므로 무한 루프가 됩니다.

```
public class Sample12_2{
    public static void main(String[] args) {
        int[]   n = {1,2,3};
        System.out.println("n=" + n);
    }
}
```

```
콘솔
<종료됨> Sample12_2
n=[I@27daf835
```
실행결과

설명

n 자체를 출력해 내는 것에 주의해 주십시오. 지금까지 배열 변수는 n[0]과 같이 사용되는 것이 일반적이었지만 이는 요소를 추출해내는 배열의 기능을 이용한 작성법입니다. n은 참조형 변수로 안에 참조가 들어있습니다.
실행결과를 보면 다음과 같은 값이 출력됩니다. 이것은 참조일까요?
안타깝지만 Java 언어에서는 사용자가 참조에 직접 접근하는 것을 금지하고 있습니다. 예제와 같이 변수를 출력해봐도 참조를 보는 것은 불가능하고 변경하는 것도 불가능합니다. 이것을 허용하게 되면 컴퓨터의 메모리를 해킹하는 것이 가능해지기 때문입니다.

(유사)참조

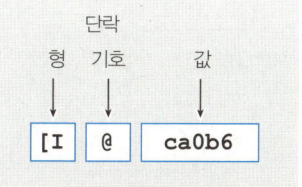

출력된 값은 배열 객체의 해쉬코드라고 하며 참조에 준하는 값으로 유사참조라고도 말 할 수 있는 값입니다. '[I'가 [int의 배열형]을 나타내는 기호로, @가 단락 문자, 그 오른편에는 참조에 해당하는 번호가 있습니다.

▶▶▶ 연습문제 12-2

1. 키보드로 반복해서 double형 숫자를 입력하고, 제곱근을 계산해서 출력하는 프로그램을 작성합니다. 반복 처리는 while문을 사용하고, 0을 입력하면 종료합니다. 도중에 음수가 입력되면 "음수입니다."라고 출력하고 제곱근의 계산은 건너뜁니다. 반복 처리를 계속해서 다음 값을 입력 받도록 만들어 봅시다.

```
double[] x = {2.0, 1.5, 2.3};
String[] s = {"a", "bc", "2d"};
```

```
콘솔 ⊠
<종료됨> Ex12_2 [Java 응용프로그램]
x=[D@53606bf5
s=[Ljava.lang.String;@5f4fcc96
```
실행예

12-3 요소의 개수를 지정해서 배열을 작성한다

지금까지는 배열에 요소의 나열을 넣어서 만드는 방법을 사용해왔습니다. 이것은 간단하지만 모든 요소를 알지 못하면 사용할 수 없습니다. 이번에는 더 자유롭게 사용하는 방법을 설명하겠습니다. 이 방법에서는 요소의 수만을 지정해서 배열을 작성합니다. 배열 요소는 0으로 초기화되고 필요한 값은 나중에 대입됩니다.

먼저 배열 작성의 순서를 설명하겠습니다.

[순서 1 : 배열 변수를 선언한다]

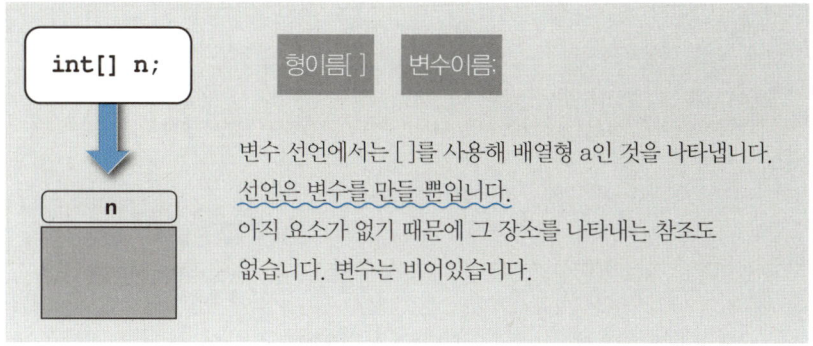

[순서 2 : new 연산자에서 개수를 지정해서 배열 요소를 작성한다]

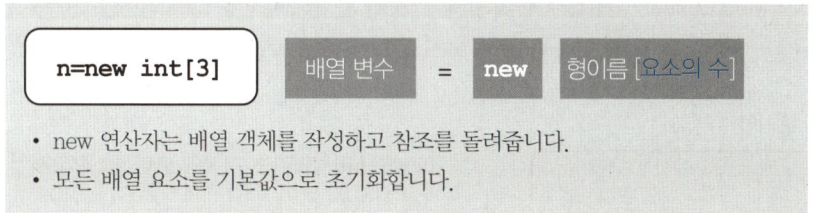

- new 연산자는 배열 객체를 작성하고 참조를 돌려줍니다.
- 모든 배열 요소를 기본값으로 초기화합니다.

new 연산자는 배열 객체를 작성하는 연산자입니다. 배열 객체를 작성하고 그 참조를 돌려줍니다. 다음은 정수형에서 요소를 3개 가지는 배열 객체를 만든 것입니다. 돌려준 참조를 배열 변수 n에 받습니다. 모든 배열 요소는 0으로 초기화됩니다.

```
n = new int[3];        // n[0], n[1], n[2]는 모두 0
```

선언과 동시에 다음과 같이 작성할 수도 있습니다. 자주 사용되는 방법입니다.

```
int[ ] n = new int [3];
```

이상의 순서에 따라 배열을 작성하는 예제는 다음과 같습니다. 다음은 3개의 요소를 가지는 정수형 배열을 작성한 예제입니다. 배열 변수를 선언하고 new 연산자로 배열을 작성합니다. 마지막에 작성한 배열의 요소를 출력합니다.

예제 2 new 연산자로 배열을 작성한다.

```java
public class Sample12_3{
    public static void main(String[] args) {
        int[] n;                    // 배열 변수의 작성
        n = new int[3];             // 배열을 만들어서 참조를 n에 저장
        for(int a : n){
            System.out.print( a + " ");   // 모든 참조를 출력
        }
    }
}
```

실행결과
```
<종료됨> Sample12_3
0 0 0
```

설명

new 연산자는 int형의 배열 요소를 3개 작성하고 객체 창고에 보관합니다. 요소는 모두 0입니다. 그리고 그 참조를 돌려줍니다. 배열 변수 n은 그 참조를 받습니다.

배열 변수의 초기화

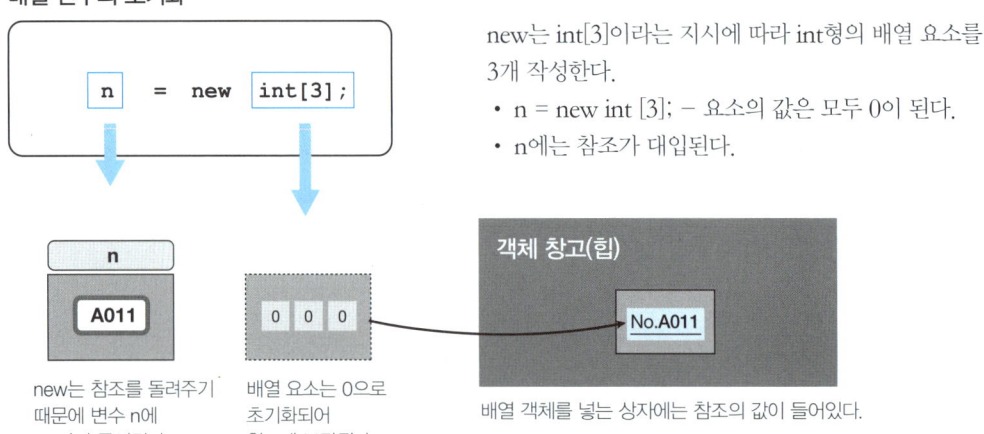

new는 int[3]이라는 지시에 따라 int형의 배열 요소를 3개 작성한다.
- n = new int [3]; – 요소의 값은 모두 0이 된다.
- n에는 참조가 대입된다.

작성된 배열 객체의 모든 요소에 0이 대입됩니다. 결국 배열 요소를 작성하면 요소는 다시 0으로 초기화되는 것에 주의해 주십시오. 이는 배열 객체의 특징입니다.

12.3.1 배열 요소의 초기화 기본값

로컬 변수와 달리 new로 작성된 배열의 요소는 처음부터 0로 초기화됩니다. 단, boolean은 false, String은 null(널)입니다. 다음 표에서는 기본 데이터형에 대응하는 기본값을 나타냈습니다.

기본 데이터형	기본값
boolean	false
char	₩u0000 (==0)
byte	0
short	0
int	0
long	0
float	0.0
double	0.0
String	null

【주의】
String형의 기본값인 null(널)은 참조형에만 사용되는 값으로 '실체가 존재하지 않는다'라는 것을 나타내는 특수한 값입니다. null은 true나 false와 같이 null이라는 4글자로 한 개의 값입니다.

>>> 중요

배열의 작성

변수 선언   형이름 [ ]   변수이름;

배열 작성   배열 변수 = new 형이름 [요소의 수];

```
예  int[ ] n;
    n = new int [5];
    double[ ] x = new double [10];
```

- new에서 작성된 배열의 요소는 기본값으로 초기화되어 있다.

▶▶▶ 연습문제 12-3

1. 다음의 배열 변수를 작성하시오.
  (1) int의 배열 변수 n을 작성하고 5개의 요소를 가지도록 초기화한다.
  (2) double의 배열 변수 x를 작성하고 10개의 요소를 가지도록 초기화한다.
  (3) String의 배열 변수 s를 작성하고 3개의 요소를 가지도록 초기화한다.

2. 1에서 작성된 배열의 모든 요소를 확장 for문을 사용해서 출력하시오.
  (초기화된 배열 요소의 값을 봅니다.)

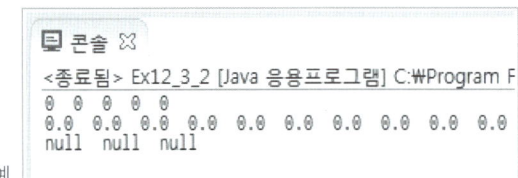

실행예

3. 다음 처리를 작성하시오. A~F는 한 개의 프로그램으로 생각하고 해답란에 기입하시오.
  A. byte형의 배열 변수 b를 선언한다.
  B. (new문으로) 요소가 10개있는 byte형의 배열을 작성해서 b에 대입한다.
  C. String형의 배열 변수 str에 대입한다.
  D. (new문으로) 요소가 5개있는 String형의 배열을 생성해 str에 대입한다.
  E. 요소가 20개 있는 double형의 배열을 생성해 double형의 배열 변수 x에 대입한다
   (E는 한 글자로 써 주십시오).
  F. int형의 배열을 작성하여 초기값으로 null을 n에 대입한다.

[해답]

A	
B	
C	
D	
E	
F	

12-4 배열의 선언, 작성, 초기화

이번 절에서는 배열의 선언과 작성, 초기화 등에 대해 정리해서 설명하겠습니다.

12.4.1 변수 선언 – [ ]을 형이름에 붙이는 것과 변수에 붙이는 것과의 차이점

```
int []  n;      //형이름에 붙인다.
int m[];        //변수에 붙인다.
```

[ ]을 형이름에 붙이는지 변수에 붙이는지의 차이 입니다. 둘 다 가능하지만 형이름에 [ ]을 붙이는 것을 추천합니다.

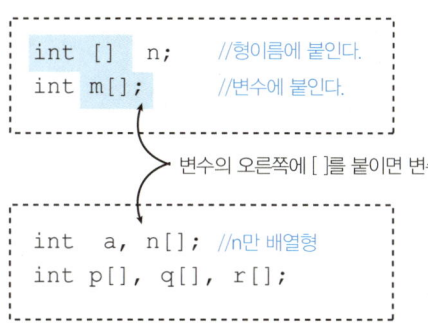
변수의 오른쪽에 [ ]를 붙이면 변수에 붙이게 됩니다.

```
int  a, n[];    //n만 배열형
int p[], q[], r[];
```

[ ]를 변수에 붙이면 그 변수만 배열형입니다. 그렇기때문에 기본 데이터형과 동시에 선언할 수 있습니다. 복수의 변수를 선언할 수 있습니다.

```
int [] n, m, k;  //모두 배열형
```

[ ]를 형에 붙으면 그 뒤에 쓴 변수는 모두 배열 변수가 됩니다. n, m, k는 모두 int형의 배열 변수입니다.

12.4.2 배열 객체의 작성

```
int[] n;              //변수 선언
n = new int[3];       //new로 작성
```

배열 변수의 초기화의 기본 스타일입니다.

```
//변수 선언과 동시에 작성한다.
int[] n = new int[3];
```

변수 선언과 초기화를 하나로 작성할 수 있습니다.

```
int k = 3;
int[] n = new int[k];  // 변수로
```

작성하는 배열 변수의 수는 변수로 지정할 수 있습니다.

12.4.3 배열 요소의 초기화

```
int [] n = {1, 2, 5};   //요소 리스트
```

배열 요소의 리스트를 지정하는 방법입니다.

```
int [] n;
n = {1, 2, 5};
```
ERROR //컴파일 에러

변수를 선언한 후에 요소 리스트에서 초기화하는 것은 불가능합니다.

12.4.4 익명 배열

```
int[] n;
n = new int[] {1, 2, 5};   //익명 배열
```

이것은 익명 배열이라고 불리는 배열의 작성 방법입니다. 변수를 선언한 후라도 요소 리스트로 초기화할 수 있습니다.

12.4.5 자주 있는 실수

다음 예는 자주 있는 실수입니다. 무엇이 실수의 원인인지 설명을 읽고 이해해봅시다.

```
int[3] n = { 1, 2, 5 };
```
ERROR

초기화 리스트를 나열한 형식에서는 요소의 수를 지정할 수 없습니다.

```
int[] n;
n = new int[3] { 1, 2, 5 };
```
ERROR

익명 배열도 초기화 리스트를 나열한 형식이므로 요소의 수를 지정할 수 없습니다.

```
int[5] n;
```
ERROR

변수 선언에서는 요소의 수를 지정할 수 없습니다.

```
int [] n = new int [];
```
ERROR

new 연산자 작성에서는 요소의 수가 필수입니다.

▶▶▶ 연습문제 12-4

1. 다음의 배열 변수의 사용법에서 컴파일 에러가 나는 것을 모두 답하시오.

A. int[ ] n = new int[];
B. int[ ] n; n = new int[3];
C. int m=5; int[ ] n = new int[m];
D. int[ ] n = {2, 3, 1, 4};
E. int[ ] n; n = {2, 3, 1, 4};
F. int[ ] n, [ ] m;
G. int n[ ], m[ ];
H. int[ ] n, m=0;
I. [ ] n = new int [5], m;
J. int[ ] n; n = new int[4] {2, 3, 1, 4};
K. int[4] n = {2, 3, 1, 4};
L. int[4] n;

[해답] _____

2. 다음의 순서에 따라 double의 배열을 작성하고 초기화하여 초깃값을 출력하는 프로그램을 작성하시오. 배열의 요소 수는 키보드로 입력합니다.

- 배열의 요소 수 n과 double형의 배열 변수 x를 선언한다.
- 키보드로 n에 요소 수를 입력한다.
- n형의 요소를 가지는 배열 x를 작성한다.
- 확장 for
  - 모든 요소에 대해 반복한다.   (double a:x)
    - a를 출력한다.

12-5 비어 있음과 null(널)

변수는 **초기화**하지 않으면 사용할 수 없습니다. 초기화란 무언가의 값을 대입하는 것입니다. 변수를 초기화하지 않고 사용하지 않았는지는 항상 컴파일러가 체크합니다. 다음 코드는 초기화하지 않은 변수를 사용하고 있기 때문에 컴파일 에러가 납니다.

```
// 기본 데이터형
int n;          // 선언만 했기 때문에 안은 비어있음
n++;            // 값이 없기 때문에 가산(n = n + 1)할 수 없음

// 배열형
int[ ] d;                       // 선언만 했기 때문에 안은 비어있음
System.out.println(d[0]);       // 존재하지 않는 요소를 출력하려고 함
```

설명

n++은 n=n+1입니다. n에 값이 들어있지 않으면 n+1의 계산이 불가능합니다. 컴파일러는 n에 값이 들어있는지 여부를 항상 체크합니다.

배열형의 경우에도 변수가 비어 있는지 컴파일러는 항상 체크합니다. 변수 선언한 것만으로 d는 비어 있습니다. new로 배열 객체를 생성하거나 요소의 리스트를 부여해서 작성하지 않으면 d는 비어 있습니다. d 안에 참조가 없다면 배열로서 사용할 수 없습니다.

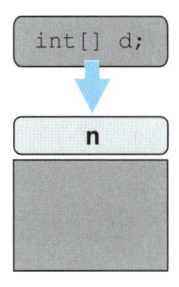

선언한 것만으로는 변수는 비어 있습니다.

또한 d가 비어 있을 때 Eclipse에서는 다음과 같이 컴파일 에러가 출력됩니다.

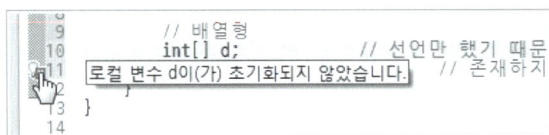

12.5.1 null로 초기화

null은 정확하게 말하자면 "유효하지 않은 **참조**"를 뜻합니다. 참조는 객체의 색인을 나타내기 위한 특수한 구조를 가지는 데이터입니다. null은 색인으로서는 유효하지 않은 값이 설정된 참조입니다. null은 참조형 변수에만 대입할 수 있습니다. 배열 변수도 참조형이므로 null을 대입할 수 있습니다. 단, null을 넣은 채로 사용하면 **실행시 예외**가 발생합니다.

```
int[]  n = null;
System.out.println(n[0]);
```

```
1  package  sample;
2
3  public class Sample12_5_2 {
4      public static void main(String[] args) {
5          int[ ] d = null;              // null을 대입
6          System.out.println(d[0]);     // 실행시 예외가 발생
7      }
8  }
```

```
<종료됨> Sample12_5_2 [Java 응용프로그램] C:\Program Files\Ja
Exception in thread "main" java.lang.NullPointerException
        at sample.Sample12_5_2.main(Sample12_5_2.java:6)
```

6번째 라인에서 NullPointerException이라는 예외가 발행했습니다.

> **설명**

배열형은 참조형이므로 null을 대입하는 것이 가능합니다. null을 대입하면 컴파일러는 초기화되어있다(어떤 값이 들어있다)고 판단하여 배열 요소를 조작해도 컴파일 에러가 발생하지 않습니다. 컴파일러는 "어떤 값이 들어있는지"까지는 체크하지 않습니다.

null은 "유효하지 않은 참조"이므로 실질적으로는 "비어 있는 것"과 같습니다. 배열 객체가 존재하지 않는 것임에는 변함이 없기 때문입니다. null을 대입한 배열 변수를 사용하면 **NullPointerException**라는 실행시 예외가 발생합니다.

예제에서는 d[0]를 출력하려고 했을 때 배열 객체가 존재하지 않았기 때문에 참조할 수 없고 실행시 예외가 발생했습니다.

> **》》중요**
>
> **배열 변수는 초기화 후에 사용한다.**
>
> - 초기화되지 않은 변수를 사용하면 컴파일 에러가 난다.
> - null에서 초기화된 배열 변수를 사용하면 실행시 예외가 발생한다.

▶▶▶ 연습문제 12-5

1. 다음의 배열 변수의 사용법에서 컴파일 에러가 나는 것을 모두 답하시오.

```java
public class Ex12_5_1 {
    public static void main(String[] args) {
        String[] str;
        for(String s : str) {
            System.out.println(s);
        }
    }
}
```

A. null이 출력된다.

B. 아무 것도 출력되지 않는다.

C. 컴파일 에러가 난다.

D. 실행시 예외를 발생시킨다.

[해답] _____

2. 다음 프로그램을 실행했을 때의 설명으로 올바른 것은 어느 것입니까?

```java
public class Ex12_5_2 {
    public static void main(String[] args) {
        String[] str = null;
        for(String s : str){
            System.out.println(s);
        }
    }
}
```

A. null이 출력된다.
B. 아무 것도 출력되지 않는다.
C. 컴파일 에러가 난다.
D. 실행시 예외를 발생시킨다.

[해답] _____

 SPD의 효과

필자가 컴퓨터 프로그래밍을 막 시작하고 반년이 지났을 무렵이었을까 컴퓨터에 전혀 손을 대지 않고 SPD만을 그리던 시기가 있었습니다. 매일 노트에 SPD만을 그렸었습니다. 반년 동안 약 노트 5개 분량의 SPD를 그렸습니다. 여기에는 여러 가지 사정이 있었습니다. 어쨌든 정신을 차려보니 반년 후에는 그때까지 한 것의 몇 배나 되는 프로그래밍 능력에 몸에 베어있었습니다. 그 효과가 대단히 커서 복잡한 프로그램에서도 순서에 따라 생각하고 자연스러운 코드를 짤 수 있게 되었습니다.

사실 SPD를 그린다는 것은 논리적인 사고력을 기르는 훈련이었습니다. 프로그램을 작성하는 것은 논리를 프로그램 코드에 구현해 나가는 작업입니다. 논리 부분을 확실하게 처리할 수 있게 되면 어떤 프로그램도 쉽게 작성할 수 있게 됩니다.

이 책에서는 이와 같이 저자의 경험을 토대로 한 SPD의 작성법을 설명하고 여러분이 직접 SPD를 그려볼 수 있도록 배려했습니다. 간단한 프로그램도 처음에 SPD를 그리고나서 작성하도록 해 주십시오. SPD에 익숙해지면 논리를 해독하는 것에 익숙해지게 됩니다. 반드시 실력이 쌓일 것입니다.

배열의 구조

- 배열은 배열 객체이고 원본은 객체 창고(힙, heap)에 보관된다.
- 배열 변수에는 배열 객체의 참조가 들어있다.
- 힙은 JVM이 관리하는 메모리 영역으로 객체 창고는 힙 영역이다.

배열 변수의 초기화

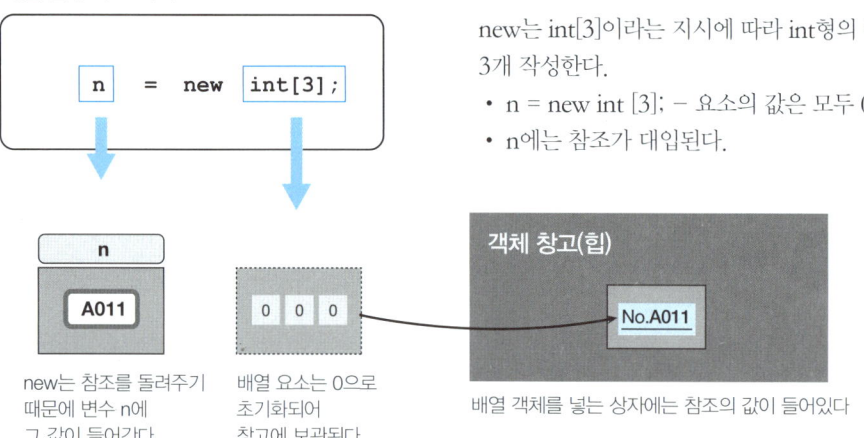

new는 int[3]이라는 지시에 따라 int형의 배열 요소를 3개 작성한다.
- n = new int [3]; - 요소의 값은 모두 0이 된다.
- n에는 참조가 대입된다.

new는 참조를 돌려주기 때문에 변수 n에 그 값이 들어간다.

배열 요소는 0으로 초기화되어 창고에 보관된다.

배열 객체를 넣는 상자에는 참조의 값이 들어있다

배열 변수를 콘솔에 출력해 본다.

- 배열 변수를 출력하면 객체의 해쉬 코드가 출력된다.

요소의 개수를 지정해서 배열을 작성한다.

- 배열 변수는 형이름[ ] 변수이름으로 선언한다.   예) int[ ] n;
- 배열은 new 연산자를 사용해서 변수이름 = new 형이름[요소 수]에 따라 작성한다.
- int[ ] n=new int[3];와 같이 배열 변수 선언과 배열 작성을 동시에 실행해도 좋다.
- new 연산자로 작성된 배열은 기본값으로 초기화되어 있다.

switch문의 규칙

- 몇 가지 방법으로 배열을 작성할 수 있다.

```
int [ ] n = new int [3];              //요소 수만 지정해서 작성
int [ ] n = { 1, 2, 3 };              //초기화 리스트로 작성
int [ ] n; n = new int[ ] {1, 2, 3};  //익명 배열을 작성
```

- {1,2,3}과 같은 리스트를 부여해 작성하는 경우는 요소 수를 지정할 수 없다.
- 변수 선언에서는 int[ ] a, b, c라고 하면 된다.
- 변수 선언은 [ ]을 형에 붙이거나 변수에 붙이는 두 가지 방법이 있고 두 가지 다 가능하다.
- int [ ]n;과 int n[ ];은 같다.
- 변수에 붙이는 경우에는 오른쪽에 붙여야 한다. int [ ] n;은 형에 붙인 것이 된다.
- int [ ]n;은 에러가 아니지만 int[ ]n, [ ]m;은 컴파일 에러가 난다.

비어 있음과 null(널)

- 배열 변수 선언만으로는 비어 있다. 연산에 사용하면 컴파일 에러가 난다.
- 배열 변수에 null을 대입할 수 있다.
- null이란 "유효하지 않은 참조"를 뜻한다. 유효하지 않은 null에서 배열은 참조할 수 없다.
- null이 들어간 배열 변수를 연산에 사용해도 컴파일 에러가 나지 않는다.
- null이 들어간 배열 변수를 연산에 사용하면 실행시 예외가 일어난다.

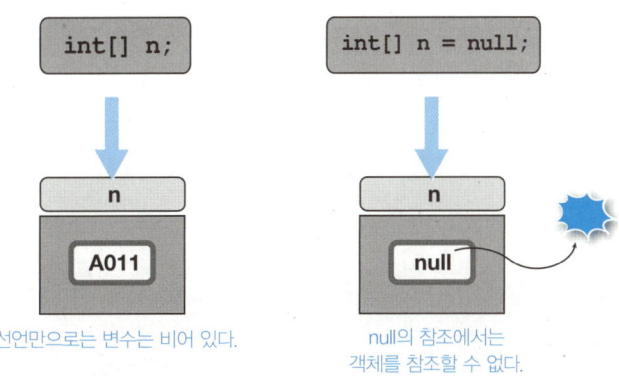

{Chapter 13}

배열의 조작

배열의 값을 설정하는 구체적인 방법에 대해서 설명하겠습니다.
또한, 배열을 복사하는 올바른 방법에 대해서도 설명하겠습니다.

13-1 배열의 구조

초깃값을 넣지 않고 배열을 만들면 예를 들어, int형 배열은 모든 요소가 0으로 됩니다. 따라서, 배열 요소에 넣고 싶은 값은 나중에 대입합니다. 배열 요소에 값을 설정하기 위해서는 요소에 값을 대입하는 식을 사용합니다.

```
배열 요소     값
  n[0]   =   3  ;         배열 요소 = 값
```

예제 1 배열 요소에 값을 설정한다.

예제는 3개의 요소를 가지는 배열 n을 작성하고 모든 요소를 한 번씩 출력합니다. 그 다음 배열 요소에 3, 5, 1을 대입하고 다시 한 번 모든 요소를 출력해서 값이 변경된 것을 확인합니다.

```java
public class Sample13_1_1{
    public static void main(String[] args) {
        int[]n    = new int[3];            // 배열의 작성
        for(int i=0; i<n.length; i++){     // 초깃값을 확인한다.
            System.out.print(n[i] + " ");
        }
        n[0]  =  3;          // 배열 요소에 값을 설정한다.
        n[1]  =  5;
        n[2]  =  1;
        System.out.println("");  // 개행
        for(int i=0; i<n.length; i++){     // 설정 후 값을 확인한다.
            System.out.print(n[i] + " ");
        }
    }
}
```

콘솔
```
0 0 0
3 5 1
```
실행결과

> **설명**

실행결과를 보면 초깃값은 모두 0이지만 그 뒤의 대입문에 의해 값이 3, 5, 1로 바뀌어 있습니다.

요소에 값을 대입하는 n[0] = 3;은 배열 객체의 "0"번째 요소에 3을 넣는다는 뜻입니다. 다음 그림처럼 참조에 의해서 객체 창고의 배열 객체에 액세스해서 0번째 요소에 값을 대입합니다.

n[0]이라는 표현은 배열 객체의 몇 번째 요소인가를 지정하는 것입니다.

배열 변수의 초기화

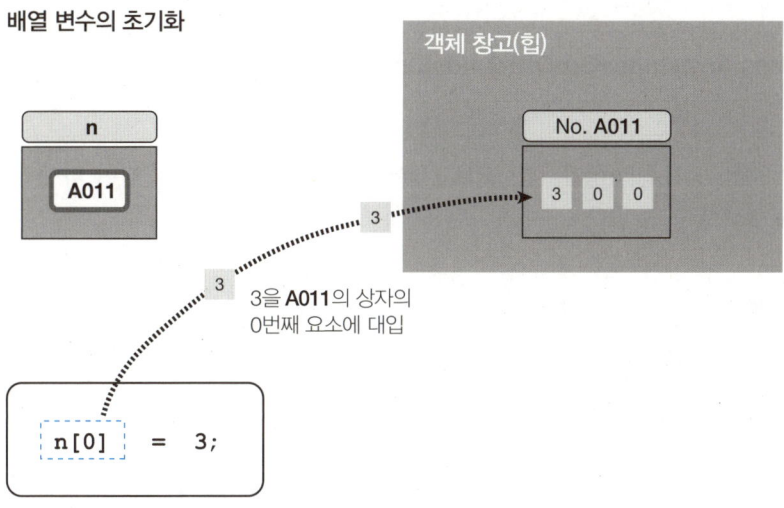

n에 들어있는 참조 **A011**을 사용해서 객체창고에 액세스하고 **A011**의 상자에서 0번째 요소에 3을 대입한다.

13.1.1 범위 밖의 액세스

존재하지 않는 배열 요소를 지정하면 실행시 예외가 발생합니다. 다음의 예제는 배열 요소가 n[0] ~ n[2]로 3개 밖에 존재하지 않지만 4번째 항목인 n[3]에 액세스하기 때문에 실행시 예외가 발생합니다.

```
public class Sample13_1_2{
    public static void main(String[] args) {
        int[] n = new int[3];
        n[3] = 10;
    }
}
```

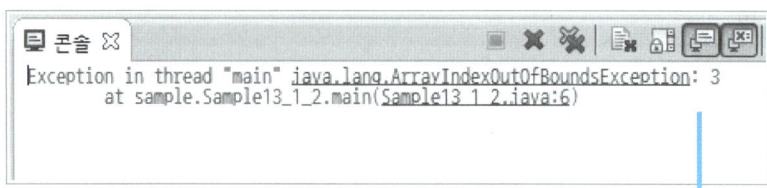

실행시 예외로서 ArrayIndexOutOfBoundsException이 출력되었습니다. 오른쪽에 3이라는 숫자가 보이는데 배열 요소 번호의 3이 범위 밖이기 때문에 에러가 발생했다는 것을 나타냅니다.

    java.lang.**ArrayIndexOutOfBoundsException**: 3

배열에서는 이 에러가 자주 발생합니다. 프로그램에서는 요소 번호가 범위 밖이 되지 않도록 주의해야 합니다.

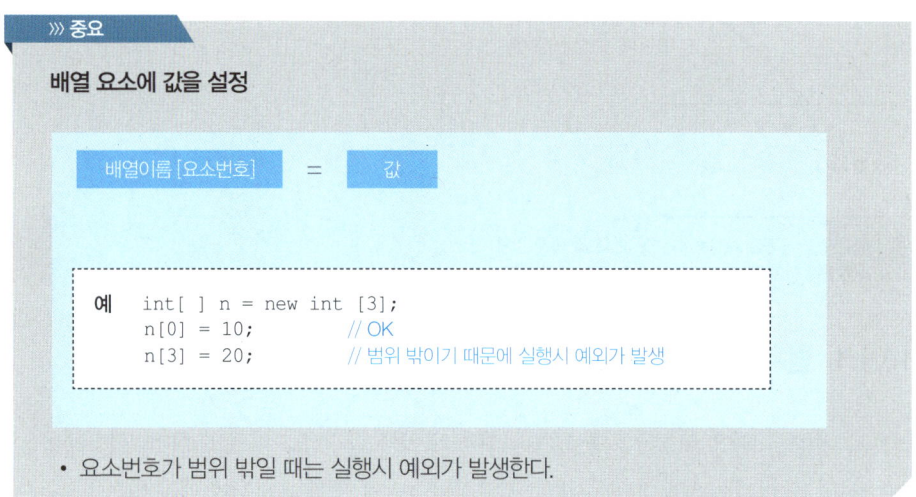

▶▶▶ **연습문제 13-1**

1. 다음 프로그램을 작성하시오.

1) 요소를 5개 가지는 int의 배열 n을 작성하시오.
2) n[2]에 3, n[4]에 1을 대입하시오.
3) 모든 요소를 출력하시오.

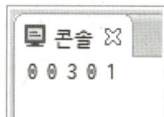

2. 다음 프로그램을 작성하시오.

1) 요소를 4개 가지는 String의 배열 str을 작성하시오.
2) str[1]에 "abc", str[3]에 "가나다라"를 대입하시오.
3) 모든 요소를 출력하시오.

3. 다음 프로그램의 실행결과에 대해서 바른 것은 어느 것인지 고르시오.

```
public class Ex13_1_3 {
    public static void main(String[] args) {
        char[] ch   =     new    char[3];
        ch[0]=      'a';
        ch[1]=      'b';
        ch[2]=      'c';
        for(inti=0; i<=3; i++){
            System.out.println(ch[i]);
        }
    }
}
```

A. C

B. 아무 것도 출력되지 않는다.

C. 컴파일 에러가 난다.

D. 실행시 예외가 발생한다.

[해답] _____

13-2 for문을 사용해서 배열 요소에 값을 설정하기

배열 요소에 하나씩 값을 대입하는 것은 효율적이지 않습니다. 그래서 보통 for문 등의 반복 처리를 사용해서 값을 설정합니다.

예제 2 for문을 사용해서 배열에 값을 설정하기

다음 예제는 배열 요소의 수만큼 반복하는 for 루프를 사용해서 반복 처리의 각각에서 키보드로 입력 받은 값을 배열 요소에 대입합니다.

```java
import  lib.Input;
public class Sample13_2{
    public static void main(String[] args) {
        int[]n     = new int[3];        // 배열의 작성
        for(inti=0; i<n.length; i++){
            n[i] = Input.getInt();      // 각 요소에 값을 설정
        }
        System.out.println("");         // 개행
        for(inti=0; i<n.length; i++){   // 설정 후의 값을 확인
            System.out.print(n[i] + " ");
        }
    }
}
```

실행결과
```
<종료됨> Sample13_2
[int] > 3
[int] > 1
[int] > 5

3 1 5
```

설명

실행결과를 보면 3개의 배열 요소에 3, 1, 5를 각각 설정하고 있습니다. 마지막 행에서 3 1 5라고 출력되는 것은 2번째 for문에서 출력한 설정 후의 배열 요소의 값입니다.

▶▶▶ 연습문제 13-2

1. 요소를 5개 가지는 배열 x에 값을 설정하는 프로그램을 작성하시오.

실행예
```
<종료됨> Ex13_2_1 [Java 응용프로그램]
0.0  0.0  0.0  0.0  0.0
[double의 값] > 1
[double의 값] > 2
[double의 값] > 3
[double의 값] > 4
[double의 값] > 5
1.0  2.0  3.0  4.0  5.0
```

[힌트] 다음 SPD를 참고하시오.

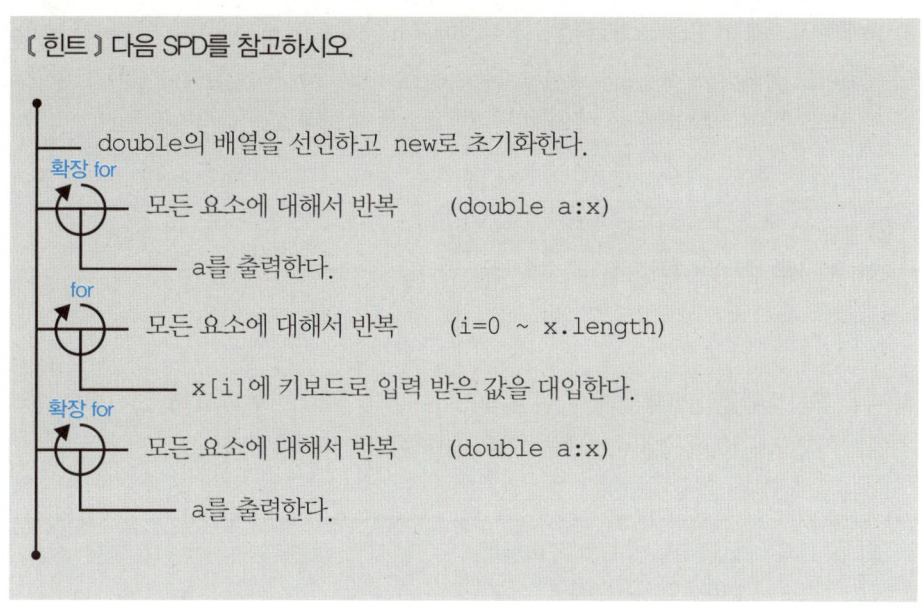

2. 요소를 5개 가지는 String 배열 s에 값을 설정하는 프로그램을 작성하시오.

프로그램은 다음과 같이 하기 바랍니다.
  A. 가장 먼저 s를 선언하고 초깃값으로 초기화된 배열을 만든다.
  B. 확장 for문을 사용해서 s의 모든 요소를 콘솔에 출력한다.
  C. for문을 사용해서 모든 요소에 키보드로 입력 받은 값을 대입한다.
  D. 확장 for문을 사용해서 s의 모든 요소를 콘솔에 출력한다.

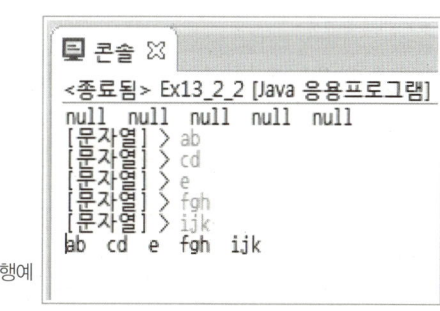

실행예

[힌트]

Input.getString("문자열");
이라고 하면 실행 예처럼 프롬프트 출력을 변경하는 것이 가능합니다.

3. 10개의 요소를 가지는 int형 배열 n을 작성하고 n[0]에 100, n[1]에 101, ..., n[9] = 109 를 대입하는 프로그램을 작성해 봅시다. for문을 사용해서 for 루프 안에서 값을 설정하도록 하고 마지막에 확장 for문을 사용해서 모든 요소를 다음과 같이 출력하면 된다.

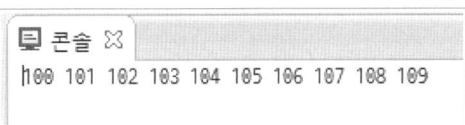

4. 다음 프로그램을 실행했을 때의 설명으로 바른 것을 골라 번호로 답하시오. 또한 실행 시에는 키보드로 10, 5, 7의 순서대로 3개의 정수를 입력하도록 한다.

```
1    import  lib.Input;
2    public  class  Ex13_2_4 {
3        public static void main(String[] args) {
4            int[ ] n = new int[]{1, 2, 3, 4, 5};
5            for(inti=0; i<3; i++){
6                n[i] = Input.getInt();
7            }
8            for(int a : n){
9                System.out.print(a + "  ");
10           }
11       }
12   }
```

A. 1 2 3 4 5

B. 10 5 7 4 5

C. 아무 것도 출력되지 않는다.

D. 4번째 라인에서 컴파일 에러

E. 6번째 라인에서 컴파일 에러

F. 6번째 라인에서 실행시 예외가 발생

[해답] _____

13-3 참조값의 복사

같은 요소를 가지는 배열을 하나 더 작성하는 것이 배열의 복사입니다. 자주 틀리는 것이 다음과 같이 참조를 복사해 버리는 것입니다.

```
int[] base = {3, 2, 5};
int[] copy = base;      // 참조를 복사
```

다음 그림은 base의 참조(**A011**)을 복사해서 대입한 결과, 양쪽 모두 같은 배열을 참조하고 공유하는 것을 나타냅니다. 이것은 "공유"이지, 복사가 아닙니다.

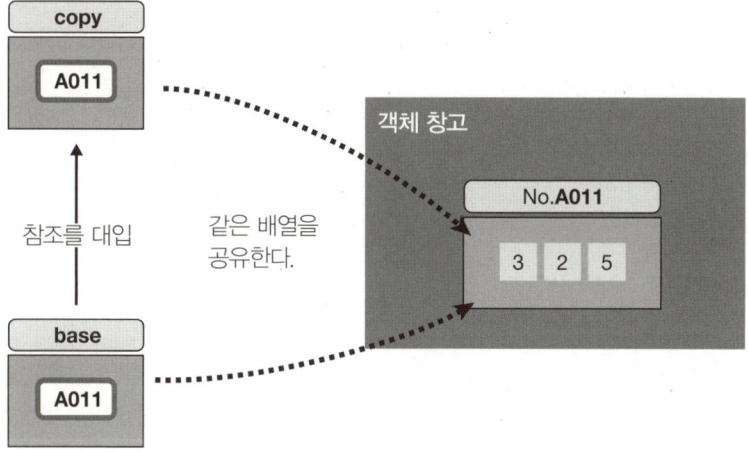

다음 예제는 base와 copy가 같은 배열 객체(배열 요소)를 공유하는 것을 확인하기 위한 프로그램입니다.

예제 3 참조를 복사한다.

```
public class Sample13_3{
    public static void main(String[] args) {
        int[] base = {3, 2, 5};
        int[] copy;
        copy = base;
        copy[0] = 10;        // copy[0]을 10으로 변경
        System.out.print("base[0]=" + base[0]);   // base[0]을 출력
    }
}
```

실행결과
```
base[0]=10
```

> **설명**

배열에는 copy=base라고 대입한 다음, copy[0]에 10을 대입합니다. 거기서 base[0]을 출력해 보면, 10으로 변해 있습니다. 이것으로 base와 copy가 같은 배열 요소를 공유하는 것을 알 수 있습니다.

같은 배열을 일부러 2개의 이름으로 조작하는 것은 의미가 없습니다. 하지만, 다른 프로그램에 배열 전체를 전달해서 조작하도록 할 때는 여기서 본 방법(참조를 복사하는 방법)이 도움이 됩니다. 자세한 설명은 "16. 응용 메소드"에서 하겠습니다.

▶▶▶ 연습문제 13-3

1. 다음 프로그램을 실행했을 때의 결과로 바른 것은 몇 번입니까?

```java
public class Ex13_3_1{
    public static void main(String[] args) {
        String[] cat = {"a", "b", "c"}, dog;
        dog = cat;
        dog[1] = "x";            // dog[1]의 값을 변경
        for(String str : cat){   // cat의 전체 요소를 출력
            System.out.print(str);
        }
    }
}
```

A. abc

B. axc

C. 아무 것도 출력되지 않는다.

D. 컴파일 에러가 난다.

E. 실행시 예외가 발생한다.

[해답] _____

2. 다음 프로그램을 실행했을 때의 결과로 바른 것은 몇 번입니까?

```
int[] n={1,2,3,4,5}, m;
m = n;
System.out.println(m[2]);
```

A. 2

B. 3

C. 4

D. 컴파일 에러가 난다.

E. 실행시 예외가 발생한다.

[해답] _____

3. 다음 프로그램을 실행했을 때의 결과로 바른 것은 어느 것인가?

```
int[ ] a={1,2,3,4,5}, b;
b = a;
a = null;
System.out.println(b[0]);
```

A. 1

B. null

C. 아무것도 출력되지 않는다.

D. 컴파일 에러가 난다.

E. 실행시 예외가 발생한다.

[해답] _____

13-4 올바른 배열의 복사

같은 요소를 가지는 배열을 하나 더 만들기 위해서는 다음 순서와 같이 합니다.

> **》》 중요**
>
> **배열의 복사 순서**
>
> ① 원래의 배열과 같은 크기의 배열을 만들고 new로 초기화 해 둡니다.
> ② 원래의 배열 요소를 복사할 배열 요소에 하나씩 복사합니다.

예제 4   올바른 배열의 복사방법

```java
public class Sample13_4{
    public static void main(String[] arags){
        int[] base = {3, 5, 7};
        int[] copy = new int[base.length];   // base과 같은 크기의 배열을 작성
        for(int i=0; i<copy.length; i++){
            copy[i] = base[i];               // base에서 copy로 하나씩 복사한다.
        }
        for(int dt : copy){                  // 배열 copy의 모든 요소를 출력
            System.out.print(dt + " ");
        }
    }
}
```

콘솔
3 5 7

실행결과

설명

복사할 배열과 같은 요소 수를 가진 배열 copy를 만들고 new로 배열 객체를 작성해서 초기화해 둡니다.

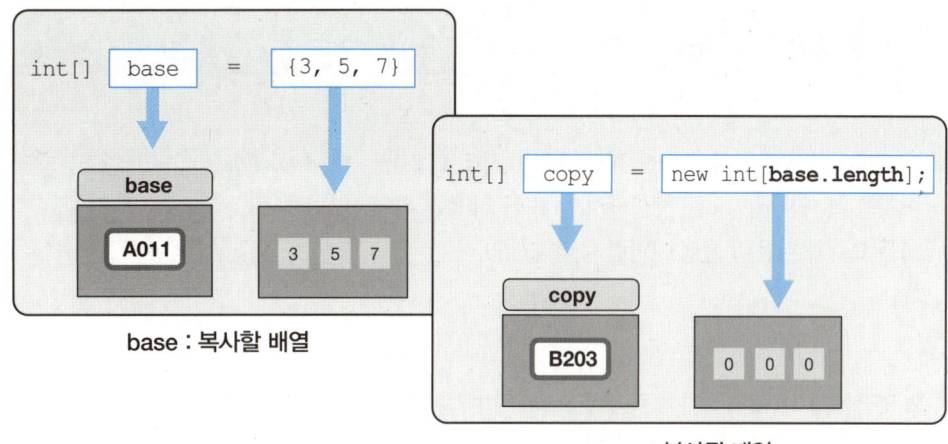

base : 복사할 배열

copy : 복사될 배열

for문 안에서 요소를 하나씩 복사합니다. 다음의 그림과 SPD를 참고하기 바랍니다.

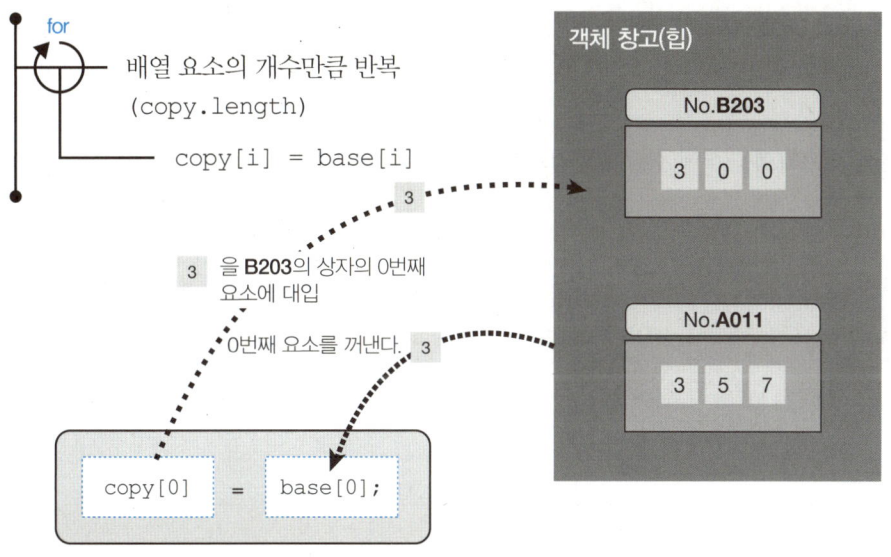

base[0]을 꺼내서 copy[0]에 대입한다.

▶▶▶ 연습문제 13-4

1. double의 배열 x의 요소가 {1.2, 3.3, 0.5, 5.4, 2.4}일 때 이것을 복사한 배열 y를 작성하시오. 또한 작성한 뒤에 y의 모든 요소를 다음의 실행 예처럼 출력하시오.

2. 연습문제 13-2의 2에서 작성한 String의 배열 s에 값을 설정하는 프로그램에 기능을 추가하시오. 배열 s를 복사한 s2를 작성하고, s2의 모든 요소를 다음 실행 예와 같이 출력합니다.

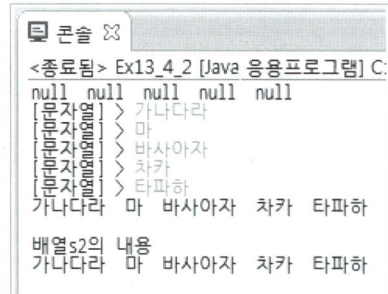

3. 다음 프로그램을 실행했을 때의 결과로 맞는 것은 어느 것인가 답하시오.

```
int[] val = {1,2,3,4,5}, data;
for(inti=0; i<val.length; i++){
    data[i] = val[i];
}
for(int n : data){
    System.out.println(n);
}
```

A. 12345

B. 00000

C. 아무 것도 출력되지 않는다.

D. 컴파일 에러가 난다.

E. 실행시 예외가 발생한다.

[해답] _____

13-5 배열 변수는 캐스트할 수 없다.

배열 변수는 캐스트할 수 없습니다. 자동 형변환도 안됩니다.

> **중요**
>
> 배열 변수는 자동 형변환이나 캐스트를 할 수 없습니다.

예를 들어 int 변수는 byte 변수로 캐스트하는 것이 가능하지만 배열 변수는 그것이 불가능합니다. 배열 변수는 참조를 가지기 때문에 참조는 캐스트할 수 없기 때문입니다.
다음의 프로그램은 int의 배열 변수 n을 byte로 캐스트해서 byte형 배열 변수 b에 대입하려고 하지만 컴파일 에러가 납니다.

```
public class Sample13_5_1 {                    ERROR
    public static void main(String[] args) {
        int[] n = {3, 2, 5};
        byte[] b;
        b = (byte[])n;      // 캐스트할 수 없기 때문에 컴파일 에러!
    }
}
```

다음은 byte의 참조(b의 값)를 int의 참조형 변수 n에 대입하려고 하지만 byte에서 int로 확장 변환(자동 형변환)도 할 수 없기 때문에 대입하려는 곳에서 컴파일 에러가 납니다.

```
public class Sample13_5_2 {                    ERROR
    public static void main(String[] args) {
        byte[] b = {3, 2, 5};
        int[] n;
        n = b;      // 자동 형변환되지 않기 때문에 컴파일 에러!
    }
}
```

▶▶▶ 연습문제 13-5

1. 다음의 프로그램을 실행했을 때의 결과로 바른 것은 어느 것입니까?

```
public class Ex13_5_1 {
    public static void main(String[] args) {
        int[ ] n = {2, 5, 3, 7};
        double[] x;
        x = n;
        for(double a : x) {
            System.out.println(a+" ");
        }
    }
}
```

A. 2 5 3 7

B. 2.0 5.0 3.0 7.0

C. 아무 것도 출력되지 않는다.

D. 컴파일 에러가 난다.

E. 실행시 예외가 발생한다.

[해답] _____

 참고 Eclipse에서 워드프로세서

Eclipse에서 웹을 볼 수 있는 것은 잘 알려져 있지만 마이크로소프트 워드의 문서를 열어서 작업할 수 있다는 것을 알고 있는지요? 이것은 소스코드 편집기에서 워드프로세서로 프로그램의 소스코드를 옮겨 쓰거나 프로그램에 관한 문서를 작성할 때 매우 중요합니다.

배열 요소로 값 대입

- 배열이름[요소번호] = 값;의 형식으로 배열 요소에 값을 대입할 수 있다.
- 요소번호가 범위 밖이면 실행시 예외가 발생한다.

배열 변수의 초기화

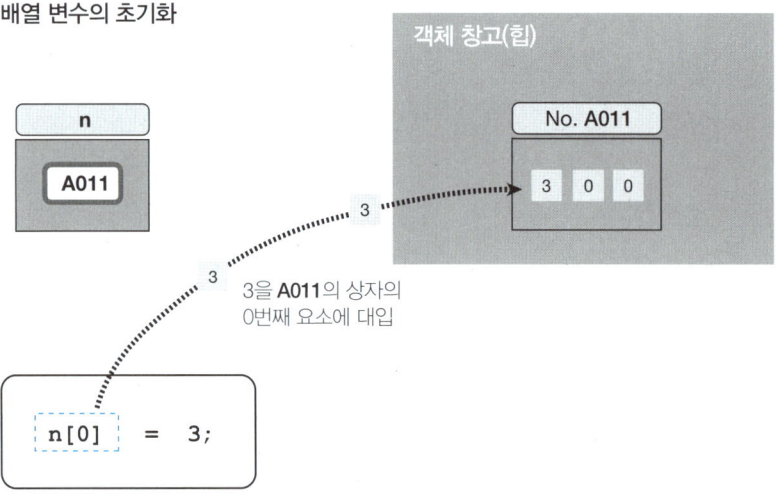

3을 A011의 상자의 0번째 요소에 대입

n에 들어있는 참조 **A011**을 사용해서 객체창고에 액세스하고 **A011**의 상자에서 **0**번째 요소에 3을 대입한다.

for문을 사용해서 배열 요소의 값을 설정한다

- For문 안에 키보드 입력으로 배열 요소에 값을 대입할 수 있다.
- 배열명.length는 배열 요소의 개수와 같다.

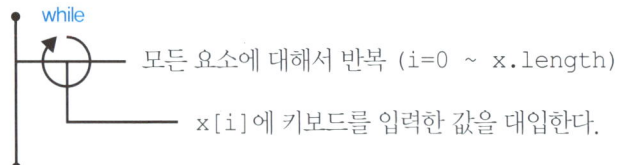

모든 요소에 대해서 반복 (i=0 ~ x.length)

x[i]에 키보드를 입력한 값을 대입한다.

참조의 복사

- 배열 변수 간의 대입은 참조가 대입된다.
- 같은 참조를 가지는 배열변수는 같은 배열 객체를 참조한다.

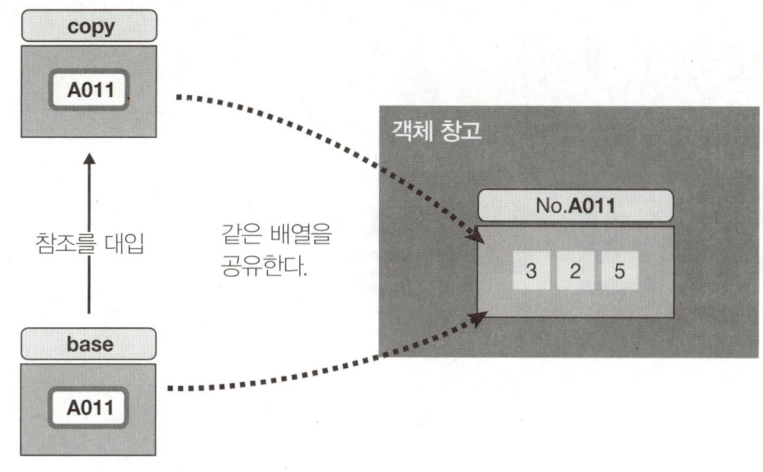

올바른 배열의 복사

- 기존과 같은 크기의 배열을 만들고 new로 초기화한다.
- for문으로 원래의 배열 요소를 새 배열의 배열 요소로 하나씩 복사한다.

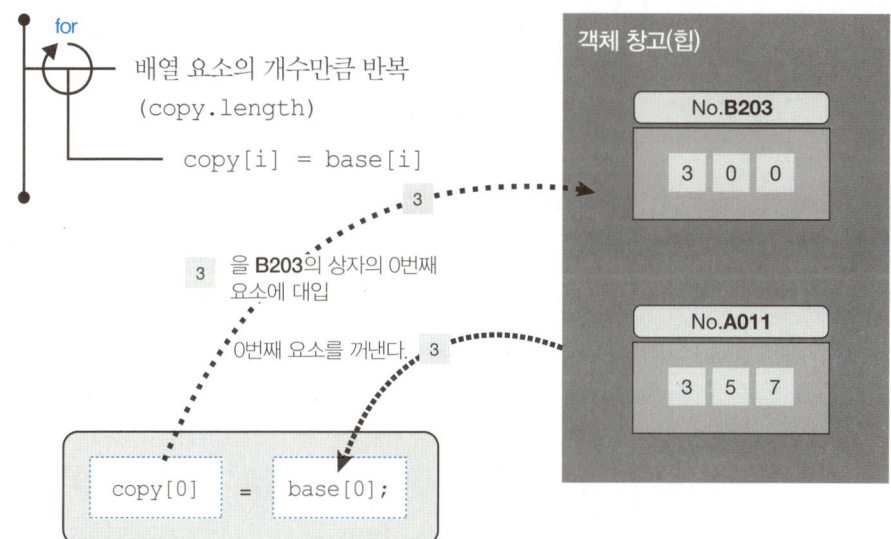

base[0]을 꺼내서 copy[0]에 대입한다.

비어 있음과 null(널)

- 배열 변수는 자동 형변환이나 캐스트를 할 수 없다.
- double[ ] x; int[ ] n; x=n;는 할 수 없다.

{Chapter 14}

다차원 배열

배열 그 자체를 배열의 요소에 넣는 것이 가능합니다.
예를 들어 int형 배열이 3개 있고 각각 n1, n2, n3라고 할 때
이것들을 요소로 하는 배열 m을 만들 수 있습니다.
이 경우, m은 "배열의 배열"이라고 합니다. 이것을 2차원 배열이라고도 합니다.
또한 m과 같은 배열이 3개 있어서 각각 m1, m2, m3라고 할 때
각각을 요소로 하는 배열 k도 만들 수 있습니다.
k는 "배열의 배열의 배열"이라고 하는 3차원 배열입니다.
복잡해 보이기는 하지만 실제로는 3차원 배열을 사용하는 경우는 매우 드뭅니다.
Java 언어에서는 이와 같은 다중의 배열을 다차원 배열이라고 합니다.
이번 장에서는 종종 사용되는 2차원 배열에 대해서
자세히 배우도록 하겠습니다.

14-1 배열의 배열

지금까지는 "int의 배열"이나 "double의 배열"과 같이 기본 데이터형의 값을 요소로 하는 배열을 다루었습니다. 여기서 다루는 것은 "배열 자체"를 하나의 요소로 하는 배열입니다. 다음은 int의 배열 {1, 2}와 {4, 5, 6}을 요소로 가지는 배열 a을 작성하는 예입니다. 이 예제에서는 a는 요소를 2개 가지며 각각의 요소는 배열입니다. 배열을 요소로 하는 배열이기 때문에 int[ ][ ]와 같이 [ ]를 2번 써서 선언을 합니다. 이것은 int[ ] + [ ]로 생각하면 됩니다. 즉, int[ ]형의 배열이라는 의미입니다.

```
int[] [] a = { [1, 2], [4, 5, 6] };
```

또한 이 예에서 요소는 2개이므로

a.length는 2입니다.

"배열의 배열"이 무엇인지 다음의 그림을 보고 이미지를 그려보세요. 변수 a에 참조가 들어있는 것은 당연하지만 a의 요소 a[0]와 a[1]에도 참조가 들어 있습니다. 그 참조를 따라가 보면 각각의 배열 객체에 액세스할 수 있습니다.

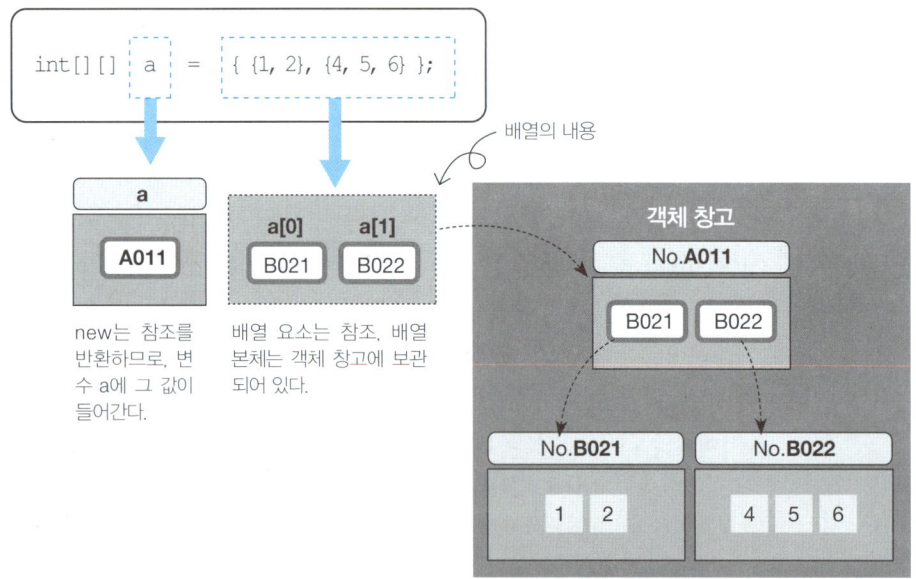

※ 이 그림의 설명은 "14.2 배열의 작성과 초기화"를 참고하기 바랍니다.

이와 같은 배열을 **2차원 배열** 또는 **다차원 배열**이라고 합니다. 하지만, **배열의 배열**이라고 하는 편이 정확합니다. 배열의 요소가 배열이 된 것으로 보통의 1차원 배열과 다를 바 없기 때문입니다.

배열의 배열에서 배열 요소에의 액세스는 다음과 같습니다.
일단, 배열 요소를 액세스하기 위해서는 a[0], a[1]과 같습니다. 보통의 배열과 다르지 않습니다.
요소인 a[0]나 a[1]은 각각 하나의 배열이라는 것을 잊으면 안됩니다. 즉, a[0]와 a[1]의 값은 배열에의 참조입니다. 배열이기 때문에 a[0].length나 a[1].length라는 표현도 가능합니다.

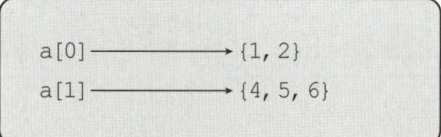

예를 들어 a[0]의 각 요소에 액세스하기 위해서는 a[0][0]이나 a[0][1]과 같이 2번째의 [ ]를 붙여서 지정합니다. a[1]도 마찬가지입니다.

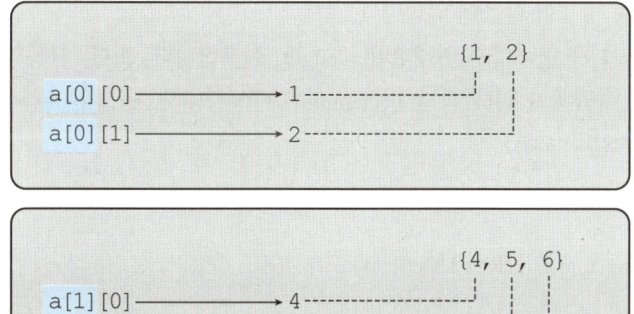

| 예제 1 | **2차원 배열의 요소를 출력한다.** |

다음 프로그램은 2차원 배열(배열의 배열)을 만들고 모든 요소를 출력합니다. a[0]과 a[1]이 각각 배열이라는 것을 이해하는 것이 중요합니다.

```
public class Sample14_1_1{
    public static void main(String[] args) {
        int[][] a = { {1,2}, {4,5,6} };  // 다차원 배열의 작성

        // a[0]을 출력한다.
        System.out.print(a[0][0] + " ");
        System.out.print(a[0][1] + " ");

        System.out.println(" ");  // 개행

        // a[1]을 출력한다.
        System.out.print(a[1][0] + " ");
        System.out.print(a[1][1] + " ");
        System.out.print(a[1][2] + " ");
    }
}
```

실행결과
```
1 2
4 5 6
```

예제 2 for문으로 2차원 배열의 요소를 출력한다.

위와 같이 모든 요소를 하나씩 출력하는 방법은 합리적이지 못합니다. 같은 배열의 요소를 for문을 사용해서 출력하는 방법이 다음에 있습니다.

바깥쪽의 for 루프는 a[0]과 a[1]을 출력하기 위해 2회(a.length) 반복합니다. 또한, 안쪽의 루프는 a[0]과 a[1]의 요소를 출력하기 위해 각각 a[i].length번 반복합니다. a[i].length는 i가 0일 때는 2, i가 1일 때는 3입니다.

```
public class Sample14_1_2{
    public static void main(String[] args) {
        int[][] a = { {1,2}, {4,5,6} };
        for(int i=0; i<a.length; i++){
            for(int k=0; k<a[i].length; k++){
                System.out.print(a[i][k] + " ");
            }
            System.out.println(" ");  // 개행
        }
    }
}
```

실행결과
```
1 2
4 5 6
```

설명

예제의 SPD는 다음과 같습니다. 다중 루프로 처리하는 것에 주목해 주십시오.

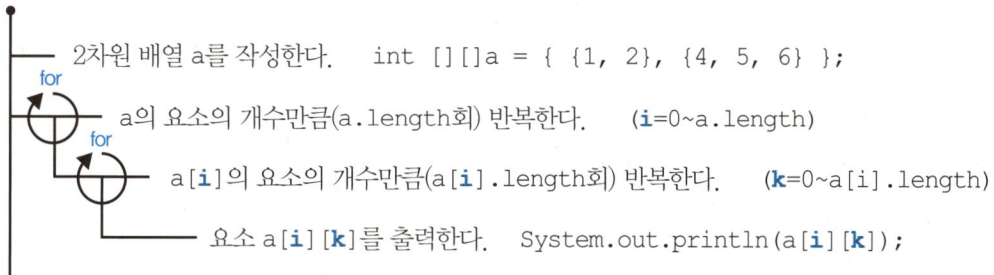

예제 3 확장 for문으로 2차원 배열의 요소를 출력한다.

확장 for문을 사용하면 루프 변수를 사용하지 않고 출력할 수 있어 처리가 간단해집니다. 다음은 확장 for문을 사용한 출력 방법입니다.

```java
public class Sample14_1_3{
    public static void main(String[] args) {
        int[][] a = { {1,2}, {4,5,6} };
        for(int[] n : a){
            for(int k: n){
                System.out.print(k + " ");
            }
            System.out.println(" ");   // 개행
        }
    }
}
```

실행결과
```
1 2
4 5 6
```

설명

바깥쪽의 for 루프는 주의가 필요합니다. for(**int[]** n : a)라고 되어 있는 것은 배열 a의 요소가 int의 배열이기 때문입니다. 바깥쪽의 for 루프에서는 {1, 2}와 {4, 5, 6}라는 배열의 참조를 n에 담습니다.

안쪽의 for 루프에서는 배열 {1, 2}와 {4, 5, 6}의 각 요소를 꺼내서 출력합니다. n의 참조를 사용해서 배열 요소를 k에 담습니다.

▶▶▶ 연습문제 14-1

1. 배열 {5.1, 2.2, 4.5}와 {3.1, 1.5, 3.4}를 요소로 가지는 배열 d를 작성하고 그 안의 모든 요소를 출력하는 프로그램을 일반적인 for문으로 작성하시오.

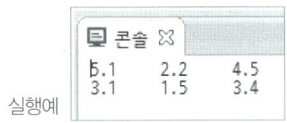
실행예

2. 다음 표는 고객 데이터의 일부입니다. 이 표의 1행을 하나의 요소로 가지는 배열의 배열(2차원 배열)을 작성하시오. 1행의 데이터는 String의 배열이 됩니다. 그리고, 빈 칸은 데이터가 없습니다. 배열의 모든 요소를 출력하고 출력하기 위해서 확장 for문을 사용하기 바랍니다.

코드	이름	주소	나이
C-210	홍길동	서울	
C-211	이순신	부산	45
C-212	김유신	대전	

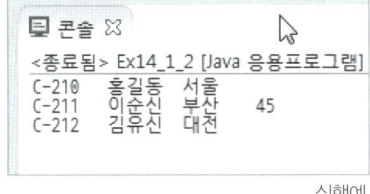
실행예

3. 다음의 A, B의 표에 관해서 1행을 하나의 요소로 가지는 2차원 배열을 작성하고 (확장 for문이 아니라) for문을 사용해서 모든 요소를 콘솔에 출력하는 프로그램을 작성하시오. 또한, 빈 칸은 데이터가 없습니다.

A.

1.1	2.3	0	
3.2	3.4		
4.5	1.5	2.3	5.5

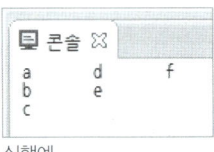
실행예

B.

"a"	"d"	"f"
"b"	"e"	
"c"		

실행예

14-2 배열의 배열 작성과 초기화

배열의 배열은 **2차원 배열**이나 **다차원 열**이라고 합니다. 다차원이라는 것은 "배열의 배열의 배열"과 같이 얼마든지 복잡하게 만들 수 있기 때문입니다. 일반적으로는 2차원까지만 쓰입니다. 여기서는 그 작성 방법에 대해서 자세하게 설명하겠습니다.

14.2.1 초기화 리스트를 사용하는 방법

int[ ][ ] a = { {1, 2}, {4, 5, 6}};과 같이 배열에 초깃값을 넣는 것으로 배열의 배열을 만들 수 있습니다. 다음 그림은 그 의미를 설명하고 있습니다.

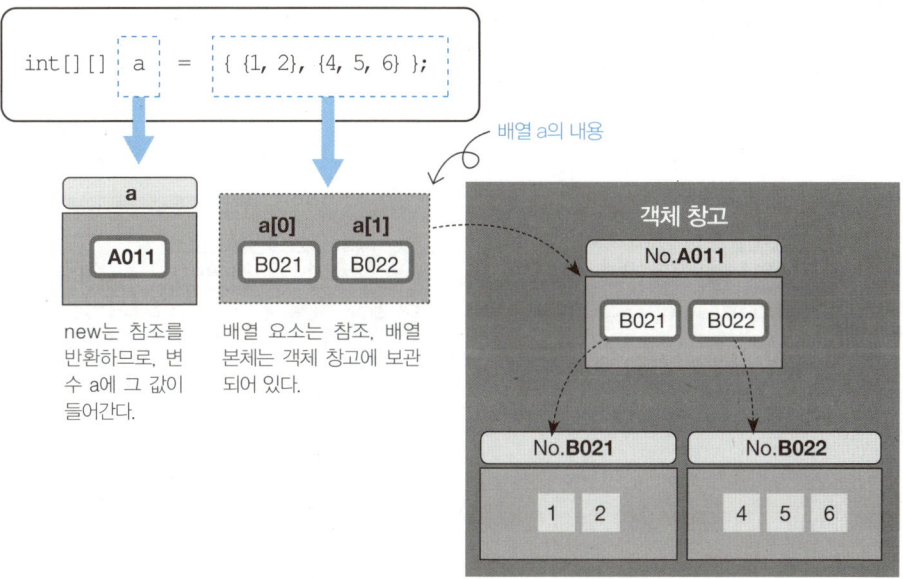

14.2.2 new 연산자에 의한 초기화

배열의 배열을 만드는 또 하나의 방법은 new 연산자를 사용하는 것입니다. 일반적으로 배열은 int[ ] n = new int [2]; 와 같이 배열을 만들었습니다. 배열의 배열도 마찬가지로 만들 수 있습니다. [ ]를 2번 사용합니다. 이때 왼쪽의 [ ]가 요소의 개수를 지정하는 것에 주의해 주십시오.

```
int[ ] [ ] a = new int [2][ ];    // 왼쪽의 [ ]에 요소의 개수를 지정한다.
```

이 때 다음 그림과 같이 2개의 null을 요소로 하는 배열을 만듭니다. 배열 요소는 아직 실제로는 없기 때문에 내용이 없는 참조인 null을 넣습니다.

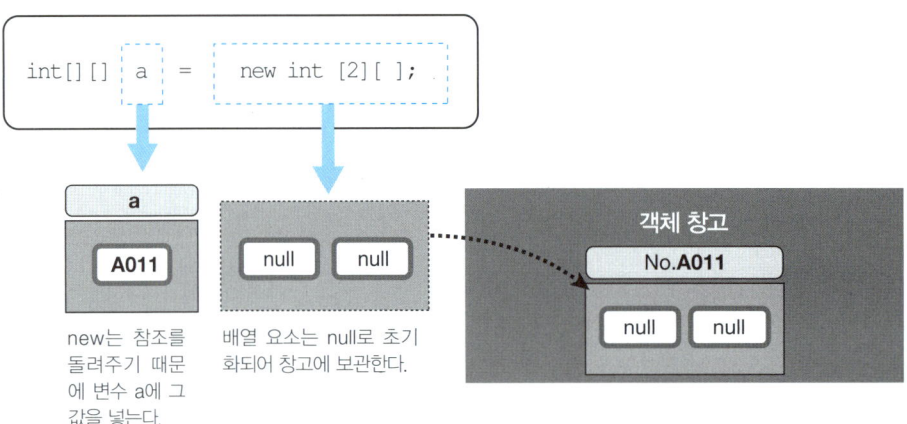

요소가 null인 채로는 사용할 수 없기 때문에 나중에 구체적인 배열을 만들어서 그 참조를 배열 요소에 대입할 필요가 있습니다. 예를 들어 이름 없는 배열을 사용하면 다음과 같이 대입할 수 있습니다.

```
a[0] = new int [ ] {1, 2};
a[1] = new int [ ] {4, 5, 6}
```

14.2.3 요소의 배열도 동시에 작성하는 초기화

다음과 같이 오른쪽의 [ ]에도 요소의 수를 넣어 두면 배열의 요소는 null이 되지 않습니다.

```
int [ ] [ ] a = new int [2] [3];    // 요소가 되는 배열(요소 개수는 3)도 만든다.
```

예시에서 지정한 3은 a의 요소가 되는 배열의 요소 개수를 지정한 것입니다. 이 방법으로는 요소가 되는 배열의 크기(요소의 개수)는 모두 3이 됩니다. 요소 배열의 크기까지 지정하면 그 크기의 배열이 만들어져 요소에 할당됩니다. 작성된 배열은 0으로 초기화되어 있습니다. 이 경우에는 a의 요소는 null이 아니라 요소 배열의 참조가 됩니다.

다음의 그림은 그 구조를 설명하는 것입니다. 참조 B021, B022에 대응하는 배열로 3개의 요소를 가지는 배열이 각각 만들어져 있는 것에 주의해 주십시오. 또한 요소는 모두 0으로 초기화되어 있습니다.

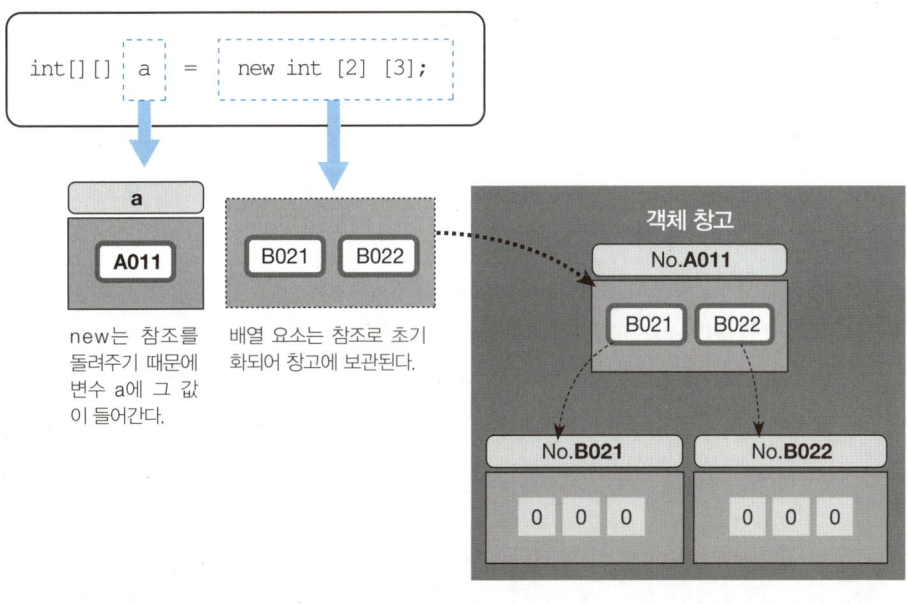

14.2.4 요소 배열에 값을 대입하기

요소 배열에 값을 대입하기 위해서는 요소 배열이 먼저 존재해야 합니다. 그러므로 다음과 같이 초기화할 필요가 있습니다.

```
int [ ] [ ] a = new int [2] [3] ;    // 요소 배열은 0으로 초기화된다.
```

이것을 다음과 같이 하면 a의 요소인 a[0]와 a[1]은 null입니다.

```
int [ ] [ ] a = new int [2] [ ] ;    // 요소 배열은 null
```

a[0][0]=1;라고 써도 컴파일 에러가 나지 않고 실행했을 때 실행시 예외가 발생하므로 주의하기 바랍니다("12.4 비어있음과 null" 참조).

예제 4 2차원 배열의 요소에 for문으로 값을 설정하기

다음은 2×3 의 요소를 가지는 배열 a에 키보드로 입력 받은 값을 대입하는 예제입니다. 입력이 완료되면 배열의 모든 요소를 출력합니다.

또한 여기서 2×3이라는 것은 배열이 요소를 2개 가지고, 각각의 요소는 3개의 요소를 가지는 배열이라는 것을 나타냅니다.

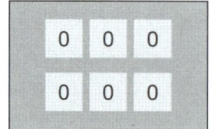

2×3의 배열

```
1   import lib.Input;
2   public class Sample14_2{
3       public static void main(String[ ] args) {
4           int[ ][ ] a = new int[2][3];
5           // 요소 배열에 데이터를 입력한다.
6           for(int i=0; i<a.length; i++){
7               for(int j=0; j<a[i].length; j++){
8                   a[i][j] =    Input.getInt();
9               }
10          }
11          // 배열의 내용을 출력한다.
12          for(int[ ] n : a){
13              for(int k: n){
14                  System.out.print(k + " ");
15              }
16              System.out.println(" "); // 개행
17          }
18      }
19  }
```

실행결과

```
<종료됨> Sample14_2
[int] > 1
[int] > 2
[int] > 3
[int] > 4
[int] > 5
[int] > 6
1 2 3
4 5 6
```

> **설명**

6번째 라인의 for문은 a의 요소 개수(a.length)만큼의 루프입니다. a.length은 2입니다. 또한 7번째 라인의 루프는 요소의 배열이 가지고 있는 요소 개수(a[i].length)의 루프입니다. i가 0일 때도 1일 때도 a[i].length의 값은 3입니다.

예제의 SPD는 다음과 같습니다. 2개의 다중 for문이 있습니다. 상단은 데이터의 설정, 하단은 배열의 요소의 출력을 위한 것입니다.

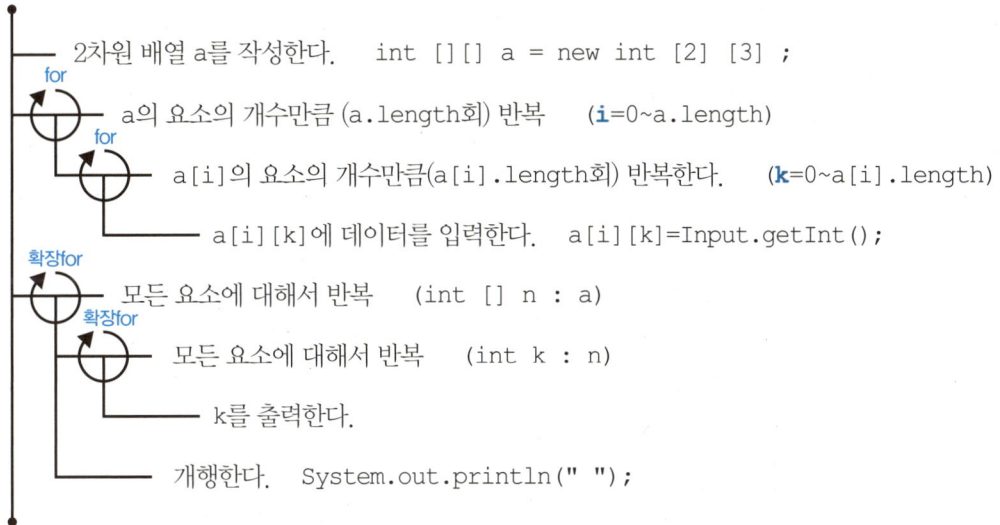

▶▶▶ 연습문제 14-2

1. 다음 프로그램을 작성하시오.

(1) 3행 × 3열의 char형의 2차원 배열 ch를 요소가 초기화된 상태로 작성하시오.
(2) 키보드로 입력 받은 값을 ch의 모든 요소에 대입하시오.
(3) (2)의 처리가 끝나면, 모든 요소를 콘솔에 출력하시오.

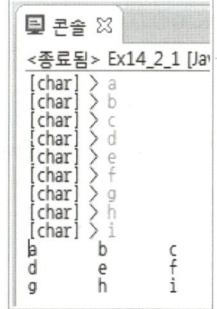

2. 다음의 프로그램을 작성하시오.

(1) 초기값을 할당하는 방법으로 { {10, 15, 22}, {8, 7, 12} }를 요소로 가지는 배열 n을 작성하시오.
(2) n과 같은 사이즈의 2차원 배열 n을 선언하고, n의 모든 값을 m에 복사하시오.
(3) m의 모든 요소를 출력하시오.

```
콘솔
10    15    22
8     7     12
```

3. 다음의 프로그램을 실행한 결과로 바른 것을 고르시오.

```
Import lib.Input;
public class Ex14_2_3{
    public static void main(String[] args) {
        int[][] dt = new int[2][];
        dt[0][0]=1; dt[0][1]=2;
        dt[1][0]=3; dt[1][1]=4;
        for(int[] n : dt){
            for(int m : n){
                System.out.println(m + " ");
            }
        }
    }
}
```

A. 1 3 2 4

B. 1 2 3 4

C. 0 0 0 0

D. 0 0

E. 컴파일 에러

F. 실행시 예외가 발생

[해답] _____

14-3 다차원 배열의 작성에 대한 정리와 주의점

여기서는 다차원 배열을 작성하는 데 있어서 주의해야 하는 것을 정리하겠습니다.

14.3.1 3가지의 작성 방법

배열의 배열을 2차원 배열이라고 합니다. 굳이 다차원 배열이라고 부르는 것은 "배열의 배열의 배열"과 같이 얼마든지 복잡하게 만들 수 있기 때문입니다. 실제 상황에서 3차원 이상의 배열을 사용하는 경우는 거의 없습니다.

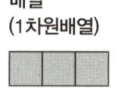
배열
(1차원배열)

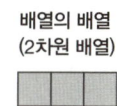
배열의 배열
(2차원 배열)

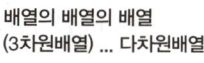
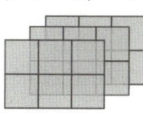
배열의 배열의 배열
(3차원배열) ... 다차원배열

다차원 배열의 작성 방법은 일반 배열과 기본적으로 같습니다. 값(배열)의 리스트를 사용해서 만들 것인가, new 연산자로 만들 것인가입니다.

A. 값의 리스트로 요소를 초기화해서 작성한다.

```
int [ ] [ ]a = { {10, 4, 8},  {2, 5, 7} };
```

B. new 연산자로 요소의 개수를 지정해서 작성한다(요소 배열은 null).

```
int [ ][ ]a = new int [2][ ];        // 2개의 요소를 가지는 2차원 배열
int [ ][ ][ ]b = new int [4][ ][ ];  // 4개의 요소를 가지는 3차원 배열
```

B와 같이 한 경우 배열 요소에 null이 들어가 있기 때문에 나중에 필요한 배열을 만들어서 그 참조를 대입해 둘 필요가 있습니다.

```
int [ ] m = {1, 2};
int [ ] n = {4, 5, 6};
a[0] = m;
a[1] = n;
```

이것은 익명 배열을 사용해서 다음과 같이 적을 수 있습니다.

```
a[0] = new int[ ]{1, 2};
a[1] = new int [ ] {4, 5, 6};
```

C. new 연산자로 요소 개수와 요소 배열의 요소 개수를 지정해서 작성한다.
   (요소 배열은 0으로 초기화된다.)

```
int [ ][ ] a = new int [2][3] ;       // 2 ×3
int [ ][ ][ ]b = new int [4][2][3];   // 4×2×3
```

이 방법의 경우 요소는 null이 아니라 요소 배열을 가리키는 참조가 들어가 있습니다. 모든 요소 배열은 초기화되어 있습니다. int형에서는 0으로 초기화됩니다.

14.3.2 주의해야 할 사항들

A. 차원이 다른 배열 변수끼리는 대입할 수 없다.

다음의 예제에서 n은 보통 배열이지만 m은 2차원 배열입니다. 이것과 같이 차원이 다른 배열끼리는 참조의 대입을 할 수가 없습니다. 한편 k는 보통의 배열이므로 n을 대입할 수 있습니다.

```
int [ ] n = {1, 2, 3};
int [ ][ ] m;
m = n;   // 에러
int [ ] k;
k = n;   // OK
```

B. 변수 선언과 [ ]의 사용 방법

다음은 int 배열 n과 int의 1차원 배열 m을 선언하는 방법입니다. 이 3가지 방법은 완전히 같은 결과를 가집니다. 음영으로 된 부분은 선언하려는 변수의 형입니다.

```
int [ ] n;
int [ ][ ] m;
```
[ ]를 형에 붙여서 선언합니다.
n은 배열(1차원 배열), m은 2차원 배열의 선언입니다.

```
int [ ] n; m[ ][ ];
```
[ ]를 변수에 붙이면 그 변수만 배열형으로 선언하게 됩니다. 그러므로, 차원이 다른 배열을 같이 선언하는 것도 가능합니다. 왼쪽의 예에서는 m만 2차원 배열이 됩니다.

```
int [ ] n, m[ ];
```
[ ]를 형에 붙이면서 변수에도 붙이는 선언 방법도 가능합니다. 이 경우 n은 1차원 배열이지만 m은 2차원 배열이 됩니다.

하지만 다음과 같이 선언할 수는 없습니다. 음영으로 된 [ ]는 왼쪽에 붙였으므로 변수에 붙이는 선언이 아닙니다. 또한, int와 [ ]의 사이에 n이 있으므로, 형에 붙이는 선언도 아닙니다. 이 경우에는 컴파일 에러가 발생합니다.

```
int [ ] n, [ ]m;        ERROR
```

C. 컴파일 에러가 나는 경우

다음에 나열된 배열의 작성은 모두 컴파일 에러(문법에러)가 납니다. 1차원 배열의 경우도 같이 예를 들었습니다. 설명을 읽고 음영으로 된 부분의 에러 원인을 생각해 보기 바랍니다.

```
int [ ] n, [ ]m;
```
[ ]의 위치가 틀립니다. [ ]는 변수의 오른쪽에 붙일 수 있습니다(B에서 설명).

```
int [3] n = {1, 2, 3};
```
값의 리스트로 배열을 만들 때는 요소의 수를 지정하면 안됩니다.

```
int n[3] = {1, 2, 3};
```
[ ]를 변수의 오른쪽에 쓰는 것은 괜찮지만 값의 리스트로 배열을 만들 때는 요소의 개수를 지정하면 안됩니다.

```
int [ ] n = new int[3];
n = {1, 2, 3};
```
int [ ]n = {1, 2, 3};이면 문제가 없지만 이미 있는 배열 변수에 리스트를 대입하는 것은 안됩니다.
n = new int[ ] {1, 2, 3}와 같이 익명 배열이면 가능합니다.

```
int [ ] n = new int[3];
n = new{1, 2, 3};
```
new {1, 2, 3}와 같이 사용하는 것은 안됩니다. n=new int[ ] {1, 2, 3};와 같이 익명 배열이면 가능합니다.

```
int [ ][ ]n = new int [ ][ ];
```
new에서는 반드시 요소의 개수를 지정해야 합니다.

```
int [ ][ ]n = new int [ ][3];
```
배열의 요소 개수는 왼쪽의 [ ] 안에 넣어야 합니다.

```
int [ ][ ]n = new int [2][ ];
n[0] = {1, 2, 3};
n[1] = {4, 5, 6};
```
이미 존재하는 배열 변수에 나중에 리스트를 대입할 수는 없습니다. n[0] = new int [ ] {1, 2, 3}은 가능합니다.

▶▶▶ 연습문제 14-3

1. 다음의 작성법 중에 컴파일 에러가 나는 경우를 모두 고르시오.

A. int [3]n = {1, 2, 3};
B. int n[3] = {1, 2, 3};
C. int n[ ] = {1, 2, 3};
D. int n[ ] = new int[ ]{1, 2, 3};
E. int [ ] n = new int[ ]{1, 2, 3};
F. int [ ] n = new int[3]; n = {1, 2, 3};
G. int [ ] n = new int[3]; n = new{1, 2, 3};
H. int [ ][ ]n = new int[ ][ ];
I. int [ ][ ]n = new int[ ][3];
J. int [ ][ ]n = new int[2][ ];
K. int [ ][ ]n = new int[2][3];
L. int [ ][ ]n = new int[2][ ]; n[0] = new int[3];
M. int [ ][ ]n = new int[2][ ]; n[0] = new int[3]; n[1] = new int[2];
N. int [ ][ ]n = new int[2][ ]; n[0] = {1, 2, 3};
O. int [ ][ ]n = new int[2][ ]; n[0] = {1, 2, 3}; n[1] = {3, 4};
P. int [ ]n, [ ]m;
Q. int [ ]n, m[ ];
R. int [ ]n, m;

[해답] _____

2. 다음에서 컴파일 에러가 나는 것을 모두 고르시오.

A. int [ ] n = {1, 2, 3}; double[ ] m; m = n;
B. int[ ] n = {1, 2, 3}; int [ ] m; m = n;
C. int[ ] n = {1, 2, 3}; int [ ][ ] m; m = n;
D. int[ ][ ] n = new int[3][ ]; int [ ] m = {1, 2, 3}; n [0] = m;
E. int [ ] n, m[ ]; n = new int[3]; m = n;

[해답] _____

> **참고** 무서운 마우스
>
> 방사선 치료기나 자동차 등의 제어 프로그램 같은 것은 버그가 있으면 치명적인 사고로 이어지게 됩니다. 그래서, 이런 프로그램들이 정말로 안전한가를 검사하기 위해 "모델 체크"라고 하는 기법이 개발되었습니다. 모델 체크는 설계서, 사양서, 소스 코드 등에 전용 프로그래밍 언어를 사용해서 소프트웨어적인 모델을 만듭니다. 그리고, 그 모델을 사용해서 실제로 시스템에서 일어날 수 있는 모든 상태를 발생시켜 시스템을 테스트하는 것입니다. 모델 체크는 소프트웨어 공학에 있어서 큰 발전이라고 할 수 있습니다.
>
> 한편 하드웨어가 사람에게 부상을 입히는 경우에 대해서는 죽을 정도가 아니라서 그런지 의외로 방치되어 있는 듯 합니다. 하지만 시중에 나와 있는 싸구려 키보드나 마우스 중에는 사람에게 해를 입힐 수 있는 것이 있습니다.
>
> 어느날 필자의 조수가 새 마우스 때문에 건초염에 걸렸다고 했습니다. 정말로 손가락이 움직이지 못할 정도로 아파 보이긴 했지만 그래도 설마 마우스 따위로 그렇게 될 리가 없다고 생각해서 납득이 가지는 않았습니다. 그렇다고 딱 잘라 부정할 수도 없는 노릇이라 일단 실험으로 증명해보기 위해 그 마우스를 사용해 보기로 했습니다. 그리고 2, 3일 뒤 어깨가 결리기 시작했습니다. "이건 무엇인가 있다"라는 생각이 들었습니다. 그 마우스는 ①꽤 작고, ②가벼워서 잘 미끌어지며, 게다가 ③버튼이 날개처럼 가볍게 터치가 되는 특징이 있었습니다. 손가락을 힘주어 버티지 않으면 클릭이 되어버리는 것 같았습니다. 그래서 마우스를 잡을 때 손가락 끝과 어깨, 등이 살짝 긴장해 버리는 것이었습니다.
>
> 이것은 역시 위험한 마우스였습니다. 장시간 사용하면 몸에 무리를 주는 것이 분명합니다. 그 마우스는 그 즉시 우리 집에서 사용 금지를 시키고 지금까지 "살인 마우스"라고 하며 무서워하고 있습니다(아직 버리지는 않았습니다!).

배열의 배열

- 배열 객체를 요소로 가지는 배열을 배열의 배열 또는 2차원 배열이라고 한다.
- "배열의 배열" 형은 [ ]를 2개 붙인다. 예를 들면 int[ ][ ]라고 쓴다.
- 초기화 리스트로 작성하기 위해서는 요소에 배열을 쓴다.

  int[ ][ ] a = { {1, 2}, {4, 5, 6} };

- "배열의 배열"의 모든 요소를 출력하기 위해서는 이중 for문을 사용한다.

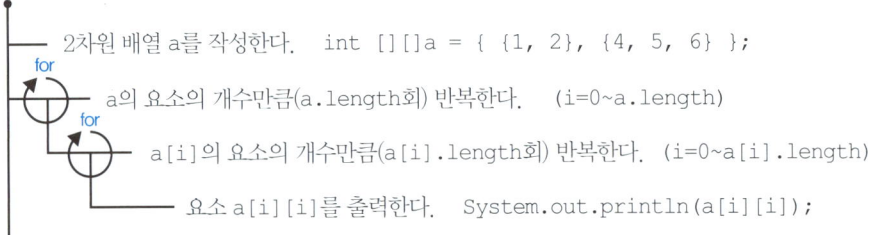

- 출력하는 것뿐이라면 확장 for문을 사용하는 것이 코드가 간단하다.

배열의 배열 작성과 초기화

- new 연산자를 사용해서 작성한다. 요소는 null로 초기화된다.

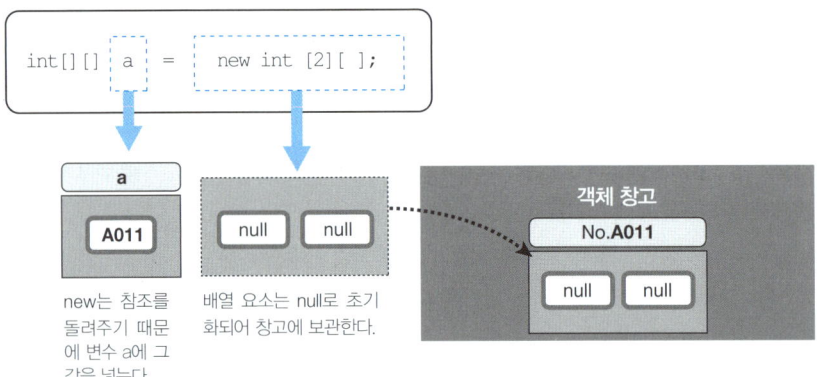

- 배열 요소의 요소 개수를 지정해서 작성할 수 있다. 요소는 초기값으로 초기화된다.

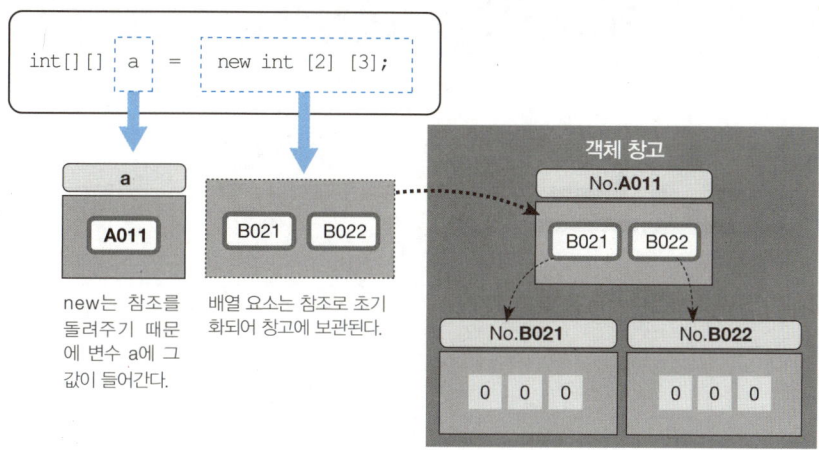

- 2중 for문을 사용해서 키보드로 입력한 값을 요소에 설정할 수 있다.

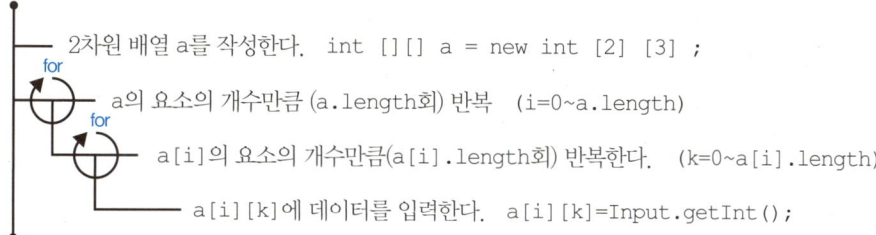

다차원 배열의 작성의 정리와 주의점

- 초기화 리스트로 작성하는 방법과 new 연산자로 작성하는 방법이 있다.

```
int[ ][ ] n = {{1,2,3}, {4,5,6}};
int[ ][ ] n = new int[2][ ];      // 요소의 수만 지정
int[ ][ ] n = new int[2][3];      // 요소의 요소 수도 지정
int[ ][ ] n = new int[ ][3];      // 요소의 수는 지정하지 않았기 때문에 컴파일 에러
```

- int[ ][ ] a, b, c;라고 해도 된다.
- int[ ] n, m[ ];라고 하면 m은 2차원 배열이 된다.
- int[ ] n, [ ]m;는 컴파일 에러가 일어난다.
- 차원이 다른 배열 변수끼리는 같은 형이 아니기 때문에 대입할 수 없다. 캐스트도 할 수 없다.
- 이름이 없는 배열을 작성해서 변수에 대입할 수 있다.
  int[ ][ ] n; n=new int[ ][ ]{{1,2,3}, {4,5,6}};
- int[ ][ ] n; n={{1,2,3}, {4,5,6}};은 컴파일 에러

{Chapter 15}

메소드

지금까지 제곱근을 계산하거나 거듭제곱을 구하거나
혹은 콘솔에 데이터를 출력할 때 표준 클래스의 메소드는 매우 유용했습니다.
우리가 실제 계산 방법을 몰라도 데이터를 전달하는 것만으로도
결과를 얻을 수 있었습니다. 이와 같은 메소드를 클래스 메소드라고 합니다.
이처럼 편리한 클래스 메소드를 스스로 만드는 것이 가능하게 되면
프로그래밍의 폭도 넓어집니다.
그러므로 이번 장에서는 그 방법을 설명하겠습니다.

15-1 메소드의 역할

이 책의 첫 부분에 다음과 같이 쓰여 있습니다.

> "클래스에서는 메소드를 여러 가지 사용할 수 있지만 "15장. 메소드"를 배울 때까지는 메소드를 하나만 가지는 클래스를 다루겠습니다."

여기서 설명하고 있는 단 한개의 메소드는 main 메소드를 의미합니다. 그리고 main 메소드에 대해서는 다음과 같이 설명해 놓았습니다.

> "메소드의 이름은 main입니다. main은 특별한 메소드에 붙이는 이름이므로 다른 이름을 사용할 수 없습니다."

main이라는 이름이 특별한 이유는 클래스 속에 여러 가지의 메소드가 있을 경우 어느 것부터 실행해야 좋을지 모르기 때문에 처음에 실행되는 메소드를 main이라고 고정해 놓았기 때문입니다.

지금까지 모든 처리를 main 메소드로 작성해왔습니다. 그런데 이 방법으로는 main 메소드가 복잡해집니다. 프로그램 작성의 기본은 "하나의 메소드에는 하나의 기능"입니다. 전부 main 메소드를 써버리면 논리가 복잡해지고 이해하기 어려운 프로그램이 됩니다.

> **》》 중요**
>
> **1개의 메소드에는 1개의 기능을 할당한다.**

이 장에서는 하나의 클래스 속에서 여러 개의 메소드를 작성하는 방법을 설명하겠습니다. 그렇게되면 main 메소드에서는 전체의 대략적인 흐름을 기술하고, 세밀한 작업은 다른 메소드에게 맡기게 됩니다. 또한 그 메소드도 경우에 따라서는 처리를 나누어서 또 다른 메소드에게 맡깁니다. 이것은 큰 회사가 하청이나 재하청 등의 회사와 협력해서 일을 하는 것과 같은 방식입니다.

여기서 작성하는 메소드는 **클래스 메소드**라고 불리는 것입니다. 또한 **인스턴트 메소드**라는 것도 있습니다.

15-2 메소드 호출과 처리의 흐름

다음은 main 메소드와 일반 메소드, 2개를 작성한 예제입니다. 처리의 흐름만 보는 것으로 일반 메소드는 "안녕하세요"라는 문자열을 출력할 뿐입니다. 메소드에는 자신이 좋아하는 이름을 붙일 수 있습니다. 여기서는 message라는 이름으로 했습니다. 또한 프로그램 안의 숫자(❶, ❷, ❸, 1, 2)는 처리의 흐름을 설명하기 위한 것입니다.

예제 1 "안녕하세요"를 출력하는 메소드

```
public class Sample15_2 {

    public static void main(String[] args) {
        ❶ System.out.println("start");
        ❷ message();
        ❸ System.out.println("end");
    }
    // 일반 메소드
    public static void message(){
        1 System.out.println("안녕하세요");
        2 return;
    }
}
```

실행결과
```
<종료됨> Sample15_2
start
안녕하세요
end
```

설명

프로그램 전체의 흐름은 다음과 같습니다.

처리는 ❶ → ❷ → 1 → 2 → ❸의 순서로 실행됩니다. ❷의 message();라는 문에서 main의 실행 중간에 message 메소드를 실행하고 있는 점을 눈여겨 봐야 합니다. message();는 메소드 호출을 이렇게 합니다.

호출된 message 메소드가 1, 2를 실행하고 있는 사이 main 메소드는 일시 정지되어 message 메소드의 종료를 기다립니다.

[처리의 흐름]

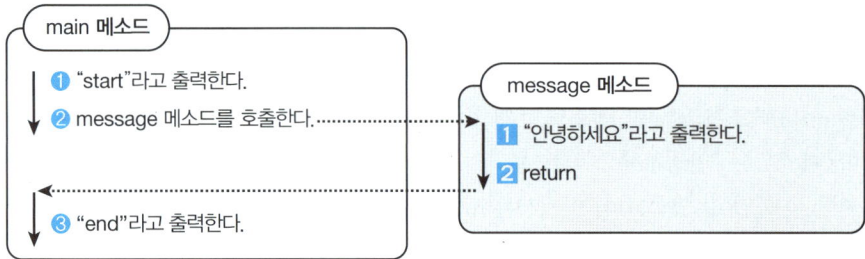

호출된 메소드는 모든 처리가 종료되던지 return문이 있으면 호출된 곳으로 돌아갑니다. message메소드는 **1**에서 "안녕하세요"라고 출력하고 **2**의 return문에서 main으로 돌아갑니다.

message 메소드가 종료되면 처리는 다시 main 메소드로 돌아가고 **3**을 실행하고 종료합니다.

15.2.1 return문

message 메소드의 마지막에 쓰여진 return문은 메소드를 호출한 메소드로 돌아간다라는 것을 지시하는 명령문입니다. return문이 없어도 메소드의 마지막까지 실행하면 호출한 곳으로 돌아가기 때문에 이 예제에서 return문은 생략할 수 있습니다.
return문을 더 유용하게 사용하는 방법은 다음 단락에서 설명하겠습니다.

15.2.2 메소드의 작성법

메소드를 작성하는 방법은 크게 어렵지 않습니다. 다음과 같습니다.

① 키워드 public static void의 다음에 임의의 메소드 이름을 입력
   public static void message

② 메소드 이름 다음에 ( )를 붙인다.
   public static void message( )

③ {로 시작하여 }로 끝나는 블록을 사용해 그 안에 처리할 내용을 적는다.
   public static void message( ) {
       ⋯⋯⋯⋯⋯⋯⋯⋯⋯⋯⋯⋯
   }

메소드 이름은 **식별자**의 작성 규칙에 따라서 자유롭게 붙일 수 있습니다. 식별자란 클래스 이름이나 변수 이름과 같이 작성자가 자유롭게 붙여도 좋은 이름을 의미합니다. 다음과 같은 원칙이 있습니다(자세한 내용은 "식별자의 규칙"을 참조).

- 첫 글자는 숫자로 하지 않는다.
- _$이외의 기호는 사용할 수 없다.
- 예약어는 사용할 수 없다.

{ }는 생략할 수 없습니다. 처리 내용은 블록 안에 써야합니다. 또한 main 메소드와 그외의 메소드 중에 어느쪽을 먼저 작성해도 상관없습니다. 메소드의 나열 순서에는 큰 의미가 없으며 이는 개인적인 취향 문제입니다. 그러므로 main 메소드를 클래스 맨 마지막에 쓰는 사람도 드물지 않습니다.

>>> 중요

main 메소드를 포함해 메소드의 나열 순서에는 큰 의미가 없다.

▶▶▶ 연습문제 15-1

1. myMethod는 "myMethod입니다"라고 자신의 메소드 이름을 출력하는 메소드입니다. myMethod를 작성하고 main 메소드에서 호출해서 실행하는 프로그램을 작성하시오. 단, 다음 흐름도에 출력한 것처럼 main 메소드는 먼저 "시작"을 출력하고 myMethod를 호출합니다. 또 myMethod가 끝나면 "종료"라고 출력해 주십시오.

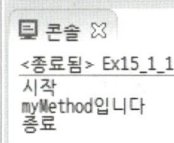

실행예

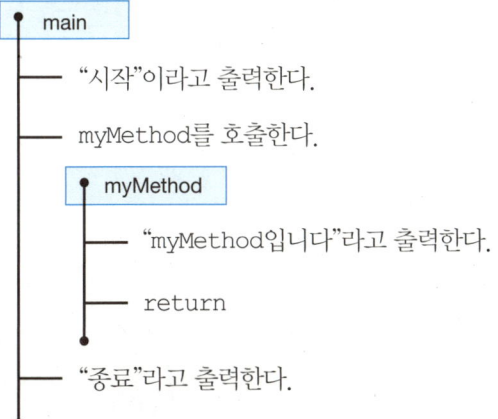

[SPD에 대해서]

SPD는 메소드 한 개의 논리 흐름을 표현합니다. 2개의 메소드가 있을 경우에는 SPD도 따로따로 2개로 작성합니다. 메소드 이름을 네모 안에 넣어서 제일 앞에 적습니다. 단, 이 책에서는 이해를 돕기위해 main 메소드의 SPD 안에 호출된 메소드의 SPD를 적고 있습니다.

2. 1~6 사이의 숫자를 출력하는 dice(주사위) 메소드를 만들고 그것을 main 메소드에서 호출하는 프로그램을 작성하십시오. main은 처음에는 "주사위 눈은"이라고 출력하고 dice 메소드를 호출한 다음 마지막으로 "입니다"라고 출력합니다.

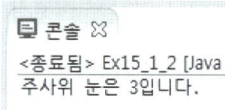

실행예

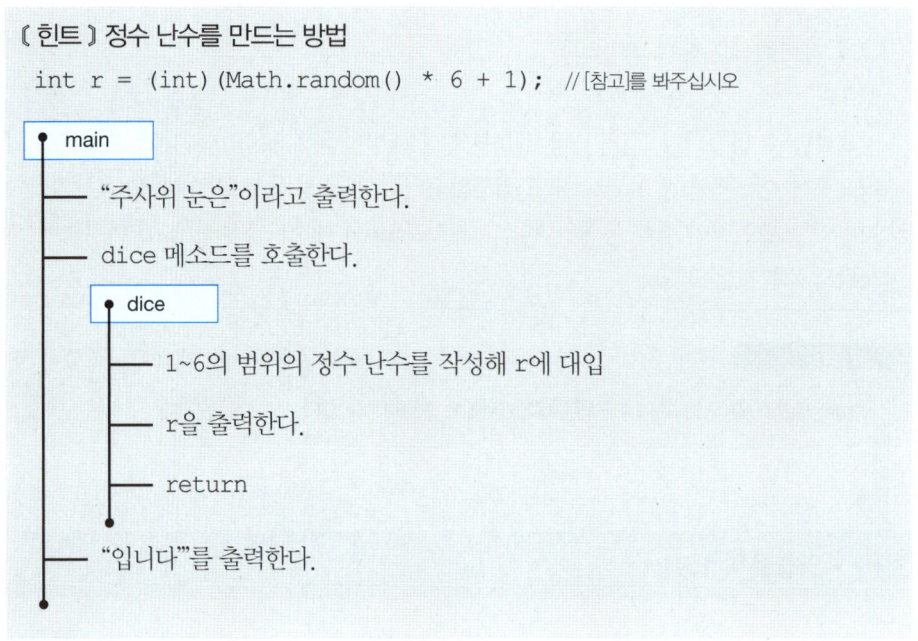

참고 1에서 n의 정수 난수를 취득하기 위해서는

Math.random( )은 0이상 1미만의 난수를 돌려줍니다. 따라서 n배로 해서 1을 더하면 1이상 n+1미만의 난수가 됩니다. 단, 이것은 double의 값으로 1.010이나 6.11209 등 소수점을 포함하는 수이므로 캐스트해서 소수점 이하를 버립니다.

```
int r = (int)(Math.random( ) * n + 1);
```

3. 날씨를 출력하는 메소드 weatherman을 만들고 그것을 main에서 호출하는 프로그램을 작성하시오. main은 처음에 "일기예보에 따르면 내일은"이라고 출력하고 weatherman을 호출한 다음 마지막으로 "라고 합니다"를 출력합니다.

실행예

- 내일 날씨는 난수를 사용해 맑음, 흐림, 비 중 하나로 결정됩니다.
- 난수는 double r=Math.random( );으로 구할 수 있습니다.
- 난수 r은 0~1의 사이의 임의의 수치입니다.
- if 문자를 사용해 r이 0.3미만이면 "비"로 작성하고 0.3~0.6미만이면 "흐림"그 이외에는"맑음"이라고 출력해 주십시오.

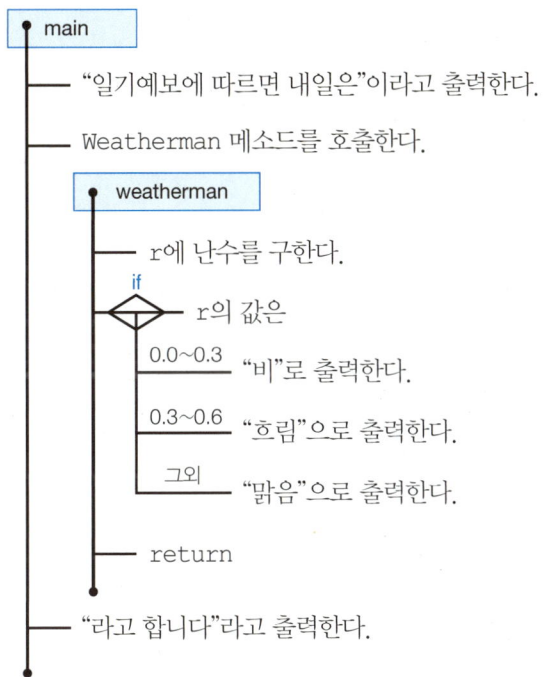

15-3 메소드에 인수 전달

message 메소드에 이름과 성별의 데이터를 전달하고 남성이라면 "안녕하세요 OO군"이라고 출력하고 여성이라면 "안녕하세요 OO양"이라고 출력하도록 해 봅시다. 성별은 정수로 나타내고 1은 남성, 2는 여성으로 합니다. 먼저 전체 프로그램을 봅시다.

예제 2 인수를 가지는 메소드

```java
public class Sample15_3 {
    public static void main(String[] args) {
        ❶ System.out.println("start");
        ❷ message("홍길동", 1);
        ❸ message("이순신", 2);
        ❹ System.out.println("end");
    }
    // 인수를 가지는 메소드
    public static void message(String name, int sex){
        ① if(sex==1){
            System.out.println("안녕하세요"+name+"군");
        }else{
            System.out.println("안녕하세요"+name+"양");
        }
        ② return;
    }
}
```

※ if문 전체가 ①입니다.

실행결과
```
<종료됨> Sample15_3
start
안녕하세요 홍길동군
안녕하세요 이순신양
end
```

설명

메소드 사이에 전달하는 데이터를 **인수**라고 합니다. 인수는 메소드 이름에 이어 ( ) 안에 지정합니다. 전달의 구조를 이해하기 위해서는 message 메소드와 main 메소드의 작성 부분을 비교해 봅시다. 다음을 보면 2개의 작성법이 잘 대응되어 있습니다. 이 대응에 따라 인수를 전달하는 것입니다.

```
main 메소드의 호출 : message("홍길동", 1);   // 실인수

message 메소드의 정의 : message(String name, int sex)  // 가인수
```

message 메소드의 정의에는 String name과 int sex의 2개의 인수가 있습니다.

name과 sex는 인수를 받아들이기 위한 변수로 실제로 값을 받기까지는 내용이 없으므로 **가인수(형식인수)**라고 합니다. 가인수의 이름은 프로그래머가 자유롭게 붙일 수 있습니다.

그리고, main의 호출에서는 message("홍길동", 1)과 같이 실제 데이터를 나열합니다. 이처럼 호출하는쪽에서 지정하는 실제 데이터는 **실인수**라고 합니다. 실인수는 메소드의 가인수의 정의에 일치하도록 지정할 필요가 있습니다.

이제 처리의 흐름을 확인하겠습니다. 이 예제에서는 message 메소드를 2번 호출하므로 처리의 흐름은 다음 그림과 같습니다.

[처리의 흐름]   ※ ◆의 다음 부분은 프로그램의 내부 처리를 나타냅니다.

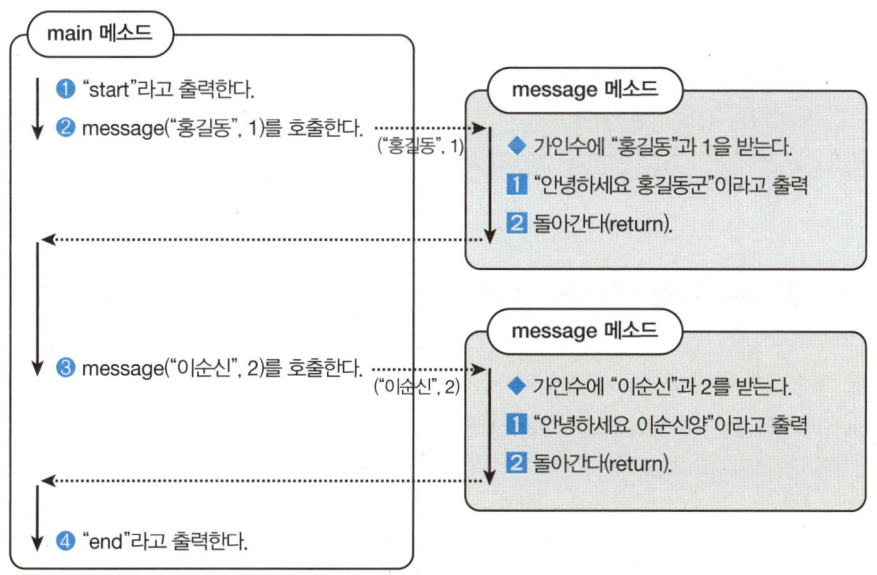

[흐름도의 설명]

❶ "start"를 출력합니다.
❷ ("홍길동", 1)로 실인수를 지정해서 message 메소드를 호출합니다.

> ❷의 처리는 message 메소드로 이동하고 그 동안 main 메소드는 정지해서 message 메소드의 종료를 기다립니다.

1️⃣ if문에서 가인수 sex의 값을 검사해 값이 1이므로 "안녕하세요 홍길동군"이라고 출력합니다.
2️⃣ return문에서 처리를 종료하고 main 메소드로 돌아갑니다.

> message 메소드에서는 sex를 실제로 값이 들어있는 변수로 간주해 프로그램을 작성합니다. 메소드가 호출될 때 가인수에는 어떤 값이 들어있기 때문에 그것을 전제로 프로그램을 작성합니다. 여기서는 name에는 "홍길동", sex에는 1이 들어있습니다.

❸ ("이순신", 2)라는 실인수를 지정해서 한 번 더 message 메소드를 호출합니다.

> ❸에서 처리는 다시 message 메소드로 옮기고, 그사이에 main 메소드는 정지해 message 메소드의 종료를 기다립니다.

1️⃣ if문에서 가인수 sex의 값을 검사하고 값이 2이기 때문에 "안녕하세요 이순신양"이라고 출력합니다.
2️⃣ return문으로 처리를 종료하고 main 메소드로 돌아갑니다.

❹ "end"라고 출력합니다.

> 프로그램은 이것으로 종료합니다.

15.3.1 인수를 가지는 메소드의 SPD

SPD는 메소드의 논리 흐름을 표현합니다. 이해를 돕기 위해 main 메소드의 SPD 가운데 message 메소드는 인수가 있으므로 SPD에도 인수 리스트를 붙입니다.

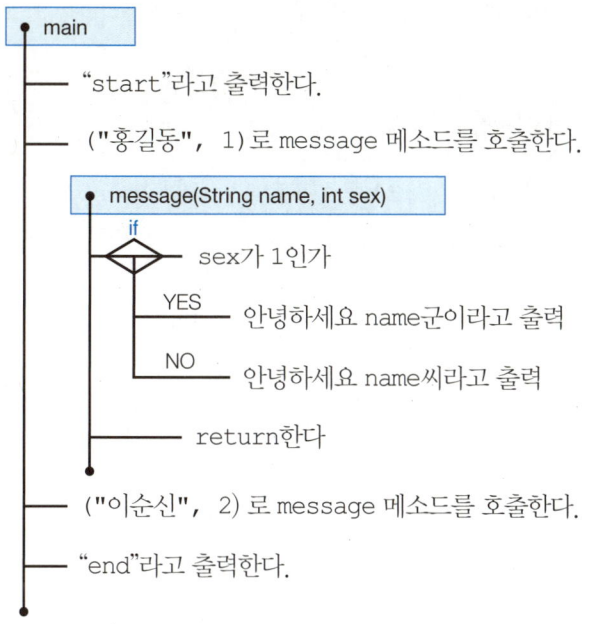

15.3.2 인수가 있는 메소드의 요점

message 메소드와 같이 인수가 있는 메소드에서는 가인수는 값이 들어있는 변수라고 간주할 수 있습니다. 메소드가 호출될 때 가인수에 어떤 값이 들어있기 때문입니다. 가인수의 형태나 이름은 프로그래머가 자유롭게 결정할 수 있습니다.

> **》》 중요**
>
> **가인수를 사용해 프로그램을 작성**
>
> 메소드에서는 가인수를 값이 들어있는 변수로 간주해서 프로그램을 작성한다.

그리고 메소드에서 정의할 수 있는 가인수의 개수나 형태에 제한은 없습니다. 어떤 형태로도 지정할 수 있고 개수의 상한도 없습니다.

> **》》 중요**
>
> **가인수는 자유롭게 설정할 수 있다.**
>
> 메소드에서 정의할 수 있는 가인수의 형태나 개수에는 제한이 없다.

마지막으로 실인수는 메소드 가인수의 정의에 일치하도록 지정할 필요가 있습니다.

> **》》 중요**
>
> **가인수와 실인수는 일치하지 않으면 안된다.**
>
> 실인수는 가인수와 같은 형태의 인수를 같은 나열 순서로 같은 개수만 지정한다.

따라서 예제의 message 메소드에 대한 다음과 같은 호출은 컴파일 에러가 됩니다.

```
message();                          // String과 int 인수가 없다.
message("홍길동");                   // int 인수가 없다.
message("홍길동", 1, "남자");        // 인수가 너무 많다.
message(1, "홍길동");                // 인수의 순서가 잘못되었다.
message("홍길동", "1");              // 인수의 형이 다르다.
```

▶▶▶ 연습문제 15-2

1. 이름, 나이, 주소 3개를 가인수로 받아 실행 예와 같이 출력하는 show 메소드를 작성하시오. 또한 main 메소드에서는 키보드로 이름, 나이, 주소를 입력하고 그 것을 실인수로 하여 show 메소드를 호출하도록 하시오.

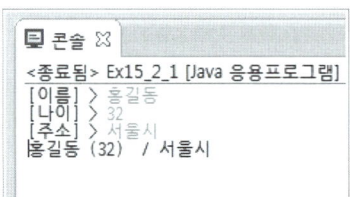

실행예

※ main 메소드의 SPD는 생략합니다.

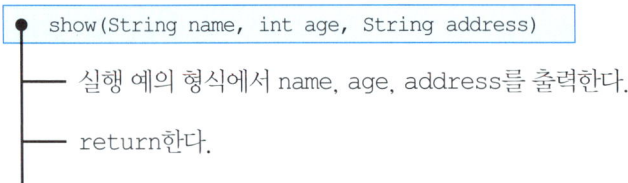

2. 정수 하나를 받아 3의 배수인지, 아닌지 판단해서 결과를 출력하는 dispMal3 메소드를 작성하시오. 또, main 메소드에서는 키보드로 정수를 하나 입력 받아 그것을 인수로 해서 dispMal3 메소드를 호출하시오.

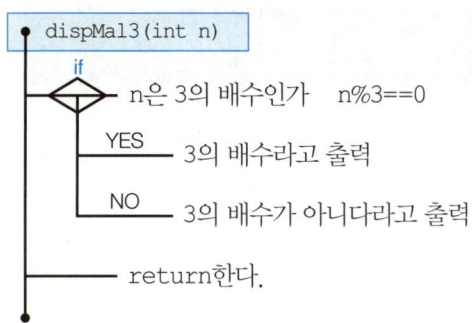

3. 0이상 1미만의 double의 수를 받아 0이상으로 0.33 미만이라면 "가위", 0.33이상으로 0.66미만이라면 "바위", 그 외는 "보"로 출력하는 game 메소드를 작성하시오. 또한 main 메소드에서는 Math.random() 메소드를 실행해서 double의 수를 하나 만들고 그것을 인수로 하여 game 메소드를 호출하시오.

4. 행선지 번호를 가인수로 전달 받아 번호에 대응하는 행선지를 출력하는 where 메소드를 작성하시오. 또한 main 메소드는 키보드로 행선지 번호를 입력 받아 그것을 실인수로 하여 where 메소드를 호출하시오.

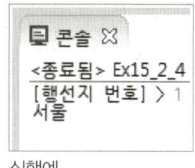

실행예

번호	행선지
1	서울
2	대전
3	부산
4	광주
그외	???

15-4 메소드 호출에서 실인수를 지정하는 방법

지금부터 중요한 점들과 주의해야 할 점을 설명하겠습니다.

변수의 실인수

실인수는 리터럴을 넣는 것뿐만 아니라 값이 들어있는 변수를 넣는 것도 가능합니다. 변수의 값이 실인수가 됩니다.

```
public static void main(String[] args){
    double x = 10.5;
    myMethod( x );
}

public  static  void  myMethod(double x){
    ........
    ........
}
```

10.5

식의 실인수

이 예제에서는 식을 실인수로 하고 있습니다. 식을 계산한 결과의 값이 실인수로 전달됩니다.

```
public static void main(String[] args){
    double x = 10.5;
    myMethod( x/3 );
}

public  static  void  myMethod(double x){
    ........
    ........
}
```

3.5

표준 메소드의 실인수

표준 메소드를 그대로 실인수로 사용하는 것도 가능합니다. 이 경우 표준 메소드에서 계산된 결과의 값이 실인수로 전달됩니다.

```
public static void main(String[] args){
    double x = 10.5;
    myMethod( Math.pow(x, 2) );
}                      110.25

public  static  void  myMethod(double x){
    ........
    ........
}
```

실인수의 자동 형변환

가인수가 double인 경우에도 int의 실인수를 사용할 수 있습니다. int는 double로 **자동 형변환**되기 때문입니다. 지금까지는 대입할 때 자동 형변환이 되는 것만 배웠는데 이와 같은 변환이 실인수와 가인수에서도 적용됩니다.

```
public static void main(String[ ] args){
    myMethod( 25 );
}              자동 형변환 25.0

public  static  void  myMethod(double x){
    ........
    ........
}
```

정수리 터럴의 실인수는 항상 int형으로 간주된다

메소드 호출에서 정수(리터럴)를 실인수로 하면 항상 int형이 됩니다. char, short, byte의 가인수에 대해 정수 리터럴을 지정해도 자동 형변환 해주지 않으므로 컴파일 에러가 납니다. 다음은 가인수가 char의 메소드에 실인수로 정수값을 지정해서 컴파일 에러가 납니다.

```
public static void main(String[ ] args){
    myMethod( 97 );
}                  에러!

public  static  void  myMethod(char c){
    ........
    ........
}
```

실인수의 캐스트

자동 형변환이 되지 않는 경우에 캐스트해서 형태를 맞출 수 있습니다. 다음은 int를 char로 캐스트하는 예제입니다.

```
public static void main(String[ ] args){
    int n = 97;
    myMethod((char)n );
}                        캐스트        'a'

public static void myMethod(char c){
    ........
    ........
}
```

▶▶▶ 연습문제 15-3

1. 다음과 같은 메소드 cal이 있을 때 이것을 호출하는 방법으로 잘못된 것은 어느 것인지 번호로 답하시오(여러 개 있음).

```
public static void cal(int n){
    ........
    ........
    return;
}
```

A. cal(10.5);
B. cal(20/3);
C. cal();
D. cal(-15);
E. cal('a');
F. cal((byte)15.3);
G. cal((int)Math.pow(5.0, 2));

[해답] _____

2. 다음과 같은 메소드 foo가 있을 때 이것을 호출하는 방법으로 잘못된 것은 어느 것인지 번호로 답하시오(여러 개 있음).

```
public    static    void    foo(char ch, int n){
    ........
    ........
    return;
}
```

A. foo(a, a);
B. foo('\u0062', a);
C. foo(0x98, a);
D. foo(a);
E. foo(c, 'b', a);
F. foo("b", a);
G. foo(c, c);
H. foo((char)a, a);

[해답] _____

15-5 값을 반환하는 메소드

표준 클래스의 Math.pow()와 같이 처리 결과를 얻을 수 있는 메소드를 다음처럼 만들어 봅시다. 다음의 tax 메소드는 인수의 금액에 대한 소비세를 계산합니다. 다음과 같이 myTax에 소비세를 읽을 수 있습니다.

```
double myTax;
myTax = tax(1200);
```

※ double myTax = tax(1200);이라고 해도 된다.

어떻게 해야 이와 같은 것이 가능한지 프로그램과 흐름도를 살펴보도록 합시다.

예제 3 값을 반환하는 메소드

```java
public class Sample15_5 {
    public static void main(String[] args) {
        ❶ doublemyTax;
        ❷ myTax = tax(1200);
        ❸ System.out.println("세금은" + myTax + "입니다");
    }
    // 소비세를 계산한다
    public static double tax(double price){
        ① double t = price * 0.1;
        ② return t;
    }
}
```

실행결과
```
콘솔
<종료됨> Sample15_5
세금은 120.0입니다
```

[처리의 흐름]   ※ ◆ 부분은 프로그램의 내부처리를 나타냅니다.

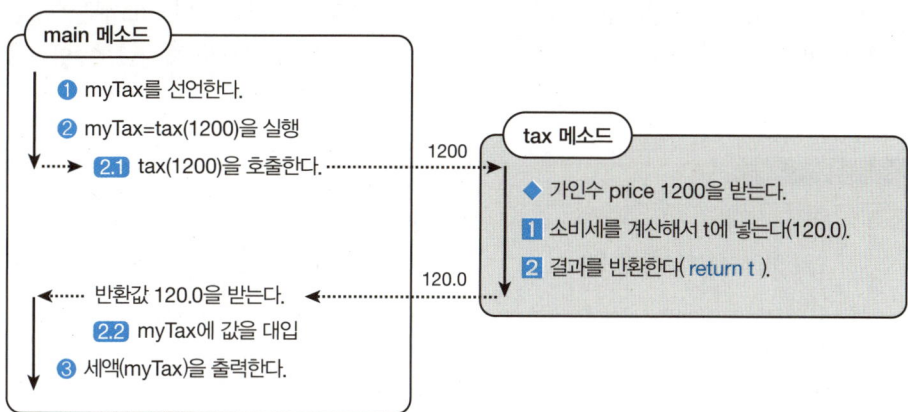

설명

① 세액을 넣는 변수 myTax를 선언한다.
② 2.1 tax 메소드를 호출한다.

②는 다음 2개의 처리로 이루어진다.
　　2.1 tax 메소드 호출의 처리
　　2.2 계산 결과를 받아 myTax에 대입하는 처리(tax 메소드 종료 후에 실행)

◆ tax 메소드는 가인수 price에 1200을 받는다.
1 세액을 계산해서 답을 t에 넣는다(price가 1200이므로 t는 120.0).
2 return t;로 main에 계산 결과 t를 통지한다.

　　return t;에 의해 이 메소드의 실행 결과는 t의 값이 된다.
　　즉, tax(1200)의 값은 120.0이 된다. return문이 메소드의 실행결과의 값을 결정한다.

◆ tax 메소드의 계산 결과(120.0)를 받는다.
2.2 받은 값을 myTax에 대입한다.
③ 세액을 출력한다.

　　tax 메소드가 통지하는 결과의 값을 **반환값**이라고 한다. main 메소드는 반환값을 받아 myTax에 넣어서 그것을 출력한다.

위와 같이 무언가의 값이 구해지는 메소드를 "**값을 반환하는 메소드**"라고 합니다.
또한 얻을 수 있는 값을 **반환값**이라고 합니다 그리고 반환값은 메소드의 return문으로 결정할 수 있습니다. return문에서는 어떤 형태의 값이라도 반환값으로 돌려줄 수 있습니다.

>>> 중요

- 값을 돌려주는 메소드에서는 return문으로 반환값을 지정한다.
- 반환값의 형태에 제한은 없다.

15.5.1 메소드의 반환형의 지정

한 가지 더 중요한 것이 있습니다. 지금까지 메소드의 키워드로 void라고 써있는 부분 (public static void)에는 반환값이 어떤 형태인지 써 둘 필요가 있었습니다. 지금까지 써있던 void는 "아무것도 값을 돌려주지 않는다"라는 의미입니다.

이 예제의 tax 메소드에서는 t가 반환값이었지만 t는 double입니다. 키워드에는 public static double이라고 적습니다. 이것을 메소드의 **반환형**이라고 합니다. 이로써 이 메소드는 값을 돌려주는 메소드이며 그 반환값은 double 값이라고 선언한 것이 됩니다.

```
public static double tax(double price){        ← 반환형
    double t = price * 0.1;
    return t;
}                        double형
```

>>> 중요

메소드의 반환형 지정

- 값을 돌려주지 않는 메소드는 키워드에 void를 지정한다.
- 값을 돌려주는 메소드는 키워드에 반환형을 지정한다.

SPD에서도 반환값을 아는 것이 중요합니다. 예를 들어 tax 메소드의 반환값(double)을 메소드의 타이틀 부분에 명시합니다.

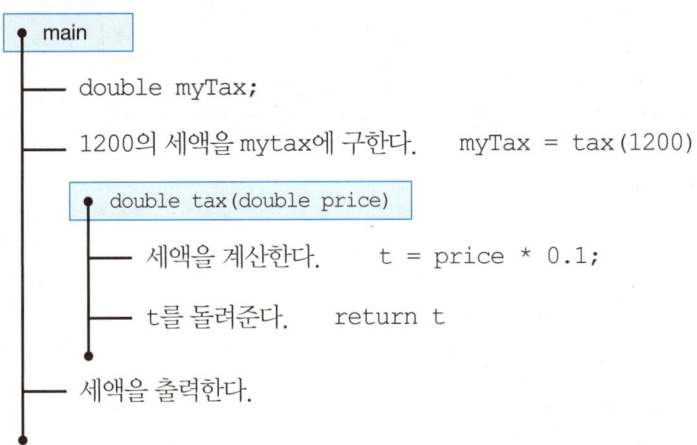

▶▶▶ 연습문제 15-4

1. A, B, C는 각각의 메소드를 호출하는 것입니다. 박스 안에는 호출한 메소드가 써있습니다. 메소드의 ①은 반환값, ②는 가인수, ③은 return 문입니다. A, B, C에 대해서 각각 ①, ②, ③에 맞는 것을 보기에서 골라 기호로 답하시오.

A. methodA();　// 반환값이 없음

```
public  static  [    ①    ]  methodA( [    ②    ] ) {
    ........
    ........
    [    ③    ] ;
}
```

B. int n = methodB('a', "ab");

```
public  static  [    ①    ]  methodB( [    ②    ] ) {
    ........
    ........
    [    ③    ] ;
}
```

C. `double c = methodC( 0.25 );`

```
public  static  [ ① ]  methodC( [ ② ] ) {
    ........
    ........
        [ ③ ] ;
}
```

[보기]

①의 보기
a. void
b. int
c. double
d. char
e. String

②의 보기
a. int a, String b
b. double c
c. void
d. int d, char e
e. 공백(아무 것도 없음)

③의 보기

String s = "ab";
int m = 10;
double x = 1.5;

일 때 아래에서 고르시오.

a. return;
b. return s;
c. return m;
d. return x;

[해답란]

	①	②	③
A			
B			
C			

2. 단가와 수량을 가인수로 받아 매출액을 계산해서 반환하는 sales 메소드를 작성하시오. 또, main 메소드에서는 키보드로 단가와 수량을 입력합니다. 그리고 그것을 실인수로 sales 메소드를 호출해 얻은 매출액을 출력하시오.

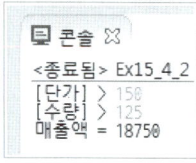

실행예

3. x2 − 2x + 2y − y2의 값을 계산하는 func 메소드를 작성하시오. func 메소드는 x와 y의 값을 가인수로 받아 식의 값을 계산해서 반환합니다. main 메소드에서는 키보드로 x와 y의 값을 입력해 그것을 실인수로 해서 func 메소드를 호출해서 답을 구하시오. 마지막으로 답을 다음의 실행 예와 같이 출력하시오.

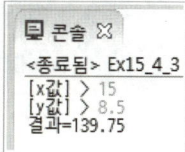
실행예

4. 1마일은 1.609344km입니다. 가인수로 마일값을 받아 그것을 km로 환산해주는 mileToKm 메소드를 작성하시오.
또한 main 메소드에서는 키보드로 마일의 값을 입력 받아 그것을 실인수로 해서 mileToKm 메소드를 호출해 킬로미터로 환산한 값을 얻어서 출력하시오.

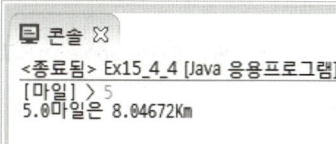
실행예

5. BMI는 비만도를 나타내는 수치로 키와 체중으로 계산할 수 있습니다. 가인수에 신장 a와 체중 b를 받아 BMI를 계산해 그 값을 반환하는 메소드 bmi를 작성하시오.
또한 main 메소드에서는 키보드로 신장(m 단위)과 체중(kg 단위)을 입력하고 그것을 bmi 메소드에 전달해 BMI값을 얻어 출력하시오

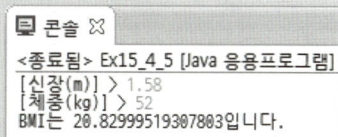
실행예

BMI는 체중(w, kg 단위)와 신장(t, 미터단위)에서 다음과 같이 계산합니다.

$$\text{BMI} = \frac{w}{t^2}$$

15-6 boolean값을 반환하는 메소드

이번에는 boolean형의 값을 반환하는 메소드의 사용 예를 살펴 보겠습니다. boolean값을 반환하는 메소드는 검사용 메소드에서 자주 이용됩니다. 예를 들면 다음 프로그램은 가인수로 받은 문자가 영문 소문자인지 판단하는 isLower 메소드입니다.

예제 4 판단 결과를 boolean으로 반환하는 메소드

```java
import lib.Input;
public class Sample15_6 {
   public static void main(String[] args) {
    ❶ char c = Input.getChar();
    ❷ if(isLower(C)){
    ❸    System.out.println("소문자입니다.");
       }else{
    ❹    System.out.println("소문자가 아닙니다.");
       }
   }
   // 소문자이면 true를 반환한다.
   public  static  boolean  isLower(char ch){
    ❶ if(ch>='a' &&ch<='z'){
    ❷    return  true;
       }else{
    ❸    return  false;
       }
   }
}
```

```
📄 콘솔 ☒
<종료됨> Sample15_6
[char] > b
소문자입니다.
```

실행결과

[프로그램의 흐름]

※ ◆의 기술은 프로그램의 내부처리를 나타냅니다.
※ 처리 순서를 따른 코드의 설명을 나열하고 있습니다.

main 메소드

❶ 문자를 변수 c에 입력한다.
❷ if(isLower(c))를 실행
◆ 2.1 실인수에 c를 지정해서 isLower(c)를 호출한다.

isLower(c) 메소드

◆ 인수 ch에 문자를 받는다.
1 소문자인지, 아닌지 조사한다.
2 소문자라면 true를 돌려준다.
3 그렇지 않으면 false를 돌려준다.

◆ 2.2 반환값으로 true 혹은 false를 받아 if문으로 판정한다.
❸ isLower(c)가 true라면 "소문자입니다"라고 출력한다.
❹ isLower(c)가 false라면 "소문자가 아닙니다"라고 출력한다.

> **설명**

이 프로그램은 키보드로 입력한 문자 c에 대해서 그것이 소문자인지, 대문자인지를 검사해 결과를 나타냅니다.

❶ 키보드로 입력한 문자를 받습니다.
❷ isLower(c) 메소드를 호출합니다.

❷는 다음 2가지의 처리로 나눕니다.
2.1 isLower 메소드 호출의 처리
2.2 결과를 받아 if문으로 판정하는 처리

◆ isLower(c) 메소드는 인수 ch에 문자를 받습니다.
1 ch가 소문자인지, 아닌지 조사합니다.
2 소문자라면 return문으로 true를 반환합니다(통지합니다).
3 그렇지 않으면 return문으로 false를 반환합니다(통지합니다).

`return true;` 혹은 `return false;`에 따라 boolean의 값을 반환합니다. return문은 필요에 따라서 몇 개라도 쓸 수 있습니다.

◆ 2.2 isLower 메소드의 결과를 받아 if문으로 판단합니다.
❸ true라면 "소문자입니다"라고 출력합니다.
❹ false라면 "소문자가 아닙니다"라고 출력합니다.

main 메소드는 isLower 메소드에서 true인지, false인지 어느 한쪽을 받습니다. 이를 if문에서 판단하는 것으로 소문자인지, 대문자인지를 판단할 수 있습니다.

15.6.1 if(isLower(c)) 사용법

boolean의 값을 반환하는 메소드 호출에서는 if (isLower (c)) 와 같이 if문 가운데 직접 메소드 호출을 사용합니다.

if (isLower (c)) 는 isLowr (c) 의 반환값이 true인지, false인지를 판단하는 if문입니다. 이것을

```
if(isLower(c) == true)
```

와 같이 적지 않도록 주의합시다.

다음 표에 나타낸 것과 같이 if(isLower(c)=true)의 값은 if(isLower(c))의 값과 같습니다.

관계식	isLower(c)의 값	
	true일 때	false일 때
if(isLower(c)==true)	true	false
if(isLower(c))	true	false

즉, 결론은 다음과 같습니다.

```
if (isLower(c)==true)    ⟷    if(isLower(c))
                        같음!
```

일반적으로 Java 언어에서는 "is○○"라는 메소드 이름은 true나 false를 반환하는 메소드에 사용합니다. 그것은 예제와 같이 간결한 방법으로 이용할 수 있기 때문에 사용법을 확실히 기억해 둘 필요가 있습니다.

>>> 중요

boolean의 값을 반환하는 메소드의 사용법

boolean의 값을 반환하는 메소드는 if문 안에 직접 메소드 호출을 적습니다.

▶▶▶ 연습문제 15-5

1. 가인수로 받은 double값이 0인지 아닌지 조사해서 0이라면 true를, 그렇지 않으면 false를 돌려주는 isZero 메소드를 작성합니다. 또, main 메소드에서는 double값을 키보드로 입력 받고 그것을 isZero 메소드에 전달해서 체크하시오. 결과는 다음 예처럼 출력합니다.

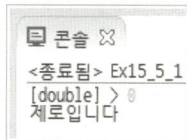
실행예

2. 문자열이 null이거나 빈 문자열 " "인 경우 true를 돌려주고 그렇지 않으면 false를 돌려주는 isEmpty 메소드를 작성하시오. main 메소드에서는 키보드로 String의 값을 입력해 isEmpty 메소드에서 체크하시오. 결과는 다음 예와 같이 출력합니다.

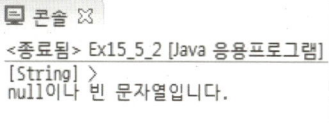
실행예

〔힌트〕
null인지, 빈 문자열인지를 체크하기 때문에 null과 " " 모두 비교해야 합니다.
null은 "=="으로, " "와는 equals( ) 메소드로 비교하십시오.

3. 가인수로 받은 해가 윤년(leap year)인지, 아닌지 판단해서 윤년이라면 true, 그렇지 않으면 false를 돌려주는 메소드 isLeapYear을 작성하시오.
main 메소드에서는 키보드로 년도를 입력하고 그것을 실인수로 해서 isLeapYear을 호출해 윤년인지, 아닌지를 판단해서 결과를 출력하시오.

실행예

〔힌트〕
윤년을 알 수 있는 방법은 다음과 같습니다.
• 『4로 나누어지며, 100으로 나누어지지 않는 해』 또는 『400으로 나누어지는 해』

15 / 정리

메소드의 역할

- main 메소드는 맨 처음 실행되는 메소드의 이름이다.
- 클래스에는 여러 개의 메소드를 작성할 수 있다.
- 하나의 메소드에는 하나의 기능을 할당하는 것이 좋다.
- 여기에서 작성하는 것은 클래스 메소드이다.

메소드 호출과 처리의 흐름

- 메소드는 다른 메소드를 호출해서 실행할 수 있다.
- 호출된 메소드가 동작하고 있는 동안 호출한 메소드는 정지한다.
- 호출된 메소드는 보통 return문으로 처리를 종료한다.
- 호출된 메소드는 처리를 마지막까지 끝내면 return문이 없어도 종료된다.
- 호출된 메소드의 처리가 종료되면 호출한 메소드가 다시 처리를 시작한다.

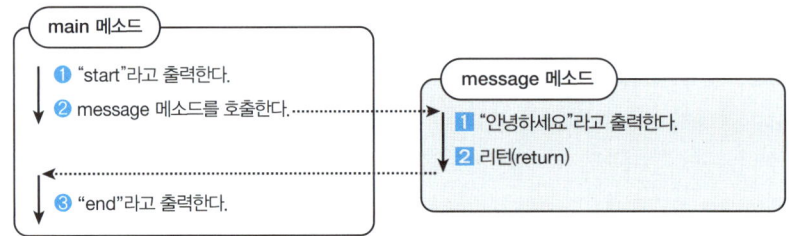

- 메소드 이름은 식별자의 룰에 따라 자유롭게 붙일 수 있다.
- 메소드 이름에는 ( )를 한다.
- 메소드 이름에 이어 블록({ })을 작성하고 그 안에 처리를 입력한다.
- 블록은 생략할 수 없다.
- 여러 개의 메소드를 입력 가능하며 main 메소드를 포함해 그 나열 순서에 의미는 없다.

boolean의 값을 반환하는 메소드

- boolean의 값(true인지, false인지)을 반환하는 메소드는 if문 안에 직접 입력한다.

```
if (isLower(c)==true)      ⟷      if(isLower(c))
```
같음

메소드에 인수를 전달한다

- 메소드 이름의 ( ) 안에 인수를 입력해 메소드 간의 데이터를 전달하는 것이 가능하다.
- 호출하는 쪽에서 지정하는 구체적인 값이나 변수를 실인수라고 한다.
- 메소드측이 받는 변수를 가인수라고 한다.
- 실인수는 가인수와 같은 형태의 인수를 같은 순서로 같은 개수만큼 지정한다.

```
main 메소드의 호출 : message("홍길동", 1);  // 실인수

message 메소드의 정의 : message(String name, int sex)  // 가인수
```

- 메소드에서는 가인수를 실제로 값이 들어있는 변수로 간주해 프로그램을 작성한다.
- 메소드에서 정의할 수 있는 가인수의 형태나 개수에는 제한이 없다.

다차원 배열의 작성시 정리와 주의점

- 리터럴 이외에 변수나 식을 지정할 수 있다.
- 표준 메소드도 어떠한 값을 구할 수 있는 것이면 지정할 수 있다.
- 가인수가 지정하는 형태와 다른 형태의 값을 지정해도 가능한 경우에는 자동 형변환된다.
- 캐스트된 실인수도 유효하다.

값을 반환하는 메소드

- 표준 클래스와 같이 값을 반환하는(어떠한 값을 구할 수 있다) 메소드를 작성할 수 있다.
- 값을 반환하는 메소드는 return문에서 반환하는 값을 지정하는 것만으로도 좋다.
- 반환하는 값의 형태를 반환형이라고 하며 메소드 이름 앞에 형이름을 기술해 둔다.

```
    public    static    double    tax(double    price){       // 반환형
        double    t = price * 0.1;
        return    t;                                           // double형
    }
```

- void는 값을 반환하지 않는 메소드에 붙이는 키워드이다.
- 반환형은 어떤 형태라도 될 수 있다(어떤 형태의 값이라도 return에 지정할 수 있다).

{Chapter 16}

응용 메소드

메소드를 자유자재로 사용할 수 있도록 하는 것이 이 책의 최종 목표입니다.
그런 의미에서 이번 장은 매우 중요합니다.
이번 장에서는 복수의 메소드를 사용하는 것의 의미와 메소드에서 다른 메소드를
이용하는 방법을 정확히 이해할 수 있도록 설명할 예정입니다.
또한, 배열을 메소드의 인수나 return값으로
사용하는 약간 어려운 예제도 다루겠습니다.
배열 변수에 들어있는 것은 배열의 참조입니다.
그러므로, 메소드 간에 전달되는 것은 참조인 것에 주의해 주십시오.
참조를 전달하는 것으로 배열을 자유롭게
조작할 수 있다는 것을 배울 것입니다.

16-1 복수의 메소드를 사용한다

지금까지 2개의 메소드를 가지는 클래스를 봐 왔는데 보통 하나의 클래스 안에는 더 많은 메소드가 있습니다. 처리를 작은 메소드로 분할하면 프로그램을 전체적으로 보기 쉽게 만들 수 있기 때문입니다. 다음의 예제는 3개의 정수 중에 최대값과 최소값을 구하는 프로그램입니다. 최대값을 구하는 메소드와 최소값을 구하는 메소드를 따로 만들어서 main 메소드가 이것들을 이용해서 전체의 처리를 하도록 하겠습니다.

예제 1 최대값과 최소값을 구하는 메소드

```java
import lib.Input;
public class Sample16_1 {
    public static void main(String[] args) {
    ❶   int a = Input.getInt();          // a, b, c에 값을 입력한다.
        int b = Input.getInt();
        int c = Input.getInt();
    ❷   int maxVal = max(a, b, c);       // 최대값을 구한다.
    ❸   int minVal = min(a, b, c);       // 최소값을 구한다.
    ❹   System.out.println("최대값=" + maxVal + "/ 최소값="
            + minVal);
    }
    // 최대값
    public static int max(int a, int b, int c) {
    ❶   int maxVal = a;                  // 먼저 a를 최대값으로 한다.
    ❷   if (b > maxVal) maxVal = b;      // maxVal와 b를 비교해서 큰 값을 maxVal로
    ❸   if (c > maxVal) maxVal = c;      // maxVal와 c를 비교해서 큰 값을 maxVal로
    ❹   return maxVal;
    }
    // 최소값
    public static int min(int a, int b, int c) {
    ❺   int minVal = a;                  // 먼저 a를 최소값으로 한다.
    ❻   if (b < minVal) minVal = b;      // minVal와 b를 비교해서 작은 값을 minVal로
    ❼   if (c < minVal) minVal = c;      // minVal와 c를 비교해서 작은 값을 minVal로
    ❽   return minVal;
    }
}
```

※ maxVal과 minVal은 메소드 안에 선언된 로컬 변수입니다. 다른 메소드에서는 같은 이름의 로컬 변수를 사용할 수 있습니다. 뒤에 나오는 설명을 참조해 주세요.

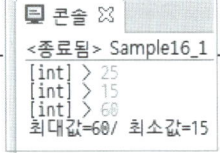

실행결과

```
■ 콘솔 ✕
<종료됨> Sample16_1
[int] > 25
[int] > 15
[int] > 60
최대값=60/ 최소값=15
```

【처리의 흐름】

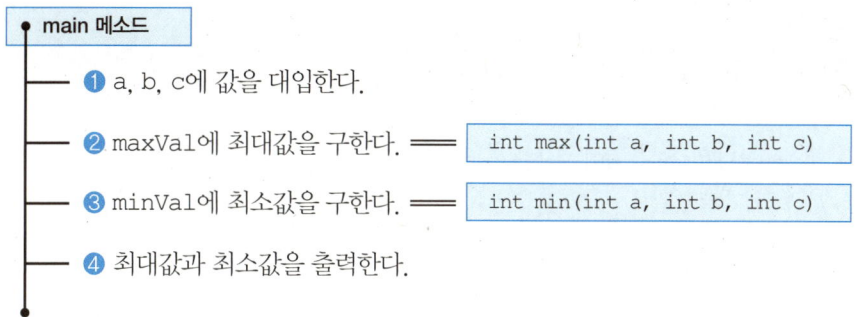

설명

main 메소드는 다음과 같이 처리를 실행한다.
❶ 3개의 값을 getInt()를 사용해서 a, b, c에 입력한다.
❷ 그 중에 최대값을 구하기 위해서 max 메소드를 호출한다.
❸ 그 중에 최소값을 구하기 위해서 min 메소드를 호출한다.
❹ 받은 반환값을 출력한다.

16.1.1 로컬 변수

메소드 안에서 선언된 변수를 **로컬 변수**라고 합니다. 로컬 변수는 그 메소드의 안에서만 유효합니다. 메소드가 다르면 별개의 변수로 취급됩니다. 그러므로, 다른 메소드에서는 같은 이름의 로컬 변수를 사용해도 괜찮습니다.

예를 들어, maxVal와 minVal가 main과 min, max 메소드에서 사용되고 있는데 이것들은 모두 로컬 변수입니다.

또한 가인수도 로컬 변수와 같이 취급합니다. 예제에서는 max와 min 둘 다 가인수의 이름은 a, b, c라고 되어 있습니다. 메소드가 다르면 같은 이름의 가인수를 사용해도 괜찮습니다.

이것은 JVM이 관리하는 **스택**(stack)이라는 영역에 작성된 변수입니다. 스택은 일시적인 데이터를 저장하는 영역입니다. 이에 반해 배열 객체가 사용하는 힙은 영구적인 데이터를 위한 영역입니다.

>>> 중요

로컬 변수

- 메소드 안에서 선언된 변수를 로컬 변수라고 한다.
- 로컬 변수는 그 메소드의 안에서만 유효하다.
- 인수도 로컬 변수와 똑같이 취급한다.
- 메소드가 다르면 같은 이름의 로컬 변수, 인수를 사용해도 된다.

16.1.2 최대값, 최소값을 구하는 방법

최대값을 구하는 방법은 다음과 같습니다. 최소값도 같은 방법으로 구할 수 있습니다.

- 최대값을 넣을 변수 maxVal을 선언하고 첫 번째 값 a를 대입한다.
- maxVal와 b를 비교해서 b가 큰 경우에만 maxVal에 b를 대입한다.
- maxVal와 c를 비교해서 c가 큰 경우에만 maxVal에 c를 대입한다.

최대값을 구하는 max 메소드의 SPD는 다음과 같습니다.

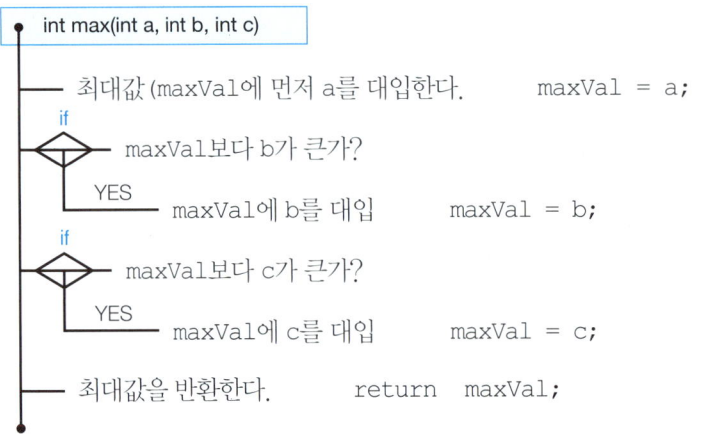

예제 1의 프로그램에서는 **2**, **3**과 **6**, **7**의 작성 방법에 주의해야 합니다. { }가 없는 if문이 사용됩니다. 보통 { }가 없는 if문은 가능하면 사용하지 않는 편이 좋지만 이처럼 간단한 경우에는 오히려 보기 좋고 이해하기 쉬운 코드가 됩니다.

```
if (b > maxVal) {
    maxVal = b;
}
if (c > maxVal) {
    maxVal = c;
}
```

```
if (b > maxVal) maxVal = b;
if (c > maxVal) maxVal = c;
```

깔끔하다

▶▶▶ 연습문제 16-1

1. 3개의 정수 a, b, c가 있을 때 ① $a^2+b^2+c^2$, ② $a \times b \times c$를 계산해서 출력하는 프로그램을 작성하시오. ①, ② 각각의 계산을 하는 메소드를 따로 만들고 main 메소드에서 호출해서 계산 결과를 얻어 출력합니다.

Main 메소드에서는 키보드로 입력 받은 3개의 정수를 변수에 a, b, c에 넣고 그것으로 처리를 하도록 합니다.

실행예

2. 5개의 int 데이터에서 최대값, 최소값, 합계를 구해서 출력하시오. 각각의 계산을 하는 max5, min5, sum5라는 3개의 메소드를 만들고 main에서는 각각의 메소드를 순서대로 호출하여 처리하도록 합니다.

5개의 데이터는 main에서 키보드로 입력 받아 변수 a, b, c, d, e에 넣으시오. 그것들을 max5, min5, sum5의 각 메소드에 파라미터로 넘겨서 결과를 받도록 만듭니다.

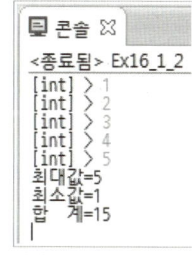
실행예

16-2 메소드에서 메소드를 호출하기

main 외의 메소드에서도 다른 메소드를 불러서 사용할 수 있습니다. 다음은 3개의 수에서 평균값을 계산해서 출력하는 예제입니다. main은 평균값을 계산하기 위해서 mean 메소드를 호출하고, mean 메소드는 값의 합계를 구하기 위해서 sum 메소드를 호출합니다.

예제 2 평균과 합계를 계산하는 메소드

```java
import lib.Input;
public class Sample16_2 {
    public static void main(String[] args) {
        ❶ double a = Input.getDouble();
           double b = Input.getDouble();
           double c = Input.getDouble();
        ❷ double m = mean(a, b, c);   // mean 메소드를 사용해서 평균을 구한다.
        ❸ System.out.println("평균값=" + m);
    }
    // 평균값을 계산한다.
    public static double mean(double a, double b, double c) {
        ❶ double total = sum(a, b, c);  // sum 메소드를 사용해서 합계를 구한다.
        ❷ return total / 3;
    }
    // 합계를 계산한다.
    public static double sum(double a, double b, double c) {
        ⓐ double t = a + b + c;
        ⓑ return t;
    }
}
```

실행결과
```
<종료됨> Sample16_2
[double] > 10
[double] > 20
[double] > 30
평균값=20.0
```

이 예제에서는 "평균을 계산"하는 처리를 작성하고 그 처리가 다시 "합계를 계산"하는 처리를 호출하도록 세분하고 있습니다. 이와 같은 방법을 **단계적 상세화**라고 합니다.

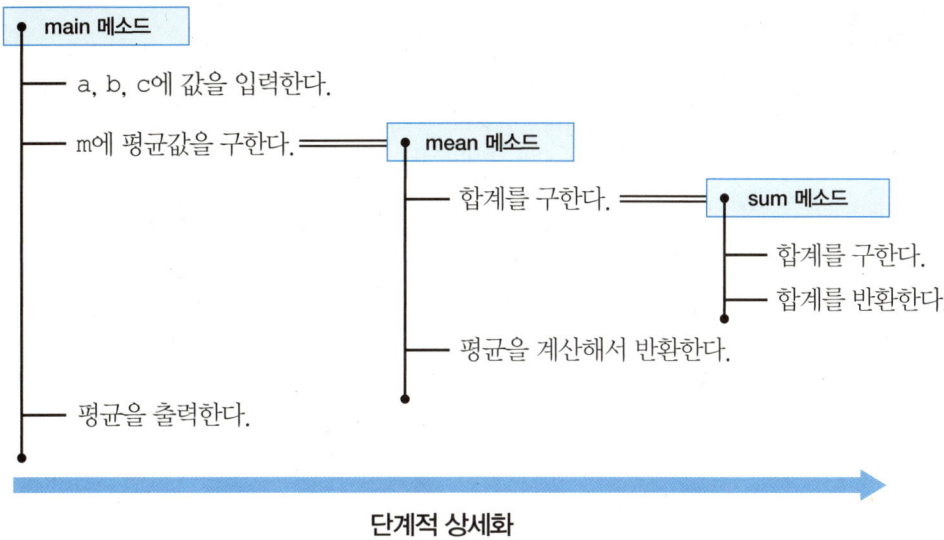

단계적 상세화

【처리의 흐름】

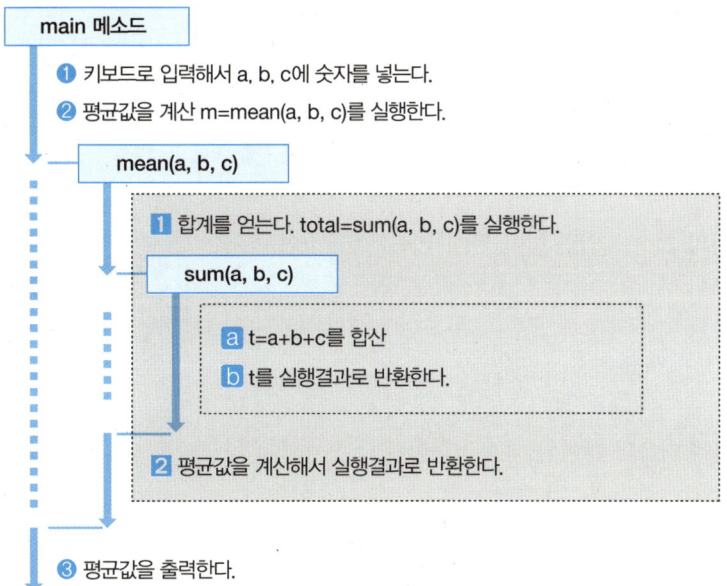

> 설명

다음과 같이 처리를 합니다.

- main 메소드는 3개의 값을 a, b, c에 입력합니다.
    평균값을 구하기 위해 이 값들을 인수로 mean 메소드를 호출합니다.
- mean 메소드는 가인수로 3개의 값을 전달 받습니다.
    합계를 구하기 위해 이 값들을 인수로 sum 메소드를 호출합니다.
- sum 메소드는 3개의 값을 전달 받습니다.
    이 값들의 합계를 구해서 반환합니다.
- mean 메소드는 sum 메소드로부터 받은 합계를 사용해서 **2**에서 평균값을 구합니다.
    이것을 계산결과로 반환합니다.
- main은 mean 메소드로부터 받은 값을 평균값으로 출력합니다.

단계적 상세화에서는 하나의 처리를 크게 나누어서 하위 메소드에게 맡기고 또한 그 메소드도 처리를 나누어서 다른 메소드에게 맡기는 것으로 기능을 점차 상세하게 구현합니다. 프로그램을 만드는 데 있어 굉장히 유용한 방법입니다.

▶▶▶ 연습문제 16-2

1. 실행 예처럼 단가와 개수를 입력 받아 판매금액을 계산하여 출력합니다.

  판매금액 = 단가 × 개수 × (1 − 할인율)

할인율은 개수에 따라 다음과 같이 정해져 있습니다.

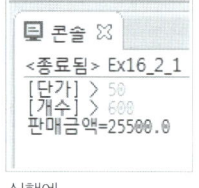

실행예

1 - 100미만	0%
100 - 500미만	10%
5000이상	15%

main 메소드 외에 다음 메소드를 작성합니다.

  sales 메소드 ←―――― 판매금액을 계산한다. 계산은 rate 메소드를 이용한다.
  rate 메소드   ←―――― 개수에 대한 할인율을 반환한다(표를 참조).

sales 메소드는 판매금액을 계산하기 위해 rate 메소드를 호출해서 할인율을 얻는데 다음 흐름도를 참고해서 작성하시오.

[처리의 흐름]

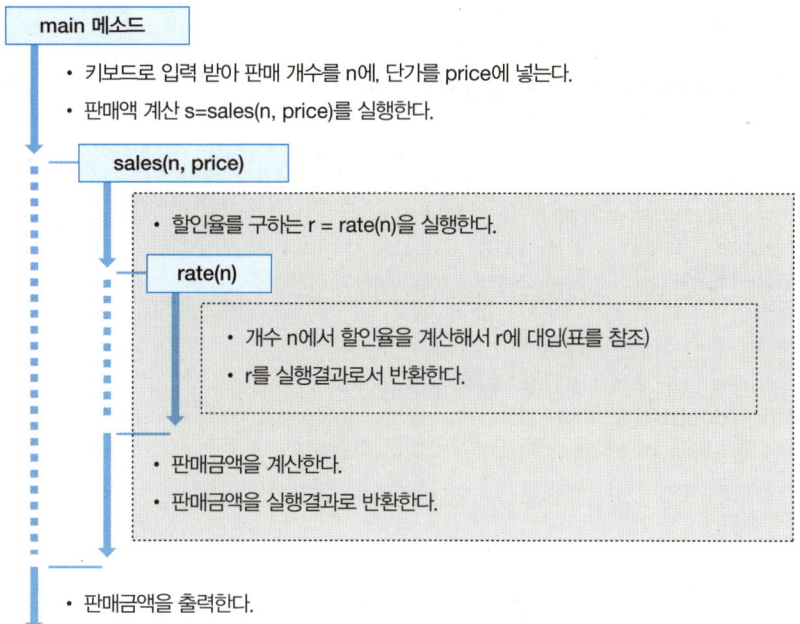

16-3 배열을 받는 메소드

배열을 인수로 받으면 여러 가지 처리가 가능해집니다. 다음의 예제는 배열 n을 가인수에 받아서 모든 요소를 출력하는 메소드입니다.

예제 3 데이터를 배열로 받아서 모든 요소를 출력하는 메소드

```
public class Sample16_3 {
    public static void main(String[ ] args) {
        double[ ] data = { 1.0, 2.1, 3.5 };
        disp(data);    // 메소드에 배열(의 참조)를 전달한다.
    }
    // 배열(의 참조)를 받아서 모든 요소를 출력하는 메소드
    public static void disp(double[ ] x) {
        for (double a : x) {
            System.out.print(a + " ");   // 출력한다.
        }
        return;
    }
}
```

실행결과
```
🖥 콘솔 ☒
1.0 2.1 3.5
```

【처리의 흐름】

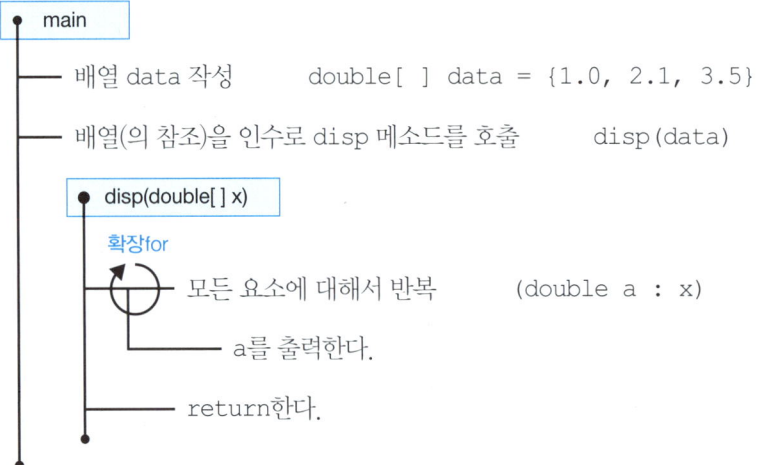

> **설명**

main 메소드에서 disp 메소드에 배열 변수 data를 전달합니다. 즉, **참조**를 넘기는 것입니다. disp의 가인수 x에는 main의 data와 같은 참조가 들어갑니다.

배열 객체에는 참조를 사용해서 액세스하기 때문에 같은 참조를 가지면 같은 배열 객체를 **공유**할 수 있습니다.

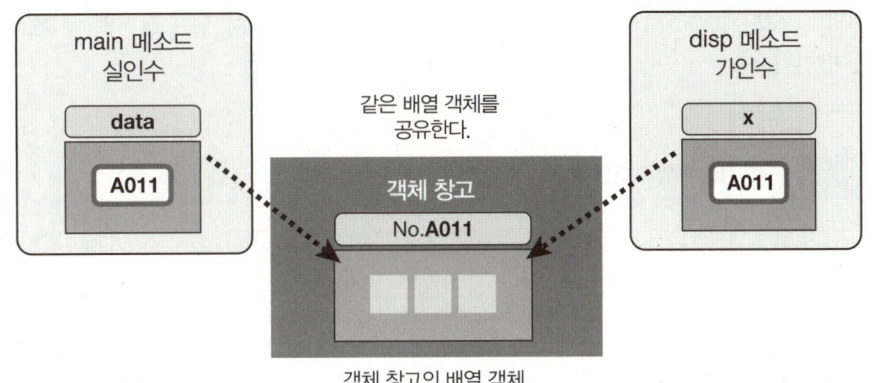

▶▶▶ 연습문제 16-3

1. int형의 배열을 받아서 모든 요소를 출력하는 show 메소드를 작성하시오. 또한 show 메소드를 사용해서 배열 {15, 25, 1, 2, 8, 41, 52}을 출력하는 프로그램을 작성하시오.

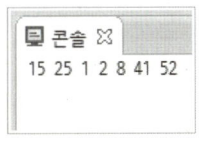
실행예

2. double의 배열을 받아서 그 요소의 합계를 계산하여 출력하는 메소드 dispTotal을 작성하시오. 또한, main 메소드에서는 {10.5, 5.6, 7.8, 0.12, 5.3, 16.4}을 요소로 가지는 배열 d를 만들고, 그것을 실인수로 dispTotal을 호출하도록 프로그램을 작성하시오.

3. 연습 16-1의 2번에서 만든 max5, min5, sum5의 각 메소드가 double의 배열을 인수로 가지도록 고치시오. main 메소드도 배열을 인수로 해서 이 함수들을 호출하도록 수정하도록 합니다. 호출 전에 main 메소드 안에서 5개의 요소를 가지는 double의 배열 x를 만들고, getDouble()를 사용해서 모든 요소에 값을 입력해 둡니다. main 메소드에서는 이 x를 실인수로 해서 각 메소드를 호출하도록 합니다.

16-4 배열을 받아서 처리 결과를 반환하는 메소드

다음의 sum 메소드는 double의 배열을 받아서 모든 요소의 합계를 계산해 반환하는 메소드입니다. 정리한 데이터를 처리하는 메소드를 만들 수 있어 여러 가지 처리에 응용할 수 있는 방법입니다.

예제 4 데이터를 배열로 받아 모든 요소의 합계를 반환하는 메소드

```
public class Sample16_4 {
    public static void main(String[] args) {
        ❶ double[ ] dt = { 165.7, 170.5, 182.1, 171.0, 168.5 };
        ❷ double total = sum(dt);
        ❸ System.out.println("합계=" + total);
    }
    // 배열을 받아서 각 요소의 합계를 반환하는 메소드
    public static double sum(double[ ] x) {
        ❶ double t = 0;
        ❷ for (double a : x) {
            t += a;
        ❸ }
        return t;   // 합계를 반환
    }
}
```

실행결과
```
📋 콘솔 ✕
합계=857.8
```

[처리의 흐름]

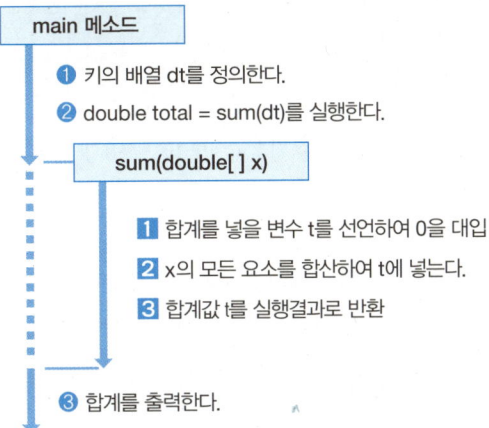

> 설명

main 메소드는 작성한 배열 dt를 sum 메소드에게 넘겨주고 모든 요소의 합계를 계산하도록 요청합니다. sum 메소드는 dt를 가인수 x로 받아 모든 요소의 합계를 계산합니다. 합계는 return문에서 반환값으로 반환됩니다. main 메소드는 돌려 받은 합계를 출력하고 프로그램을 종료합니다.

▶▶▶ 연습문제 16-4

1. 상품의 매출액이 들어있는 배열을 받아서 세액을 합산하여 돌려 주는 tax 메소드를 작성하고 세율은 10%로 합니다. 배열의 요소를 합산하여 세율을 곱하면 세액을 구할 수 있습니다.
main 메소드에는 {1200, 1500, 780, 5100, 2100}을 요소로 하는 배열 sales를 만들어 그것을 실인수로 하여 tax를 호출해 세액을 구합니다. 그리고 나서 세액을 "세액=○○"의 형식으로 출력하기 바랍니다.

2. 배열을 받아서 모든 요소의 평균을 반환하는 메소드 mean을 작성하시오. 또한 mean 메소드는 모든 요소의 합계를 계산하기 위해 예제 4의 sum 메소드를 이용하시오.
main 메소드에서는 {10.5, 5.6, 7.8, 0.12, 5.3, 16.4}를 요소로 가지는 배열 d를 만들고 그것을 실인수로 하여 mean을 호출하도록 프로그램을 작성하시오.

3. int의 배열 n과 정수 k를 받아서 n의 요소 중에 k로 나누어 떨어지는 수가 몇 개인지 조사해서 반환하는 howMany 메소드를 작성하시오.

main에서 배열 int[ ] dt = {115, 32, 20, 54, 63, 21, 18}을 만들고, 그 안에서 3으로 나누어 떨어지는 요소가 몇 개 있는지 howMany 메소드를 호출해서 조사하고 그 결과를 출력하시오.

실행예

〔 힌트 〕

howMany 메소드에서는,
- 개수를 카운트하기 위해 변수 int count를 선언해서 0을 대입한다.
- k로 나누어 떨어지는 요소를 찾으면 count++로 건수를 카운트한다.
- return count; 로 건수를 반환값으로 돌려준다.

4. double의 배열을 받아서 요소 중에 100.0을 넘는 값이 있는지 검사해서 있다면 true를, 없다면 false를 돌려주는 isOver100 메소드를 작성하시오.

main에서는 {55.1, 23.0, 168.8, 25.6, 33.1, 101.5}를 사용해서 isOver100 메소드를 호출하고 그 반환값을 그대로 출력하시오.

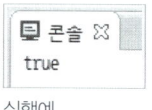
실행예

〔 힌트 〕

isOver100 메소드는 배열 dt를 가인수 a에 받습니다. 처리흐름은 다음과 같습니다. for문의 안에서 발견되면 바로 return true로 반환하도록 하는 것이 포인트입니다. return문은 언제라도 몇 번이라도 사용할 수 있습니다.

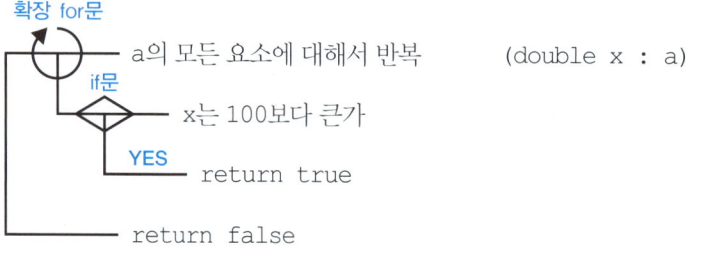

5. double의 배열 요소의 최대값을 찾아서 반환하는 max 메소드를 작성하시오. 또한 그것을 사용해서 {3.5, 5.7 2.1, 7.3, 4.8}의 최대값을 구하는 main 메소드를 작성하시오.

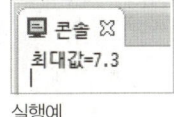

실행예

《최대값을 구하는 알고리즘》
최대값을 넣을 변수 max를 만들고 배열의 첫 번째 요소를 대입합니다. 최대값을 구하는 것은 다음 그림과 같이 변수 max의 값과 배열 요소의 값 중에 어느 것이 큰가를 for문을 사용해서 배열 요소 전체를 대상으로 비교하는 과정을 거칩니다. 배열 요소가 max보다 크면 max에 그 배열요소를 대입합니다.

다음은 이 알고리즘의 실행 예입니다. 모든 배열 요소와 max를 비교하는 것이 끝났을 때 max에는 최대값 7.3이 들어있는 것을 알 수 있습니다.

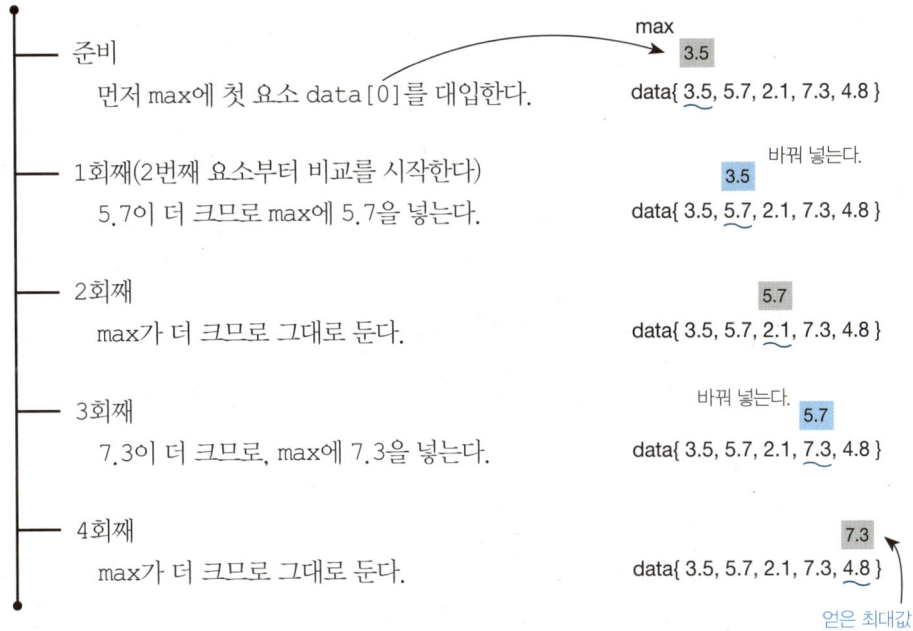

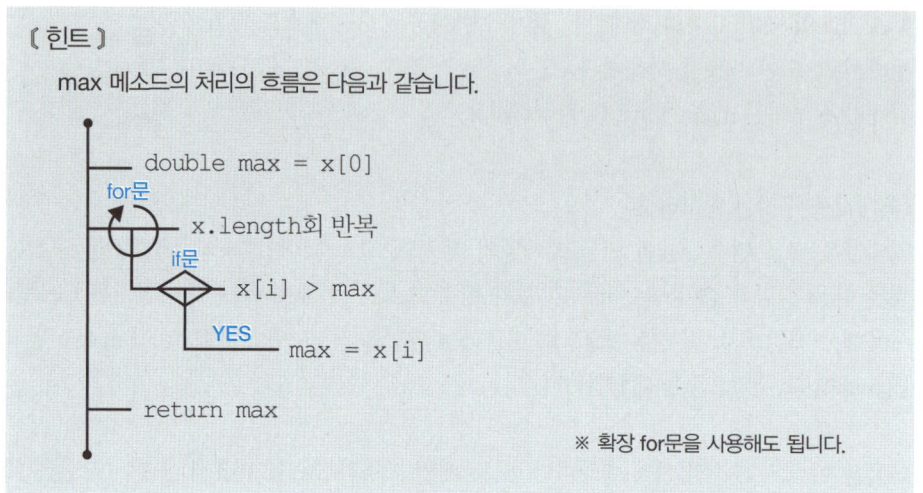

16-5 메소드에서 배열의 내용을 변경한다

배열을 실인수로 메소드에 넘겨줄 경우 배열의 참조가 넘어가기 때문에 메소드에서는 같은 배열을 공유하게 됩니다. 이것은 메소드에서 원래의 배열을 변경하는 것이 가능하다는 것을 의미합니다. 배열 그 자체에 변경을 가하기 때문에 배열 데이터의 리셋이나 배열 데이터의 변경도 할 수 있습니다.

예제 5 　배열 데이터의 요소를 변경하는 메소드

```
public class Sample16_5 {
    public class Sample16_5 {
        ❶ int[ ] n = { 1, 2, 3 };
        ❷ clear(n);
        ❸ System.out.print(n[0] + "," + n[1] + "," + n[2]);
    }
    // 배열 요소를 클리어하는 메소드
    public static void clear(int[ ] a) {
        ❶ a[0] = 0;
           a[1] = 0;
           a[2] = 0;
        ❷ return;
    }
}
```

main 메소드에서 출력한 것

실행결과
```
0,0,0
```

[처리의 흐름]

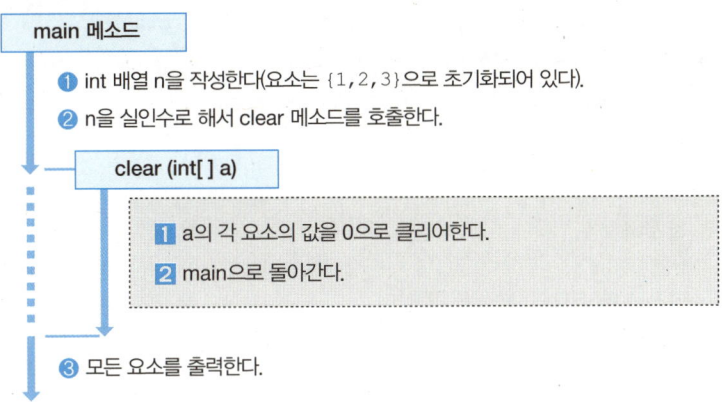

❸ 모든 요소를 출력한다.

설명

배열의 참조를 받는 clear 메소드는 main 메소드와 같은 배열을 공유합니다. main 메소드에서는 배열 요소에 {1, 2, 3}를 설정하여 clear 메소드를 호출하는데 clear 메소드를 호출한 후에 배열의 내용을 출력해 보면, {0, 0, 0}으로 클리어되어 있습니다.

이것은 clear 메소드가 배열 요소의 값을 변경하기 때문입니다. 같은 배열을 공유해서 조작하기 때문에 main 메소드로 돌아와도 그 변경은 그대로 유지가 됩니다.

▶▶▶ 연습문제 16-5

1. 다음 프로그램을 작성하시오.

(문제 1) 다음과 같은 addArray 메소드를 작성해봅니다.

■ **void addArray(double[ ] a, double[ ] b, double[ ] ans)**

인 수 double[ ] a, b   같은 요소수의 배열로 값은 들어가 있다.
         double[ ] ans   합계 결과를 넣는 배열로 a, b와 같은 요소의 수를 가진다.

반환값 없음

[설명] a와 b을 합계해서 ans에 넣습니다.
- addArray 메소드는 배열을 서로 합산을 합니다.
- ans[0] = a[0] + b[0]과 같이 대응하는 요소의 합계를 ans의 요소에 대입합니다.

〔문제 2〕 addArray 메소드를 사용해서 2개의 배열 {10.5, 2.3, 3.8}과 {1.5, 2.8, 4.1}의 합계를 구하는 프로그램을 main 메소드에 작성하시오. main 메소드에서는 얻은 합계를 콘솔에 적당한 형식으로 출력합니다.

※ ans를 new로 작성해서 addArray를 호출하지 않으면 실행시 예외가 발생합니다.

2. 다음의 프로그램을 작성하시오.

〔문제 1〕 다음과 같은 setData 메소드를 작성해 봅시다.

■ int setData(double[ ] x)

인 수 double[ ] x   데이터를 세팅할 배열이며 초기값으로 초기화되어 있다.
반환값 입력한 데이터의 건수

[설명] 인수로 온 배열 x에 데이터를 입력하고 그 개수를 반환한다.
- setData 메소드는 double의 배열 x를 받아서 그 요소에 새로운 데이터를 세팅해서 반환하는 메소드이다.
- 세팅하는 데이터는 키보드로부터 입력을 받는다. 배열 요소의 개수를 상한으로 한다. 배열 요소가 모두 세팅되지 않더라도 0.0이 입력되면 그만 입력받는다.
- setData 메소드는 x에 몇 개의 데이터를 입력했는지를 반환한다.

〔문제 2〕 setData 메소드를 사용하는 main 메소드를 작성하시오.
- main 메소드는 100개의 요소를 가지는 double 배열을 만들고 setData 메소드를 호출한다.
- setData 메소드의 반환값에서 입력된 데이터의 건수를 얻고, 그 건수의 데이터를 콘솔에 출력한다.

16-6 반환값으로 배열을 돌려 주는 메소드

메소드 안에서 새롭게 만든 배열을 반환값으로 돌려주는 것이 가능합니다. 많은 계산의 결과나 데이터를 묶어서 반환할 수 있기 때문에 여러 가지로 응용할 수 있습니다. 다음의 clone 메소드는 받은 배열의 클론을 새롭게 만들어서 반환하는 메소드입니다.

예제 6 배열의 클론을 만들어서 반환하는 메소드

```
public class Sample16_6 {
   public static void main(String[ ] args) {
      ❶ double[ ] m = { 2.5, 3.3, 0.2 }, n;   // n은 선언만해도 됩니다.
      ❷ n = clone(m);                          // n에 클론 배열(의 참조값)을 받는다.
      ❸ System.out.print(n[0] + ", " + n[1] + ", " + n[2]);
   }                                                              // 클론의 출력
   // 받은 배열의 클론을 작성한다.
   public static double[ ] clone(double[ ] a) {
      ❶ double[ ] x = new double[a.length];   // 같은 크기의 새로운 배열 x를 작성
      ❷ for (int i = 0; i < x.length; i++) {  // 요소를 복사한다.
            x[i] = a[i];
         }
      ❸ return x;   // 새로운 클론 배열(의 참조)을 반환한다.
   }
}
```

실행결과
```
콘솔 ☒
2.5, 3.3, 0.2
```

[처리의 흐름]

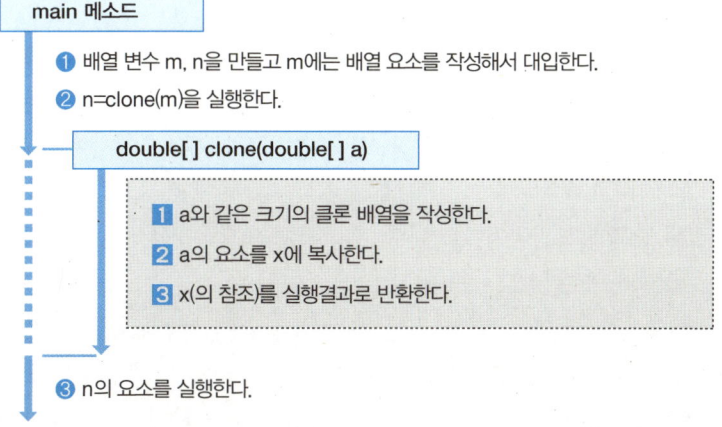

> 설명

clone 메소드의 동작

클론을 작성한다는 것은 사본을 만든다는 것으로 배열의 복사에 관해서는 "13.4 올바른 배열의 복사"에서 설명했습니다. 요점은 다음과 같습니다.

>>> 중요

배열의 복사 순서

① 원본과 같은 크기의 배열을 만들고 new로 초기화 해둔다.
② 원본의 배열 요소를 새로 만든 배열 요소에 하나씩 복사한다.

clone 메소드는 복사 순서대로 클론 배열 x를 작성합니다. 다음은 new문에서 초기화된 클론 배열을 작성하고 있습니다. new문에서는 0으로 초기화된 배열 요소가 만들어집니다. 같은 크기의 배열을 만들기 위해 인수로 받은 배열의 크기 a.length를 사용하는 것에 주의하기 바랍니다.

```
double[ ] x = new double[a.length];    // 새로 작성
```

그 뒤에 각각의 요소를 복사합니다. 요소를 하나씩 복사해야 합니다.

```
for (int i=0; i<x.length; i++) {    // 요소를 복사한다.
    x[i] = a[i];
}
```

마지막으로, return문으로 작성한 배열을 반환합니다. clone 메소드의 다음 작성 방법은 배열(의 참조)을 반환합니다. return으로 반환한 참조는 호출한 쪽의 메소드에서 참조형의 변수에 넣습니다.

배열 객체 자체는 객체 창고에 보관되어 있습니다. 참조가 프로그램에서 사용되는 이상 없어지지 않습니다.

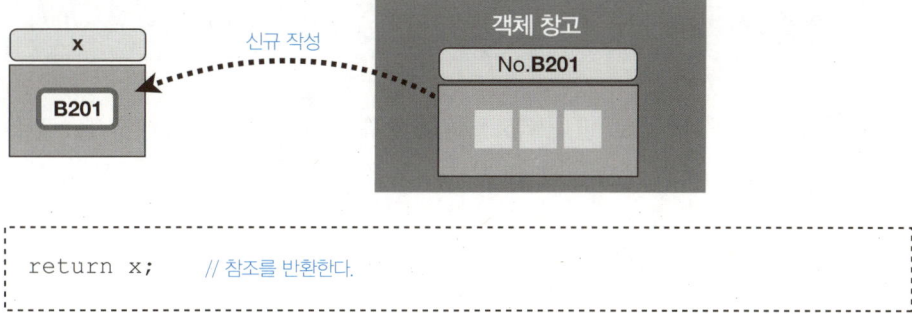

```
return x;      // 참조를 반환한다.
```

또한, clone 메소드의 반환형은 double[ ]이라는 것도 주목해야 합니다. double의 배열(의 참조)을 반환하는 경우의 반환형입니다.

```
public static double[ ] clone(double[ ] a)
```

main 메소드의 동작

main 메소드는 다음과 같이 clone 메소드를 호출합니다. 다음의 2번째 행에서 호출한 결과를 돌려받습니다. n에는 반환값을 넣는데 이 때 그 반환값은 배열의 참조입니다. double[ ] 형의 참조이기 때문에 n도 double[ ] 형으로 선언합니다.

```
double[ ] m = { 2.5, 3.3, 0.2 }, n;    // n은 클론으로부터 값을 받기 때문에
n = clone(m);                           // 선언만 하면 됩니다.
```

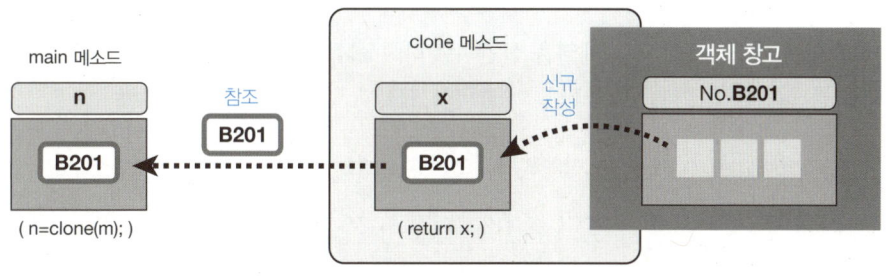

main 메소드는 n을 출력하고 실행 결과와 같이 제대로 복사가 되었음을 확인할 수 있습니다.

▶▶▶ 연습문제 16-6

1. int의 배열 m을 가인수로 받아서 요소의 부호를 바꾼 배열을 만들어서 돌려주는 reverseSign을 작성하시오. 예를 들면, {1, -5, 3}을 받아서 {-1, 5, -3}를 반환하는 메소드입니다.

main 메소드는 {14, -78, -52, 36, -49};로 reverseSign을 호출하고 돌려받은 배열 요소를 모두 출력하시오.

〔힌트〕
　배열의 클론 메소드를 참고하기 바랍니다.

2. 다음의 프로그램을 작성하시오.

〔문제 1〕 연습 16-5에서 작성한 addArray 메소드를 다음과 같이 변경하시오.

■**double[ ] addArray(double[] a, double[] b)**

〔인 수〕 double[ ] a, b　　같은 요소의 수를 가지는 배열로 값은 들어있다.
〔반환값〕 double[ ] ans　　"a와 b의 대응하는 요소를 더한 값"을 요소로 하는 배열
　[설명] • addArray 메소드는 배열끼리의 합산을 합니다.
　　　　 • 답을 넣을 배열 ans를 메소드 안에서 새로 작성합니다.
　　　　 • ans[i] = a[i] + b[i]로 계산합니다(i는 임의의 배열 요소 번호).
　　　　 • 반환값으로 ans를 돌려줍니다.

〔문제 2〕 main 메소드에서 다음 배열을 실인수로 하여 addArray 메소드를 실행하고 결과를 다음과 같이 출력하시오.

• double[ ] a= {5.3, 8.5, 7.1, 6.2, 3.3}
• double[ ] b= {2.2, 5.2, 6.4, 3.1, 2.3}

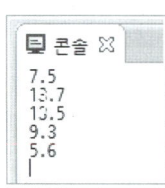

3. 임의의 금액을 받아서 그 금액을 화폐 종류별로 분류한 값의 배열을 돌려 주는 geumaek 메소드를 작성하시오. 여기서 화폐 종류별로 분류한다는 것은 다음과 같이 지폐와 동전의 조합으로 나타내는 것을 말합니다.

예를 들어 27,667원을 화폐 종류로 분리하면 다음과 같습니다. 이와 같이 화폐 종류표를 보고 큰 것부터 차례대로 계산합니다.

27,667원의 화폐 종류별 개수

50000원	10000원	5000원	1000원	500원	100원	50원	10원	5원	1원
0	2	1	2	1	1	1	1	1	2

이 때 geumaek 메소드는 다음과 같은 배열 w를 반환합니다. w는 요소수가 9개인 int형 배열입니다.

w[0]	w[1]	w[2]	w[3]	w[4]	w[5]	w[6]	w[7]	w[8]	w[9]
0	2	1	2	1	1	1	1	1	2

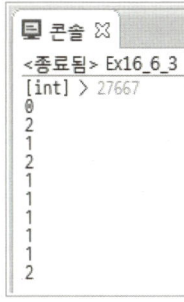

실행 예

main 메소드에서는 키보드로 입력 받은 금액을 변수에 넣고 그것을 geumaek 메소드에 넘기고, 화폐 종류별 개수의 배열을 받습니다. 그리고 돌려 받은 배열의 내용을 실행 예와 같이 출력합니다.

[힌트]

geumaek 메소드에서 화폐 종류를 입력한 배열 v와 화폐 종류별 개수를 넣을 배열 w를 정의하시오.

```
int[ ] v = {50000, 10000, 5000, 1000, 500, 100, 50, 10, 5, 1};
int[ ] w = new int[v.length];
```

geumaek 메소드의 SPD는 다음과 같습니다.

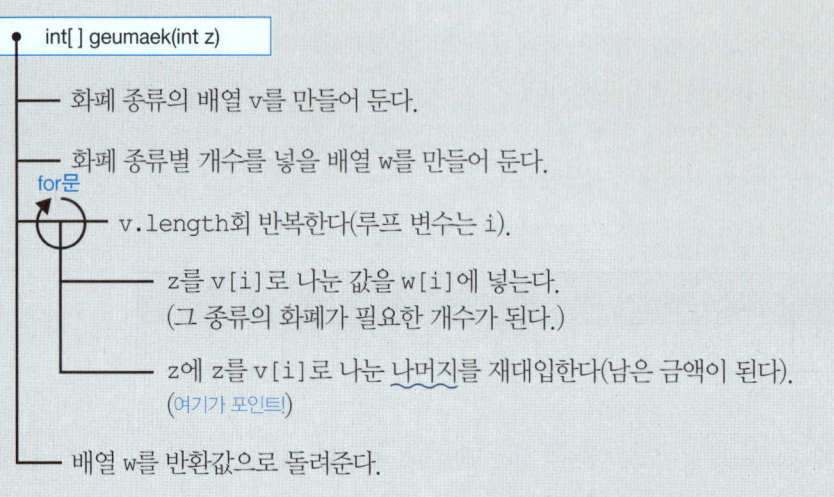

화폐 종류별 개수는 금액으로 나눈 값이다. 또한 나누고 난 나머지가 잔액이 된다.
(위에서 "여기가 포인트!" 라고 하는 부분을 유심히 봐 주십시오.)

시스템 다운

지금까지 필자는 2번 정도 대규모의 시스템 다운을 만난 적이 있습니다. 한 번은 지역 은행의 현금지급기가 일제히 멈춰버렸을 때로 당시에는 매우 놀랐습니다. 은행에 들어갔을 때 너무 소란스러워서 무슨 일이 일어 났는지 바로 알아채기 힘들 정도였습니다. 은행의 시스템은 무정지 시스템이라고 하여 절대로 정지하지 않는다고 들었었습니다. 설마 은행의 시스템이 다운될 것이라고는 생각하지 않았습니다.

두 번째는 이전 컬럼에서 얘기했던 대형 병원입니다. 아침 8시 반에 갔을 때 로비에 사람이 가득 차 있어 직원들이 의자를 이어서 임시로 대기 좌석을 만들고 있었습니다. 접수도, 검사도, 진찰도, 결제도 무엇 하나 불가능한 상황이었습니다. 최신식을 자랑하던 대형 병원 시스템이 완전히 정지한 것이었습니다. 누구도 정확한 사고 원인을 설명하지 못하고 복구까지는 상당한 시간이 걸리고 있었습니다.

담당 의사의 이름을 기억하고 있는 사람부터 진찰을 받는 것으로 해서(즉, 기억하지 못하는 사람도 있습니다) 어떻게든 진찰을 받긴 했습니다. 하지만 치료 이력을 컴퓨터에서 확인할 수 없기 때문에 오늘 어떤 치료를 해야 하는지 의사의 기억에 전적으로 의존해야 하는 상황이었습니다. 투약 종류도 환자가 의사에게 거꾸로 설명해서 기억을 되살려야 했습니다. 앞뒤가 바뀐 상황이었습니다. 컴퓨터로 입력하는 대신에 구식의 기계에 도장을 찍는 것이 오히려 신선한 느낌을 줄 정도였습니다.

그 날, 집에 오자마자 맨 먼저 한 일은 Google 캘린더를 열고, "여름 PC 정비 일"이라는 예정을 추가하는 것이었습니다. 사람도 기계도 절대라는 것은 없습니다. 유비무환이라는 것이겠지요.

16 정리

복수의 메소드

- main 메소드에서 여러 개의 메소드를 호출한다.

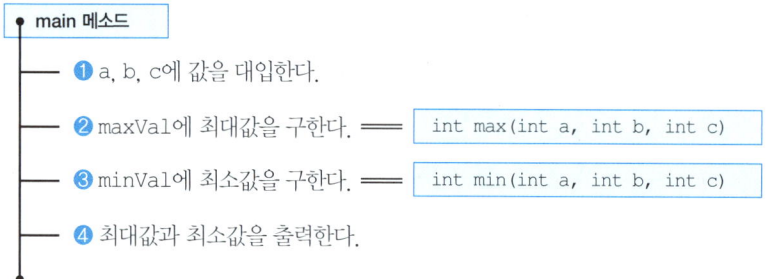

- 메소드 안에서 선언한 변수를 로컬 변수라고 한다.
- 로컬 변수는 그 메소드 안에서만 유효하다.
- 인수도 로컬 변수와 같이 취급한다.
- 메소드가 다르면 같은 이름의 로컬 변수, 인수를 사용해도 된다.
- 로컬 변수, 가인수는 JVM이 관리하는 스택에 존재한다.

메소드에서 메소드를 호출한다.

- main이 아닌 일반 메소드에서도 다른 메소드를 호출할 수 있다.
- 메소드의 처리를 세분화해서 다른 메소드에게 위임하는 프로세스를 단계적 상세화라고 한다.

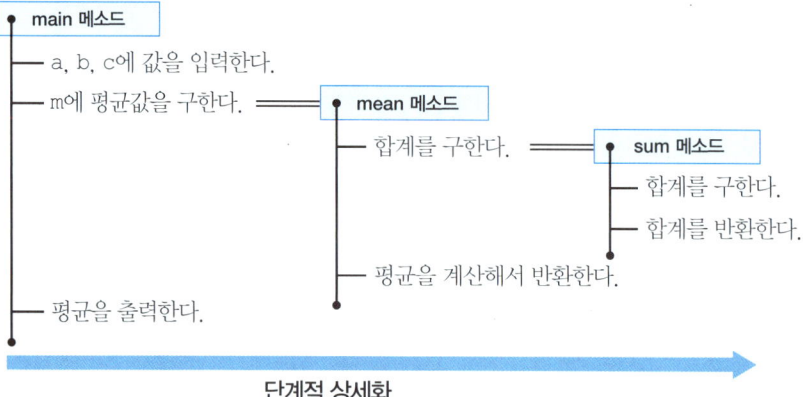

배열을 받는 메소드

- 메소드의 가인수를 배열형 변수로 해서 호출하는 쪽에서는 실인수에 배열 변수 이름을 쓴다.
- 메소드에 배열의 참조를 전달하는 것으로 배열 객체를 공유한다.

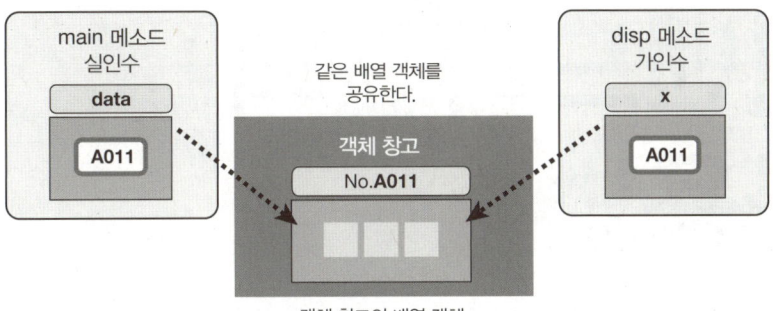

배열을 받아서 처리 결과를 반환하는 메소드

- 전달 받은 배열을 가지고 처리를 해서 결과값을 반환하는 것이 가능하다.
- 정리해서 모은 데이터를 처리하는 메소드를 만들 수 있다.

메소드로 배열의 내용을 변경한다

- 메소드는 인수로 배열 객체의 참조를 받기 때문에 배열을 공유하게 된다.
- 메소드에서 배열 요소의 값을 변경하면 호출한 메소드에 돌아가서도 변경된 내용은 그대로 있다.
- 배열 자체에 변경을 가하는 메소드에서는 배열 데이터의 리셋이나 배열에 데이터 대입을 할 수 있다.

반환값으로 배열을 돌려주는 메소드

- 메소드 안에서 새로 배열을 만들고 그것을 반환값으로 돌려줄 수 있다.
- 새로 작성한 배열은 객체 창고에 보관되고 **return**문으로 그 참조를 반환한다.
- 많은 계산 결과나 데이터를 모아서 반환할 수 있기 때문에 여러 가지로 응용할 수 있다.

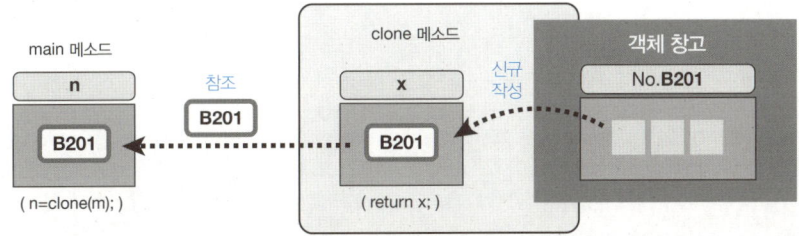

{Chapter 17}

커맨드라인의 사용법

이번 장에서는 Java 프로그램의 수동 컴파일과
실행에 대해서 배워보겠습니다.
수동으로 조작한다는 것은 마우스를 사용하지 않고
커맨드(명령어)를 입력해서 실행한다는 뜻입니다.
Eclipse를 사용하는 한은 이런 사용법은 필요가 없습니다.
하지만, 컴파일러의 사용법, 본래의 프로그램을 실행하는 방법 등
Java 개발의 일부로 알아둘 필요가 있습니다.

17-1 커맨드라인에서의 실행

지금처럼 마우스를 이용해서 컴퓨터를 조작할 수 있는 GUI(Graphical User Interface) 환경은 1990년 이후로 마이크로소프트 윈도우 3.1의 등장과 함께 보급되었습니다. 그 이전에는 모든 조작을 키보드를 사용해서 하는 CUI(Cahractor User Interface)가 일반적이었습니다. CUI에서는 여러 가지 커맨드(명령어)를 일일이 직접 타이핑해서 컴퓨터를 조작해야 합니다.

다음에 나오는 사진은 1981년에 IBM사가 판매한 IBM PC5150입니다. 첫 번째 비즈니스용 컴퓨터로 불리던 것인데 CUI만으로 조작했습니다.

프로그램의 이름 뒤에서 Enter키를 치면 그 프로그램을 실행하는 것이 가능했습니다. 물론 화면에 표시할 수 있는 것은 문자뿐이었기 때문에 실행중인 화면은 사진 속 모니터에 나오는 것처럼 보입니다.

CUI의 조작에서 프로그램 이름 등의 커맨드를 입력하는 부분을 **커맨드라인**이라고 말합니다.

커맨드라인의 시대는 대형 범용 컴퓨터를 포함해서 1950년대부터 반세기나 계속 되어 온 역사가 있기 때문에 현재의 개인용 컴퓨터에서도 같은 조작을 할 수 있도록 기능이 남아 있습니다. 다음 그림은 윈도우에서 **커맨드 프롬프트**라는 프로그램을 실행한 것입니다. 윈도우의 데스크탑에서는 다음과 같이 실행하는 것이 가능합니다.

>>> 중요

커맨드 프롬프트의 실행

[시작] ➡ [모든 프로그램] ➡ [보조 프로그램] ➡ [명령 프롬프트]

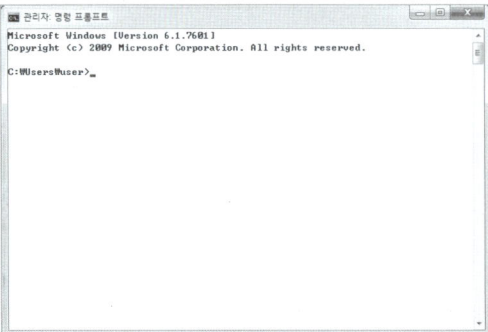

[주의]
이 책의 커맨드 프롬프트는 배경이 흰색, 문자가 검정색이 되도록 설정을 변경했습니다. 커맨드 프롬프트 윈도우의 타이틀 바에 있는 검은색 아이콘을 클릭해 메뉴에서 속성을 선택하고 표시 설정을 변경할 수 있습니다.
본래 설정은 배경이 검정색이고 문자가 흰색으로 전통적인 CUI의 화면을 시뮬레이트한 것입니다.

여기에서 윈도우의 계산 프로그램 calc.exe를 실행해 봅시다. 다음 그림과 같이 calc.exe로 타이핑해서 Enter키를 칩니다.

커맨드 프롬프트는 프로그램의 이름 다음에 Enter키를 쳐서 그 프로그램을 실행할 수 있습니다. 위의 화면에서 calc.exe는 계산 프로그램의 이름이므로 그 프로그램을 실행합니다. 실행할 수 있는 프로그램은 CUI 프로그램뿐만 아니라 계산 프로그램과 같은 GUI 프로그램도 포함됩니다.

 화면의 크기

DOS창이 화면 그 자체였던 1980년대 모니터의 크기는 14인치로 화면의 해상도는 640(가로)X480(세로)입니다. 가로 1행에 80자, 24행을 작성할 수 있는 에디터로 프로그램을 만들었습니다. 그것을 현재의 화면과 비교한 그림을 참고하기 바랍니다. 현재의 19인치 모니터 (1200X1024)의 중앙에 그 당시 크기의 창을 배치해봤습니다. 정말 이 정도였는지 눈을 의심할 정도입니다. 더불어 그 당시에는 액정 모니터가 아닌 브라운관 모니터였습니다. 어쩌면 x+=10; 등과 같은 복합 대입 연산자는 좁은 화면에 대응하기 위한 것이 아니었나 추측해 봅니다.

현재는 1600x1200의 화면도 쉽사리 볼 수 있습니다. 또, 2대의 모니터를 접속해서 2배의 넓이로 사용하는 것도 가능합니다. 극단적인 예입니다만 28인치 모니터로는 워드프로세서의 전체 화면을 표시할 수 있다고 합니다. 그것을 "2대 연결해서 사용했는데 목이 아파서 그만뒀다"라는 주변의 이야기를 듣고 부럽기도 하고 어처구니가 없기도 합니다.

17.1.1 컴파일러(Javac.exe)와 JVM(Java.exe)

① Eclipse를 사용하지 않는 경우에 Java 언어의 소스 프로그램은 메모장 등에서 작성해 ○○.java라는 이름으로 저장합니다. 하지만 그 파일을 그대로 실행하는 것은 불가능합니다.

② 프로그램을 실행하기 위해서는 JVM(Jaba Virtual Machine)이 이해할 수 있는 중간 언어로 변환할 필요가 있습니다. 이 변환을 하는 것은 Java 컴파일러입니다. 윈도우에서 java 컴파일러의 이름은 javac.exe입니다. 이 것을 실행하면 ○○.java에서 ○○.class라는 중간 언어의 프로그램 파일이 생성됩니다.

③ ○○.class는 JVM에서 실행합니다. JVM은 class 파일을 읽어 실행하는 프로그램입니다. 윈도우에서 JVM은 java.exe라는 이름의 프로그램입니다. javac.exe와 비슷하므로 주의해야 합니다. java.exe를 실행하면 작성된 프로그램의 화면 등이 표시되어 프로그램이 실행되기 시작합니다.

※ 메모장과 같이 문자 데이터만으로 된 파일을 작성할 수 있는 소프트웨어를 **텍스트 에디터**라고 합니다.

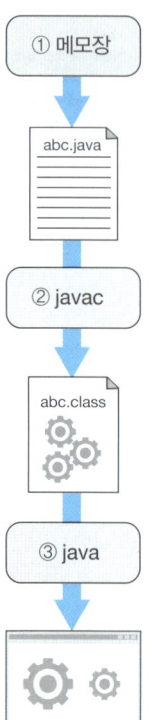

17.1.2 커맨드라인과 Java 프로그램

지금까지는 Eclipse 환경에서 프로그램을 작성해 왔기 때문에 위와 같은 순서는 모두 Eclipse가 자동으로 실행했습니다. 텍스트 에디터에서 java 파일을 편집하면 Eclipse는 동시 진행으로 실시간에 javac.exe를 실행해서 컴파일하고 class 파일을 작성했습니다.
이번에는 컴파일러(javac.exe)를 사용해 스스로 컴파일하고 JVM(java.exe)을 이용해 프로그램을 실행하는 방법을 배워보도록 하겠습니다. 이 작업은 커맨드라인 프롬프트에서 커맨드라인을 사용해 실시해야 하므로 먼저 커맨드라인의 사용법부터 알아야 합니다.

▶▶▶ 연습문제 17-1

1. 커맨드 프롬프트를 실행하고 explorer.exe를 입력해 봅시다.
(그러면 윈도우 탐색기가 실행됩니다.)

17-2 계층적 디렉토리와 경로

윈도우의 파일 시스템은 기억 장치를 단위로 해서 그 기점에서 미궁같이 아래로 계속 연결된 미로와 같은 구성으로 되어있습니다. 이를 계층적 디렉토리라고 합니다. 윈도우에서는 디렉토리를 폴더로 부르는 경우가 많기 때문에 바꿔 말하면 계층적 폴더 구조라고도 할 수 있습니다.

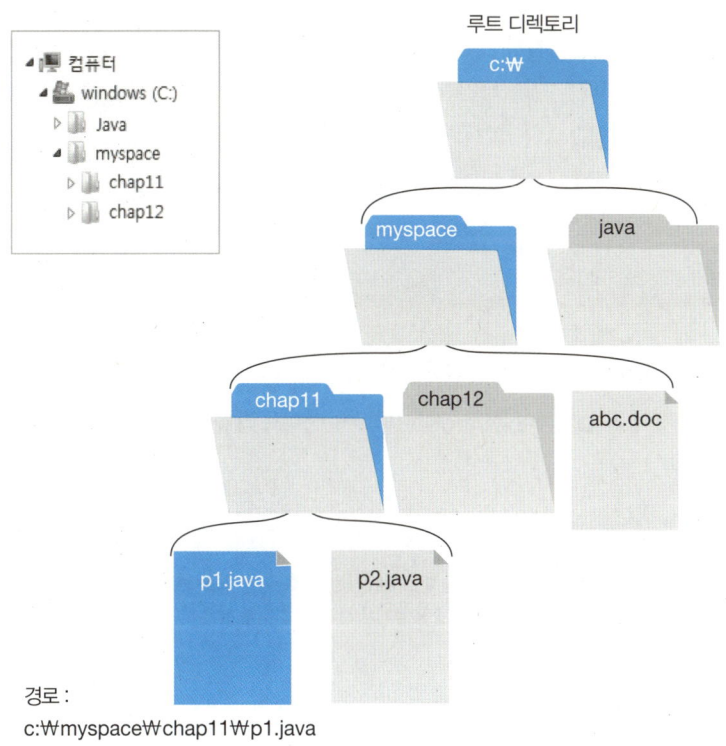

위의 그림은 C 드라이브의 구조를 나타내고 있습니다. 기억 장치의 기점을 **루트 디렉토**리라고 합니다. 그리고 그 아래에 Java와 myspace라는 2개의 디렉토리가 있습니다. 이 중 myspace 폴더 안에는 chap11, chap12 디렉토리와 abc.doc라는 문서가 있습니다. 또한 chap11 디렉토리 안에는 p1.java와 p2.java의 소스 프로그램 파일이 있습니다.

파일은 계층 안의 디렉토리 안에 존재합니다. 거기에서 "어느 디렉토리에 있고 어떤 파일인지"를 나타내기 위해서 **경로(path)**가 사용됩니다. 경로는 예를 들면 p1.java 파일의 경우 다음과 같이 드라이브명(c:)과 구별기호(₩)를 사용해 적습니다.

>>> 중요

경로(path)

예 : c 드라이브의 myspace 디렉토리 안의 chap11 디렉토리 밑에
p1.java 파일

c:\myspace\chap11\p1.java

경로는 커맨드라인 안에서 사용됩니다. 커맨드라인에서 작업은 항상 어느 한 디렉토리 안에서 실행됩니다. 디렉토리를 지하 속 깊은 미궁 가운데 하나의 방으로 가정한다면 항상 어딘가 방 안에서 실행된다는 것입니다. 거기서 커맨드라인이 현재 어느 방(디렉토리)에 있는지를 항상 표시하고있습니다. 앞에서 나왔던 계산 프로그램을 실행시키는 커맨드 프롬프트의 화면을 다시 자세히 보면 커맨드 프롬프트는 다음과 같이 나타나고 있습니다.

C:\Windows\system32>

C 드라이브의 디렉토리 "Windows"의 안에 있는 "system32"라는 디렉토리에 있다는 것을 나타냅니다. 이는 현재 있는 방(디렉토리)입니다. 이 디렉토리를 **현재 디렉토리**(현재의 디렉토리)라고 합니다.

[보충]
경로의 단락 문자는 \이지만 이는 운영체제(OS)의 종류에 따라 다릅니다. 예를 들어 Unix계 운영체제에서는 /을 사용할 수 있습니다. Java에서는 이와 같은 운영체제에 따른 차이를 흡수하기 위해서 경로의 단락 문자를 아래와 같이하여 얻을 수 있습니다.

    String s = File.separator;

윈도우에서 s에는 \가 들어갑니다. UNIX(유닉스)나 Linux(리눅스)에서는 s에 / 가 들어갑니다.

▶▶▶ **연습문제 17-2**

1. 앞에 나왔던 계층적 디렉토리의 그림을 보고 다음 경로를 작성하시오.

[해답란]

abc.doc _____

java _____

17-3 윈도우의 내부 커맨드

커맨드라인에서 타이핑할 수 있는 커맨드는 100개 이상이 됩니다. 그것들은 윈도우에 내장되어 있는 **내부 커맨드**입니다. 가장 기본적인 커맨드를 다음에 나타냈습니다. 굵은 테두리 안에 있는 4개의 커맨드는 기본 중의 기본이므로 반드시 기억해야 합니다.

※ 사용예 중)는 커맨드 프롬프트입니다.

커맨드	기능	사용예	
help	커맨드의 설명을 표시한다	>help	>help xcopy
cls	화면에 표시된 내용을 소거	>cls	
cd	다른 디렉토리로 이동	>cd c:\myspace\chap12	
dir	파일이나 디렉토리의 열람 표시	>dir	>dir /w
tree	디렉토리의 트리 표시	>tree	>tree c:\windows
type	파일 내용의 표시	>type P1.java	
popd	기억된 디렉토리로 이동	>popd	
pushd	현재 디렉토리의 위치 정보를 기억해서 이동	>pushd c:\	
ren	파일명의 변경	>ren P1.java P10.java	
rd	디렉토리 삭제	>rd temp	
md	디렉토리 생성	>md temp	
move	디렉토리 이름 변경	>move temp work	
copy	파일의 복사	>copy P1.java P10.java	
xcopy	디렉토리별 복사	>xcopy chap12 chap13 /E/F/X	

※ cls는 clear screen의 약자, cd는 change directory의 약자입니다.

cd는 현재 디렉토리(현재 접속하고있는 디렉토리)를 이동시킬 때 사용합니다. 표의 사용예에서는 c:\myspace\chap12 디렉토리로 이동합니다. 지금은 경로가 긴 문자열인데 **상대경로**를 사용하면 더욱더 간단하게 지정할 수 있습니다.

상대경로의 지정 방법은 현재 디렉토리가 기점이 되므로 현재 디렉토리가 어디인지에 따라 달라집니다.

《상대경로의 지정 방법 : chap12 디렉토리로 현재 디렉토리를 바꾼다》

A. 현재 디렉토리가 myspace인 경우
　　cd chap12

B. 현재 디렉토리가 chap11인 경우
　　cd ..\charp12

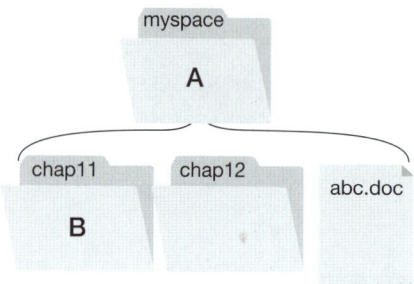

myspace가 현재 디렉토리인 경우 단순하게 cd chap 12라고 디렉토리를 지정하는 것만으로도 이동할 수 있습니다. chap12는 myspace 안에 있으므로 myspace 안에 있는 것이라면 그곳에 있는 파일이나 디렉토리는 모두 "보이기 때문"입니다.

그런데 현재 디렉토리가 myspace 안에 있는 chap11이라면 chap12 디렉토리는 보이지 않습니다. chap12 디렉토리는 chap11 안에 있는 게 아니라 myspace 안에 있으므로 방 밖입니다. 그래서 ..을 사용합니다.
..은 현재 디렉토리의 상위 디렉토리를 의미합니다. chap11 디렉토리의 ..은 myspace입니다. 그리고 chap12는 myspace 안에 있으므로

　　cd..\chap12

로 디렉토리를 이동하는 것이 가능합니다. ..에 ₩를 붙이는 것을 꼭 기억해야 합니다. 이와 같은 현재 디렉토리를 기준으로 하는 경로의 표현을 **상대경로**라고 합니다. 또한 한 개의 .은 현재 디렉토리를 의미합니다.
이에 반해,

　　c:\myspace\chap12

와 같이 드라이브의 루트 디렉토리부터 지정된 완전한 경로를 절대경로라고 합니다. **절대경로**는 언제라도 어디에서라도 유효한 경로의 지정 방법입니다.

▶▶▶ 연습문제 17-3

1. Windows 디렉토리의 일부는 다음과 같은 구조입니다. 그림을 참고로 문제에 답하시오.

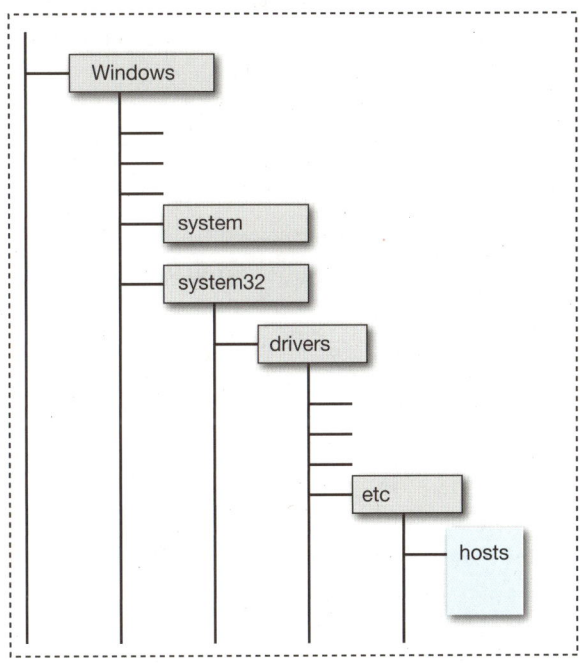

〔문제 1〕
- 현재 디렉토리는 c:\Documents and Settings\tanaka라고 합니다.
- 아래의 명령을 1부터 순서대로 실행할 때 커맨드란의 [ ]을 채우시오.
- 단 경로의 지정은 1번은 절대경로로 그 이외에는 상대경로를 사용할 것

명령	커맨드
1. system 디렉토리로 변경한다.	pushd c:\windows\system
2. system32 디렉토리로 변경한다.	[ ]
3. etc 디렉토리로 변경한다.	[ ]
4. 파일과 디렉토리의 내용을 본다.	[ ]
5. hosts 파일의 내용을 출력한다.	type hosts
6. 화면을 클리어한다.	[ ]
7. Windows 디렉토리로 변경한다.	[ ]
8. 초기의 현재 디렉토리로 돌아온다.	popd

〔문제 2〕 커맨드 프롬프트를 실행해 앞에 나왔던 표의 커맨드를 순서대로 타이핑해서 실행해 봅시다.

17-4 프로그램의 컴파일과 실행

소스 프로그램을 텍스트 에디터로 작성해 컴파일하고 실행해봅시다. 메모장에서 프로그램을 작성하는 것은 불편하므로 소스 프로그램은 지금까지 해왔던대로 Eclipse로 작성하도록 합니다.

17.4.1 프로그램의 작성

Eclipse에 새로운 프로젝트로 chap17을 작성하고 그 안에 sample 패키지를 작성해 주십시오. 그리고 다음 RunTest라는 클래스를 작성합니다. RunTest는 "Hello'로 표시하는 텍스트 프로그램입니다.

```
chap17
  src
    sample
      RunTest.java
  JRE 시스템 라이브러리 [JavaSE-1.7]
```

```
package sample;
public class RunTest {
    public static void main(String[ ] args) {
        System.out.println("Hello");
    }
}
```

17.4.2 베이스 디렉토리

chap17이라는 프로젝트를 작성하면 실제로 chap17이라는 디렉토리가 작성됩니다. 또한 패키지 sample을 작성하면 chap17 디렉토리 안에 sample 디렉토리가 작성됩니다.

위의 그림은 chap17 디렉토리가 작성된 모습입니다. 그림의 오른쪽을 보면 sample 디렉토리 외에도 .classpath나 .project라는 파일이 보이는데 이는 Eclipse가 자동 작성한 설정 파일입니다.

Java 파일을 컴파일하고 실행하기 위해서는 현재 디렉토리를 베이스 디렉토리인 chap17 디렉토리로 바꿔줄 필요가 있습니다.

컴파일에서 작성된 class 파일에는 베이스 디렉토리를 기점으로 sample 디렉토리 등이 있다는 정보까지 쓰여져 있으므로 chap17 디렉토리를 현재 디렉토리로 해서 실행하지 않으면 프로그램은 실행되지 않습니다.

다른 디렉토리에서 실행하면 다음과 같이 NoClassDefFoundError이라는 실행시 예외가 발생합니다.

```
Exception in thread "main" java.lang.NoClassDefFoundError: sample/sample17_5_1 (wrong name: sample/Sample17_5_1)
        at java.lang.ClassLoader.defineClass1(Native Method)
        at java.lang.ClassLoader.defineClass(ClassLoader.java:800)
        at java.security.SecureClassLoader.defineClass(SecureClassLoader.java:142)
        at java.net.URLClassLoader.defineClass(URLClassLoader.java:449)
        at java.net.URLClassLoader.access$100(URLClassLoader.java:71)
        at java.net.URLClassLoader$1.run(URLClassLoader.java:361)
        at java.net.URLClassLoader$1.run(URLClassLoader.java:355)
        at java.security.AccessController.doPrivileged(Native Method)
        at java.net.URLClassLoader.findClass(URLClassLoader.java:354)
        at java.lang.ClassLoader.loadClass(ClassLoader.java:425)
        at sun.misc.Launcher$AppClassLoader.loadClass(Launcher.java:308)
        at java.lang.ClassLoader.loadClass(ClassLoader.java:358)
        at sun.launcher.LauncherHelper.checkAndLoadMain(LauncherHelper.java:482)
```

이는 현재 디렉토리에 sample 디렉토리 및 sample\RunTest.java 파일을 찾지 못해 일어나는 현상입니다. 따라서 커맨드 프롬프트에서 컴파일, 실행할 때에는 다음에 주의해 주십시오.

>> 중요

컴파일, 실행시의 디렉토리 설정

- 현재 디렉토리를 프로젝트의 베이스 디렉토리로 변환한다

프로젝트의 베이스 디렉토리는 다음 그림과 같이 Eclipse의 프로젝트 메뉴에서 특성을 선택하면 알 수 있습니다. 자원의 위치란에 기재된 것이 베이스 디렉토리의 절대경로입니다.

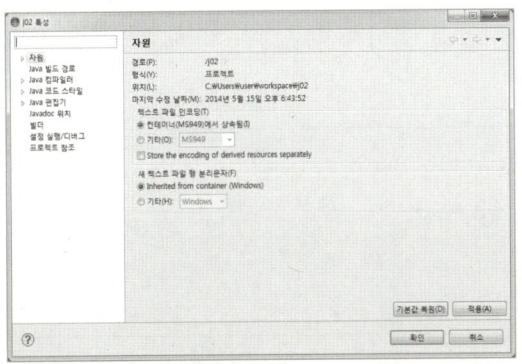

※ 패키지 탐색기에서 프로젝트를 오른쪽 클릭해서 특성 메뉴를 선택해 주십시오. 프로젝트가 선택되어 있지 않으면 특성 다이얼로그는 정보를 표시할 수 없습니다.

17.4.3 컴파일과 실행

베이스 디렉토리를 배웠으므로 커맨드 프롬프트를 실행해 cd 커맨드로 현재 디렉토리를 바꿔줍니다.

```
> cd c:\myspace\chap17 ↵
```

Eclipse로 소스 프로그램을 작성했기 때문에 이미 컴파일은 끝났지만 여기에서는 컴파일의 순서를 기억하는 것이 목적이므로 재컴파일합니다. 컴파일러는 Javac.exe이므로 다음과 같이 javac의 뒤에 공백으로 구분해서 컴파일하려고 하는 소스 프로그램을 지정합니다.

```
c:\myspace\chap17>javac sample/RunTest.java ↵
c:\myspace\chap17>
```

※ 음영으로 된 부분에 대해서는 밑에 나오는 [중요]를 참조하기 바랍니다.

이들 작업에 대해서는 다음 부분에 각별히 신경을 써서 주의해야 합니다.

> **》》 중요**
>
> **컴파일, 실행시 주의점**
>
> ① 모든 작업을 베이스 디렉토리로 실시할 필요가 있다.
> ② 소스 프로그램은 패키지명으로 적는다(sample/RunTest.java).
> ③ 경로의 지정에서 ₩ 대신에 /를 사용한다(sample/RunTest.java).
> ④ 경로의 지정에서 대문자와 소문자는 구별되는 것이므로 정확하게 구별하여 쓴다.

다음으로 JVM에서 RunTest.class를 실행합니다. JVM은 java.exe입니다. 다음과 같이 지정합니다. 여기에서는 프로그램에 확장자 class를 붙이지 않는 것에 주의해 주십시오. 실행 결과로 Hello가 출력됩니다.

```
c:\myspace\chap17>java sample/RunTest ↵
Hello

c:\myspace\chap17>
```

[참고] 커맨드라인에서 사용할 수 있는 커맨드

다음에 나오는 명령은 기억해두면 편리합니다.

```
dir ------------------ 파일, 디렉토리의 내용물을 출력합니다.
dir /w --------------- 위와 같음(내용물들이 많을 경우 복수의 열에 나누어 출력)
dir *.Java ----------- 확장자가 Java인 파일의 내용물만 출력합니다.
cls ------------------ 출력된 내용물을 클리어합니다.
```

▶▶▶ 연습문제 17-4

1. 다음 처리를 실행하시오.

(1) chap17이라는 프로젝트를 작성해 exercise, sample이라는 2개의 패키지를 작성하시오. 단, 프로젝트를 작성할 때 [새 Java 프로젝트 다이얼로그]에서 [프로젝트 레이아웃]을 아래 그림과 같이 선택해 주십시오. 이전의 Eclipse에서는 이쪽이 기본값이 되기 때문에 책의 내용도 이쪽을 전제로 하고 있습니다. 이 설정으로 하지 않으면 컴파일과 실행이 되지 않으므로 주의해야 합니다.

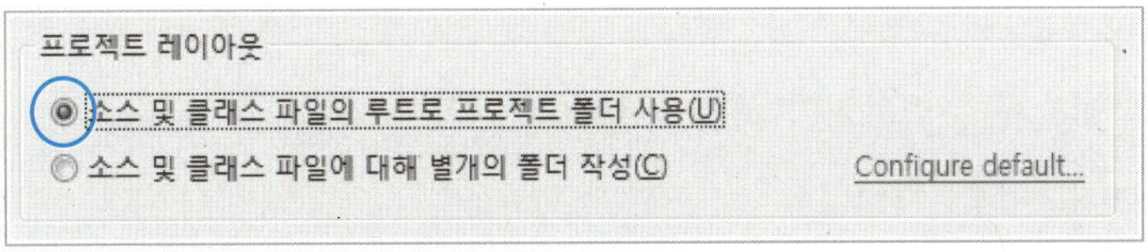

(2) lib 패키지를 작성해 그 안에 input.Java를 입력하시오.
(다른 프로젝트에서 lib 패키지를 전부 복사, 붙여넣기도 할 수 있습니다.)

(3) 다음 프로그램을 exercise 패키지에 작성하고 커맨드라인으로 컴파일해 실행할 때의 커맨드라인의 작성법을 답하시오.

```java
package exercise;
import lib.Input;
public class Ex17_4_1 {
    public static void main(String[] args) {
        String s = Input.getString();
        System.out.println("문자열=" + s  );
    }
}
```

17-5 커맨드라인 인수

main 메소드에도 다른 메소드와 동일하게 가인수가 있습니다. main 메소드의 선언을 보면 String의 배열을 가인수로 가지고 있는 것을 알 수 있습니다.

```
public static void main(String[ ] args) {
    ...
}
```

main 메소드는 맨 처음 실행되는 메소드이기 때문에 다른 메소드로부터 호출되는 경우는 없고 이 가인수는 이용할 수 없는 쓸모 없는 것처럼 생각됩니다. 하지만 커맨드라인에서 프로그램을 실행할 때에만 실인수를 전달할 수 있습니다.

다음 그림과 같이 실행된 클래스 이름 뒤에 공백으로 구분해서 실인수를 지정합니다.
이를 **커맨드라인 인수**라고 합니다. 커맨드라인 인수는 모두 문자열입니다. main 메소드에서는 그들을 String의 배열로 받아들일 수 있습니다. 배열로 받기 때문에 실인수 개수의 제한은 없습니다.

Sample17_5_1은 받은 인수를 출력하기만 하는 프로그램입니다. 가인수의 String 배열 args의 내용을 확장 for문으로 출력합니다.

[커맨드라인에서의 실행] (주의) △은 공백을 나타냅니다.

```
c:\myspace\chap17>Java sample/Sample17_5_1△철수△영희△민수 ⏎
C:\myspace\chap17>철수△영희△민수

C:\myspace\chap17>_
```

실인수 → "철수" "영희" "민수"

[main 메소드]

```
package sample;
public class Sample17_5_1 {
    public static void main( String[ ] args ) {
        for(String s : args){
            System.out.println(s);
        }
    }
}
```

가인수

실행결과

```
E:\workspaces\java\Java\bin>java sample/Sample17_5_1 철수 영희 민수
철수
영희
민수
E:\workspaces\java\Java\bin>_
```

17.5.1 요소 개수의 체크

커맨드라인 인수를 지정하지 않은 경우에도 args는 null이 되지는 않습니다. args는 요소 수 0의 배열이 됩니다. 즉 args.length는 0입니다. 이는 다음과 같이 작성한 배열과 같습니다.

　　　String[ ] args = new String[0];

커맨드라인 인수를 지정하지 않거나 지정에 오류가 있을 경우 요소의 수가 main 메소드로 기대하고 있는 수와 달라 실행시 예외(에러)가 발생할 가능성이 있습니다. 따라서 커맨드라인 인수를 이용하는 프로그램에서는 일반적인 인수의 개수를 체크할 필요가 있습니다. 이 예제는 커맨드라인 인수에서 이름을 받아 인사를 출력하고 있습니다. 커맨드라인 인수가 없는 경우에는 메시지를 출력해서 프로그램을 종료합니다.

프로그램을 강제적으로 종료하기 위해서는 System.exit( )를 사용합니다. ( )에는 임의의 정수를 지정합니다. 여기에서는 1을 지정하고 있지만 나중에 이용할 일이 없으므로 적당한 수를 넣은 것입니다.

```
package sample;
public class Sample17_5_2 {
    public static void main( String[ ] args ) {
        if(args.length==0){
            System.out.println("인수가 없습니다");
            System.exit(1);    // 프로그램을 강제로 종료한다.
        }
        System.out.println("안녕하세요"+args[0]+"씨");
    }
}
```

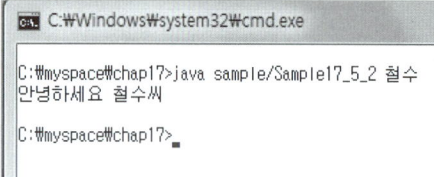

▶▶▶ 연습문제 17-5

1. 커맨드라인 인수에서 임의의 수의 문자열을 받아 그것을 역순으로 출력하는 프로그램을 작성하시오.

2. 커맨드라인 인수에서 번호와 이름 2개의 인수를 받아 그것을 연결하여 "08123/김철수"와 같이 출력합니다. 단 커맨드라인 인수를 2개 지정하지 않은 경우에는 다음과 같이 처리합니다.

  0의 경우   "인수가 없다"고 출력하고 프로그램을 강제 종료
  1의 경우   "인수가 부족하다"이라고 출력하고 프로그램을 강제 종료
  2보다 큰 경우 "인수가 너무 많다"라고 출력하고 프로그램을 강제 종료

강제 종료시에는 System.exit(1)를 사용합니다.

17-6 수치 데이터 받기

커맨드라인 인수에서 수치를 전달하고 싶을 때에는 "10"과 같은 숫자의 문자열을 전달합니다. main 메소드에서는 문자열 "10"을 받아 이것을 수치 10으로 변환합니다.

다음 Sample17_6_1은 커맨드라인 인수에서 받은 2개의 숫자로 된 문자열을 정수로 변환하고 그 합계를 표시하는 프로그램입니다. 문자열을 정수로 변환하기 위해서는 표준 클래스의 Integer를 이용합니다. **Interger.parseInt( )**로 문자열을 정수로 변환할 수 있습니다.

```
c:\myspace\chap17>Java sample/Sample17_6_1 10 15 ↵
25

C:\myspace\chap17>_
```

"10" "15"

```java
package sample;
public class Sample17_6_1 {
    public static void main( String[ ] args ) {
        int a = Integer.parseInt(args[0]);   // 정수로 변환
        int b = Integer.parseInt(args[1]);   // 위와 같음
        System.out.println(a+b);
    }
}
```

정수 이외의 변환도 가능합니다. 예를 들면 double일 경우 인수에

　　　"10.5"

와 같은 문자열을 전달하고 main에서는 표준 클래스의 double을 사용해 다음과 같이 변환합니다. Double은 첫 문자가 대문자 D이므로 주의해 주십시오.

```
double x = Double.parseDouble(args[0]);
```

int나 double뿐 아니라 표준 클래스에서는 기본 데이터형에 대응하는 클래스가 준비되어 있습니다. 기본 데이터형 이름과 비슷한 이름이지만 이들은 표준 클래스입니다. 다음에는 문자열에서 변환을 해주는 클래스 메소드의 리스트를 나타냈습니다.

클래스	클래스 메소드	기능
Byte	parseByte(String s)	문자열을 byte로 변환한다.
Short	parseShort(String s)	문자열을 short로 변환한다.
Integer	parseInt(String s)	문자열을 int로 변환한다.
Long	parseLong(String s)	문자열을 long으로 변환한다.
Float	parseFloat(String s)	문자열을 float으로 변환한다.
Doulbe	parseDoble(String s)	문자열을 double로 변환한다.

※ Integer만은 형 이름 그대로인 Int가 아니므로 주의합시다.

다음 예제는 실제로 프로그램을 작성해서 테스트해 주세요. 또 아래에 주의사항도 참고해 주세요.

예제 1 문자열을 숫자로 변환하는 메소드를 사용한다

```
public class ParseTest {
   public static void main(String[] args) {
       byte    b    =    Byte.parseByte("110");
       short   s    =    Short.parseShort("21321");
       int     i    =    Integer.parseInt("-2015683214");
       long    l    =    Long.parseLong("4412015683214");
       float   f    =    Float.parseFloat("7451.123");
       float   f2   =    Float.parseFloat("7451.123F");
       double  d    =    Double.parseDouble("568.12");
       double  d2   =    Double.parseDouble("1.2345e-72");

       System.out.println(b);
       System.out.println(s);
       System.out.println(i);
       System.out.println(l);
       System.out.println(f);
       System.out.println(f2);
       System.out.println(d);
       System.out.println(d2);

   }
}
```

[주의]
이들 변환 메소드에서는 문자열의 형식이 맞지 않으면 실행시 예외(에러)가 발생합니다. 실행시 예외는 프로그램을 실행해 볼 때까지 발생하지 않으므로 주의가 필요합니다. 특히 잘못된 범위나 잘못된 형태 등은 실수하기 쉬우므로 주의해야 합니다.

① byte b = Byte.parseByte("654000");   // byte의 범위 밖의 값
② short s = Short.parseShort("654000");   // short의 범위 밖의 값
③ int i = Integer.parseInt("12.5");   // 형태가 다르다.
④ long l = Long.parseLong("abl2024");   // 형태가 다르다.
⑤ long l = Long.parseLong("4412015L");   // long의 끝에 L은 불필요하다.
⑥ int n = Integer.parseInt(" 10");   // 공백은 불필요하다.

사용 예에도 있는 것처럼 float에서는 "7451.123F"와 같이 끝에 F나 f를 붙여서 문자열을 지정하는 것이 가능하지만 long은 끝에 L, l(소문자)을 붙이면 실행시 예외가 됩니다. 또한 "10"과 같이 앞에 공백을 두는 것도 불가능합니다. "0010"처럼 0을 붙이는 것은 가능합니다.

예제 2 커맨드라인 인수를 사용

1km당 주행 경비를 계산해서 출력하겠습니다. 커맨드라인에서 주행거리(km), 연료소비량(리터), 연료단가(원)의 3가지 항목의 값을 순서대로 지정하고 프로그램을 실행합니다. 입력된 값에서 1km당 주행 경비를 계산해 출력합니다. 단 인수의 개수가 3개가 아니라면 메시지를 출력해 강제 종료합니다.
1km당 주행 경비는 주행단가=(연료소비량/주행거리) x 연료단가로 구합니다.

```
public class Ex17_6_2 {
    public static void main(String[ ] args) {
        if (args.length != 3) {
            System.out.println("인수가 3개가 아닙니다.");
            System.exit(1);
        }

        double a = Double.parseDouble(args[0]); // double로 변환
        double b = Double.parseDouble(args[1]);
        double c = Double.parseDouble(args[2]);
        double x = (b/a)*c; // 계산
        System.out.println("1Km 당 주행 경비 = " + x);
    }
}
```

▶▶▶ 연습문제 17-6

1. 커맨드라인에서 2개 이상의 임의의 개수의 부동소수점 수(double)를 지정해 프로그램을 실행합니다. 커맨드라인에 입력된 값으로 double의 배열을 작성해 그 요소 중에서 최소값을 구해서 출력합니다. 또한 커맨드라인 인수가 2개보다 작을 때는 적당한 메시지를 출력하고 강제 종료하도록 만들어봅시다.

참고 최선의 안전대책

점심을 먹고 있는데 천둥소리가 나니까 선임 엔지니어가 급하게 기계실로 뛰어갔습니다. 무슨 일이냐고 물어보니 "천둥이 치면 시스템이 멈춘다"라는 것이었습니다. 그때는 코웃음을 치고 있었는데 몇 년 후 대학의 LAN(Local Area Network)에서 같은 일이 일어나 예전처럼 웃고 있을 수만은 없어졌습니다. 천둥의 전자기파가 컴퓨터 시스템을 파손시킬 수 있는 것은 잘 알려져 있습니다. 그런데 왜 이와 같은 일이 일어나는 것일까요?

사실은 모든 현상이 예산을 아끼기 위해 건물밖에 노출된 LAN 배선의 일부가 광케이블이 아닌 동축케이블로 되어있었기 때문입니다. 구리선은 쉽게 전자기파를 받아들입니다. 인재라고 밖에 할 수 없습니다.

컴퓨터의 하드웨어는 고장나도 손해는 상대적으로 크지 않습니다. 정말 피해가 큰 것은 데이터입니다. 그렇기 때문에 최근 PC에는 데이터를 보호하는 RAID 기능을 가지고 있는 것도 있습니다. 같은 데이터를 2개의 디스크에 동시에 저장하는 RAID1(미러링)이나 여러 대의 하드디스크에 분산저장해 어느 하나가 고장이 나도 남은 디스크에서 복구할 수 있는 RAID5 등입니다. 그러나 RAID도 같은 컴퓨터 장치 내에서의 안전대책이므로 장치 그 자체가 망가지면 낭패를 볼 수 밖에 없습니다.

가장 효과적인 것은 서로 다른 컴퓨터가 백업을 하는 것입니다. 최근에는 이와 같은 서비스를 개인이 이용할 수 있습니다. 게다가 무료입니다. 그것은 P2P 기술을 이용한 Windows Live Sync라는 Microsoft사의 서비스입니다. 특정 폴더를 여러 대의 컴퓨터간에 자동 백업할 수 있습니다. p2p는 컴퓨터 바이러스의 동료와 같은 이미지이지만 실은 매우 유용한 기술입니다.

결론 우선 멀티탭을 신뢰할 수 있는 천둥 대책이 있는 것으로 사용할 것 그리고 중요한 데이터는 2군데 이상의 pc로 서로 백업할 것. 그것이 개인이 할 수 있는 최선의 안전대책이라 할 수 있습니다.

17 정리

커맨드라인으로 실행

- 커맨드라인을 시뮬레이트하기 위한 커맨드 프롬프트가 있다.
- [시작] ➡ [모든 프로그램] ➡ [보조 프로그램] ➡ [명령 프롬프트]로 실행한다.
- 컴파일러는 javac.exe로 커맨드라인에서 실행한다.
- 실행 환경의 JVM은 java.exe로 커맨드라인에서 실행한다.
- Eclipse는 javac.exe를 백그라운드에서 실행해 자동 컴파일을 한다.

계층적 디렉토리와 경로

- 윈도위의 파일 시스템은 계층적 디렉토리로 되어 있다.
- 파일의 위치와 이름을 나타낼 때 경로를 사용한다.
- 경로의 단락문자는 윈도우에서는 ₩을 사용하지만 UNIX, Linux등에서는 /을 사용한다.

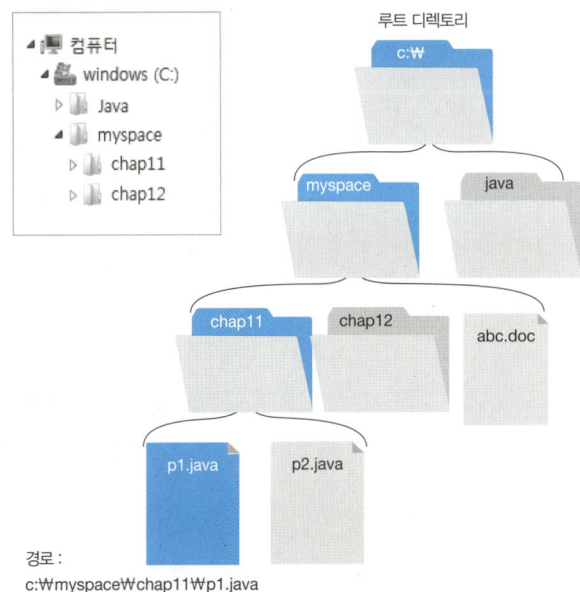

윈도우 내부 명령어

- 윈도우 OS에 내장된 명령어로 명령 프롬프트에서 사용할 수 있다.
- cls(콘솔의 클리어), dir(디렉토리 리스트의 출력), cd(디렉토리 이동)
- ..은 현재 디렉토리를 기준으로 한 단계 상위 디렉토리를 나타낸다.

프로그램의 컴파일과 실행

- 컴파일은 javac.exe, 실행 환경인 JVM은 java.exe이다.
- Eclipse에서 프로젝트를 작성하면 같은 이름의 디렉토리가 생긴다.
- 프로젝트의 디렉토리는 프로젝트의 특성에서 알 수 있다.
- 프로젝트의 디렉토리를 베이스 디렉토리라고 한다.
- 프로그램을 컴파일, 실행하기 위해서는 베이스 디렉토리를 현재 디렉토리로 한다.
- 모든 작업을 베이스 디렉토리로 실행해야 한다.
- 소스 프로그램은 패키지 이름부터 쓴다.   sample/Runtest.java
- 경로의 지정에서 ₩ 대신에 /를 사용한다.   sample/Runtest.java
- 경로의 지정에서는 대문자와 소문자는 구별되므로 정확하게 구분해서 쓴다.

커맨드라인 인수

- main 메소드의 인수(String args)를 커맨드라인 인수라고 한다
- 커맨드라인 인수를 사용해서 main 메소드에 문자열의 배열을 전달한다.

【커맨드라인에서의 실행】 (주의) △은 공백을 나타냅니다.

```
c:\myspace\chap17>Java sample/Sample17_5_1 △철수△영희△민수 ↵
C:\myspace\chap17>철수△영희△민수

C:\myspace\chap17>_
```

실인수: △철수△영희△민수

【main 메소드】

"철수" "영희" "민수"

```
package sample;
public class Sample17_5_1 {
    public static void main( String[ ] args ) {
        for(String s : args){
            System.out.println(s);
        }
    }
}
```

가인수: String[ ] args

실행결과:
```
E:\workspaces\java\Java\bin>java sample/Sample17_5_1 철수 영희 민수
철수
영희
민수
E:\workspaces\java\Java\bin>
```

- 커맨드라인 인수를 지정하지 않은 경우에도 args이 null로 되지는 않는다.
- 커맨드라인 인수를 지정하지 않은 경우에는 args.length는 0이다.

수치 데이터 전달 받기

- main에서 받은 데이터의 개수(args.length)가 맞는지 체크한다.
- 수치는 문자열에서 받으므로 표준 클래스에 있는 Integer클래스의 parse 메소드로 변환한다.
- int n =Interger.parseInt(args[0]);와 같이 형태별로 변환 메소드가 있다.

{Chapter 18}

기타 연산자

이번 장에서는 지금까지의 설명에서 나오지 않았던
연산자에 대해서 알아보겠습니다.
하나는 if문과 닮은 조건연산자 또 하나는 비트연산자입니다.
비트연산은 2진수에 대한 이야기로 많이 사용되지는 않지만
알아둘 필요가 있습니다.
또한 비트연산자와 관련된
2진수나 16진수에 대해서 정리하겠습니다.

18-1 조건연산자

조건연산자는 지정된 조건식이 true인지, false인지에 따라 다른 값이 되는 연산자입니다. n>5가 조건식이라면 "n>5 일 때 1, 그렇지 않으면 0"이라는 의미입니다.
예를 들어 n은 10이므로 연산 결과는 1이 되고 1이 변수 a에 대입됩니다.

예제 1 조건연산자를 사용한다.

```java
public class Sample18_1 {
    public static void main(String[ ] args) {
        int a, n=10;
        a = n>5 ?1 : 0;   //n>5 이면 1, 아니면 0
        System.out.println("a=" + a);
    }
}
```

실행결과
```
<종료됨> Sample18_1
a=1
```

조건연산자는 ?과 : 2개의 기호를 사용해 다음 형식에서 사용합니다. 연산 결과는 어느쪽이든 값이 되기 때문에 일반적으로는 예제와 같이 결과를 변수에 대입해 이용합니다. if문과 닮았지만 if문이 무언가를 실행하는 것에 반해 조건연산자는 하나의 값이 될 뿐입니다.

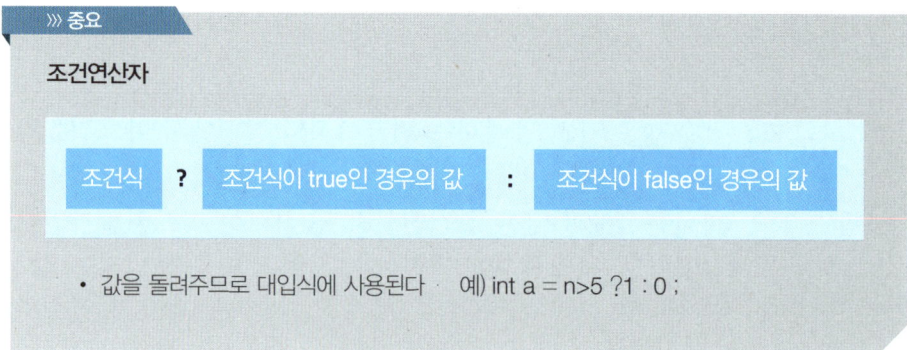

》》 중요

조건연산자

| 조건식 | ? | 조건식이 true인 경우의 값 | : | 조건식이 false인 경우의 값 |

- 값을 돌려주므로 대입식에 사용된다   예) int a = n>5 ?1 : 0;

앞 예제의 a= n>5 ?1 : 0;를 if문으로 쓰면 다음과 같이 됩니다. 이것이 간단한 if문이라면 예제와 같이 조건연산자를 사용해 대입문으로 하는 쪽이 간편합니다.

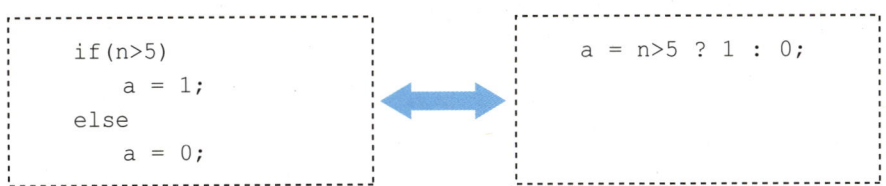

조건연산자의 우선순위는 대입연산자 다음으로 낮으므로 예제와 같이 써도 문제는 없습니다. 단, 식을 보기 쉽게 하려는 것이므로 다음과 같이 조건부에 ( )를 사용해 쓰이는 경우가 많습니다.

```
a = (n>5) ? 1 : 0;
```

또한 다음과 같이 조건연산자를 중첩해서 사용하면 다중 조건문에도 대응할 수 있지만 식이 복잡해져서 이해하기 어렵다는 단점이 있습니다.

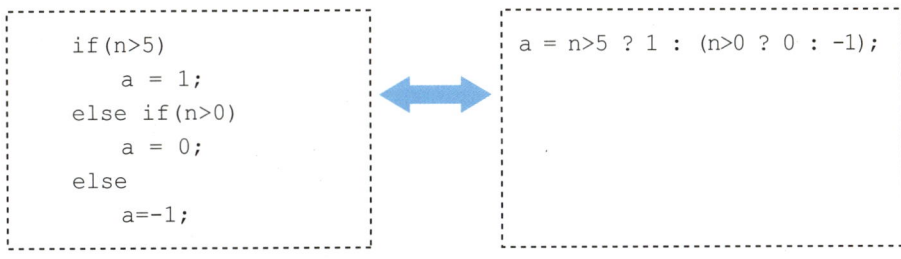

※ n이 5보다 크면 1, 0보다 크고 5이하라면 0, 그 이상은 -1이라는 의미

▶▶▶ 연습문제 18-1

1. 다음의 실행결과로 맞는 것은 어느 것인지 답하시오.

```
1   public class Ex18_1_1 {
2       public static void main(String[ ] args) {
3           int[] n = { 1, 2, 3, 4, 5 };
4           n[0] = n[1] == n[2] ? 0 : 9;
5           System.out.println(n[0]);
6       }
7   }
```

A. 0

B. 1

C. 9

D. 4번째 라인에서 컴파일 에러

E. 실행시 예외가 발생한다.

[해답] _____

2. s가 String형, a가 int형의 변수일 때 다음 if문을 조건연산자를 사용해서 고쳐봅시다.

A.
```
if(a==5)
    s = "OK";
else
    s = "ERROR";
```

B.
```
if(s.equals("abc"))
    a = 0;
else
    a = 1;
```

C.
```
if (a==0)
    s = "OK";
else if(a==1)
    s = "WARNING";
else
    s = "ERROR";
```

[해답]

A. _____

B. _____

C. _____

18-2 2진수란

2진수란 더해서 2가 되면 자릿수가 올라가는 수입니다. 10진수에서는 1+1=2이지만 2진수에서 2는 자릿수가 올라가서 10이라는 수가 됩니다. 0과 1이라는 2개의 숫자만으로 수를 나타냅니다.

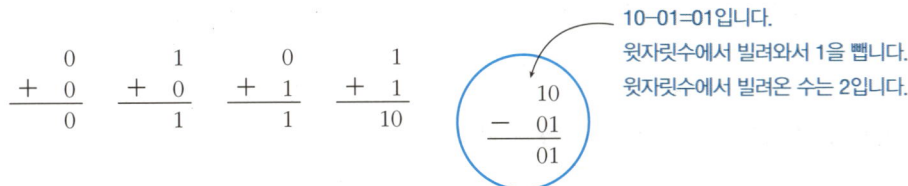

18.2.1 0101 + 0011의 계산 예

1+1의 계산에서는 10으로 자릿수가 올라가는 점에 주의해 주십시오. 점선으로된 박스의 부분이 자릿수가 올라가는 모습을 나타내고 있습니다.

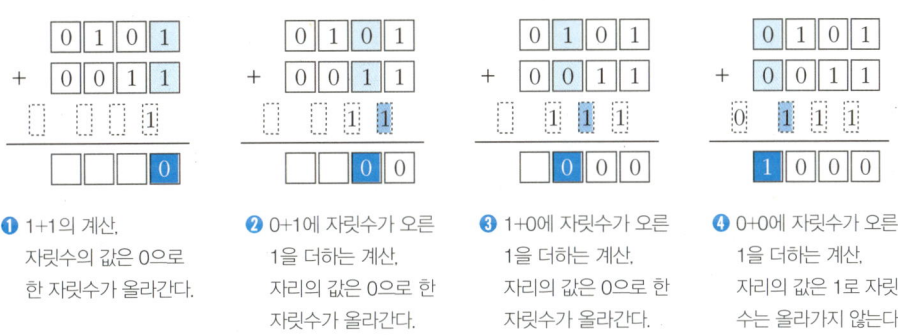

❶ 1+1의 계산. 자릿수의 값은 0으로 한 자릿수가 올라간다.

❷ 0+1에 자릿수가 오른 1을 더하는 계산. 자리의 값은 0으로 한 자릿수가 올라간다.

❸ 1+0에 자릿수가 오른 1을 더하는 계산. 자리의 값은 0으로 한 자릿수가 올라간다.

❹ 0+0에 자릿수가 오른 1을 더하는 계산. 자리의 값은 1로 자릿수는 올라가지 않는다.

18.2.2 1010 − 0101의 계산 예

0−1의 계산에서는 윗자리에서 1을 빌려옵니다. 빌려온 값은 그 자릿수에서는 2에 해당하는 것에 주의해 주십시오. 점선으로 된 박스의 부분이 자릿수를 빌려온 것을 나타내고 있습니다.

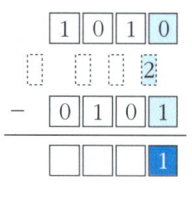 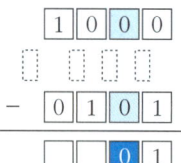 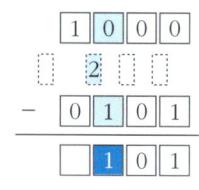 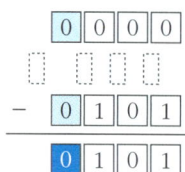

❶ 0-1의 계산. 윗자리에서 2를 빌려와서 1을 빼므로 자릿수는 1이 된다.

❷ 뺀 수의 자리는 0이 되므로 0-0의 계산. 자릿수는 0이 된다.

❸ 윗자리에서 2를 빌려와 1을 빼므로 자릿수는 1이 된다.

❹ 뺀 수의 자리는 0이 되므로 0-0의 계산. 자릿수는 0이 된다.

18.2.3 2진수에서 10진수로의 변환

2진수의 각 자리는 2의 제곱이 됩니다.

예를 들어 1011이라는 4자리의 2진수에서는 오른쪽 끝부터 2의 0승, 2의 1승, 2의 2승, 2의 3승이 됩니다. 결국 1, 2, 4, 8을 의미합니다. 따라서 10진수로 나타내려면 이들 각각의 자리의 수에 곱해서 합계를 냅니다.

$$(2^3 \times 1) + (2^2 \times 0) + (2^1 \times 1) + (2^0 \times 1)$$
$$= \boxed{8} \times 1 + \boxed{4} \times 0 + \boxed{2} \times 1 + \boxed{1} \times 1$$
$$= 11$$

로 나타냅니다.

18.2.4 10진수에서 2진수로의 변환

10진수를 2진수로 변환하기 위해서는 다음과 같이 2로 나눈 나머지를 구해 마지막 몫과 나머지를 밑에서부터 순서대로 나열합니다.

$$12 \div 2 = 6 \;—\; \boxed{0}$$
$$6 \div 2 = 3 \;—\; \boxed{0}$$
$$3 \div 2 = \boxed{1} \;—\; \boxed{1}$$

→ $\boxed{1100}$

▶▶▶ 연습문제 18-2

1. 다음 계산의 답을 4자리의 2진수로 답하시오.

   A. 1100 + 0011 = _____
   B. 0101 + 0101 = _____
   C. 1010 − 0110 = _____
   D. 1000 − 0110 = _____

2. 다음 10진수를 예와 같이 8자리의 2진수로 고치시오.

예.	5	0	0	0	0	0	1	0	1
A.	8								
B.	15								
C.	127								
D.	254								

3. 다음 8자리의 2진수를 10진수로 바꾸시오(2진수는 4자리마다 공백을 뒀습니다).

   A. 1000 1000 = _____
   B. 0001 1000 = _____
   C. 1111 1111 = _____
   D. 0111 1111 = _____

18-3 16진수란

4자리의 2진수는 0000~1111의 사이의 수입니다. 이를 앞의 변환 방법으로 계산하면 다음과 같습니다.

$$1111 = 1 \times 8 + 1 \times 4 + 1 \times 2 + 1 \times 1 = 15$$

그러므로 0000~1111은 10진수로는 0~15까지의 숫자에 해당합니다.
거기에 아래 표와 같이 0~15까지를 하나의 문자로 바꾸면 0000~1111을 0~F로 바꿀수 있습니다. 이 0~F가 바로 16진수입니다. 16진수는 더해서 16이 되면 자릿수가 올라갑니다.

0	1	2	3	4	5	6	7	8	9	10	11	12	13	14	15
0	1	2	3	4	5	6	7	8	9	A	B	C	D	E	F

16진수

18.3.1 예제 : 4A의 경우

예를 들어 2진수 01001010은 4자리별로 구분해 0100과 1010으로 나눠 쓰고 각각 10진수로는 4와 10입니다.
이 상황을 다음 그림에 나타내고 있습니다. 이를 16진수로 고치면 4A라는 간결한 값이 됩니다.

4A = 0100 1010

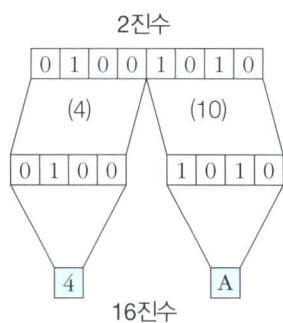

이와 같은 간결한 표현으로 16진수는 2진수를 대신해 종종 사용됩니다. 문자코드를 표현하는 유니코드 이스케이프 등이 대표적인 예입니다.

Java 언어에서는 프로그램 안에서 16진수를 사용할 수 있는데 10진수와 구별하기 위해서 맨 앞에 0x를 붙입니다. 또한 16진수의 영문자는 대문자와 소문자의 구별은 없습니다.

4A ➡ 0x4A 또는 0x4a

> **》 중요**
>
> **16진수의 표현**
>
> Java 언어에서는 10진수와 구별하기 위해서 맨 앞에 0x를 붙입니다.

18.3.2 16진수에서 10진수로의 변환

16진수는 각 자리의 기수가 16입니다. 즉 16의 제곱으로 나타낼 수 있습니다.
예를 들어 4A는 아래와 같이 계산합니다.

$$(16^1 \times 4) + (16^0 \times 10) = 16 \times 4 + 1 \times 10 = 74$$

▶▶▶ 연습문제 18-3

1. 다음 8자리의 2진수를 2자리의 16진수로 고치시오. 맨 앞에 0x를 붙이고 01이나 0A와 같이 앞에 0을 채워서 적으시오.
(2진수는 4자리별로 한 칸씩 띄웁니다.)

A. 0000 0110   B. 1000 1100   C. 0001 1110
D. 1111 1110   E. 0000 1111

2. 다음 4자리의 16진수를 10진수로 고치시오.

A. 0x00FA   B. 0x0010   C. 0x01FF   D. 0x0111

3. 다음 10진수를 16진수로 고치시오.

A. 182   B. 17   C. 253   D. 32

18-4 8진수란

2진수를 3비트씩 나누면 000~111의 사이의 수가 됩니다. 이는 10진수로는 0~7사이의 수가 됩니다. 거기서 2진수의 3비트씩 0~7로 바꾸면 이것이 8진수로의 표현이 됩니다. 예를 들어 001010을 001과 010으로 나눠 각각을 8진수로 표시하면 12가 됩니다.

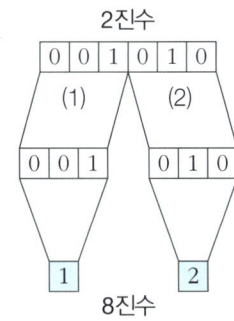

Java 언어에서는 맨 앞에 0을 붙인 수는 8진수로 간주됩니다. 따라서 0780과 같이 8이상의 수가 있으면 컴파일 에러(문법 에러)가 납니다. 8진수에서 사용할 수 있는 숫자는 0~7뿐입니다.

> **》》 중요**
>
> **8진수의 표현**
>
> Java 언어에서는 10진수와 구별하기 위해서 8진수의 맨 앞에 0을 붙입니다.

▶▶▶ 연습문제 18-4

1. 다음의 8진수를 6자리의 2진수로 고치시오.

A. 012　　　　**B.** 07　　　　**C.** 056

2. 다음 10진수를 8진수로 고치시오(맨 앞에 0을 붙일 것).

A. 12　　　　**B.** 28　　　　**C.** 102

18-5 보수(음수의 표현)

2진수에서는 음수를 나타낼 때 보수를 사용합니다.
음수를 나타내는 보수(마이너스의 수)를 만드는 법은 매우 간단합니다. 다음 순서를 기억해 둡시다.

> **》》중요**
>
> **보수를 만드는법**
>
> ① 플러스의 수 n의 모든 비트를 반전시킨다.
> ② 1을 더한다.
>
> ※ 음수의 최상위 비트는 항상 1이 됩니다. 따라서 수치의 최상위 비트가 1인지 여부로 양수인지 아니면 음수인지를 판단할 수 있습니다.

byte형의 −100인 경우를 봅시다.

① 100(10진수)를 비트반전한다.

    0110 0110 ➡ 1001 1011

② 1을 더한다.

```
      1001 1011
  +   0000 0001
      1001 1100  ← 보수
```

확인을 위해서 아래의 −100과 100을 10진수와 2진수로 각각 더하기를 해 보겠습니다. 10진수는 0이 되지만 2진수는 0이 되지 않고 1 0000 0000이 됩니다. 이건 왜일까요?

```
   − 100              1001 1100
   +  100           + 0110 0100
        0           1 0000 0000
```

[주의]
1+1은 2 이지만 2진수에서는 2가 되면 윗자리로 자릿수가 올라가 10이 됩니다.

여기서 계산하고 있는 것은 byte형입니다. byte형은 8비트밖에 없는데 1 0000 0000은 9비트이므로 최상위 비트(9비트째)인 1은 버려집니다. 결국 0000 0000이 되어 답은 0이 됩니다. 보수는 이와 같이 자릿수가 넘쳐나는 것을 이용해 음수를 표현합니다.

이것은 int형에서도 아래와 같은 결과가 됩니다.

```
   1111 1111 1111 1111 1111 1111 1001 1100    (- 100)
+  0000 0000 0000 0000 0000 0000 0110 0100    (  100)
 1 0000 0000 0000 0000 0000 0000 0000 0000
```

▶▶▶ 연습문제 18-5

다음 10진수의 보수를 8자리의 2진수로 구하시오.

A. 15　　　　　　　　B. 0　　　　　　　　C. 1

A. _____　B. _____　C. _____

18-6 비트연산자

정수(byte, shor, int, long)나 문자(char)는 2진수로 볼 수 있습니다. 2진수는 1과 0만을 사용해 표현합니다. 2진수의 0이나 1 각각을 **비트**라고 합니다. 거기서 정수나 문자를 비트의 나열로 보고 각 비트마다 and, or, xor, not 등의 연산을 하는 것이 **비트연산자**입니다. 당연한 이야기이지만 double이나 float에는 비트연산자를 사용할 수 없습니다. 사용할 수 있는 것은 정수뿐입니다.

예를 들어 short의 정수 240과 char의 값 'e'에 대해서 2진수의 표현을 나타낸 것이 다음의 표입니다. 참고로 16진수에서의 표현도 같이 표기했습니다.

10진수/char	2진수	16진수
240 /	0000000011110000	00F0
101 / 'e'	0000000001100101	0065

※ 240은 정의되지 않은 문자입니다.

18.6.1 & ··· 비트별로 and를 계산한다

& 연산은 각각의 비트(자리)별로 and **연산**을 독립적으로 실시합니다. and 연산의 규칙은 다음 4가지밖에 없습니다. and 연산에서는 양쪽 모두 1의 경우에만 답은 1이 됩니다.

0 and 0 = 0
0 and 1 = 0
1 and 0 = 0
1 and 1 = 1

A	B	A&B
0	0	0
0	1	0
1	0	0
1	1	1

and 연산의 4가지 밖에 없는 규칙을 표로 정리한 것을 진리값 표라고 합니다. A와 B의 and 연산을 표로 나타낸 것입니다. 세로로 4개의 계산 규칙이 나열되어 있습니다.

다음은 240과 101의 & 연산의 예입니다. 모두 8자리의 2진수로 표현된 표와 & 연산의 답을 표로 나타냈습니다. 다음은 11110000 & 01100101 = 0110000이 되는 것을 나타내고 있습니다.

	b7	b6	b5	b4	b3	b2	b1	b0
240	1	1	1	1	0	0	0	0
101	0	1	1	0	0	1	0	1
and	0	1	1	0	0	0	0	0

▶▶▶ 연습문제 18-6-1

다음 연산의 답은 무엇인지 4자리 16진수로 답하시오.

A. 0xFF12 & 0x00FF = _____
B. 0xFF12 & 0xFF00 = _____
C. 0xFF12 & 0xFFFF = _____

18.6.2 | ・・・ 비트마다 or을 계산한다

비트마다 or 연산을 실행하는데 or 연산의 규칙과 진리값 표는 다음과 같습니다. Or 연산에서는 어느 한쪽이 1이라면 답은 1이 됩니다.

0 or 0 = 0
0 or 1 = 1
1 or 0 = 1
1 or 1 = 1

A	B	A|B
0	0	0
0	1	1
1	0	1
1	1	1

or 연산의 진리값 표

이전과 같은 예로 계산해봅시다

답은 11110000 | 01100101 = 11110101입니다.

	b7	b6	b5	b4	b3	b2	b1	b0
240	1	1	1	1	0	0	0	0
101	0	1	1	0	0	1	0	1
or	1	1	1	1	0	1	0	1

▶▶▶ 연습문제 18-6-2

1. 다음 연산의 답은 얼마인지 4자리의 16진수로 답하시오.

A. 0xFF12 | 0x00FF = _____
B. 0xFF12 | 0xFF00 = _____

18.6.3 ^ ··· 비트마다 xor을 계산한다

비트마다 xor **연산**을 실행합니다. xor 연산의 규칙과 진리값 표는 다음과 같습니다. xor 연산에서는 서로의 비트가 같을 때 0, 그 이외에는 1이 됩니다.

0 xor 0 = 0
0 xor 1 = 1
1 xor 0 = 1
1 xor 1 = 0

A	B	A ^ B
0	0	0
0	1	1
1	0	1
1	1	0

xor 연산의 진리값표

이전과 같은 예로 계산해 봅시다.

답은 11110000 ^ 01100101 = 10010101이 됩니다.

	b7	b6	b5	b4	b3	b2	b1	b0
240	1	1	1	1	0	0	0	0
101	0	1	1	0	0	1	0	1
xor	1	0	0	1	0	1	0	1

▶▶▶ 연습문제 18-6-3

1. 다음 연산의 답은 얼마인지 4자리 16진수로 답하시오.

A. 0x1234 ^ 0x1234   = _____

B. 0x24 ^ 0x33) ^ 0x33 = _____

18.6.4 ~ ··· 비트마다 not을 계산한다. 즉 비트반전을 실행한다

기존 비트가 1이라면 0으로, 0이라면 1로 반전합니다(not 연산). 비트반전 연산자는 단항 연산자입니다.

not 1 = 0
not 0 = 1

A	~A
1	0
0	1

not 연산의 진리값표

예로서 101로 계산해봅시다
예를 들면 ~01100101 = 10011010이 됩니다.

	b7	b6	b5	b4	b3	b2	b1	b0
101	0	1	1	0	0	1	0	1
not	1	0	0	1	1	0	1	0

▶▶▶ 연습문제 18-6-4

다음 연산의 답은 얼마인지 4자리 16진수로 답하시오.

A. ~0xFF00 = _____
B. ~0x0A01 = _____

18-7 비트 시프트

비트를 오른쪽이나 왼쪽으로 이동시키는 연산을 비트 시프트라고 합니다. 2진수의 특징으로 양수이면 오른쪽으로 1비트 시프트될 때마다 값은 반이 되고 반대로 왼쪽으로 1비트 시프트할 때마다 2배가 됩니다.

또한, 2진수에서는 제일 왼쪽 끝의 1비트가 음과 양의 부호를 나타냅니다. 시프트할 때 이 부호 비트는 대상에서 제외시켜 그대로 두거나, 시프트해 버리거나 하는 시프트의 방식도 2가지가 있습니다.

18.7.1 << ··· 왼쪽 시프트

몇자리 나열한 비트를 왼쪽으로 1비트만큼 이동시키는 것이 **왼쪽 시프트**입니다. 아래의 예는 8자리의 비트의 나열을 2비트 왼쪽 시프트한 예제입니다. 오른쪽 끝의 2비트는 없어지고, 그 자리에 00을 넣습니다.

11001111 << 2 ➡ 00111100

이처럼 비트의 나열을 왼쪽으로 몇 비트 이동시켜 옮긴 자릿수만큼 오른쪽 끝에 0을 보충하는 것이 왼쪽 시프트입니다. 양수는 왼쪽으로 1비트 시프트하는 것으로 값이 **2배**가 됩니다.

> **》》 중요**
>
> **양수의 왼쪽 시프트**
>
> 양수는 왼쪽으로 1비트 시프트할 때마다 값이 2배가 됩니다.

실제로 예제를 보고 확인해 봅시다.

아래에서는 int형(32비트)의 값 100에 대해서 1비트에서 4비트까지 왼쪽 시프트 연산의 결과를 나열해 봤습니다. 알아보기 쉽도록 4비트별로 공백을 넣었습니다. 음영으로 된 부분이 보충된 0비트입니다. 확실히 시프트할 때마다 2배가 됩니다.

```
int n = 100;
```

	(2진수)	(10진수)	
n	0000 0000 0000 0000 0000 0000 0110 0100	100	
n << 1	0000 0000 0000 0000 0000 0000 1100 1000	200	2배
n << 2	0000 0000 0000 0000 0000 0001 1001 0000	400	4배
n << 3	0000 0000 0000 0000 0000 0011 0010 0000	800	8배
n << 4	0000 0000 0000 0000 0000 0110 0100 0000	1600	16배

왼쪽 시프트는 한 자리 윗자리로 옮기는 조작이라고 할 수 있습니다. 2진수의 자리는 1의 위치, 2, 4의 위치로 그 배로 늘어나므로 왼쪽 시프트하면 값이 배로 늘어납니다. 음수도 1비트 왼쪽 시프트하면 값은 2배가 됩니다.

>>> 중요

음수의 왼쪽 시프트

음수는 왼쪽으로 1비트 시프트할 때마다 2배가 됩니다.

※음수의 비트 표현에 대해서는 "18.5 보수"를 참조해 주십시오.

실제로 -100을 예로 들어 확인해봅시다.

```
int n = -100;
```

	(2진수)	(10진수)
n	1111 1111 1111 1111 1111 1111 1001 1100	-100
n << 1	1111 1111 1111 1111 1111 1111 0011 1000	-200
n << 2	1111 1111 1111 1111 1111 1110 0111 0000	-400
n << 3	1111 1111 1111 1111 1111 1100 1110 0000	-800
n << 4	1111 1111 1111 1111 1111 1001 1100 0000	-1600

음수에서는 1비트 왼쪽 시프트할 때마다 부호를 제외한 절대값이 2배, 4배, 8배로 점점 커지는데 음수이므로 -200, -400, -800으로 값 자체는 작아집니다.

그런데 int는 32비트이지만 왼쪽 시프트할 수 있는 것은 31비트까지입니다. 32비트 왼쪽 시프트하면 원래의 수와 같은 값이 됩니다. 이는 오른쪽 시프트와 동일합니다. 예를 들면 26 혹은 -26을 32비트 왼쪽 시프트하면 다음과 같이 원래 값과 같아집니다.

26 << 32 ➡ 26
-26 << 32 ➡ -26

▶▶▶ 연습문제 18-7-1

1. 다음 값은 10진수로 바꾸면 얼마입니까?

A. 0x10 << 1
B. 0x41 << 2
C. 0x61 << 2
D. −24 << 1

[해답]
A. _____ **B.** _____
C. _____ **D.** _____

18.7.2 >> ••• 오른쪽 시프트

나열된 비트들을 오른쪽으로 1비트 이동시키는 것이 **오른쪽 시프트**입니다. 오른쪽 시프트하면 왼쪽 끝의 비트가 없어져버리는데 부호를 바꾸지 않도록 비트 나열을 보충합니다. 단순하게 0으로 보충하는 것이 아님에 주의해 주십시오. 이를 **산술 시프트** 혹은 **부호 확장 시프트**라고 합니다.

다음은 int의 100과 −100을 각각 오른쪽 시프트한 예제입니다.

```
int n = 100;
                     (2진수)                          (10진수)
n        0000 0000 0000 0000 0000 0000 0110 0100       100
n >> 1   0000 0000 0000 0000 0000 0000 0011 0010        50
n >> 2   0000 0000 0000 0000 0000 0000 0001 1001        25
n >> 3   0000 0000 0000 0000 0000 0000 0000 1100        12


int n = -100;
                     (2진수)                          (10진수)
n        1111 1111 1111 1111 1111 1111 1001 1100      -100
n >> 1   1111 1111 1111 1111 1111 1111 1100 1110       -50
n >> 2   1111 1111 1111 1111 1111 1111 1110 0111       -25
n >> 3   1111 1111 1111 1111 1111 1111 1111 0011       -13
```

▶▶▶ 연습문제 18-7-2

1. 다음 값을 10진수로 바꾸면 얼마인지 답하시오.

A. 24 >> 2   =
B. −24 >> 3   =
C. 0 >> 1   =
D. 0x0F >> 2   =

18.7.3 >>> ••• 오른쪽 시프트

>가 하나 많은 이 오른쪽 시프트는 부호 확장을 하지 않은 단순한 시프트입니다. 오른쪽 시프트에서 사라져버린 왼쪽 단에 단순하게 0비트를 보충합니다. 이를 **논리 시프트** 혹은 **제로 확장 시프트**라고 합니다.

다음은 int의 100과 -100을 각각 오른쪽 시프트한 예제입니다. -100에서 최상위 비트가 1이 아니므로 양수로 바뀝니다.

```
int n = 100;
                        (2진수)              (10진수)
n        0000 0000 0000 0000 0000 0000 0110 0100      100
n >>> 1  0000 0000 0000 0000 0000 0000 0011 0010       50
n >>> 2  0000 0000 0000 0000 0000 0000 0001 1001       25
n >>> 3  0000 0000 0000 0000 0000 0000 0000 1100       12

int n = -100;
                        (2진수)              (10진수)
n        1111 1111 1111 1111 1111 1111 1001 1100     -100
n >>> 1  0111 1111 1111 1111 1111 1111 1100 1110   2147483598
n >>> 2  0011 1111 1111 1111 1111 1111 1110 0111   1073741799
n >>> 3  0001 1111 1111 1111 1111 1111 1111 0011    536870899
```

▶▶▶ 연습문제 18-7-3

1. 다음 프로그램을 실행했을 때 맞는 것은 어느 것인지 답하시오.

```
public class Ex18_7_3 {
   public static void main(String[ ] args) {
      int n = -1;;
      if(n>>>1 >0)
         System.out.println("case 1");
      else
         System.out.println("case 2");
   }
}
```

A. case1
B. case2
C. 컴파일 에러
D. 실행 시 예외

[해답] _____

> **참고** **맹점**
>
> 대학 시절 이야기. 네트워크 규모가 커져 JPNIC라는 관리 조직에서 IP 주소를 추가로 발행 받게 되었습니다. 최대 512대의 컴퓨터를 접속시킬 수 있게 된 것입니다. 그런데 공사가 끝난 후부터 대학 전체 인터넷이 연결되지 않았습니다. 원인은 전혀 모르는 상태에서 전문 기술자를 불러 철저하게 조사했습니다.
>
> 조사는 한 달에 걸쳐 실시되었는데 좀처럼 원인을 밝혀내지 못했습니다. 전원이 지친 나머지 거의 포기해 버리려고 할 때 아무 생각 없이 JPNIC의 데이터베이스를 보고 있던 기술자가 "뭐야 이거"하고 소리를 높였습니다. 사실은 새로운 IP 주소가 등록되지 않았었습니다. 어떤 대학에서라도 IP 주소가 교부되면 JPNIC의 데이터베이스를 갱신할 의무가 있습니다. 이는 절대조건으로 어떤 일이 있어도 잊어버릴리가 없는 상식 중의 상식입니다. 그러므로 설마 등록되어있지 않을 거라고는 아무도 생각하지 않았던 것입니다.
>
> 그 무렵 나는 네트워크 관리직에서 손을 떼고 후임에게 맡겼었는데 그는 이와 같은 인터넷 상식을 몰랐던 것입니다. 맹점이었습니다. 이 사고는 N사의 저명한 잡지에도 소개되었으며 크게 화제가 되었습니다.
>
> 한편 그보다 수년 전 매월 월급날이 되면 지급된 급여를 시간을 들여 계산기로 하나하나 재계산해서 확인하던 남자가 있었습니다. 대기업이나 관공서에서는 급여를 컴퓨터의 고속프린터로 출력됩니다. 계산에 실수가 있을리도 없고 그사람의 행동은 어리석어 보였습니다. 그런데 여기서 중요한 점은 그사람이 바로 급여계산실의 주임 프로그래머였다는 것입니다. 그는 자신의 일을 항상 의심했으며 매월 직접 계산해 결과를 확인했던 것입니다. 이 신중함과 에너지는 경의를 표해야 마땅한 것으로 모두 그사람을 대단하다고 여겼습니다. 몇 년 후 그사람이 크게 출세한 것은 두말할 필요도 없습니다.

18 정리

조건 연산자

- 조건 연산자는 조건이 true인지, false인지로 다른 값을 반환하는 연산자
- 작성법 - 조건 ? [true일 때 반환값] : [false일 때 반환값]
- 예제 - int a =n>0 ?1 : 0;   // n이 0보다 크면 1, 그렇지 않으면 0

2진수란

- 0과 1만으로 나타내는 수. 더해서 2가 되면 자릿수가 올라간다.

$$\begin{array}{r} 0 \\ +\ 0 \\ \hline 0 \end{array} \quad \begin{array}{r} 1 \\ +\ 0 \\ \hline 1 \end{array} \quad \begin{array}{r} 0 \\ +\ 1 \\ \hline 1 \end{array} \quad \begin{array}{r} 1 \\ +\ 1 \\ \hline 10 \end{array} \qquad \begin{array}{r} 10 \\ -\ 01 \\ \hline 01 \end{array}$$

10-01=01입니다.
윗자릿수에서 빌려와서 1을 뺍니다.
윗자릿수에서 빌려온 수는 2입니다.

- 2진수의 자리의 수는 $2^0, 2^1, 2^2, 2^3 \cdots$ 입니다. 즉, 1, 2, 4, 8 … 이 된다.
  예를 들어 1011의 각 자리에 자릿수($2^0, 2^1, 2^2, 2^3 \cdots$)를 곱하면 10진수로 바꿀 수 있다.

$$\begin{aligned} 1011 &= (2^3 \times 1) + (2^2 \times 0) + (2^1 \times 1) + (2^0 \times 1) \\ &= \boxed{8} \times 1 + \boxed{4} \times 0 + \boxed{2} \times 1 + \boxed{1} \times 1 \\ &= 11 \end{aligned}$$

16진수란

- 2진수 4자리는 10진수로 0~15에 해당한다.
- 0~15를 0~9ABCDEF로 나타낸 것을 16진수라고 한다.
- 16진수는 16이 되면 자릿수가 올라간다.   F+1=10
- Java 언어는 프로그램 안에서 16진수를 사용할 수 있다. 숫자 앞에 0x를 붙여 구별한다.
- 영문자는 대문자와 소문자의 구별은 없다. 0xff, 0Xff, 0xFF, 0XFF, 0xfF, 0xFf는 같은 값이다.

8진수란

- 2진수 3자리는 0~7 사이의 값이다.
- 2진수 3자리를 하나의 수로 나타낸 것을 8진수라고 한다.
- Java 언어에서는 프로그램 안에서 8진수를 사용할 수 있다. 숫자 앞에 0을 붙여 구분한다.
- 077, 022는 8진수를 나타내는 것입니다.

보수(음수의 표현)

- 2진수로 음수를 나타낼 때 보수를 사용한다.
- 2진수에서 음수는 왼쪽 끝의 비트(최상위비트)를 1로 한다. 양수는 0.
- 어떤 양수의 2진수 n의 보수는 n의 모든 비트를 반전시킨 것에 1을 더한 값이다.
  비트 연산자에서 ~n+1이다. ~은 비트 반전(1을 0으로, 0을 1로 한다)시킨다.

비트 연산자

- 2진수의 1자리를 비트라고 한다.
- 비트 연산자는 2진수를 비트가 나열된 것으로 보고, 비트별로 논리 연산을 한다.
- and 연산(&), or 연산(|), xor 연산(^), not 연산(~)이 있다.

비트 시프트

- 비트열을 좌우로 이동시키는 연산을 시프트 연산이라고 한다.
- 오른쪽 시프트(>>), 왼쪽 시프트(<<)가 있다.
- 1비트 왼쪽 시프트하면 양수는 2배, 음수는 1/2가 된다.   8<<1 ==16
- 1비트 오른쪽 시프트하면 양수는 1/2배, 음수는 2배가 된다. 8>>2 ==4
- >>>는 음수인지 양수인지를 고려하지 않고 오른쪽 시프트한다. "부호 확장하지 않는다"라고 한다.
- >>>는 시프트를 한 뒤, 최상위 비트에 0을 보충하므로 음수는 양수가 된다.
- `int n = 100;`의 왼쪽 시프트 예제

  ```
  int n = 100;

                    (2진수)                    (10진수)
  n         0000 0000 0000 0000 0000 0000 0110 0100      100
  n << 1    0000 0000 0000 0000 0000 0000 1100 1000      200    2배
  n << 2    0000 0000 0000 0000 0000 0001 1001 0000      400    4배
  n << 3    0000 0000 0000 0000 0000 0011 0010 0000      800    8배
  n << 4    0000 0000 0000 0000 0000 0110 0100 0000     1600   16배
  ```

- `int n = -100;`의 왼쪽 시프트 예제

  ```
  int n = -100;

                    (2진수)                    (10진수)
  n         1111 1111 1111 1111 1111 1111 1001 1100     -100
  n << 1    1111 1111 1111 1111 1111 1111 0011 1000     -200
  n << 2    1111 1111 1111 1111 1111 1110 0111 0000     -400
  n << 3    1111 1111 1111 1111 1111 1100 1110 0000     -800
  n << 4    1111 1111 1111 1111 1111 1001 1100 0000    -1600
  ```

- `int n = 100`의 오른쪽 시프트 예제

  ```
  int n = 100;

                    (2진수)                    (10진수)
  n         0000 0000 0000 0000 0000 0000 0110 0100      100
  n >> 1    0000 0000 0000 0000 0000 0000 0011 0010       50
  n >> 2    0000 0000 0000 0000 0000 0000 0001 1001       25
  n >> 3    0000 0000 0000 0000 0000 0000 0000 1100       12
  ```

PART 03

객체지향
(오브젝트 지향)

객체지향 입문편에서는 클래스의 개념을 중심으로
객체지향의 기본적인 것들을 쉽게 설명하겠습니다.
여기에서 설명한 내용을 익히고 나면 객체지향의 방법으로
간단한 프로그램을 작성할 수 있게 됩니다.
본격적인 객체지향 프로그래밍을 배우려면
그것에 대해 깊이 있게 설명한 필자의 또 다른 저서인
"알기쉬운 Java 객체지향편"을 참고하기 바랍니다.

{Chapter 01}

클래스란

1, 2부에서는 메소드를 중심으로 프로그래밍의 방법을 배웠는데
객체지향에서는 클래스가 중심이 됩니다.
이번 장에서는 클래스와 객체(오브젝트)에 대해서 다루겠습니다.
이번 장을 배우고 나면 간단한 클래스를 만들고,
클래스에서 객체를 만들어 움직이게 할 수 있습니다.

1-1 객체지향과 클래스의 역할

여러 가지 데이터형의 변수를 구분해서 사용하고 if와 for 등을 사용해서 실행하려는 처리를 논리적으로 바르게 조합하는 능력이 프로그래밍에서는 중요합니다. 하지만, Java 언어와 같은 최신의 프로그래밍 언어에서는 이것만으로는 충분하지 않습니다. 새로운 방법론에서는 프로그램 부품을 여러 가지 만들고 그것을 조합하는 것으로 시스템을 구성합니다.

예를 들어봅시다. 가계부 시스템은 원래 구매 데이터와 수입 데이터를 프로그램에서 집계해서 가계부를 작성하였습니다. 이 방법으로는 구매 데이터와 수입 데이터는 단순한 데이터의 집합입니다.
이에 반해 새로운 방법론에서 시스템은 많은 독립된 부품으로 되어 있다고 가정합니다. 구매 데이터와 수입 데이터도 하나의 부품입니다. 예를 들어 "구매" 부품은 단순한 금액과 상품명의 데이터가 아니라 다른 부품의 요청에 대해서 상품명과 금액을 답하는 기능을 가집니다. 또한 "가계부" 부품은 "구매" 부품에 요청을 해서 데이터를 취득하고, 취득한 데이터를 집계하는 기능을 가집니다. 새로운 방법론에서는 데이터와 기능을 묶은 부품을 여러 가지 만들어서 그것들을 조합해 시스템을 구성합니다.

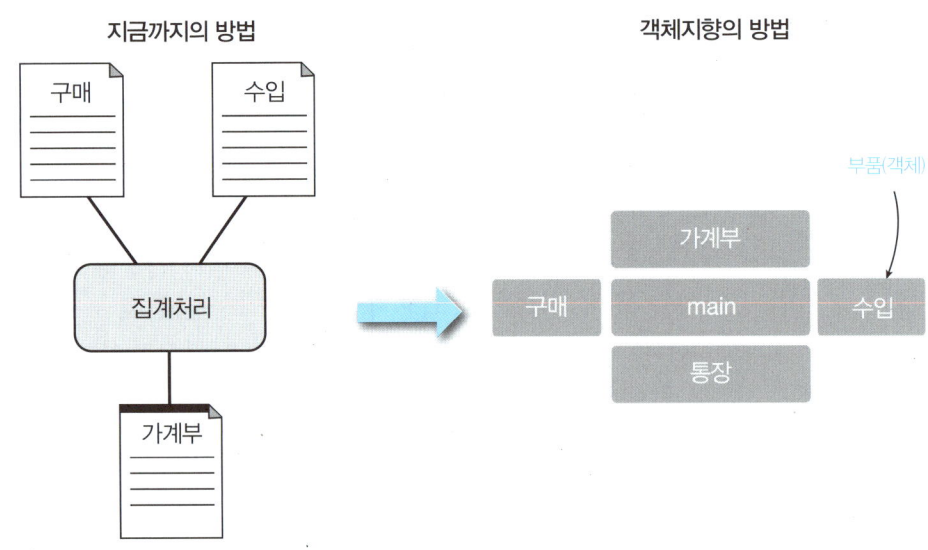

이렇게 하면 시스템의 작성법이 지금까지와는 완전히 다르게 되어 더 이상은 기존 방법으로 프로그램을 작성할 수가 없습니다. 그래서 Java 언어에서는 하나의 클래스에서 하나의 부품을 표현하기로 했습니다. 즉, 하나의 클래스는 하나의 부품을 프로그래밍하기 위해서 사용됩니다.

클래스에서 만들어진 부품은 "프로그래밍의 대상이 되는 것"이라는 뜻으로 객체(오브젝트)라고 불립니다. 그래서 Java 언어는 객체지향의 프로그래밍 언어라고 합니다.

>>> 중요

클래스의 역할

- 하나의 클래스는 하나의 부품(객체)을 프로그래밍한다.

이미 배운대로 main 메소드는 프로그램의 시작점으로 프로그램을 실행하기 위한 특별한 메소드입니다. 그것은 객체지향의 방법에서도 마찬가지입니다. 따라서 main 메소드를 가지는 클래스를 독립한 부품으로 별도로 만듭니다.

앞에서 나타낸 그림의 가운데 있는 "main"이라고 하는 부품이 그것을 나타냅니다. main이 있는 클래스에는 여러 가지 부품을 이용해서 실행하려는 처리를 조합합니다. 전체의 실행을 제어하는 클래스입니다.

다음 그림과 같이 실제의 시스템에는 많은 부품 클래스를 사용하지만 그 안에는 하나의 main을 가지는 특별한 클래스가 있어 전체의 실행을 제어합니다.

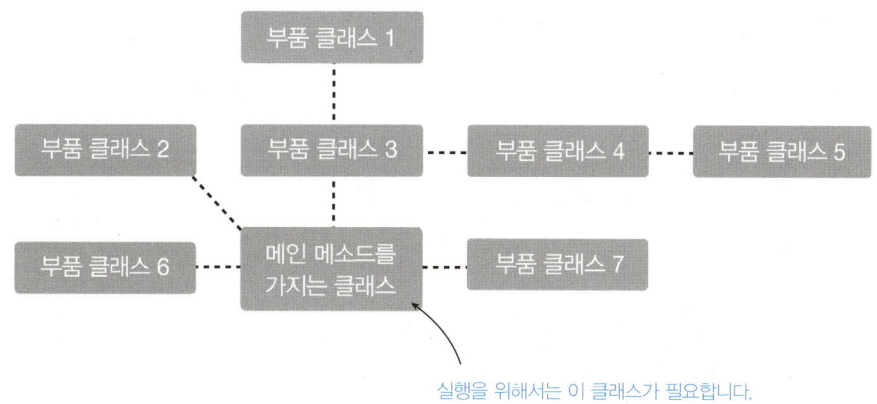

지금부터는 부품 클래스를 작성하면 동시에 main 메소드를 가지는 다른 클래스를 만들어서 거기서 어떤 부품을 사용해서 어떤 처리를 할 것인가를 적도록 하겠습니다. 이 책의 예제도 부품 클래스와 main 메소드를 가지는 클래스를 한 세트로 해서 설명하겠습니다. 이것도 중요한 포인트입니다.

>>> 중요

실행을 제어하는 클래스

- 실행을 제어하는 클래스로서 main 메소드를 가지는 클래스가 필요하다.

▶▶▶ 연습문제 1-1

1. 다음의 문장들은 객체지향 프로그래밍에 대한 설명이다. 빈 칸에 들어갈 적당한 말을 답하시오.

1) [①]과 [②]를 가지는 독립한 부품을 조합해서 시스템을 구성한다.
2) 하나의 [③]에서 하나의 부품을 프로그래밍한다.
3) 부품은 "프로그래밍의 대상이 되는 것"이라는 뜻으로 [④]라고 한다.
4) 시스템에는 부품 클래스 외에도 하나의 [⑤]가 필요하다.

① _____ ② _____ ③ _____ ④ _____ ⑤ _____

1-2 클래스의 작성법

주변에 있는 것, 예를 들어 책이나 볼펜 같은 것에 클래스라는 말을 붙이면 무엇이든 Java 클래스가 됩니다. 간단한 방법이지만 이것이 객체지향의 방법입니다.

클래스가 될 수 있는 것은 여러 가지가 있습니다.

책 클래스, 볼펜 클래스, 휴대폰 클래스 …

이것만 가지고는 실체를 확실히 알기 힘듭니다. 하지만, 어떤 클래스를 설명하는데는 각각의 속성(특징)을 정하면 됩니다. 책 클래스를 예로 들겠습니다. 책 클래스에서는 한 권의 책이 다른 책과 구별되는 특징으로 책 제목, 저자 이름, 가격 등이 있습니다. 이것을 속성이라고 합니다. 이것이 다르면 서로 다른 책인 것입니다.

책 클래스의 속성
책 제목
저자 이름
가격

어떤 것을 속성으로 할 것인가는 프로그래머의 판단입니다. 일단 책 클래스는 책 제목과 저자 이름과 가격을 속성으로 하겠습니다. 다음은 그 책 클래스를 Java의 클래스로 작성해 보겠습니다. 속성을 Java의 변수로 나타내기만 하면 되기 때문에 매우 간단합니다.

클래스 정의 안에 직접 쓴다.

```
public class Book {
    String subject;     // 책 제목
    String author;      // 저자        필드
    int price;          // 가격
}
```

속성을 프로그램에서는 필드라고 합니다. 또한 클래스의 안에 나열한 각각의 변수는 필드 변수 또는 인스턴스 변수라고 합니다. 필드 변수는 어떤 메소드 안이 아니라 직접

클래스 정의 안에 작성하는 것에 주의해 주십시오. 여기서는 Book 클래스가 subject, author, price라는 3개의 필드 변수를 가지는 것으로 정의하고 있습니다.

또한, 필드 변수에 구체적인 값을 넣지 않는 것도 주의해 주십시오. Book 클래스는 일반적인 "책"이라는 개념을 나타내는 것으로 클래스를 정의하는 단계에서는 구체적인 값을 가지지 않습니다.

>>> 중요

필드란?

- 필드는 속성을 나타내는 데이터의 집합이다.
- 필드를 나타내는 변수를 필드 변수라고 한다.
- 필드 변수는 클래스 정의의 안에 직접 작성한다.

여기서 예로 든 클래스는 속성만을 가지는 클래스입니다. 거기에 기능을 추가하면 일반적인 클래스가 됩니다. 이 부분은 "2장 클래스의 구조"에서 설명하겠습니다.

▶▶▶ 연습문제 1-2

1. 2차원 좌표 클래스(Point 클래스)를 작성하시오. 필드만 있는 클래스로 각 필드 변수가 의미하는 속성과 그 개수는 힌트를 참고해서 작성하시오.

〔 보기 〕
- 2차원 좌표에는 무엇이 필요할까?
- 평면상의 위치를 결정하는 것은 무엇인가?
- 그 데이터형은 무엇으로 할까? int인가? double인가?

1-3 변수와 객체의 작성

Book 클래스는 일반적인 "책"이라는 개념을 나타냅니다. "홍길동전"이나 "어린 왕자"와 같은 특정의 책을 나타내는 것이 아닙니다. 그러므로, Book 클래스는 Book형이라고 생각하면 자연스럽게 이해할 수 있습니다. 그것은 String형과 같습니다. String형은 일반적인 "문자열"이라는 개념을 나타내고 "hello"라든가 "안녕하세요"와 같은 특정의 문자열을 지정하는 것이 아닙니다.

String형과 같이 Book 클래스를 작성하면 새로운 형으로서 Book형을 만든 것과 같습니다. "클래스는 새로운 형이다"라는 사실은 매우 중요합니다.

>>> 매우 중요

클래스는 형이다!
- 클래스를 만드는 것은 새로운 형을 만드는 것과 같다.

변수를 선언하다

Book 클래스는 "Book형"이므로 String형과 같이 변수를 만드는 것이 가능합니다. 방법은 간단합니다. 기본 데이터형과 같습니다. 예를 들어 다음과 같이 Book형의 변수 hong을 만들 수 있습니다.

```
Book     hong;     // 하나의 Book형 변수 hong의 선언
```

하지만, 이 hong은 비어 있습니다. 아무런 값도 가지지 않습니다. hong에는 어떤 데이터를 넣는 것일까요? 바로 Book형 데이터입니다. Book형 데이터를 Book형의 객체(오브젝트)라고 합니다.

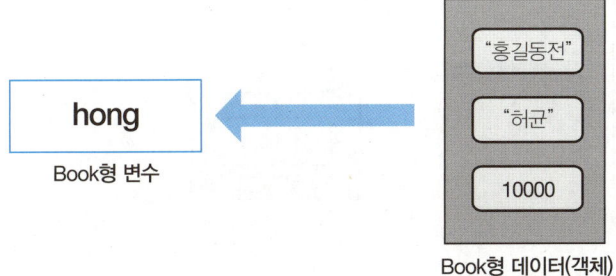

데이터(객체)를 대입한다.

Book형의 객체를 만들어야 합니다. Book형의 객체는 new 연산자를 사용해서 만들 수 있습니다. new 연산자는 새로운 객체를 만드는 연산자입니다. 배열 객체를 만들 때 사용한 그 new 연산자 입니다. new 연산자는 클래스 정의를 해석해서 객체 창고(힙 영역)에 객체를 생성합니다.

다음 예는 new 연산자를 사용해서 Book형의 객체를 만들고 변수 hong에 대입하고 있습니다.

```
hong = new Book();        // Book형 객체를 생성해서 대입
```

객체(오브젝트)를 세팅한다.

Book형의 객체에 처음부터 구체적인 값이 들어있는 것은 아닙니다. 작성한 직후에는 null이나 0과 같은 값들이 들어있습니다. 구체적인 값은 나중에 넣습니다. 어떻게 하는가 하면 각 필드에 값을 대입을 합니다. 이 때 특별한 작성법을 사용합니다. 다음과 같이 변수명과 필드 변수를 점(.)으로 연결해서 특정의 필드를 지정합니다.

```
hong.subject = "홍길동전";
hong.author = "허균";
hong.price = 10000;
```

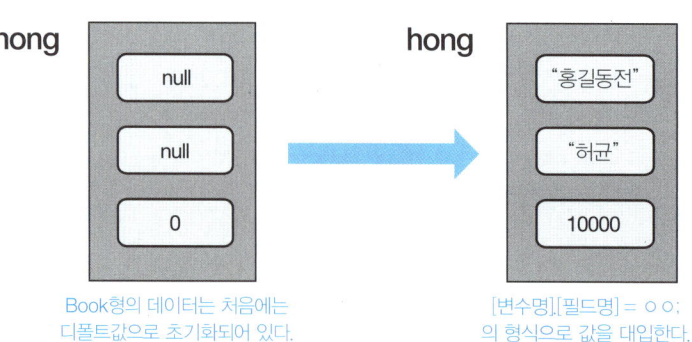

왜 이런 방법으로 작성하는가 하면 변수 hong 안에 각각의 필드가 있기 때문입니다. 필드는 hong의 구성원, 즉 멤버입니다. 그래서 점을 멤버참조 연산자라고 합니다.

필드의 내용을 표시한다

멤버참조 연산자를 사용해서 필드 변수를 지정하는 것으로 그 내용을 표시할 수 있습니다.

```
System.out.println("책명 : " + hong.subject);
System.out.println("저자 : " + hong.author);
System.out.println("가격 : " + hong.price);
```

이상으로 객체의 작성방법과 이용방법을 알아보았습니다.

▶▶▶ 연습문제 1-3

1. Point 클래스가 다음과 같이 정의되어 있다. 빈 칸에 알맞은 프로그램을 적어 넣으시오.

```
public class Point {
    double x;
    double y;
}
```

A. Point 클래스의 변수 p를 작성한다.
B. 변수 p에 Point 클래스의 객체를 만들어서 대입한다.
C. p의 x 좌표 필드에 1.5를 세팅한다.
D. p의 y 좌표 필드에 2.4를 세팅한다.
E. p의 x 좌표 필드의 내용을 표시한다.
F. p의 y 좌표 필드의 내용을 표시한다.

1-4 클래스의 작성과 이용방법

예제 1 클래스 객체를 만든다

```java
public class book {
    String subject;    // 서명
    String author;     // 저자
    int price;         // 가격
}
```

```java
public class ExecBook {
    public static void main(String[ ] args) {
        // 객체를 생성한다.
        Book hong = new Book();

        // 필드에 값을 대입한다.
        hong.subject = "홍길동전";
        hong.author = "허균";
        hong.price = 10000;

        // 필드를 표시한다.
        System.out.println("서명 : " + hong.subject);
        System.out.println("저자 : " + hong.author);
        System.out.println("가격 : " + hong.price);
    }
}
```

실행결과
```
<종료됨> ExecBook
서명 : 홍길동전
저자 : 허균
가격 : 10000
```

설명

클래스를 2개 작성하는 것에 주의해 주십시오. 클래스의 설계도에 맞는 Book 클래스와 그것을 이용해서 객체를 생성하고, 어떤 일을 하는 ExecBook 클래스입니다. ExecBook

클래스는 main 메소드를 가지는 클래스로 여기서 실제 처리를 하게 됩니다. 같은 패키지 안에 이 2개의 클래스를 작성해 주십시오. 실행되는 것은 main 메소드를 가지는 ExecBook 클래스입니다.

ExecBook 클래스의 내용은 지금까지 설명한 부분의 확인입니다. 먼저 Book 클래스의 객체를 작성해서 변수 hong에 대입합니다. 다음은 그 필드 변수에 값을 설정합니다. 그리고 나서 필드의 내용을 출력합니다.

▶▶▶ 연습문제 1-4

1. 삼각형의 클래스 Triangle을 이용하는 ExecTriangle 클래스를 작성하시오. Triangle은 다음 3변의 길이를 필드로 가지는 클래스입니다.

```
public class Triangle {
    double a;    // 변 a의 길이
    double b;    // 변 b의 길이
    double c;    // 변 c의 길이
}
```

```
■ 콘솔 ☒
<종료됨> ExecTriangle
a=1.0
b=2.0
c=2.5
```
실행결과

ExecTriangle 클래스를 다음과 같이 작성하시오.
(1) Triangle형의 변수 t에 new문으로 객체를 생성하고 대입한다.
(2) 객체의 필드 a, b, c에 각각 1.0, 2.0, 2.5를 대입한다.
(3) Triangle형의 객체의 필드의 값을 예와 같이 출력한다.

1-5 객체지향 방법이란

클래스의 객체는 얼마든지 만들 수 있습니다. 예제 1에서는 Book 클래스의 객체로 "홍길동전"의 객체를 만들었는데 다른 여러 가지 책을 표현하기 위해 Book 클래스의 객체를 몇 개라도 만들 수 있습니다. 다음 예는 "홍길동전"과 "삼국지"를 나타내는 2개의 객체를 작성합니다. ExecBook 클래스는 다음과 같이 변경합니다.

예제 2 2개의 객체를 생성한다.

```java
public class book {
    String subject;     // 책명
    String author;      // 저자
    int    price;       // 가격
}
```

```java
public class ExecBook2 {
    public static void main(String[] args) {
        // 객체를 생성한다.
        Book hong = new Book();
        Book sam = new Book();

        // 필드에 값을 대입한다.
        hong.subject = "홍길동전";
        hong.author = "허균";
        hong.price = 10000;

        sam.subject = "삼국지";
        sam.author = "나관중";
        sam.price = 15000;

        // 필드를 출력한다.
        System.out.println("서명 : " + hong.subject);
        System.out.println("저자 : " + hong.author);
        System.out.println("가격 : " + hong.price);

        System.out.println("서명 : " + sam.subject);
        System.out.println("저자 : " + sam.author);
        System.out.println("가격 : " + sam.price);
    }
}
```

실행결과

```
<종료됨> ExecBook
서명 : 홍길동전
저자 : 허균
가격 : 10000
서명 : 삼국지
저자 : 나관중
가격 : 15000
```

> **설명**

클래스는 추상적인 개념을 나타내는 "형"입니다. Book 클래스는 "책"이라는 개념을 클래스로 만든 Book형입니다. 그리고 main 메소드를 가지는 ExecBook 클래스에서는 Book형으로 Book형 변수와 Book형 객체를 만들고 있습니다.

당연하지만 변수나 데이터는 얼마든지 만들 수 있습니다. 하지만, 자신이 만든 클래스 "형"을 사용할 수 장소가 포인트입니다. 이 구조는 객체지향 프로그래밍의 근간이 된다고 말해도 좋을 만큼 중요한 것입니다.

다음의 그림은 클래스의 개념과 그에 속하는 객체의 관계를 나타내고 있습니다. 예를 들어 "홍길동전"이라는 책은 책 클래스의 하나의 객체입니다. 세상에는 방대한 양의 책이 있기 때문에 처음부터 "홍길동전"이라는 부품을 만들어 두면 범용성이 없습니다.

그래서 "책"이 가지는 속성을 정의한 책 클래스를 작성합니다. 다음부터는 속성에 서명과 저자, 가격 등 구체적인 값을 가지는 객체를 만들면 여러 가지 책을 만들어 내는 것이 가능합니다.

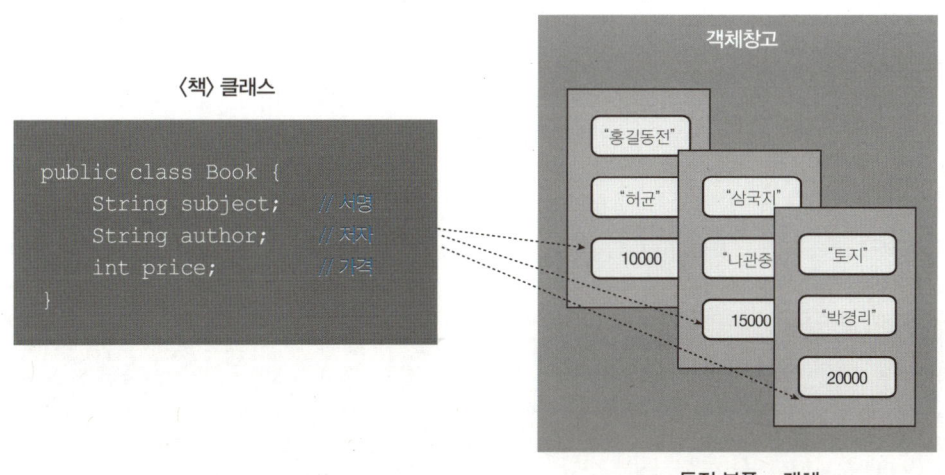

>>> 매우 중요

객체지향 방법

- 특정 (객체)부품이 아니라 범용성을 가지는 부품의 형(클래스형)을 준비한다.
- 형으로부터 객체를 만들고, 필드에 값을 넣으면 특정 부품을 나타내는 것이 가능하다.

▶▶▶ 연습문제 1-5

1. 연습문제 1-4에서 설명한 triangle 클래스의 객체를 3개 만들고 변수 t1, t2, t3에 대입하시오. 3변의 길이를 (a, b, c)로 나타내고, 3개의 객체는 각각 (5, 3, 4), (11, 8, 6), (9, 2, 7)을 3변으로 하는 삼각형이다. Main 메소드를 가지는 클래스의 이름은 ExecTriangle로 하고 마지막에 3개의 객체 내용을 예시와 같이 출력하시오.

```
□ 콘솔 ☒
<종료됨> ExecTriangle [Java 응용프로그램]
t1 : a=5.0      b=3.0    c=4.0
t2 : a=11.0     b=8.0    c=6.0
t3 : a=9.0      b=2.0    c=7.0
```

객체지향과 클래스의 역할

- 하나의 클래스는 하나의 부품(객체)을 프로그래밍한다.
- 실행을 제어하는 클래스로서 main 메소드를 가지는 클래스가 필요하다.

클래스의 작성 방법

- 어떤 클래스인가는 그 속성으로 결정된다.
- 속성을 필드라고 한다.
- 필드는 변수로 직접 클래스 안에 정의한다

변수와 객체의 작성

- 클래스는 형으로서 클래스를 작성하는 것은 새로운 형을 만드는 것과 같다.
- 클래스형의 변수를 작성할 수 있다.   예) `Book hong;`
- 클래스형의 객체를 만들고 변수에 대입할 수 있다. 예) `hong = new Book();`
- 멤버참조 연산자를 사용해서 필드에 값을 설정한다.
    예) `book.price = 10000;`
- 멤버참조 연산자를 사용해서 필드의 값을 사용할 수 있다.
    예) `System.out.println(hong.price);`   // 가격을 표시

클래스의 작성과 이용 방법

- 클래스를 사용하기 위해서는 main 메소드를 가지는 클래스가 필요
- main 메소드를 가지는 클래스 안에 클래스형 변수와 객체를 생성해서 사용할 수 있다.

객체지향 방법이란

- 클래스는 추상적인 개념을 프로그래밍한다.
- 클래스형을 자유롭게 작성할 수 있는 점이 객체지향의 장점이다.
- 특정(객체) 부품이 아니라 범용성을 가지는 부품의 형(클래스형)을 준비한다.
- 형으로 객체를 만들고 필드에 값을 넣으면 특정의 부품을 나타내는 것이 가능하다.
- 클래스형으로 객체를 얼마든지 만들 수 있다.

{Chapter 02}

클래스의 구조

이 장에서는 객체를 초기화하는 역할을 하는
생성자(컨스트럭터)에 관해서 설명합니다.
또한 인스턴스 메소드를 정의해서 클래스에
기능을 추가하는 방법도 설명합니다.
이 장을 배우고 나면 간단한 기능을 가지는 클래스를 설계하고,
객체를 생성해서 동작시킬 수 있게 됩니다.
이것으로 객체지향 프로그래밍의 입구에 서게 되는 것입니다.

2-1 생성자(컨스트럭터)의 작성법

new 연산자에서 만든 직후 객체의 필드에는 의미가 없는 값인 null이나 0이 들어있습니다. 그래서 지금까지의 예제에서는 뒤에 특정값을 다시 대입하였습니다.

생성자를 만들게 되면 객체를 작성할 때 특정값을 필드에 세팅하는 것이 가능합니다. 생성자(constructor)는 "구축자"라는 뜻입니다. new 연산자가 객체를 만든 뒤 생성자가 실행되 객체에 구체적인 값을 세팅합니다.

생성자는 다음과 같이 필드의 뒤에 적습니다. 메소드와 비슷한데 이름이 클래스의 이름과 같고 int나 double과 같은 반환값이 없기 때문에 메소드와는 다릅니다.

생성자에는 인수가 있습니다. 인수를 사용하는 방법은 메소드와 동일합니다.

```
public class Book {
    String   subject;    // 책 제목
    String   author;     // 저자
    int      price;      // 가격

                                                        ← 생성자
    ↑반환값이 없다.   ↑클래스 이름과 같다.
    public   book(String s, String a, int p){
        subject  =  s;
        author   =  a;
        price    =  p;
    }
}
```

> **》》중요**
>
> **생성자의 작성법**
>
> **public** [클래스 이름] (가인수1, 가인수2, ...) {
>
>   여러 가지 처리
>
> }
>
> - 생성자의 이름은 클래스 이름(형 이름)과 같다
> - 반환값을 적지 않는다(void도 적지 않는다).

2-2 생성자의 사용법

생성자의 사용법은 예제 1에 있습니다. 생성자는 new 연산자와 같이 사용합니다.

예제 1 생성자로 클래스를 만든다.

```java
public class Book {
    String    subject;      // 책 제목
    String    author;       // 저자
    int       price;        // 가격

    public Book(String s, String a, int p){    // 생성자
        subject    =    s;
        author     =    a;
        price=      p;
    }
}
```

```java
public class ExecBook {
    public static void main(String[] args) {    // 생성자를 이용
        // 객체의 생성
        Book hong    = new Book("홍길동전", "허균", 950);
        Book sam     = new Book("삼국지", "나관중", 1000);
        // 필드를 출력
        System.out.println("서명 : " + hong.subject);
        System.out.println("저자 : " + hong.author);
        System.out.println("가격 : " + hong.price);

        System.out.println("서명 : " + sam.subject);
        System.out.println("저자 : " + sam.author);
        System.out.println("가격 : " + sam.price);
    }
}
```

> **설명**

main 메소드가 있는 ExecBook 클래스를 봅시다.

객체를 만드는 데 new 연산자에 이어서 생성자를 적고 ( ) 안에 인수로 전달하려는 필드 변수의 값을 지정합니다. new 연산자가 객체를 만들고 그 뒤에 생성자를 이용해 new가 만든 객체에 초기값을 세팅합니다.

```
Book hong = new Book("홍길동전","허균",950);
```
(생성자를 이용)

▶▶▶ 연습문제 2-1

1. 다음의 빈 칸 ① ~ ② 안에 적당한 말을 입력하시오.

> - 생성자의 특징은 [①]과 같은 이름이고 [②]가 아니라는 것의 2가지이다.

2. 다음 클래스에 관해서 질문에 답하시오.

```
public class Triangle {
    double a;          // 변 a의 길이
    double b;          // 변 b의 길이
    double c;          // 변 c의 길이
}
```

(1) 이 클래스의 생성자를 작성하시오.
(2) 이 클래스를 사용해서 ExecTriangle 클래스를 만들고 Triangle형의 객체를 하나 만드시오. a, b, c는 각각 3.0, 4.0, 5.0으로 합니다.
 또한, 만든 객체의 필드를 콘솔에 출력하시오.

3. 다음의 Milk 클래스의 생성자는 3번째 라인부터 정의하고 있습니다. 이 생성자의 정의에 대해서 틀린 곳을 2군데 찾으시오.

```
1  public class Milk {
2      double amount;
3      public void milk(double a) {
4          amount = a;
5      }
6  }
```

[해답] ① _____
② _____

4. 다음과 같은 Card 클래스가 있다.

```
public class Card {
    int number;
    String suit;
    public Card(int n, String s) {
        number = n;
        suit = s;
    }
}
```

number는 카드의 수로 1~13 사이의 수이고, suit는 카드의 종류로 다음 4개 중에 하나를 가진다.
"스페이드"
"클로버"
"하트"
"다이아"

Card 클래스의 변수 c1, c2, c3를 작성하고 각각 스페이드 1, 하트 5, 다이아 10을 필드의 값으로 가지도록 초기화하는 프로그램은 다음과 같다.
다음의 빈칸을 채우시오.

① Card c1 = _____ ;

② Card c2 = _____ ;

③ Card c3 = _____ ;

2-3 생성자를 오버로드 한다

지금까지 다음과 같이 사용한 Book( )도 사실은 생성자입니다. 프로그래머가 작성하지 않아도 사용할 수 있기 때문에 그것을 **디폴트 생성자**라고 합니다.

```
Book hong = new Book();   // 디폴트 생성자
```

디폴트 생성자는 인수가 없는 생성자로 Java 컴파일러가 암묵적으로 만듭니다. 또한, 실행 파일 안에만 있고 소스에서는 정의를 확인할 수가 없습니다.

디폴트 생성자를 사용할 수 없게 된다.

예제 1과 같이 프로그래머가 직접 생성자를 만들면 디폴트 생성자는 사용할 수 없게 됩니다. 디폴트 생성자는 프로그래머가 생성자를 만들지 않았을 때만 자동으로 작성되는 생성자입니다.

다음은 예제 1의 ExecBook 클래스 main 메소드의 안에 디폴트 생성자를 사용하는 문을 추가한 것입니다. 컴파일 에러가 발생하게 됩니다.

```java
package L02;

public class ExecBook {
    public static void main(String[] args) {
        // 객체의 생성
        Book hong  = new Book("홍길동전","허균",950);    //생성자를 이용
        Book sam   = new Book("삼국지","나관중",1000);
        Book abook = new Book();                         // 에러 발생

        // 필드를 출력
        System.out.println("서명 : " + hong.subject);
        System.out.println("저자 : " + hong.author);
        System.out.println("가격 : " + hong.price);

        System.out.println("서명 : " + sam.subject);
        System.out.println("저자 : " + sam.author);
        System.out.println("가격 : " + sam.price);
    }
}
```

Eclipse의 화면에는 디폴트 생성자를 사용하는 문에 빨간 컴파일에러 마크가 표시됩니다. 화면 하단의 [문제] 탭에는 에러의 원인으로

[생성자 Book( )이(가) 정의되지 않았습니다.]

라고 출력됩니다. 이것은 Book 클래스에서 직접 생성자를 정의하였기 때문에 디폴트 생성자가 정의되어 있지 않았다는 것을 의미합니다.

예제 1(수정) **2개의 생성자를 가지는 클래스를 만든다**

```
public class Book {
    String    subject;   // 책 제목
    String    author;    // 저자
    int       price;     // 가격
    public Book() { }              ← 또 하나의 생성자
    public Book(String s, String a, int p){
        subject  =  s;
        author   =  a;
        price    =  p;
    }
}
```

※ 앞에 나왔던 예제 1의 Book 클래스를 위와 같이 수정해 주세요.

설명

생성자의 오버로드

 인수의 개수와 형, 순서가 다르면 클래스에 생성자를 얼마든지 만들 수 있습니다. 복수의 생성자를 정의하는 것을 생성자의 오버로드라고 합니다. 조금 전에 컴파일 에러는 디폴트 생성자와 같이 인수가 없는 생성자를 오버로드하면 없앨 수 있습니다.

▶▶▶ 연습문제 2-2

1. 1장의 연습 1-3에 있는 Point 클래스를 다음과 같이 변경하시오.
    1) 가인수 a, b로 받은 값으로 필드 x, y를 초기화하는 Point 클래스의 생성자를 작성하시오.
    2) 인수가 없는 생성자도 만드시오.
    3) main 메소드가 있는 ExecPoint 클래스를 만들고 생성자를 사용해서 다음과 같이 변수를 만드시오.
    - Point형 변수 p를 만들고 생성자를 사용해서 (2.8, 1.6)를 x, y 좌표로 가지도록 초기화한다.
    4) ExecPoint 클래스에서 마지막에 변수 p의 필드를 출력하시오.

2-4 인스턴스 메소드란

예제 1과 같이 필드의 내용을 출력하는 처리를 main 메소드에 적는 것은 꽤 귀찮은 일입니다. 객체 고유의 필드를 표시하는 것이므로 객체 기능으로 "출력 기능"이 있으면 더욱 간편할 듯합니다. 객체 자체가 자신의 필드의 내용을 출력할 수 있기 때문입니다.

이것은 메소드를 만들면 가능합니다. 다음 예제는 그 기능을 가지는 show 소드를 작성한 예입니다. 이 메소드의 사용 법은 바로 뒤에 설명하겠습니다. 여기서는 작성 법에 주목해 주십시오.

```java
public class Book {
    String    subject;     // 책 제목
    String    author;      // 저자
    int       price;       // 가격

    public Book() {  }
    public Book(String s, String a, int p){
        subject   =    s;
        author    =    a;
        price=    p;
    }
    public void show(){     // 인스턴스 메소드
        System.out.println("서명 : " + subject);
        System.out.println("저자 : " + author);
        System.out.println("가격 : " + price);
    }
}
```

설명

이와 같이 "클래스에 기능을 추가하기 위한 메소드"를 인스턴스 메소드라고 합니다. 인스턴스(instance)라는 것은 "예, 실제 예"라는 의미입니다. "객체(오브젝트)"와 거의 같은 뜻이지만 "어떤 특정한 객체"라는 의미를 강조하고 싶을 때 인스턴스라고 합니다.

인스턴스 메소드는 subject, author, price 등의 필드 변수를 자신의 변수처럼 사용할 수 있기 때문에 필드를 조작하는 처리를 간단히 할 수 있습니다.

```
                              // 필드 변수를 자유롭게 사용한다
System.out.println("서명 : " + subject);
```

인스턴스 메소드는 객체 안에 있다.

객체를 작성하면 필드와 같이 인스턴스 메소드도 객체의 안에 들어갑니다. 다음 그림의 show( )에 주목해 주십시오. 인스턴스 메소드는 객체(인스턴스) 안에 들어있고 그 안에서 움직이므로 인스턴스의 메소드입니다.

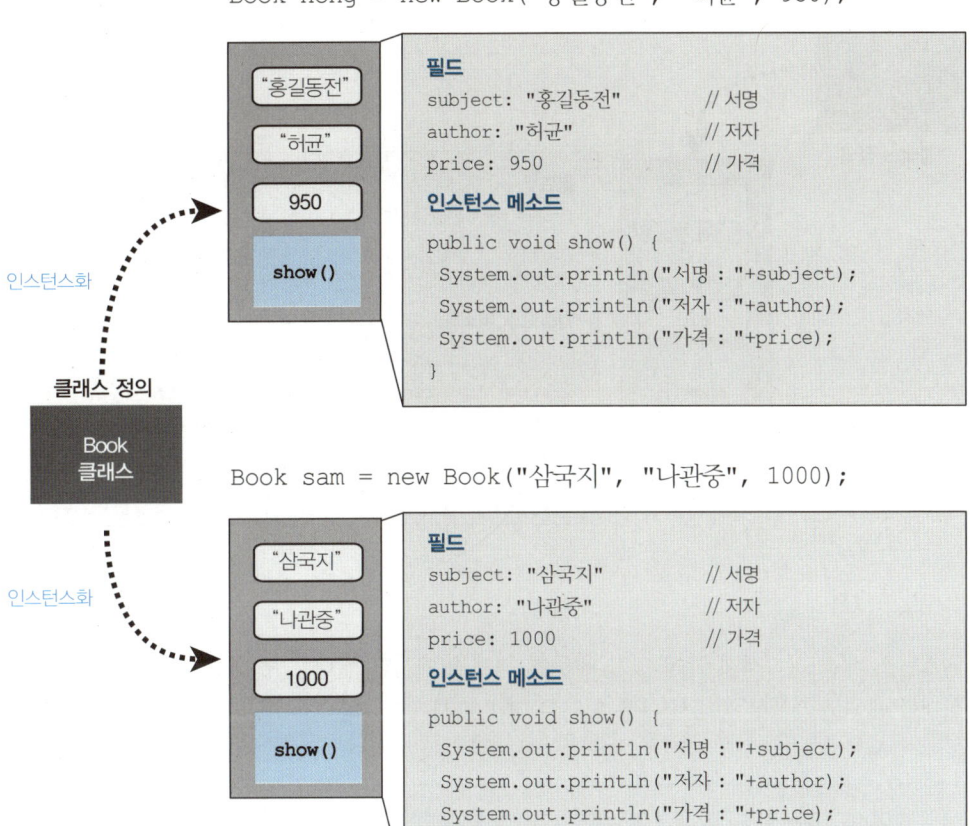

▶▶▶ 연습문제 2-3

1. 예제에서 배운 대로 연습 2-1에서 나온 Triangle 클래스를 필드의 내용을 출력하는 show 메소드를 작성하시오.

2-5 인스턴스 메소드의 사용 방법

인스턴스 메소드는 클래스 안에 정의해서 필드처럼 각각의 객체(인스턴스)에 포함되어 기능하는 메소드입니다.

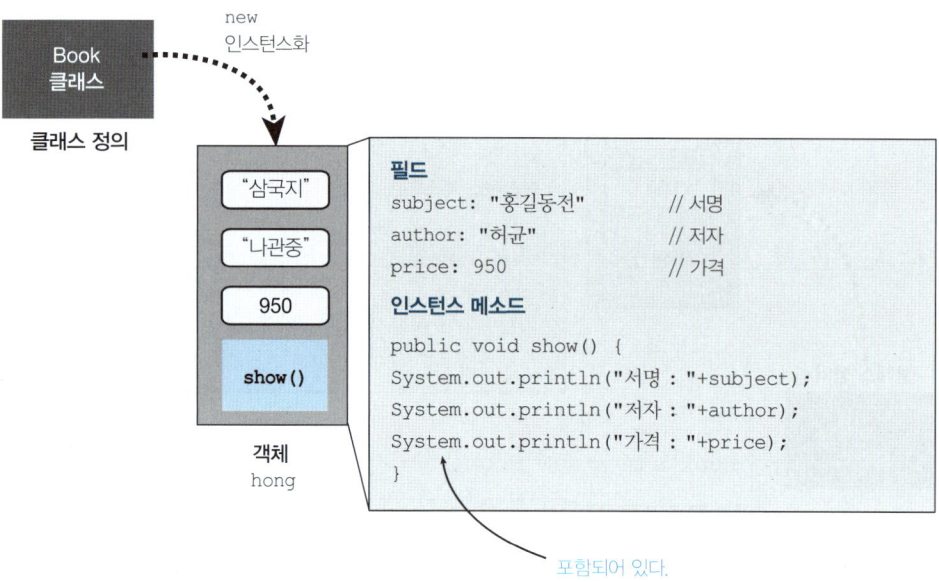

인스턴스 메소드는 객체 안에 있기 때문에 객체 안에서만 실행할 수 있습니다. 그래서, 실행할 때에는 객체를 통해서 다음과 같은 형태로 사용합니다.

```
hong.show();        // hong의 멤버인 show( )를 실행한다.
sam.show();         // 삼국지의 멤버인 show( )를 실행한다.
```

인스턴스 메소드의 특징은 (자신이 들어있는 객체의) 필드를 이용하거나, 변경할 수 있는 것입니다. 필드를 사용해서 무언가 일을 하는 것이 인스턴스 메소드입니다. 인스턴스 메소드의 실행결과도 객체가 다르면 다른 결과를 출력하는 것입니다.

> **》》중요**
>
> **인스턴스 메소드의 사용법**
>
> - 객체 안에 있는 멤버이므로 객체를 통해서 이용한다.
>   [예] book.show( );
>   sam.show( );

예제 2   인스턴스 메소드를 만든다

```java
public class Book {
    String   subject;   // 책 제목
    String   author;    // 저자
    int      price;     // 가격

    public Book( ) { }
    public Book(String s, String a, int p){
        subject = s;
        author  = a;
        price   = p;
    }
    // 인스턴스 메소드
    public void show(){
        System.out.println("서명 : " + subject);
        System.out.println("저자 : " + author);
        System.out.println("가격 : " + price);
    }
}
```

```java
public class ExecBook {
    public static void main(String[] args) {
        // 객체의 생성
        Book hong = new Book("홍길동전","허균",950);
        Book sam  = new Book("삼국지","나관중",1000);

        // 인스턴스 메소드로 필드를 출력
        hong.show();
        sam.show();
    }
}
```

실행결과
```
<종료됨> ExecBook (1)
서명 : 홍길동전
저자 : 허균
가격 : 950
서명 : 삼국지
저자 : 나관중
가격 : 1000
```

> **설명**

ExecBook 클래스에는 객체의 필드를 출력하는 처리를 그 객체 자신이 하도록 할 수 있게 되었습니다. show 메소드는 hong 객체뿐만 아니라 sam 객체도 가지고 있습니다. 클래스에서 정의한 인스턴스 메소드를 모든 객체가 가집니다. 이것이 객체지향이 훌륭한 점입니다.

2.5.1 인스턴스 메소드의 규칙

메소드에는 인스턴스 메소드와 클래스 메소드가 있습니다. 15, 16장에서 알아본 것은 클래스 메소드입니다. 같은 메소드라도 둘은 기능적으로 완전히 다릅니다. 하지만, 이름을 붙이는 방법, 반환형, 인수, return의 사용법 등의 문법은 같습니다.

앞에서 배운 클래스 메소드에 관한 지식을 그대로 사용하면 되므로 인스턴스 메소드의 문법에 대해서는 부가설명을 하지 않겠습니다. 하지만 한 가지가 클래스 메소드와 다릅니다. 그것은 메소드의 선언에 static 키워드를 붙이는 것입니다.

- public void show( )   인스턴스 메소드
- public static void show( )   클래스 메소드

static을 붙이는가, 아닌가에 따라서 클래스 메소드인지, 인스턴스 메소드인지를 구별합니다. 전혀 다른 부분이므로 꼭 기억하도록 합시다.

> **》》 중요**
>
> **인스턴스 메소드에는 static을 붙이지 않는다.**

▶▶▶ 연습문제 2-4

1. 인스턴스 메소드에 관해서 다음 빈 칸에 적당한 말을 넣으시오.

- 인스턴스 메소드에는 키워드 [①]를 붙이지 않는다
- 자유롭게 사용할 수 있는 변수처럼 [②]를 사용해서 처리를 한다.
- [③]를 사용해서 객체를 통해 실행한다

2. 다음 클래스에 관해서 질문에 답하시오.

1) 다음의 Cat 클래스 선언에서 틀린 부분을 찾으시오.

```
public class Cat {
    String   name;      // 이름
    int      age;       // 나이
    public Cat(String n, int a) {
        name = n;
        age  = a;
    }
    public void show() {
        System.out.println("이름: "+n);
        System.out.println("나이: "+a);
    }
}
```

[해답] _____

2) 다음의 빈칸에 Cat형의 변수 tom의 모든 필드를 출력하는 명령을 적으시오.

```
public class ExecCat {
    public static void main(String[] args) {
        Cat tom = new Cat("Tom", 8);
        
    }
}
```

3. 연습문제 2-3에서 작성한 Triangle에 관해서 그것을 사용하는 ExecTriangle 클래스를 작성하시오. ExecTriangle 클래스의 처리 내용은 다음과 같습니다.
- Triangle형의 변수 t를 작성한다.
- a, b, c에 각각 7.0, 5.0, 9.0을 넣어 객체를 만들고 t에 세팅한다.
- show 메소드에서 필드의 내용을 출력한다.

생성자의 작성법

- 생성자는 객체를 만들 때 필드에 인수로 받은 값을 세팅한다.
- 생성자는 클래스와 같은 이름
- 생성자는 반환값이 없다.

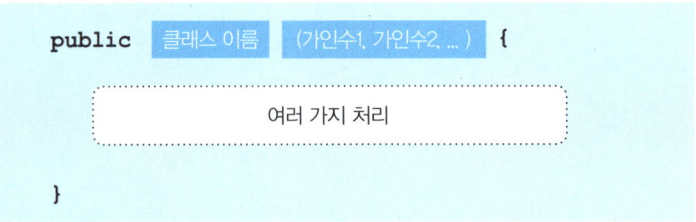

생성자의 사용법

- 생성자는 new와 같이 사용한다.
  예) `Book hong = new Book("홍길동전", "허균", 950);`

생성자를 오버로드한다.

- 디폴트 생성자는 프로그래머가 작성하지 않아도 사용할 수 있는 생성자
- 프로그래머가 생성자를 작성하면 디폴트 생성자는 사용할 수 없게 된다.
- 여러 개의 생성자를 작성하는 것을 생성자의 오버로드라고 한다.
- 인수의 구성(개수, 형, 순서)이 다르면 생성자를 오버로드할 수 있다.

인스턴스 메소드란

- 클래스에 기능을 추가하기 위해서 작성하는 것이 인스턴스 메소드이다.
- 인스턴스 메소드는 필드를 이용해서 프로그램을 작성할 수 있다.
- 인스턴스 메소드는 객체 안에 포함된다.

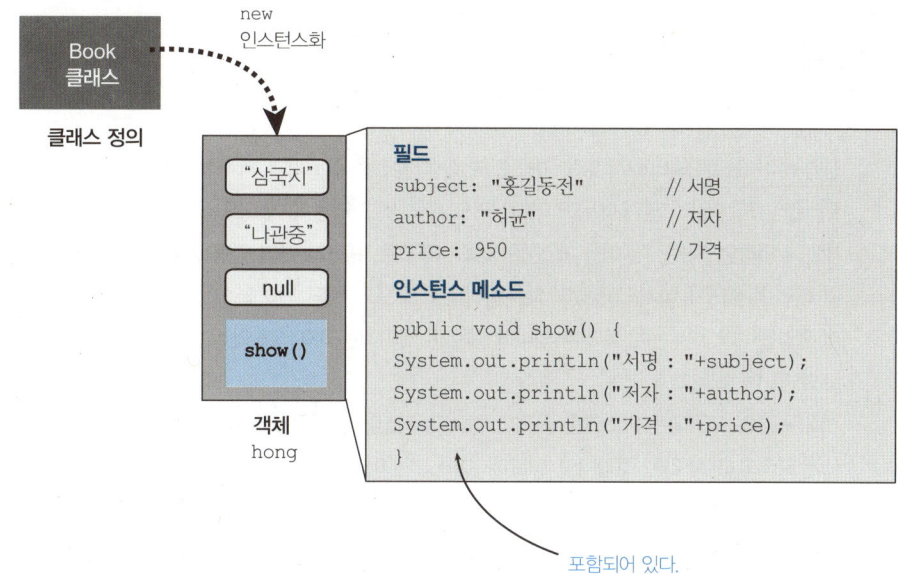

인스턴스 메소드의 사용법

- 객체 안에 있는 멤버이기 때문에 객체를 통해서 이용한다.
    예) hong.show();
- 인스턴스 메소드에는 static을 붙이지 않는다.

> **참고** **컴퓨터 바이러스**

신형 바이러스에 대비하기 위해 가방 안에 항상 알코올 소독약과 액체 비누가 들어있습니다. 컴퓨터를 만지는 일이 많기 때문에 어디서라도 손을 씻고 닦을 수 있도록 하기 위해서입니다. 또한 세미나실의 입구에는 "들어올 때 손을 씻읍시다"라는 표어가 붙어 있습니다. 그것은 세미나실에 몇 대의 컴퓨터가 설치되어 있기 때문입니다. 키보드가 일단 바이러스에 감염되면 모든 사람에게 전염됩니다. 비누는 소독 비누입니다. 물로만 씻어서는 바이러스의 세포막을 파괴하지 못하므로 예방이 안됩니다.

게다가 강의 시간에는 마스크를 가지고 갑니다. 자신을 위한 것이 아니라 기침을 하는 사람에게 쓰게 하려고 가져 가는 것입니다. 덕분에 "마스크맨"이라고 부르며 무서워한다고 하지만 어쩔 수 없습니다. 교사가 쓰러지면 학생이 곤란해 지니까요.

그런데, 컴퓨터의 세계에도 바이러스가 맹위를 떨치고 있습니다. 최근에는 바이러스 검사 소프트웨어가 백신을 공급하기 전에 감염되어서 좀비 PC가 되어버리는 경우도 있습니다. 게다가 바이러스 제작자는 계속 변종을 확대시키고 있어 백신을 만드는 것이 못 따라가는 상황도 나오고 있습니다.

바이러스를 퍼트려 좀비 PC 군단을 만들고 상업적으로 스팸 메일을 보내거나 악의적으로 공격을 하는 범죄는 끊이질 않고 있습니다. 이것은 지금까지 없던 위기로 국가 단위의 대책이 필요하다고 생각됩니다. 하지만 원래의 범죄자를 찾아내는 것은 매우 어렵습니다. 예를 들어 무방비의 PC를 설치해서 일부러 좀비 PC로 만든 뒤 바이러스 발신 거점를 찾아 내는 함정 작전을 하고 있지만, 대부분 효과가 없습니다.

학생들도 확실히 이해했으면 하므로 시험에 "컴퓨터 바이러스의 구조와 대책에 관해서 간단하게 설명하시오"와 같은 문제는 필수입니다. 지금까지 여러 가지 대답이 있었는데 그 중에서도 유달리 뛰어난 답이 있었습니다.

"컴퓨터 바이러스의 대책으로 가장 훌륭한 방법은 사용하고 난 뒤 비누로 손을 씻는 것입니다." 재미있어서 나도 모르게 합격점을 주었습니다.

PART 04

프로그래밍 연습

이 연습에서는 먼저 준비 과정으로 클래스 변수의 사용 방법을 배우고 다음으로 2개의 게임을 13개의 단계로 나누어서 작성합니다. 어느 정도 스케일이 있는 프로그램을 만들어 보고, 프로그램작성의 요령을 배우기 위한 연습입니다. 문법을 배우는 것만으로는 얻을 수 없는 사고와 요령을 익힐 수 있을 것입니다.
동시에 프로그래밍의 즐거움도 체험할 수 있었으면 합니다. 여기서 만들어 볼 프로그램은 "복권 뽑기"와 "블랙잭"입니다. 각각의 예제 프로그램에는 충분한 설명이 되어있으므로 잘 이해한다면 꼭 작성할 수 있을 것입니다. 예제 프로그램은 실제로 움직여서 동작을 확인할 수 있도록 되어 있습니다. 만들어서 실행해보고, 즐기면서 한 걸음 한 걸음 나아가도록 합시다.

〔 주의 〕
이번 예제 프로그램에서도 Input 클래스의 메소드를 사용합니다. Input 클래스는 혜지원 출판사 홈페이지 자료실에서 다운로드 받을 수 있습니다. 4장에 사용 방법이 있으므로 참고해 주십시오.

준비 › 클래스 변수의 사용 방법

객체지향을 사용하지 않고 프로그램을 작성할 때 문제가 되는 부분이 데이터를 저장하는 변수입니다. 예를 들어 게임의 스코어는 설정, 평가, 판정 등의 몇 가지 메소드를 공통으로 액세스할 수 있어야 합니다. 하지만, 로컬 변수는 인수로 보내지 않으면 다른 메소드에 전달할 방법이 없어서 매우 불편합니다.

이럴 때 이용하는 것이 클래스 변수입니다. 클래스 변수는 모든 메소드에서 공유하고 언제든지 누구든지 참조하거나 변경하는 것이 가능합니다. 다음의 예제를 입력해서 실행하고 결과를 확인해보도록 합시다.

[준비를 위한 예제] 클래스 변수의 동작

```java
public class Exec {
    // 클래스 변수
    final static int    SIZE   = 5;       // final이 있으므로 고정된 변수
    static int[] dt = new int[SIZE];      // 배열 변수를 작성해 둔다.

    // 정적 변수를 읽는다.
    public static void main(String[] args) {
        dt[0] = 2;          // 배열 요소 dt[0]의 값을 2로 변경한다.
        show();             // 배열의 모든 요소를 출력한다.
        increment();        // 배열 요소 dt[0]의 값을 메소드로 1 증가시킨다.
        show();             // 한 번 더 배열의 모든 요소를 출력한다.
    }
    // 배열 요소 dt[0]의 값을 1 증가시킨다.
    public static void increment(){
        dt[0]++;
    }
    // 배열의 내용을 출력한다.
    public static void show(){
        for (int i=0; i<dt.length; i++){
            System.out.print(dt[i]+" ");
        }
        System.out.println("");  // 개행
    }
}
```

실행결과
```
<종료됨> Exec
2 0 0 0 0
3 0 0 0 0
```

> **설명**

음영으로 된 부분이 클래스 변수입니다. 선언하면 0과 같은 기본값으로 초기화됩니다. 다만, 예제에서는 디폴트 기본값이 아니라 SIZE에는 5를 대입하고, dt에는 배열을 만들어서 그 참조를 대입해서 구체적인 값을 설정하였습니다. 이것은 사전 초기화입니다.

```
final static int   SIZE   = 5;       // final이 있으므로 고정된 변수
static int[ ] dt = new int[SIZE];    // 배열 변수를 작성해 둔다.
```

클래스 변수는 메소드 안이 아니라 클래스의 정의에 적습니다. 클래스 변수에는 static 키워드를 붙여야 합니다. static을 붙이지 않으면 전혀 다른(인스턴스 변수라고 하는) 변수가 되므로 주의하기 바랍니다.

그리고, final을 붙일 수 있습니다. final을 붙이면 초기화할 때 넣은 값을 바꿀 수가 없습니다. 예를 들어 변수 SIZE에 5을 대입하였지만 final을 붙였으므로 SIZE에 다른 값을 대입하려고 하면 컴파일 에러가 발생합니다. final을 붙인 변수는 값을 바꿀 수 없으므로 고정된 수로 취급합니다. 일반적으로 대문자로 이름을 짓습니다.

SIZE는 클래스 변수인 배열 dt의 요소 개수로 사용합니다. SIZE와 같은 고정된 정수는 플레이어의 수나 카드의 개수와 같이 한 번 설정하면 바꿀 일이 없는 값을 저장할 때 사용합니다.

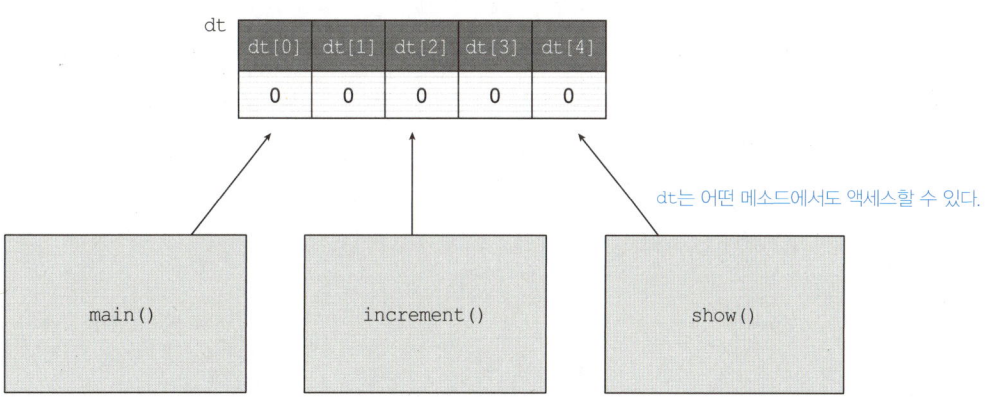

클래스 변수는 같은 클래스의 어떤 메소드에서도 참조할 수 있고 값을 변경할 수 있는 공통 변수입니다. main 메소드, increment 메소드, show 메소드에서 배열 변수 dt를 사용하고 있습니다. 이것은 모두 같은 클래스 변수를 액세스하고 있다는 것에 유념해야 합니다.

여기서 중요한 것은 예제를 읽고, 실행결과를 보고 그 결과를 확인하는 것입니다. main 메소드와 increment 메소드에서는 배열의 값을 변경하고 show 메소드에서 배열의 값을 출력합니다. 하지만, 이 메소드들 사이에 인수를 사용해서 변수를 전달하지 않고 있습니다. 이것이 중요합니다. 클래스 변수는 공유 변수이므로 전달하지 않아도 이용할 수 있는 것입니다.

반복해서 설명하는데 클래스 변수는 공유 변수입니다. 어떤 메소드에서도 클래스 변수의 값을 변경하거나 참조할 수 있습니다. 클래스 변수는 프로그램이 시작할 때 한 번만 초기화 되고, 그 이후에는 메소드에서 값이 변경되면 그 값으로 남아있습니다.

>>> 중요

클래스 변수는 클래스 안의 공유 변수

- static을 붙여서 클래스 안에 직접 정의한다.
- 초기화할 때 한 번만, 설정한 값으로 초기화할 수 있다(사전 초기화).
- 메소드에서 값을 변경하면 그 값으로 남아있다(초기화한 값은 없어진다)..
- 모든 메소드에서 참조, 변경할 수 있다.
- final 키워드를 붙이면 값을 변경할 수 없게 된다.

01 ▶ 복권 뽑기 프로그램

첫 번째 예제는 게임 작성의 기본이 되는 복권 뽑기 프로그램입니다. 다음과 같은 복권 뽑기 프로그램을 만들어 보도록 합시다.

---

① 10개의 복권이 있습니다. 그 안에 당첨은 3개가 있습니다. 복권을 뽑으면 당첨인지 꽝인지가 표시됩니다. 복권은 연속해서 최대 10번 뽑을 수 있지만 당첨이 3번 나오면 종료합니다.

② 화면에 "아무 키나 입력하면 복권을 뽑을 수 있습니다"라고 가이드를 표시하고, 아무 키나 입력하면 뽑기를 실행합니다.

③ 키를 입력했을 때 바로 당첨인지 꽝인지가 나오면 재미가 없기 때문에 1초간 애니메이션을 보여줍니다. 애니메이션은 약 0.1초에 하나의 ■를 표시해서, 1초 동안 10개의 ■가 일렬로 표시됩니다.

④ 그 뒤에 추첨을 해서 "당첨!"이나 "꽝!"이 출력되도록 합니다.

⑤ 추첨 뒤에는 다시 한 번 ②로 돌아갑니다.

프로그램은 몇 개의 단계로 나누어서 작성합니다. 단계 1부터 단계 5까지 작성하면 프로그램이 완성됩니다. 하나의 단계를 하나의 프로그램으로 작성해 주십시오. 예를 들어 단계 1을 작성한 뒤에 단계 2로 갈 때 단계 1을 복사해서 단계 2에 만들고 그것에 추가하는 방법으로 단계 2를 완성합니다. 또한 main 메소드는 단계별로 작성해 주십시오.

【단계 1】필요한 데이터를 클래스 변수로 작성하시오. 또한, 복권의 배열을 초기화하는 init 메소드를 작성하시오.

설명

이 게임에서 필요로 하는 변수는 다음의 4개입니다.

변수	의미
static int max = 10;	복권의 개수
static int win = 3;	복권 중에 당첨의 개수
static int lot[] = new int[max];	복권 배열
static int n=0;	지금까지 나온 "당첨"의 개수

max와 win의 값은 입력 받거나 해서 변경할 수도 있겠지만 여기서는 간단하게 하기 위해 10과 3으로 초기화해 둡니다. 배열 lot는 10개의 복권을 나타내는 정수의 배열로 당첨은 1, 꽝은 0입니다.

배열 lot의 내용

0	1	2	3	4	5	6	7	8	9
1	1	1	0	0	0	0	0	0	0

앞의 3개는 당첨, 나머지 뒤에 것은 꽝입니다. int형의 배열을 작성하면 요소는 0으로 초기화되므로 init 메소드에 의한 초기화에서는 배열 lot의 앞의 3개 요소만 1을 대입합니다. 이 배열 lot에서 랜덤으로 하나의 요소를 고르는 것이 복권을 뽑는 것이 됩니다.

n은 당첨이 되면 1을 증가시켜서 지금까지 몇 개가 당첨되었는지를 저장하는 용도입니다. 또한 init 메소드의 확인을 위해 다음의 main 메소드를 작성해서 실행해 주십시오.

```
public static void main(String[] args){
    init();
    for(int m : lot){
        System.out.print( m + " ");
    }
}
```

【단계 2】 배열 lot에서 하나의 요소를 뽑는 number 메소드를 작성하시오.

설명

단순히 난수를 발생시켜 하나의 배열 요소를 선택하는 것으로는 같은 요소를 2번 이상 뽑을 가능성이 있습니다. 추첨의 중요한 부분은 같은 복권이 2번 이상 뽑히지 않도록 하는 것입니다. 예를 들어 첫 번째에 뽑은 복권이 lot의 두 번째 요소였다면 그 이후에는 배열의 두 번째 요소는 뽑을 수 없도록 할 필요가 있습니다. 이를 위해서 다음 그림과 같은 알고리즘이 쓰입니다.

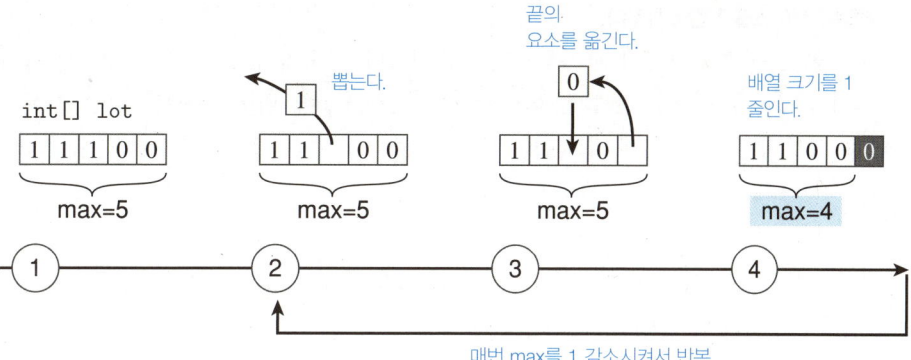

위의 그림은 5개의 요소를 가지는 배열에서 하나를 뽑는 방법입니다.

① 초기 데이터

먼저, ①과 같이 배열은 초기화되어 있다고 봅니다. max는 남아있는 복권(배열의 요소)의 수인데, 처음에는 요소 개수와 같은 5입니다.

② 추첨

난수를 사용해서 하나의 요소를 선택합니다. 난수는 0 ~ max-1 사이의 정수입니다. 다음의 식으로 얻습니다. Math.random( )은 0에서 1까지(1은 포함하지 않음) double의 난수를 발생시킵니다. 그것을 n배 해서 int로 캐스트하면 0에서 n-1까지의 정수 난수를 얻을 수 있습니다.

```
int p = (int)(Math.random() * n);
```

max가 5이면 발생하는 난수는 0, 1, 2, 3, 4 중에 하나입니다. 그림 ②는 난수의 값이 2일 경우입니다. lot[2]가 추첨결과가 됩니다.

③ 끝의 요소로 당첨되어 빠진 부분을 채운다.

lot[2]에 끝의 요소 lot[4]를 복사합니다. 그러면 lot[0] ~ lot[3]이 모든 사용되지 않은 요소가 됩니다. lot[4]는 중복되지만 그것은 다음 ④에서 선택 대상이 되지 않으므로 상관없습니다.

④ 배열의 사이즈를 1 감소시킨다.

--max;로 유효한 요소의 개수를 하나 감소시킵니다. 물리적으로 배열의 크기를 줄이는 것이 아니라, max를 감소시킴으로써 마지막 요소는 다음 번의 ②에서 추첨 대상에서 제외됩니다. 예를 들어 max가 4가 되면 얻을 수 있는 난수는 0, 1, 2, 3이 되어 lot[4]는 대상이 아닙니다.

④의 다음에 ②로 돌아가서 추첨을 계속합니다. 그 과정에서 max는 하나씩 줄어서 마지막으로 5번째 추첨한 뒤에는 max=0이 됩니다.

number 메소드의 처리를 SPD로 나타내면 다음과 같습니다. number 메소드는 호출되면 ② ~ ④의 추첨 동작을 하고 추첨된 값을 반환합니다.

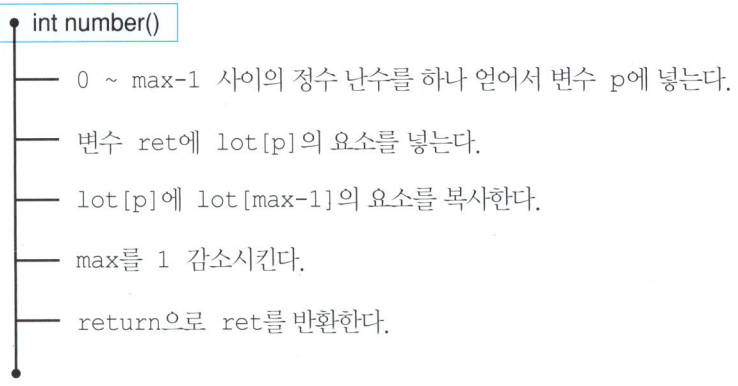

또한 number 메소드를 작성하면 테스트를 위해 main 메소드를 만들어서 동작을 확인하기 바랍니다. 그것은 10회 추첨을 해서 얻은 값(lot의 요소)을 그대로 출력하는 것입니다. 실행 예와 같이 3개의 1과 7개의 0이 랜덤하게 출력되면 OK입니다.

```
public static void main(String[] args){
    init();
    for(int i=0; i<lot.length; i++){
        int num = number();
        System.out.print(num + " ");
    }
}
```

실행결과

【단계 3】 애니메이션을 나타내는 animation 메소드를 작성하시오.

설명

animation 메소드는 약 0.1초에 한 번씩 콘솔에 10개의 ■을 표시하는 메소드입니다. 이를 위해 10회 반복하는 for 루프 안에 다음과 같은 처리를 합니다.

① ■을 하나 출력한다.
② 0.1초 동안 프로그램을 정지한다.

이것은 스레드의 휴면(Sleep)이라는 처리로 자세하게는 필자가 쓴 책인 객체지향편에 자세히 나와있습니다. 여기에서는 간단하게 다음과 같은 코드를 그대로 사용해 주십시오.

```
static void delay(int t){
    try {
        Thread.sleep(t);
    } catch (InterruptedException e) {
        e.printStackTrace();
    }
}
```

delay 메소드의 인수는 밀리세컨드(1/1000 초)의 단위이므로 100을 넣어서 전달하면 프로그램은 약 0.1초간 정지 상태가 됩니다. delay 메소드를 이용해서 animation 메소드를 작성합니다. 또한 animation 메소드를 작성하면 다음의 main 메소드를 작성, 실행해서 동작을 확인해 보도록 합시다.

```
public static void main(String[] args){
    animation();
}
```

【단계 4】 복권을 하나 뽑아서 결과를 보여주는 draw 메소드를 작성합니다.

설명

draw 메소드는 number 메소드를 사용해서 복권을 추첨하고 그것이 1이면 "당첨!", 0이면 "꽝!"을 출력하는 메소드입니다.

다음의 main 메소드를 작성, 실행하여 동작을 확인해보기 바립니다.

```
public static void main(String[] args){
    init();
    animation();
    draw();
}
```

【단계 5】복권 뽑기를 반복해서 실행하는 main 메소드를 작성합니다. 루프의 맨 처음에 "아무 키나 입력하면 복권을 추첨합니다"라는 말을 보여주고 아무 키나 입력하면 복권을 추첨합니다. 그리고 모든 당첨 복권이 나오면 "종료"라고 출력하고 프로그램을 종료합니다.

설명

프로그램 작성의 마지막 단계입니다.

main 메소드에서 반복처리를 작성합니다. 적어도 한 번은 실행하기 때문에 do-while문을 사용해서 루프를 작성합니다. 루프 안에서는 animation( )과 draw( )를 실행합니다. 루프의 앞부분에는 "아무 키나 입력하면 복권을 추첨합니다"라는 안내문을 보여주고 키를 입력하면 복권을 하나 추첨하고 결과를 출력합니다.

안내문을 보여줄 때는 Input.getString( ) 메소드를 사용합니다. 인수에 "아무 키나 입력하면 복권을 추첨합니다"라는 문자열을 지정하면 그대로 보여주고 입력을 기다립니다. 또한, Input.getString( )의 앞에 하나, 다음에 하나씩 System.out.println( );을 넣어서 개행을 하도록 합시다. 개행은 보기 쉽도록 하기 위해서입니다.

루프는 모든 당첨의 복권이 나온 시점에 종료합니다. 그것은 "당첨!"이 나올 때마다 n에 1을 더해서 카운트하도록 합니다. 또한 n을 1 증가시키는 처리를 draw 메소드에 추가할 필요가 있습니다. 반복 조건에는 n < win을 체크하기 바립니다.

02 블랙잭

복권 뽑기의 알고리즘을 이용해서 블랙잭 게임을 만들어봅니다. 블랙잭은 딜러와 참가자가 1:1로 싸우는 게임으로 카드의 숫자의 합계가 21이내에서 21에 가까운 쪽이 이기는 게임입니다.

◆ 게임의 내용

딜러(컴퓨터)와 참가자(플레이어)가 카드를 2장씩 덱에 놓습니다. 딜러는 카드 한 장을 뒤집어서 남은 한 장만을 보여줍니다. 참가자의 카드는 처음부터 보여줍니다. 참가자는 딜러의 1장의 카드만을 보고 자신이 카드를 더 받을 것인지를 결정합니다. 21을 넘으면 바로 지기 때문에 자신의 카드가 21에 가까우면 카드를 그만 받을 수도 있습니다. 참가자가 선택할 때마다 딜러의 카드와 참가자의 카드가 다시 보여집니다.

참가자가 카드를 그만 받기로 결정하면 애니메이션이 보여지고 딜러의 카드를 열어서 최종 카드를 표시합니다. 또한 승패를 "○○의 승리"라고 출력합니다. ○○에는 "딜러"나 "참가자"가 들어갑니다.

마지막으로 딜러의 카드를 오픈할 때 몇 장의 카드를 오픈할 것인지는 카드의 합계를 봅니다. 딜러는 카드의 합계가 16을 넘을 때까지는 계속해서 카드를 오픈해야 합니다. 단, 카드의 합계가 16이 넘으면 카드를 오픈하지 않고 다음 단계로 넘어갑니다.

◆ 카드의 계산

이 게임의 승패는 딜러와 플레이어의 카드의 합계를 구해서 비교합니다. 어느 쪽이든 한쪽이 21을 넘으면 무조건 지게 됩니다. 양쪽 모두 21을 넘었다면 무승부, 그 외에는 21에 가까운 쪽이 이깁니다. 또한 그림이 있는 카드인 11(J), 12(Q), 13(K)는 모두 10으로 취급합니다.

다음 8개의 단계를 순서대로 작성하면 마지막에 블랙잭 게임이 완성됩니다. 완성된 후나 도저히 안될 때는 해답 프로그램을 보고, 어디가 다른지 검토하도록 하세요.

하나의 단계를 하나의 프로그램으로 작성하세요. 예를 들어 단계 1을 작성하고 난 뒤에 단계 2를 작성할 때는 단계 1을 복사해서 단계 2를 만들고, 거기에 더해서 단계 2를 작성합니다. 도중에 기록을 남겨두면 프로그램의 이해에 도움이 됩니다.

또한, main 메소드는 단계별로 작성해 주세요.

【단계 1】카드덱과 카드의 조작

52장의 카드를 나타내는 카드덱을 작성하시오. 카드덱은 52장의 카드 배열과 다음과 같은 메소드로 되어 있습니다. nextCard 메소드는 추첨 프로그램과 같은 알고리즘으로 한 장씩 중복 없이 카드를 뽑을 수 있습니다.

```
static void initDeck( )
```
　　　– 카드덱 배열에 1 ~ 52의 값을 세팅하고, max=52로 초기화한다.
```
static int nextCard( )
```
　　　– 카드덱에서 한 장의 카드를 뽑고, max의 값을 1 감소시킨다.

또한 플레이어의 카드 배열을 작성해서 초기화 처리로 카드덱에서 2장의 카드를 뽑아 카드 배열에 세팅합니다. 초기화 처리는 다음의 deal 메소드가 처리합니다. 또한 확인용으로 카드 배열의 모든 요소를 출력하는 dump 메소드를 작성하고 실행해봅니다.

```
static void deal( )        // 카드 배열에 2장의 카드를 세팅한다(초기화).
static void dump(int[ ] a) // 확인용으로 2장의 카드 배열의 내용을 나타낸다.
```

```
□ 콘솔 ☒
<종료됨> Exec1
17 22
```
실행 예

설명

단계 1을 작성하는데 필요한 변수는 다음의 6개입니다.

변수	의미
static final int SUIT = 4;	고정 : 카드의 종류
static final int RANK = 13;	고정 : 종류별로 카드의 장수
static int max ;	전체 카드의 장수
static int[ ] deck = new int[SUIT*RANK];	카드의 한 세트 52장을 나타내는 배열
static int[ ] pHand = new int[8];	카드(최대 8장)
static int pn = 0;	현재 유효한 카드의 장수

SUIT와 RANK는 카드를 조작하기 위한 고정된 수입니다. 스페이드, 다이아, 클로버, 하트의 4종류, 각각 13장씩이라는 의미입니다. max는 모든 카드의 장수입니다. 카드덱의 남은 유효한 카드수로 사용되기 때문에 고정된 수는 아닙니다.

deck는 카드덱의 배열입니다. 초기 상태는 initDeck 메소드로 요소에 1~52의 정수를 연속으로 세팅합니다. 이것을 카드 번호로 합니다. 카드의 종류와 숫자는 카드 번호에서 계산하는데 이것은 단계 2에서 작성하므로 여기에서는 단순히 deck를 연속된 번호로 초기화만 합니다. 또한 initDeck 메소드는 max를 SUIT * RANK(=52)로 초기화합니다.

pHand는 플레이어의 카드 배열입니다. new로 작성하면 요소는 모두 0으로 클리어되므로, 그것을 초기값으로 합니다. 그리고, pn은 플레이어가 실제로 받은 카드의 장수입니다. 카드를 1장 열어서 카드 배열에 넣으면 1 증가합니다. 카드를 1장 오픈하는 것은 nextCard 메소드입니다. nextCard는 오픈한 카드의 카드 번호를 반환합니다.

nextCard 메소드의 알고리즘은 "복권 뽑기" 프로그램의 number 메소드와 같습니다. 다음 그림은 카드 장수가 5장일 때를 설명하고 있습니다. 복권 뽑기와 다른 점은 요소에 1부터 연속된 번호가 들어있다는 점뿐입니다. 이 번호가 카드번호가 됩니다.

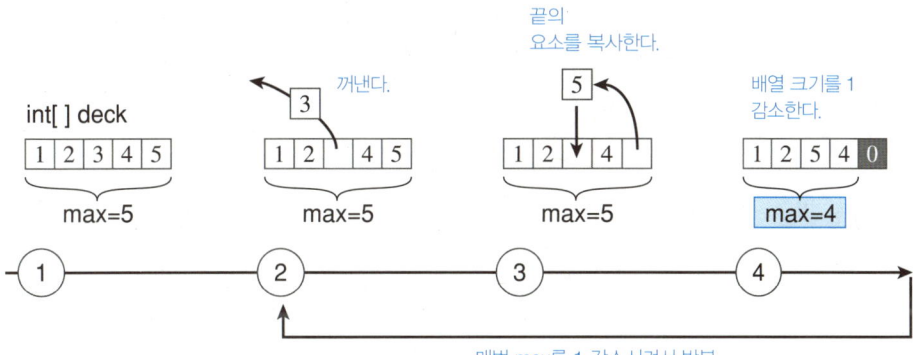

initDeck 메소드가 배열 deck에 1 ~ 52의 연속된 번호를 세팅합니다. 임의의 요소 deck[i]에 i+1을 세팅하는 것에 주의해 주십시오. nextCard 메소드는 일단 0 ~ max-1 사이의 정수 난수를 생성합니다. 다음으로 그 난수를 사용해 deck에서 하나의 요소를 선택해서 그 값(카드 번호)을 return문으로 반환합니다.

nextCard 메소드를 사용해서 카드 배열에 카드 번호를 세팅하는 것은 deal 메소드의 역할입니다. deal 메소드는 nextCard 메소드를 사용해서 pHand[0]와 phand[1]에 카드 번호를 세팅합니다. pn은 pHand의 요소에 유효한 카드 번호를 대입하고 나서 반드시 1 증가시킵니다. 여기서는 2회 대입하므로 pn은 2가 되게 합니다.

또한 dump 메소드는 카드 배열에서 2개의 요소 값을 한 줄에 나란히 출력합니다. 카드 배열의 내용을 확인하기 위해서입니다.

다음이 프로그램의 골격입니다. 이 안에서 initDeck, deal, nextCard, dump의 각 메소드를 작성하고 실행해서 확인해봅시다.

```java
    static final int    SUIT = 4;
    static final int    RANK = 13;
    static int          max;
    static int[]        deck = new int[SUIT*RANK];   // 52장
    staticint[]         pHand = new int[8];
    static int          pn = 0;
    // 블랙잭
    public static void main(String[] args){
        initDeck();     // 카드덱을 초기화한다.
        deal();         // 카드를 2장 뽑는다.
        dump(pHand);    // 카드를 표시한다.
    }
    // 카드덱을 초기화한다.
    static void  initDeck(){} // 내용을 작성한다.
    // 2장의 카드를 받는다.
    static void deal(){} // 내용을 작성한다.
    // 카드덱에서 1장을 뽑아, 그 내용을 반환한다.
    static int   nextCard(){} // 내용을 작성한다.
    // 확인용으로 배열의 모든 내용을 출력한다.
    static void  dump(int[]a){} //pHand의 내용(pn개)을 출력한다.

}
```

【단계 2】카드의 표시

카드 배열에 있는 2개의 카드 번호를 다음 형식으로 나타내는 show 메소드를 작성하여 실행합니다. 이 예에서는 36이 클로버 10, 46이 하트 7이라는 것을 나타내고 있습니다.

설명

다음의 표는 카드 번호와 카드의 종류별 문자열, 종류별 문자열의 번호, 패 번호의 관계를 나타내고 있습니다. 이 표에서 카드 번호 36은 클로버의 10, 46은 하트의 7이라는 것을 알 수 있습니다.

		1	2	3	4	5	6	7	8	9	10	J	Q	K
스페이드	0	1	2	3	4	5	6	7	8	9	10	11	12	13
다이아	1	14	15	16	17	18	19	20	21	22	23	24	25	26
클로버	2	27	28	29	30	31	32	33	34	35	36	37	38	39
하트	3	40	41	42	43	44	45	46	47	48	49	50	51	52

- 종류별 문자열
- 패 번호(1~13)
- 종류별 문자열의 번호
- 카드 번호(1~52)

위의 표에서 카드 번호를 n이라고 하면 대응하는 패 번호 m은 다음과 같이 계산할 수 있습니다. 예를 들어 카드 번호 36은 (36-1) % RANK + 1 = 35 % 13 + 1 = 9 + 1 = 10입니다. 36에서 1을 빼는 것은 배열 요소 번호가 0~35이기 때문입니다.

```
m = (n-1) % RANK + 1;        // RANK는 고정된 수 13
```

또한 종류별 문자열의 번호(0~3의 값)를 index라고 하면 index는 정수의 나눗셈으로 구할 수 있습니다. 정수의 연산에서 소수점 이하를 버리는 것을 이용합니다.
예를 들어 카드번호 36이면 (36 - 1)/RANK = 35/13 = 2입니다.

```
index = (n-1) / RANK;        // RANK는 고정된 수 13
```

종류별 문자열의 번호를 문자열로 고치기 위해서는 미리 문자열을 요소로 가지는 배열을 만들어 둡니다. 다음과 같은 suitString 배열을 준비해 두고 종류별 문자열의 번호에서 대응하는 문자열을 얻는 것이 가능합니다. 예를 들어 index가 2라면 "클로버"를 얻을 수 있습니다.

```
String suitString[ ] = {"스페이드", "다이아", "클로버", "하트"};
```

단계 2에서 필요한 출력을 하기 위해서는 다음과 같은 메소드를 작성할 필요가 있습니다.

static int number(int n)
- 인수의 카드 번호 n에서 카드 숫자를 계산해서 반환한다.

static String suit(int n)
- 내부에 suitString 배열을 가진다.
- 인수의 카드 번호 n에서 종류별 문자열의 번호(=suitString 배열의 요소 번호)를 계산한다.
- 해당하는 배열 요소를 카드의 종류별 문자열로 반환한다(return문으로).

static String cardString(int n)
- 인수의 카드 번호 n을 사용해서 suit 메소드와 number 메소드를 호출하고 "클로버〈10〉"과 같은 문자열을 만들어서 반환한다(return문으로).

static void show( );
- 카드 배열 pHand의 모든 요소에 대해서 cardString 메소드를 이용해서
 "36--- 클로버<10>"과 같은 형식으로 출력한다.
 (36 부분은 변환 전의 pHand의 요소값)

메소드를 작성한 뒤에 확인을 위해 main 메소드를 다음과 같이 작성해서 실행합니다.

```
public static void main(String[ ] args){
    initDeck( );
    deal( );
    show( );
}
```

【단계 3】 포인트의 계산
카드의 종류별, 숫자와 같이 카드의 포인트를 합산해서 다음 예와 같이 출력합니다. 또한, 11(J), 12(Q), 13(K)와 같은 그림 카드는 10 포인트로 계산하는 것에 주의하기 바랍니다.

```
□ 콘솔 ☒
<종료됨> Exec3 (1)
42---   하트〈3〉
25---   다이아〈12〉
합계=13P
```
실행결과

설명

포인트 계산에서는 그림 카드(11, 12, 13)를 모두 10으로 계산합니다. 그것 이외는 카드 숫자가 그대로 포인트가 됩니다. 카드 배열(pHand) 요소에는 카드 번호가 들어있기 때문에 한 번 카드 숫자로 변환해서 포인트로 변환합니다. 패 숫자로 변환은 number 메소드를 사용합니다.

지금까지는 카드가 2장이었지만 카드를 오프하는 처리를 한 뒤에는 추가되므로 늘어나는 경우도 있습니다. 그러므로, 카드의 포인트의 합계를 계산할 때는 카드는 2장이지만 고정되어 있지 않고 유효한 카드를 모두 합산하도록 합니다. 유효한 요소(카드)의 수를 보존하는 pn을 사용하면 몇 개의 요소를 합산해야 하는지 알 수 있습니다.

이 포인트의 합계는 나중에 나오는 딜러의 카드 배열에도 같은 메소드로 집계할 수 있으면 편리할 것입니다. 그런 범용성도 생각할 필요가 있습니다. 거기서 인수에 카드 배열의 참조와 그 유효한 요소 수를 얻도록 합니다. 그렇게 하면 딜러의 카드 배열의 포인트 합계도 같은 메소드를 이용할 수 있습니다.

다음과 같은 2개의 메소드를 작성해 보도록 하겠습니다. 이 메소드들을 사용해서 이전에 만들었던 show() 메소드의 끝에 sum 메소드를 사용해서 포인트 합계를 구해서 출력합니다.

```
static int toPoints(int card)
```
- 인수 card는 1~52의 카드 번호
- number(card)로 카드 숫자로 변환하고 그것을 포인트로 변환한다.
- number(card)가 10이하이면 그 값을, 10을 넘으면 10을 반환한다(return문).

```
static int sum(int[ ] hand, int n)
```
- hand는 카드 배열의 참조, n은 카드 배열의 유효한 요소의 개수
- 이 메소드 호출 방식은 sum(pHand, pn) 형식으로 한다.
- toPoints(hand[i])와 같이 toPoints 메소드를 사용해서 요소의 포인트를 구한다.
- 모든 요소의 포인트를 구해서 합산해서 반환한다(return문).

이 메소드들을 작성하고 나면 show( )의 마지막 부분에 합계 포인트를 표시하는 처리를 추가합니다. 또한 main 메소드는 단계 2의 것을 그대로 사용합니다.

【단계 4】 카드의 포인트와 내용을 한 줄에 출력한다.
플레이어의 카드에 관한 정보를 다음 예와 같이 한 행에 출력합니다. 왼쪽 끝에는 카드 배열의 내용입니다. 그 다음은 "■Player"라는 문자열을 출력하고, 다음은 ( ) 안에 16P와 같이 카드의 합계 포인트를 표시한 다음 마지막으로 가지고 있는 카드를 모두 출력합니다.

실행 예   32 37   ■ Player   (16P)   클로버〈6〉   클로버〈11〉

> **설명**

출력 내용은 다음의 그림처럼 몇 개의 요소의 조합입니다. 또한 그림에서 ⓣ는 탭("\t")을 나타냅니다. 그 위치에 탭을 입력하면 모양을 정렬해서 할 수 있습니다.

출력은 출력 1 ~ 출력 3의 3개의 요소로 나누어서 하면 간단해집니다. 출력 1은 dump 메소드를 사용해서 실행하고, 출력 2는 sum 메소드에서 포인트 합계를 구해서 print 메소드로 출력합니다.

또한 출력 3은 조금 더 공부할 필요가 있습니다.

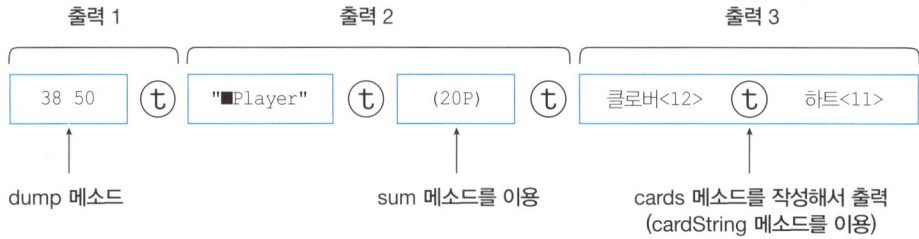

이미 작성한 cardString 메소드는 카드의 문자열 표현을 반환하는 메소드입니다. 여기에는 모든 카드를 표시할 필요가 있기 때문에 cardString 메소드를 반복 호출해서 출력할 필요가 있습니다. 다만 그렇게 하면 show 메소드가 복잡해집니다.

그래서, 간단하게 작성하도록 다음 cards 메소드를 만듭니다. cards 메소드는 cardString 메소드를 반복해서 호출해 연결한 문자열 표현을 작성해서 반환합니다. 다음과 같은 처리입니다.

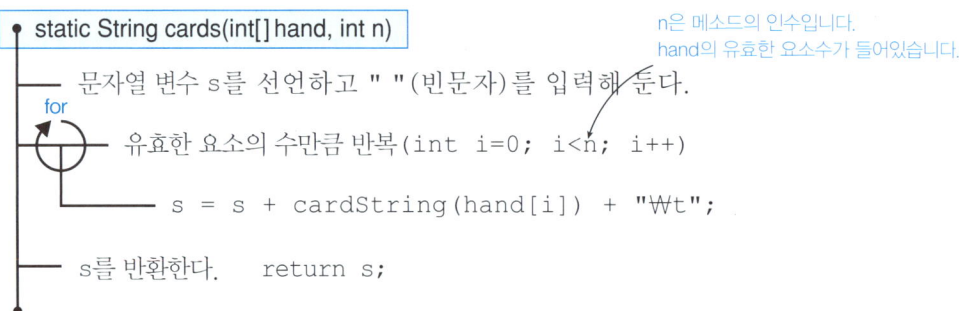

cards 메소드는 cards(pHand, pn)의 형식으로 호출합니다. 출력 3에서는 cards 메소드가 반환하는 문자열을 그대로 println으로 출력합니다.

지금까지 알아본 것들을 주의해서 show 메소드를 수정해 봅시다. 또한 show 메소드에서는 처음과 마지막에 개행을 하십시오. 이것은 뒤에서 몇 번을 반복해서 출력할 때 보기 쉽도록 하기 위함입니다.

수정하였으면 확인을 위해서 main 메소드를 실행하시오. main 메소드는 단계 3과 같습니다.

【단계 5】 딜러(컴퓨터)의 카드를 출력한다.

플레이어의 카드에 더해서 딜러(컴퓨터)의 카드를 나타내도록 합니다. 딜러의 카드 배열과 배열에서 유효한 요소의 개수를 저장하는 변수를 새로 만들고 다음 예와 같이 출력하도록 show 메소드를 수정합니다. 또한, dump 메소드로 출력하지 않도록 수정합니다.

실행결과

```
□ 콘솔 ☒
<종료됨> Exec5 (1) [Java 응용프로그램] C:\Program Files\J:
□Computer     (17P)   하트<10>   하트<7>
■Player       (20P)   다이아<10> 스페이드<10>
```

설명

딜러의 카드 배열(cHand)과 유효한 요소 개수를 저장할 변수(cn)을 새로 만듭니다. 클래스 변수에 다음과 같은 변수를 추가합니다.

변수	의미
static int[ ] cHand = new int [8];	카드(최대 8장)
static int cn = 0;	현재 유효한 카드의 개수

딜러의 카드도 최고 8장분이 필요한데 처음에는 2장만 받습니다. 카드 2장을 세팅하는 deal 메소드에서는 cHand에도 카드를 2장 세팅하고 cn=2로 변경하도록 수정합니다.

카드의 표시는 show 메소드입니다. 단계 4에서 작성한 show 메소드에 딜러의 카드도 표시하도록 코드를 추가합니다. 기존의 sum 메소드, cards 메소드를 그대로 이용할 수 있으므로 새로운 메소드를 추가할 필요는 없습니다. sum과 cards 메소드의 인수를 pHand와 pn에서 cHand와 cn으로 바꾸는 것으로 나타낼 수 있습니다.

작성하면 단계 4와 같은 main 메소드를 만들어서 실행합니다.

```
public static void main(String[ ] args){
    initDeck( );
    deal( );
    show( );
}
```

【단계 6】 추가 카드를 받아서 결과를 확인한다.

참가자(플레이어)는 카드를 보고 판단해서 추가로 카드를 받는 것이 가능합니다. 카드를 받을지, 말지 질문을 출력하고 yes(받는다)면 새로운 카드를 플레이어의 카드에 추가하고, 딜러와 플레이어의 카드를 재출력합니다. 플레이어는 카드의 합계 포인트가 21미만이면 몇 번이든 추가 카드를 받을 수 있습니다.

다음에 딜러도 추가 카드를 받습니다. 딜러는 카드의 합계 포인트가 16을 넘을 때까지 카드를 받아야 합니다.

마지막에 양쪽의 카드를 출력하고, 승패를 판정해서 출력합니다.

```
📮 콘솔 ⊠
Exec6 [Java 응용프로그램] C:\Program Files\Java\jdk1.7
▫Computer   (13P)   스페이드<10>   다이아<3>
■Player     (2P)    다이아<1>      클로버<1>
[--- 카드를 더 받겠습니까?(y/n)] >
```

플레이어가 카드를 더 받을 때의 출력 예

설명

일단 main 메소드의 SPD는 다음과 같으므로 처리의 흐름을 파악해야 합니다. 음영으로 된 부분은 새롭게 추가되는 부분입니다.

플레이어가 추가로 카드를 받고, 더해서 딜러도 추가로 카드를 받습니다. 그 다음 승패 여부를 출력합니다.

- main 메소드
  - deck 배열을 초기화한다. initDeck( )
  - 딜러와 플레이어의 카드를 2장씩 받는다. deal( )
  - 카드를 보인다. show( )
  - 플레이어가 추가로 카드를 받는다. hit( )
  - 딜러가 추가로 카드를 받는다. dealer( )
  - 최종 카드를 보인다. show( )
  - 승패를 출력한다. judge( )

플레이어가 추가로 카드를 받는 처리는 hit 메소드로 작성합니다. 다음의 SPD를 참고해 주십시오.

카드의 합계가 21을 넘지 않는 동안 몇 장이든 받을 수 있으므로 그것을 조건으로 하는 while문을 작성해서 처리합니다. while문의 안에는 카드를 받을지, 말지를 묻습니다. NO 이면 break해서 while문을 탈출합니다. NO가 아니면 카드를 받아서 추가합니다. 또한 카드를 받을지 결정하는 대답은 Input.getString() 메소드를 사용합니다.

추가의 카드를 받는 동작은 SPD와 같이 nextCard 메소드를 이용합니다. pHand의 다음 요소에 새로운 카드를 세팅하는데는 pHand[pn++]를 사용하면 됩니다.

그리고, 응답 문자열의 체크에는 반드시 문자열 변수가 null인지를 체크해야 합니다. 예를 들어 변수s가 null이면 s.equals("n")이라고 하면 실행시 예외가 발생합니다.

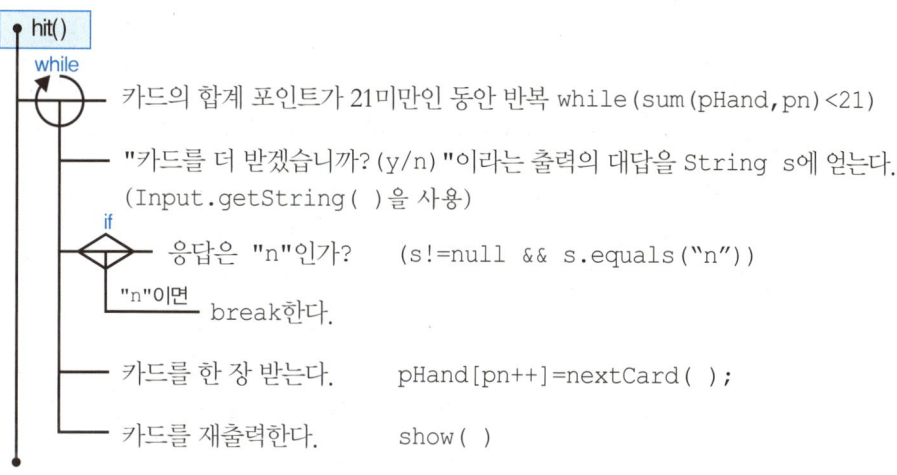

딜러가 추가 카드를 받는 메소드는 dealer 메소드로 작성합니다. Dealer 메소드는 딜러 카드의 합계 포인트가 16을 넘을 때까지 추가 카드를 받는 메소드입니다. 추가 카드를 1장 받는 동작은 hit와 같습니다.

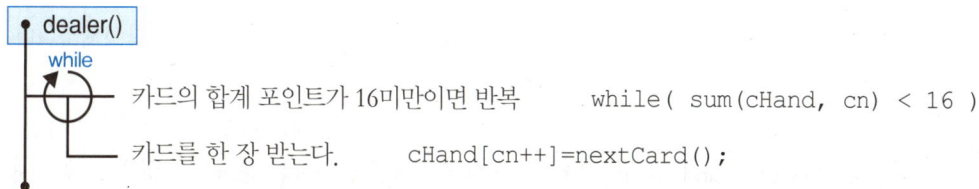

마지막으로 양쪽의 카드를 출력하고, 승패 여부를 나타냅니다. 양쪽 모두 21을 넘었다면 무승부입니다. 어느 한 쪽이 21을 넘었다면 넘은 쪽이 무조건 패하게 됩니다. 또한 양쪽 모두 21이하라면 21에 가까운 쪽이 이깁니다. 같은 점수이면 무승부가 됩니다. c를 딜러의 합계 포인트, p를 플레이어의 합계 포인트라 하면 다음과 같이 됩니다.

- **무승부**   c>21 && p>21 || c==p
- **플레이어의 승리**   p<=21 && (c>21 || c<p)
- **딜러의 승리**   이 외의 경우

3개의 경우로 나누어서 "딜러의 승리" 또는 "플레이어의 승리" 중에 출력해 보도록합니다.

【단계 7】 출력을 바꿔본다.

다음과 같이 출력되는 부분을 바꿔본다. 다음 예를 참고해 주세요.

1) 게임 시작 시에 배너를 출력한다.
2) 딜러의 카드를 한 장만 표시한다. 남은 한 장은 뒤집어서 비표시로 한다.
3) 승패 표시의 직전에 애니메이션을 출력한다.

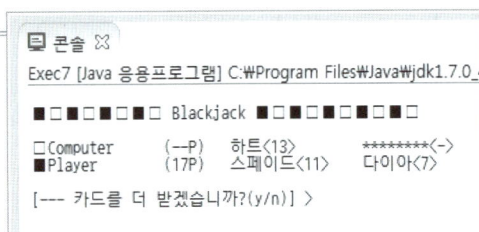

플레이어가 카드를 더 받을 때의 출력 예

설명

1) 배너는 위의 예와 같은 타이틀입니다. 첫 번째 행은 비워두고 2번째 행에 배너를 출력해 봅시다.
2) 딜러의 카드를 한 개만 표시하는 처리를 하는 새로운 disp 메소드를 작성해봅니다. disp 메소드의 표시는 위의 예와 같습니다.

카드를 한 장만 나타내는 것은 cards 메소드의 인수를 cards(cHand, cn)이라고 하는 대신 cards(cHand, 1)이라고 하면 한 장의 카드만 나타내는 문자열을 얻을 수 있습니다. 거기에 "********〈-〉"를 추가하면 전체 문자열이 됩니다.

딜러의 카드를 모두 표시하는 show 메소드는 승패 결정 후의 표시에서만 사용합니다. 단계 6의 main 메소드의 SPD에서 "최종 카드를 보인다"라는 부분입니다. 처음의 show 메소드 이외의 show 메소드는 바꾸어 주십시오.

3) 애니메이션은 "복권 뽑기 프로그램"에서 사용한 것과 동일한 것입니다. 다만, 애니메이션에서 출력하는 문자는 "■"에서 "☆☆"로 변경해 주십시오. "최종 카드를 보인다" 처리의 직전에 넣습니다.

【단계 8】 반복 실행하도록 한다.

게임을 반복해서 몇 번이라도 실행할 수 있도록 합니다.

- main 메소드의 처리 중에 카드덱의 초기화를 제외한 모든 처리를 do-while문으로 감싼다.
- do-while문의 마지막에 "계속하시겠습니까?(y/n)"라고 출력하고 입력을 받는다.
- 입력은 문자열로 받아서, "n"이 아니라면 반복한다.
- 카드덱의 남은 카드 장수가 16장 이하면 카드덱을 다시 초기화한다.

설명

do-while문에서 반복처리를 작성합니다. 다음의 SPD를 참고해 주십시오.

몇 번 반복하면 언젠가 카드덱이 비게 됩니다. 딜러와 플레이어 모두 최고 8장의 카드가 필요하기 때문에 루프의 앞부분에 카드덱의 남은 장수(max의 값)을 체크하고, 이 값이 16이하이면 initDeck 메소드를 실행할 필요가 있습니다.

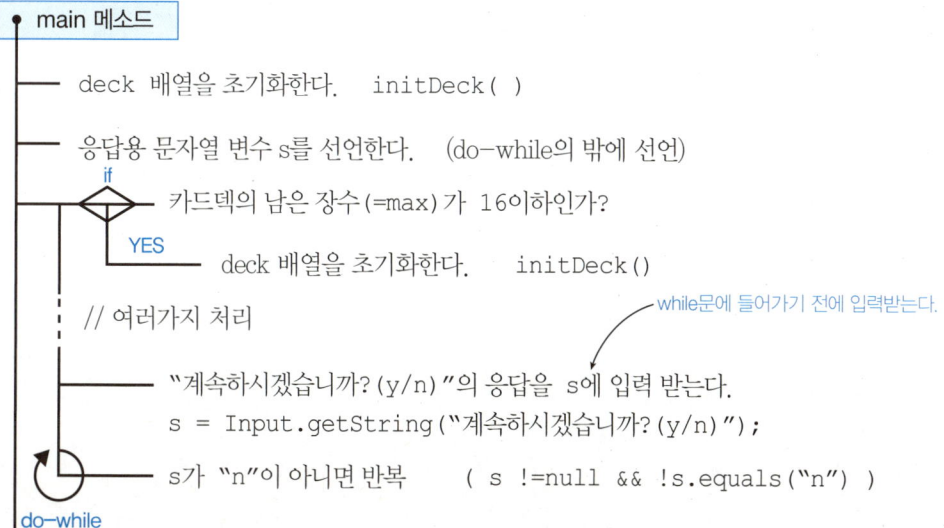

> **끝내며**

2개의 프로그램에서 각각 13개의 단계를 작성하였습니다. 프로그래밍은 수고가 드는 작업이지만 생각한 대로 움직였을 때의 성취감은 그 이상입니다. 누구라도 처음부터 복잡한 프로그램을 작성할 수 있는 것은 아닙니다. 많은 프로그램을 만들어보고 훈련을 할 필요가 있습니다. 100개는 만들어봐야 제대로 쓸 수 있다라는 말이 있는데 이 연습으로 2개는 만들어 보았습니다.

어느 정도 움직이는 프로그램을 만들기 위해서는 먼저 작은 부품을 만들어 두고 조립해 나가는 Bottom-up 방식과 큰 흐름을 만들고 나서 상세화를 해가는 Top-down 방식이 있습니다. 블랙잭의 단계 2, 3 등은 전자에 해당하고 단계 6의 main 메소드의 SPD는 후자에 해당합니다. 프로그램을 "만들 수 있다"라는 것은 이런 사고를 자유자재로 할 수 있다는 것입니다. 이런 힘은 생각뿐만 아니라 몇 가지의 프로그램을 읽고, 만들어 봄으로써 익히는 것입니다.

그럼, 마지막으로 블랙잭에서 칩을 걸고 승패를 가리도록 개량하는 것을 여러분에게 숙제로 남겨두도록 하겠습니다. 칩은 딜러와 플레이어가 카드를 받기 전에 걸 수 있습니다. 기억해 둘 클래스 변수도 필요합니다. 스스로 생각해서 작성해 주십시오. 칩을 걸고 하는 완성판도 다운로드 받을 수 있습니다. 하지만 일단은 스스로 구조와 작성 방법을 생각해 보도록 합시다. 작성을 위해서 인터넷에서 블랙잭에 관해서 조사도 해보도록 합시다. 여기까지 온 여러분에게 아주 좋은 연습문제가 될거라 생각합니다.

여러분의 건투를 빕니다.

부록

1. Java 개발 환경의 설치 방법
2. 연산자 정리
3. URL 리스트
4. 연습 문제의 해답과 해설

1. Java 개발 환경의 설치 방법

이 장은 일반적인 방법에 대한 설명입니다.

1.1 JDK의 설치

지금부터 JDK(Java SE Development Kit)의 설치 방법에 관해서 설명합니다. 이미 설치했으면 이 절은 건너뛰어도 됩니다.

컴파일러와 실행환경

Eclipse를 설치하기 전에 Java 언어의 컴파일러와 JVM(실행환경)을 인스톨해야 합니다. 그것은 JDK와 JRE입니다. JDK는 Java 컴파일러 세트, JRE는 프로그램을 실행하는 Java 가상머신입니다. 다만, JDK에는 JRE가 포함되어 배포되므로 JDK만를 받아서 설치하면 됩니다.

Java 언어 시스템

종류와 버전

Java 시스템에는 SE, EE, ME 등의 종류가 있습니다. EE는 대규모 시스템 개발용, ME는 임베디드 시스템 개발용이므로 보통은 SE(Standard Edition)를 사용합니다. 그리고, 버전을 의미하는 숫자가 있습니다. 1990년대 중반에 1.0으로 시작해서 1.1, 1.2로 진화하여 1.5부터는 Java SE 5.0으로 표기하기 시작했으며 2014년 현재 Java SE 8이 최신 버전입니다.

또한 각 버전에서도 작은 변경이 있을 때는 update1, update2와 같이 끝에 버전을 붙여서 배포되고 있습니다.

결국 java의 시스템, 종류, 버전을 합한 시스템 이름의 예는 다음과 같습니다. 이것은 JDK에서 SE버전6(1.6)의 update16 버전이란 의미입니다.

Java SE Development Kit (JDK) 6 Update 16

다운로드

Java 언어 시스템은 인터넷상에서 무료로 배포되고 있습니다. 다음 순서대로 최신 버전을 다운로드해서 설치하여 주십시오. 다운로드 URL이 경우에 따라 변경되는 경우가 있는데 이럴 때는 "Java SE Development Kit" 등을 키워드로 해서 검색하면 간단히 다운로드 페이지를 찾을 수 있습니다.

다운로드 URL : http://www.oracle.com/technetwork/java/javase/downloads

다음은 다운로드의 순서입니다.

① URL을 열고 다운로드할 시스템을 선택해서 클릭합니다.

브라우저에서 URL을 엽니다. 페이지에서 "JDK 8"의 DOWNLOAD를 선택하십시오. 몇 가지 다른 패키지들이 있지만 목적이 다른 패키지입니다. SE는 Standard Edition의 약자로 여기에 다른 여러 가지 추가기능을 함께 제공하는 것이 with~라는 형태로 된 패키지입니다.

또한, JRE와 JDK가 다르다는 것에 주의해 주십시오.

② 사용하는 OS의 종류를 선택합니다

사용규약에 동의한다고 체크한 뒤에 자신의 OS에 해당하는 파일 이름을 클릭하면 다운로드를 시작합니다. 이 책에서는 jdk-8-windows-x64.exe를 다운로드하여 설치하도록 하겠습니다.

Java SE Development Kit 8u5		
You must accept the Oracle Binary Code License Agreement for Java SE to download this software.		
○ Accept License Agreement ● Decline License Agreement		
Product / File Description	File Size	Download
Linux x86	133.58 MB	jdk-8u5-linux-i586.rpm
Linux x86	152.5 MB	jdk-8u5-linux-i586.tar.gz
Linux x64	133.87 MB	jdk-8u5-linux-x64.rpm
Linux x64	151.64 MB	jdk-8u5-linux-x64.tar.gz
Mac OS X x64	207.79 MB	jdk-8u5-macosx-x64.dmg
Solaris SPARC 64-bit (SVR4 package)	135.68 MB	jdk-8u5-solaris-sparcv9.tar.Z
Solaris SPARC 64-bit	95.54 MB	jdk-8u5-solaris-sparcv9.tar.gz
Solaris x64 (SVR4 package)	135.9 MB	jdk-8u5-solaris-x64.tar.Z
Solaris x64	93.19 MB	jdk-8u5-solaris-x64.tar.gz
Windows x86	151.71 MB	jdk-8u5-windows-i586.exe
Windows x64	155.18 MB	jdk-8u5-windows-x64.exe

설치(인스톨)

다운로드한 파일을 더블클릭하면 설치 파일이 시작된다. 적절한 위치를 정한 뒤 설치를 시작합니다.

❶ 설치 내용을 결정하고 설치할 위치를 정합니다.

설치 내용은 변경할 필요가 없습니다. 모두 설치하면 됩니다.

설치할 경로는 빈 칸이 들어가지 않도록 수정을 하는 편이 좋긴 한데 하지 않아도 사용하는데는 무리가 없습니다.

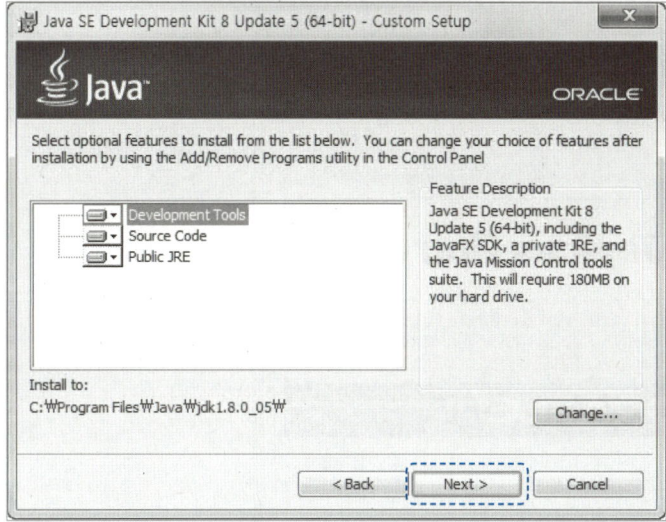

❷ **이어서 JRE를 설치합니다.**

JDK의 설치가 끝나면 자동으로 JRE의 설치가 시작됩니다. JRE 역시 적당한 폴더를 정해서 설치하면 됩니다.

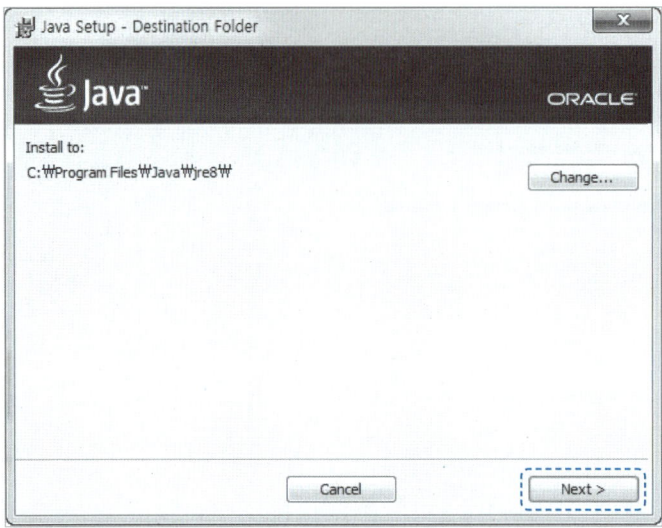

❸ 종료

이상 완료를 클릭하면 설치가 종료됩니다.

1.2 Eclipse의 설치

Eclipse는 Eclipse Foundation에서 개발하고 있는 오픈소스 IDE입니다. 원래는 영문판이지만 한글화할 수도 있습니다. Eclipse 본체와 한글화 패키지 따로 다운로드를 해야 합니다.

다운로드

먼저 Eclipse의 최신 버전과 한글화팩을 다음 URL에서 다운로드 받습니다. 다운로드하는 파일의 위치는 어디든 상관없습니다.
Eclipse와 한글화팩은 같은 버전을 다운로드합니다.

    Eclipse : Eclipse IDE for Java developers
    http://www.eclipse.org/downloads/

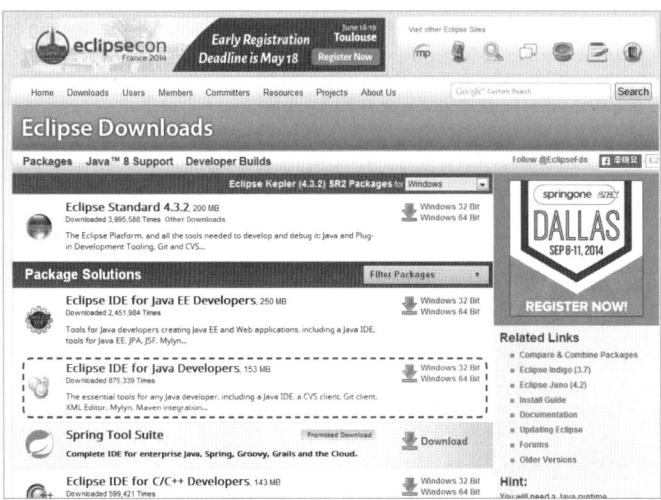

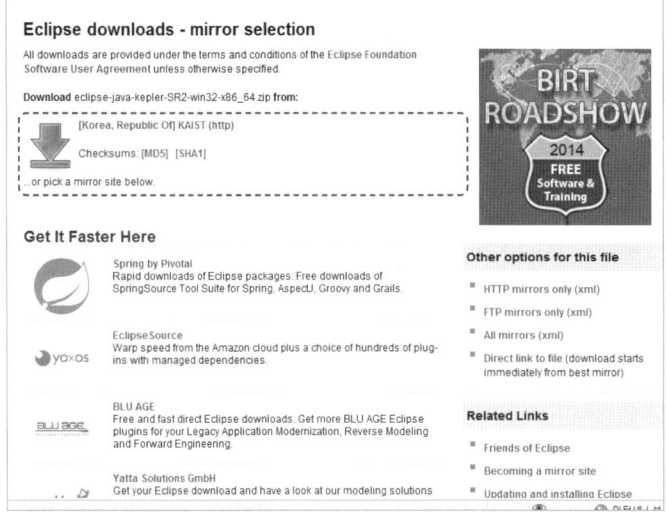

한글화 팩

이클립스의 UI를 각국 언어로 변환해 주는 Babel이라는 프로젝트가 있습니다. 다운로드 URL은 다음과 같습니다.

http://www.eclipse.org/babel/downloads.php

여기서 Kepler용 Babel Language Pack을 선택합니다.

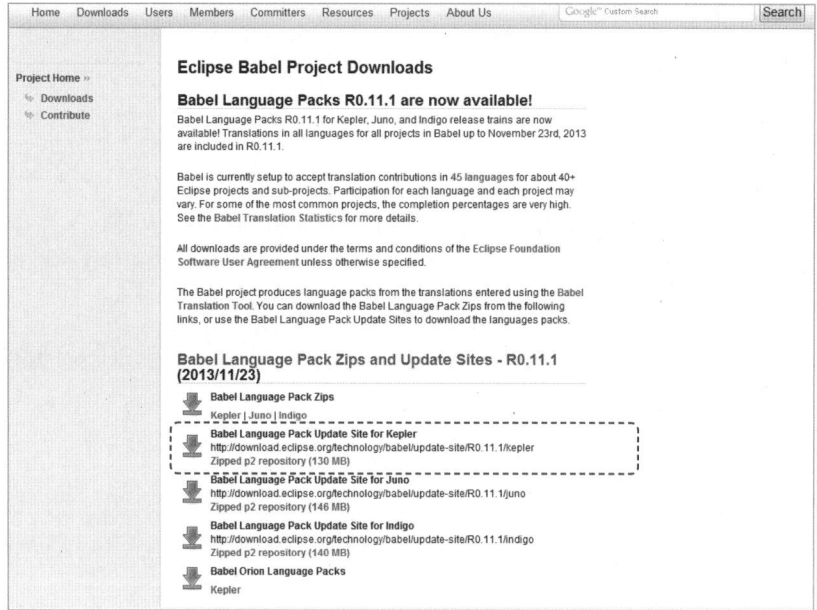

여기서 Korean을 선택하면 한글화팩 링크가 있는 곳이 표시됩니다. BabelLanguagePack-eclipse-ko로 시작하는 파일을 선택해서 다운로드합니다.

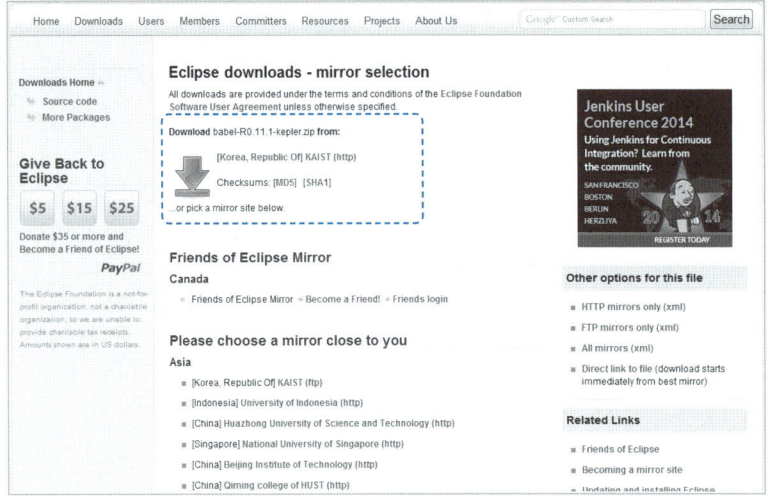

설치

(1) 두 파일을 모두 다운로드 완료하였으면 압축을 풉니다. 최신 윈도우에는 압축을 풀 수 있는 툴이 포함되어 있으므로 메뉴에서 압축풀기를 선택하면 된다. 오래된 버전의 윈도우라고 하더라도 압축 유틸리티를 사용하면 어렵지 않게 풀 수 있습니다.

먼저 Eclipse 파일의 압축을 푼 뒤에 한글팩 파일의 압축을 풉니다. 한글팩은 Eclipse에 덮어쓰기를 해야 합니다.

[순서 1] Eclipse 파일의 압축을 풉니다.

- 다운로드한 eclipse 파일의 압축을 풉니다.
- 안에는 eclipse라고 하는 폴더가 하나 있습니다.
- eclipse 폴더를 드래그해서 바탕화면으로 옮겨둡니다.

[순서 2]

- 복사하겠느냐는 확인창이 나오면 "네"를 선택합니다.

[순서 3] 한글팩 파일의 압축을 풉니다.

- 순서 2와 같이 다운로드한 한글팩의 압축을 풉니다.
- 안에는 eclipse라는 폴더가 하나 있습니다.
- eclipse 폴더를 드래그해서 바탕화면으로 옮깁니다.

[순서 4]

- 확인창이 나오면 "네"를 선택합니다.
- 폴더를 덮어쓰겠느냐는 확인창이 나오면 "네"를 클릭합니다.

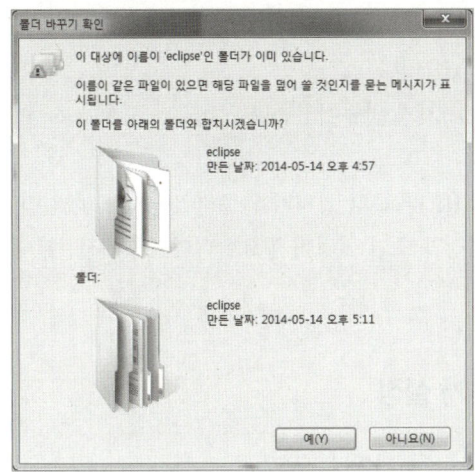

이상으로 설치를 완료하였지만 계속해서 (2), (3)에서 폴더의 이동과 아이콘의 작성을 해 주십시오.

(2) eclipse 폴더의 이동

eclipse 폴더를 바탕화면에 그대로 두면 실수로 삭제를 하거나 할 수 있으므로 적당한 장소로 이동합니다. 예를 들면 c:₩와 같은 폴더로 이동해 주세요. 다음의 순서로 이동하면 된다.

① 바탕 화면의 eclipse 폴더를 잘라내기 합니다.
②"내 컴퓨터"를 열어 원하는 폴더에서 "붙여넣기"합니다.

[순서 1] 폴더 잘라내기

[순서 2] 폴더에 붙여넣기
• 윈도우 탐색기를 엽니다.
• 원하는 폴더로 이동한 뒤에 마우스 오른쪽 클릭을 하여 메뉴를 엽니다.
• 붙여넣기를 선택합니다.

(3) 아이콘의 작성

Eclipse를 간단히 실행하기 위해서 바탕화면에 바로가기를 만들어 둡니다.

[순서 1] 아이콘 만들기
• eclipse 폴더를 더블클릭해서 엽니다.
• eclipse.exe 파일을 선택한 뒤 마우스 오른쪽 버튼을 클릭해서 메뉴를 표시합니다.
• "바로 가기 만들기"를 선택합니다.

[순서 2] 아이콘을 바탕화면으로 이동합니다.
- 바로 가기 아이콘을 바탕화면으로 끌어다 놓습니다.
- 바탕 화면에 eclipse를 실행하기 위한 바로 가기가 만들어졌습니다.

이상으로 JDK(Java 컴파일러와 JVM)와 IDE(Eclipse)의 설치가 완료하였습니다. 하지만, Eclipse를 사용하기 위해서는 개인용 실행 설정과 초기 설정이 필요합니다. 도서 전반부에 설명한 Eclipse의 실행 설정"을 참조해서 설정해 주십시오.

1.3 Eclipse가 실행되지 않을 때의 추가 설정

이 설명은 설치에 대한 것이 아닙니다. 모든 설치 작업을 완료한 뒤에 Eclipse가 제대로 실행이 되지 않을 때를 위한 설명입니다. Eclipse 3.4(Ganydeme) 이 후의 버전에서는 드물게 다음과 같은 다이얼로그가 표시되고 실행되지 않을 때가 있습니다.

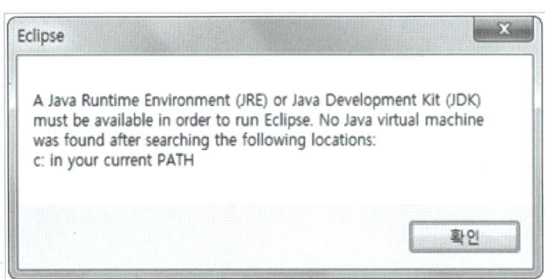

이 경우에는 Eclipse의 바로가기의 등록정보를 열어서 다음과 같이 추가설정을 합니다.

JVM의 장소를 설정한다

JVM(Java Virtual Machine)의 장소를 입력해 주십시오.

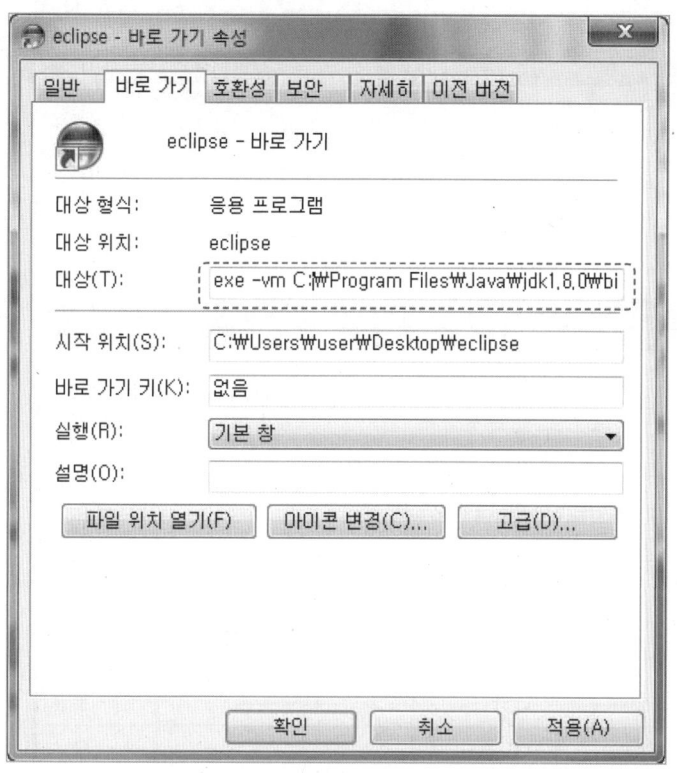

JVM은 Java 언어로 작성된 프로그램을 실행하기 위한 소프트웨어이며 JDK에 포함되어 있습니다. javaw.exe가 JVM의 실행 파일입니다. JDK가 설치된 폴더의 안에 bin이라는 폴더 밑에 javaw.exe가 있습니다.
그러므로, -vm에 이어서 다음과 같이 설정합니다. 이것을 vm 옵션이라고 합니다.

    -vm [JDK 설치경로]₩bin₩javaw.exe

여기서 [JDK 설치경로]는 JDK를 설치한 폴더입니다. 예를 들어 "C:₩Program Files₩Java₩jdk1.8.0"에 설치하였으면, 이것이 JDK 설치경로입니다.
이 경우 vm 옵션은 다음과 같이 지정합니다. 공백으로 구분하는 것에 주의하십시오.

    -vm "C:₩Program Files₩Java₩jdk1.8.0₩bin₩javaw.exe"

JDK가 어디 설치되어 있는 가에 따라 값이 달라지므로 학교와 같은 공공장소의 컴퓨터의 경우는 관리자에게 물어보도록 합시다.

2 연산자 정리

Java 언어에서 사용하는 모든 연산자의 우선순위를 정리했습니다. 조건 연산자와 비트 연산자도 포함되어 있습니다.

이름		연산자	결합규칙
메소드 호출 연산자		( )	좌 →
첨자 연산자		[ ]	좌 →
멤버 참조 연산자		.	좌 →
단항연산자	후치 인크리먼트(증가), 디크리먼트(감소)	++, --	좌 →
	전치 인크리먼트(증가), 디크리먼트(감소)	++, --	← 우
	단항 플러스, 마이너스	+, -	← 우
	비트반전	~	← 우
	논리부정	!	← 우
	객체생성	new	← 우
	캐스트(형변환)	(형)	← 우
곱셈, 나눗셈, 나머지		*, /, %	좌 →
덧셈, 뺄셈		+, -	좌 →
문자열 연결		+	좌 →
비트 시프트		<<, >>, >>>	좌 →
관계연산자(대소비교 등)		<, <=, >, >=, instanceof	좌 →
관계연산자(등치, 부등치)		==, !=	좌 →
비트단위 AND		&	좌 →
비트단위 XOR		^	좌 →
비트단위 OR		|	좌 →
논리연산자 (논리곱)		&&	좌 →
논리연산자 (논리합)		||	좌 →
조건연산자		? :	← 우
대입연산자		=, *=, /=, %=, +=, -=	← 우
비트 시프트 대입		<<=, >>=, >>>=	← 우
비트 연산 대입		&=, |=, ^=	← 우

3 URL 리스트

[1] Java 시스템 다운로드
- http://www.oracle.com/technetwork/java/javase/downloads

[2] Eclipse의 다운로드
- https://www.eclipse.org/downloads/

[3] Eclipse 한글팩 다운로드
- http://www.eclipse.org/babel/downloads.php

[4] JDK의 애플리케이션 API (JDK API 문서입니다.)
- http://docs.oracle.com/javase/6/docs/api/

[5] Unihan Database
Unicode표가 있습니다. 문자를 입력하고 Lookup(검색) 버튼을 클릭하면 그 문자의 Unicode를 알 수 있습니다. Unicode의 값으로 UTF16란을 보면 된다.
- http://www.unicode.org/charts/unihan.html

[6] 도서 소스 코드 다운로드 (혜지원 출판사 홈페이지)
- http://www.hyejiwon.co.kr/자료실

4 연습 문제의 해답과 해설

※ 주의
연습 문제의 번호는 각 장별로 연속된 번호로 되어 있습니다. 예를 들어 7장 7절에 있는 연습 7-6은 7장의 6번째 연습문제라는 의미입니다.

1파트 1장 / 프로그래밍 언어의 진화와 Java 언어

▶▶▶ 연습문제 1-1

① 컴퓨터에 명령을 전달하기 위한 인공적인 단어
② 컴파일러
③ FORTRAN
④ COBOL

▶▶▶ 연습문제 1-2

① 기본 3 구조만을 사용해서 프로그램을 작성하고 설계와 보수를 용이하게 함으로써 안정된 품질의 프로그램을 만들도록 하는 것
② 순차 ③ 분기 ④ 반복 ⑤ ALGOL ⑥ Pascal ⑦ C

▶▶▶ 연습문제 1-3

① 데이터 ② 기능 ③ 클래스 ④ 디자인패턴 ⑤ simula ⑥ smalltalk
⑦. C++ ⑧ Java

▶▶▶ 연습문제 1-4

① 인터넷 ② 애플리케이션 ③ 애플릿 ④ 서블릿 ⑤ Java 바이트코드
⑥ JVM (또는 Java 가상머신) ⑦ 멀티플랫폼 대응 ⑧ 클래스 라이브러리
⑨ 멀티스레드 ⑩ JDBC ⑪ 가비지 컬렉션 ⑫ JCP

2파트 1장 / 프로그램의 작성 방법

▶▶▶ 연습문제 1-1

1. MyProgram
2. ① 주석 ② 패키지문 ③ 클래스 선언 ④ 메소드
3. 블럭문
4. main
5. System.out.println("It's me.")의 끝에 세미콜론(;)이 없음

▶▶▶ 연습문제 1-2

```
public class Ex1_2_1 {
    public static void main(String[] args) {
        System.out.println("minus!");
        System.out.println("zero!");
        System.out.println("plus!");
    }
}
```

▶▶▶ 연습문제 1-3

B, E, G

【 해설 】 A의 끝에 **/는 *와 */로 나누어서 생각합니다. 여러 행에 걸친 주석문입니다. B의 //는 여러 행에 걸친 것이 아닙니다. C는 /* ~ */ 과 // 가 연속으로 있는 주석문입니다. D는 앞에 //만 주석 기호이고, 나머지는 주석 내용이 된다. E는 /* ~ */를 괄호로 쓰고 있기 때문에 에러입니다. F는 /* ~ */ 의 안에 *** hello라고 표시하는 ***가 주석 내용으로 들어 있습니다. G는 /와 *의 사이에 공백이 있으므로 주석이 될 수 없습니다.

▶▶▶ 연습문제 1-4

```
public class Ex1_4_1 {
    public static void main(String[] args) {
        System.out.println("좋은 아침");
        System.out.println("안녕하세요");
    }
}
```

```
public class Ex1_4_2 {
    public static void main(String[] args) {
        System.out.println("123 + 10은?");
        System.out.println("----------");
        System.out.println("133입니다");
        System.out.println("정답입니다!");
    }
}
```

2파트 2장 / 여러 가지 데이터형

▶▶▶ 연습문제 2-1

1. **A.** double **B.** float **C.** 에러 **D.** long **E.** String **F.** 에러 **G.** String
   H. boolean **I.** String **J.** char **K.** 에러 **L.** float
   M. boolean **N.** String **O.** String

2. B, D, E, G

3. G

〔해설〕 2의 누승에서 표현한 값의 범위를 기억할 것

▶▶▶ 연습문제 2-2

1. A. 리터럴 B. 식별자 C. 예약어 D. $

2. E, F, G, H

〔해설〕 E는 처음에 숫자로 시작하고 있다. F의 -, G의 #은 사용할 수 없는 기호. H는 변수명이 아니라 문자열.

3. A. tomsBall B. longLong C. bigDecimal D. myOldPencil
   E. one_two_three

〔해설〕 2번째 단어부터 첫 문자를 대문자로 한다. _로 연결된 경우는 그대로 두어도 된다. 그러므로, E는 변경하지 않아도 된다.

4. A. TomsBall B. LongLong C. BigDecimal
   D. MyOldPencil E. One_two_three

〔해설〕 변수의 경우와 같습니다만 그것에 더해서 단어의 첫 문자는 모두 대문자로 한다.

▶▶▶ 연습문제 2-3

1. A. int a; B. double b; C. char c; (A ~ C는 순서가 바뀌어도 된다)
   D. String d; E. boolean e;

〔해설〕 변수는 사용하기 전에 선언한다. 프로그램의 중간이라도 사용하기 전이면 D, E와 같이 선언할 수 있다.

2. A, C, E, F, H, I, K

〔해설〕 A는 int의 변수에 double인 리터럴을 넣고 있다. C에서는 "true"는 문자열이다. E와 F는 하나의 문에 여러 개의 형을 선언하고 있다. E는 int n; int m;이라고 쓰고, F는 int n; double a=1.5;와 같이 세미콜론으로 구별하면 된다. H는 n이라는 변수를 2번 선언하고 있다. I는 변수 a의 선언이 없다. K는 n+1.2가 double이 되기 때문에 m에 대입할 수 없다.

▶▶▶ 연습문제 2-4

1. B, C, E

2. A

〔해설〕 5번째 행의 a+n은 2.5 + 5.0으로 자동 형변환되어 double로 계산된다. double의 값을 double의 변수 a에 재대입하므로 문제 없음.

3. C

〔해설〕 5번째 행의 n+a는 5L + 10L로 자동 형변환되어 long으로 계산된다. long의 값을 int 변수에 대입하므로 컴파일 에러가 난다.

▶▶▶ 연습문제 2-5

1. A, B, H, K

〔해설〕 C는 long의 값을 대입하고 있다. D는 음수이므로 범위 밖. E도 값이 char가 되어 최대값이 65535를 넘어서 대입하고 있다. 65535를 넘으면 int로 간주되어 대입할 수 없다. F, G, I, J는 작은따옴표를 사용하고 있으므로, 에러가 난다.

2.

```
public class Ex2_5_2{
    public static void main(String[] args) {
        System.out.println("123\t456\t789\nAB\tCD\tEF");
    }
}
```

〔해설〕 \t로 탭을 넣고, \n으로 줄을 바꾼다

▶▶▶ 연습문제 2-6

1. A. 5, 6   B. 5   C. 4, 5, 7

〖해설〗B에 대해서 char형 변수에 정수 리터럴은 바로 넣을 수 있다. 하지만 정수형 변수의 대입은 캐스트가 필요하다. 리터럴과 변수의 경우에 다르게 취급되기 때문에 주의가 필요하다. C는 short와 byte를 대입하지만 char가 음수를 가질 수 없으므로 캐스트가 필요하다.

2. 4, 5, 7, 8

〖해설〗4행째는 (int)(x + 1.5)과 같이 식 전체를 ( )로 감싸지 않으면 1.5가 캐스트되지 않는다. 5, 7, 8에서는 String와 boolean은 어떤 형으로도 캐스트되지 않으므로 에러가 난다.

2파트 3장 / 연산자와 연산

▶▶▶ 연습문제 3-1

1. A. x=6, y=5   B. x=6 y=8   C. x=4 y=7   D. x=6 y=10   E. x=6 y=14
    F. x=4 y=14   G. x=7 y=13   H. x=7 y=12   I. x=5 y=12

▶▶▶ 연습문제 3-2

1. 30

2. (a + b) * 2.5

〖해설〗이 프로그램은 다음과 같이 println 메소드의 안에 직접 식을 적어서 짧게 만든다. Println 메소드는 ( )의 안에 식이 있으면 그 식을 계산한 다음 그 결과를 출력한다.

```
public class Ex3_2_2a {
    public static void main(String[] args) {
        double a = 10;
        double b = 3;
        System.out.println((a + b) * 2.5);
    }
}
```

3. (1) double s = r * r * 3.14;

(2) System.out.println(s);

【해설】 이 프로그램도 다음과 같이 println 메소드의 안에 직접 식을 넣을 수 있다.

```
public class Ex3_2_3a {
    public static void main(String[] args) {
        double r = 5.5;
        System.out.println(r * r * 3.14);
    }
}
```

4. (a) 2 (b) 3 (c) 0 (d) 3

5.

```
public class Ex3_2_5 {
    public static void main(String[] args) {
        System.out.println( 107%13 );
    }
}
```

▶▶▶ 연습문제 3-3

1. s1 + "의" + s2 + "입니다"

2. A. "오늘의" + to1 + "행" + code1 + "편은" + time1 + "에 출발합니다"

　B. "오늘의" + to2 + "행" + code2 + "편은" + time2 + "에 출발합니다"

▶▶▶ 연습문제 3-4

1. "모두" + n + "명입니다"

2. "해답=" + answer

▶▶▶ 연습문제 3-5

1. (s1) 8xxx (s2) xxx35 (s3) 15xxx (s4) 3xxx5 (s5) xxx8
2. "세금은" + (price + tax) + "원입니다."

▶▶▶ 연습문제 3-6

1. 9
2. ① a += b ② a-- ③ a %= 7 ④ a += b + 1 또는 a += ++b
3. (1) D (2) B

【해설】(1)은 x가 초기화되지 않았으므로 4번째 행에서 컴파일 에러가 발생한다. (2)는 복합 대입 연산자이기 때문에 n%=x로 캐스트는 필요 없다. 정상으로 실행되어 1.0이 아니라 1로 출력된다.

▶▶▶ 연습문제 3-7

1. (1) a: 15 b:15 c: 15 (2) a: 48 b: 24 c: 6
2. (1) D (2) D

【해설】(1)은 a, b가 초기화되어 있지 않다. (2)는 b++가 변수가 아니라 식이다.

2파트 4장 / 표준 클래스의 이용

▶▶▶ 연습문제 4-1

1.
```
public class Ex4_1_1 {
    public static void main(String[] args) {
        double    x = Math.sqrt(3.0);
        System.out.println("3.0의 제곱근은 "+x);
    }
}
```

2. sqrt 메소드는 double의 값을 반환하므로 int sq;가 아니라 double sq;라고 하지 않으면 컴파일 에러가 난다.

3.

```
public class Ex4_1_3 {
    public static void main(String[] args) {
        double    a=2;
        double    b=-15;
        double    c=-8;
        double    b2_4ac = Math.sqrt(b*b-4*a*c);
        double    x1 = (-b + b2_4ac)/(2*a);
        double    x2 = (-b - b2_4ac)/(2*a);
        System.out.println("x1="+ x1);
        System.out.println("x2="+ x2);
    }
}
```

〔 해설 〕 공식의 제곱근 부분을 먼저 계산해 두면 간단하다. –b를 –1*b 등으로 쓰지 않도록 주의하자. 단항 마이너스 연산자를 사용해서 –b라고 쓸 수 있다.

▶▶▶ 연습문제 4-2

1.

```
public class Ex4_2_1 {
    public static void main(String[] args) {
        double a=30.51;
        double b=2.68;
        //
        System.out.println(a+"/"+b+"을 반올림한 값 : "+ Math.round(a/b));
        System.out.println(a+"의 "+b+"승 : "+ Math.pow(a,b));
        System.out.println(a+"와"+b+" 중에 작은 값 : "+ Math.min(a,b));
        System.out.println("난수1 : "+ Math.random());
        System.out.println("난수2 : "+ Math.random());
        System.out.println(a + "의 제곱근 : "+ Math.sqrt(a));
        System.out.println(b + "의 제곱근 : "+ Math.sqrt(b));
    }
}
```

2.

(1)
```
public class Ex4_2_2_1 {
    public static void main(String[] args) {
        double  x = 10 * Math.random();
        System.out.println(x);
    }
}
```

(2)
```
public class Ex4_2_2_2 {
  public static void main(String[] args) {
    double  x = 10 * Math.random() -5;
    System.out.println(x);
  }
}
```

(3)
```
public class Ex4_2_2_3 {
   public static void main(String[] args) {
       int   n = (int)(Math.random()*6)+1;
       System.out.println(n);
   }
}
```

【해설】6배를 하면 0 ~ 5가 되므로 1을 더한다.

3.
```
public class Ex4_2_3 {
   public static void main(String[] args) {
       double a=10, b=5, c=7;
       double s = (a+b+c)/2;
       double x = Math.sqrt(s*(s-a)*(s-b)*(s-c));
       System.out.println("답 "+x);
   }
}
```

▶▶▶ 연습문제 4-3

1.

```
import lib.Input;
public class Ex4_3_1 {
    public static void main(String[] args) {
        double  a   =   Input.getDouble();
        System.out.println(a + "의 2배는 " + a*2 + "입니다.");
    }
}
```

2.

```
import lib.Input;
public class Ex4_3_2 {
    public static void main(String[] args) {
        double  a   =   Input.getDouble();
        System.out.println(a + "의 2승은" + Math.pow(a,2) + "입니다.");
    }
}
```

▶▶▶ 연습문제 4-4

```
import lib.Input;
public class Ex4_4 {
    public static void main(String[] args) {
        String s = Input.getString("좋아하는 동물은?");
        System.out.println(s + "의 특징은 무엇입니까?");
    }
}
```

▶▶▶ 연습문제 4-5

1.

```java
import lib.Input;
public class Ex4_5_1 {
    public static void main(String[] args) {
        int    a = Input.getInt("a");
        int    b = Input.getInt("b");
        System.out.println(a +"*" + b + "=" + a*b);
    }
}
```

위의 System.out.println문은 다음과 같이 적어도 된다.

```java
System.out.println("a * b = " + a*b );
```

2.

```java
import lib.Input;
public class Ex4_5_2 {
    public static void main(String[] args) {
        double  x    = Input.getDouble("x");
        double  y    = Input.getDouble("y");
        System.out.println("("+x+"*"+x+")/("+y+"*"+y+") = "+Math.pow(x,2) / Math.pow(y, 2));
    }
}
```

위의 System.out.println문은 다음과 같이 적어도 된다.

```java
System.out.println("(x*x)/(y*y) = "+Math.pow(x,2) / Math.pow(y, 2));
```

2파트 5장 / 배열과 for문

▶▶▶ 연습문제 5-1

1.

```
public class Ex5_1_1 {
    public static void main(String[] args) {
        int[] n    = {105, 20, 13};
        double[] x = {10.5, 0.001, 23.01, 12.5};
        char[] c   = {'G', 'O', 'O', 'D'};
        String[] s = {"버스", "비행기", "UFO"};
        boolean[] b = {true, false, false};
    }
}
```

2. d1=3.3 d2=3.0 d3=2.2

〔 해설 〕 실제로 프로그램으로 계산을 하면 다음과 같은 값이 된다.

```
📺 콘솔 ⊠
<종료됨> Ex5_1_2 [Java
d1=3.3000000000000003
d2=2.9999999999999996
d3=2.1999999999999997
```

이것은 double형이 2진수로 계산을 하면서 생기는 오차가 생기기 때문이다.

3.

```
public class Ex5_1_3 {
    public static void main(String[] args) {
        int[] dn = {21, 12, 45, 3, 56};
        System.out.println(dn[2]);
    }
}
```

〔 해설 〕 최초에는 dn[0]이지만 3번째는 dn[2]가 된다.

▶▶▶ 연습문제 5-2

1.

```java
public class Ex5_2_1 {
    public static void main(String[] args) {
        for(int i=0; i<3; i++){
        System.out.println("반복");
        }
    }
}
```

2.

```java
import lib.Input;
public class Ex5_2_2 {
    public static void main(String[] args) {
        for(int i=0; i<3; i++){
            int n  = Input.getInt();
            System.out.println(n);
        }
    }
}
```

3.

```java
public class Ex5_2_3 {
    public static void main(String[] args) {
        for(int i=0; i<3; i++){
            double r = Math.random();
            System.out.println(r);
        }
    }
}
```

▶▶▶ 연습문제 5-3

1.

```
import lib.Input;
public class Ex5_3_1 {
    public static void main(String[] args) {
            double x = Input.getDouble("값");
            double y = 2 * Math.pow(x,2) + 5;
            System.out.println("정답=" + y);
    }
}
```

2.

```
import lib.Input;
public class Ex5_3_2 {
    public static void main(String[] args) {
        String str = Input.getString("문자열");
        for(int i=0; i<3; i++){
            System.out.println(str);
        }
    }
}
```

3.

"-- 시작 --"를 출력한다. System.out.println("-- 시작 --");

for 3회 반복 (int i=0; i<3; i++)

"반복"이라고 출력한다. System.out.println("반복");

"-- 종료 --"라고 출력한다. System.out.println("-- 종료 --");

▶▶▶ 연습문제 5-4

1. C
2. C

▶▶▶ 연습문제 5-5

1. A. 012345
   B. 02468
   C. 00112

【해설】 C에서 int형은 소수점 이하가 없으므로 1/2은 0입니다. 3/2도 1이 된다.

▶▶▶ 연습문제 5-6

1.
```
public class Ex5_6_1 {
    public static void main(String[] args) {
        double[] x = {1.5, 2.3, 0.6, 3.3, 9.0};
        for(int i=0; i<5; i++){
            System.out.println(x[i]);
        }
    }
}
```

2.
```
public class Ex5_6_2 {
    public static void main(String[] args) {
        String [] s = {"홍길동", "이순신", "김유신", "연개소문"};
        for(int i=0; i<4; i++){
            System.out.println(s[i]);
        }
    }
}
```

3.

```java
public class Ex5_6_3 {
    public static void main(String[] args) {
        int [] a = {10, 15, 68, 2, 47, 51};
        for(int i=0; i<6; i++){
            System.out.println("a[" + i + "]=" + a[i]);
        }
    }
}
```

4.

```java
public class Ex5_6_4 {
    public static void main(String[] args) {
        int [] a = {5,7,9,4,8};
        for(int i=0; i<5; i++){
            int n = a[i] * 10;
            System.out.print(n + " ");
        }
    }
}
```

5.

```java
public class Ex5_6_5 {
    public static void main(String[] args) {
        int[] n1 = {12,11,31,51,72};
        int[] n2 = {26,14,12,22,12};
        for(int i=0; i<5; i++){
            int n = n1[i] + n2[i];
            System.out.println(n1[i] + "+" + n2[i] + "=" + n);
        }
    }
}
```

2파트 6장　for문의 사용 방법

▶▶▶ 연습문제 6-1

A.

```java
public class Ex6_1A {
    public static void main(String[] args) {
        int[] number = {15,26,88,45,85,96,47};
        int  total=0, mean;
        for(int i=0; i<number.length; i++){
            total+=number[i];
        }
        mean = total / number.length;
        System.out.println("합계="+total);
        System.out.println("평균="+mean);
    }
}
```

B.

```java
public class Ex6_1B{
   public static void main(String[] args) {
        double[] data = {167.5, 180.3, 177.6, 166.7, 182.5, 175.4};
        doubletotal=0, mean;
        for(int i=0; i<data.length; i++){
            total+=data[i];
        }
        mean = total / data.length;
        System.out.println("합계="+total);
        System.out.println("평균="+mean);
        }
}
```

▶▶▶ 연습문제 6-2

1번. A

```
public class Ex6_2_1A {
    public static void main(String[] args) {
        int[] number = {15,26,88,45,85,96,47};
        int  total=0, mean;
        for(int i=0; i<number.length; i++){
            total+=number[i];
        }
        mean = total / number.length;
        System.out.println("합계="+total);
        System.out.println("평균="+mean);
        // 6-2
        for(int i=0; i<number.length; i++){
            System.out.println(number[i]);
        }
    }
}
```

1번. B

```
public class Ex6_2_1B{
    public static void main(String[] args) {
        double[] data = {167.5, 180.3, 177.6, 166.7, 182.5, 175.4};
        double     total=0, mean;
        for(int i=0; i<data.length; i++){
            total+=data[i];
        }
        mean = total / data.length;
        System.out.println("합계="+total);
        System.out.println("평균="+mean);
        // 6-2
        for(int i=0; i<data.length; i++){
            System.out.println(data[i]);
        }
    }
}
```

2.

```
public class Ex6_2_2 {
 public static void main(String[] args) {
    double []d ={188.2, 175.6, 154.5, 168.2, 178.0};

    for(int i=0; i<d.length; i++){         (1)
        System.out.println(d[i]);
    }

    double total=0.0;                       (2)
    for(int i=0; i<d.length; i++){
        total += d[i];
    }
    double mean = total/d.length;

    for(int i=0; i<d.length; i++){          (3)
        double v = Math.pow((d[i]-mean), 2);
        System.out.println(v);
    }
 }
}
```

▶▶▶ 연습문제 6-3

1. ① int i=0   ② i<7   ③ i++

2. ① int i=1   ② i<7   ③ i++

【해설】 2번에서 1부터 표시하기 때문에 ①은 int i=1 이 된다.

i<7은 7회가 아니라 "i가 7미만이면 반복"이라는 for문의 본래 의미를 생각해보자.

3. ① int i=0   ② i<7   ③ i+=2

【해설】 증가분이 2이므로 ③에서는 i+=2 또는 i=i+2가 된다.

②의 i<7은 7회가 아니라 "i가 7미만이면 반복"이라는 for문의 본래 의미를 생각해보자.

4. ③

【해설】 초기값이 int i=1;이 되고, a[1]에서 처리가 시작되므로 처음에는 20이 출력된다.

5. ②

【해설】 초기값이 int i=a.length-1;이고, 증가분이 -1이므로 역순으로 표시된다. 다만, i>0이므로 a[0]은 표시되지 않는다.

▶▶▶ 연습문제 6-4

①, ③, ⑤, ⑥

【해설】①은 int i=0, int j=10;이라는 초기값이 틀렸다. 이것은 하나의 문으로 올바른 작성법이 아니므로 int i=0, j=10;이라고 해야 한다.

③은 세미콜론(;)이 하나 밖에 없고, 세미콜론은 생략할 수 없으므로 에러가 난다.

⑤도 ③과 같은 이유로 에러가 난다.

⑥은 이미 int i;라고 선언하고 있기 때문에 같은 변수를 for문에서 선언할 수 없다.

⑦도 이미 int k;라고 선언되어 있기는 하지만 for문에서 j=0;으로 설정하고 있기 때문에 에러가 나지는 난다.

▶▶▶ 연습문제 6-5

바꾸는 부분만 알려주겠다.

A.

```
for(int n : dt){
    System.out.println( n );
}
```

B.

```
for(String s : str){
    ss += s;
}
```

【해설】+=은 문자열의 연결로 사용하고 있다. 이런 방법은 가능하지만 추천하지는 않는다.

C.

```
for(double a : x){
    total += a;
}
```

2파트 7장 / 조건을 표현하는 연산자

▶▶▶ 연습문제 7-1

1. 1) n>=10   2) n<=10   3) n>10   4) n<10   5) n!=10
   6) n==10   7) n==m+1   8) n==m*7   9) n+1!=0   10) n+m!=0
   11) n%2==0   12) n%3==0   13) n%2!=0   14) n*3==12   15) n+m>0
   16) Math.sqrt(n)<5.0

2. 1) flase   2) false   3) true   4) true   5) ture

▶▶▶ 연습문제 7-2

1. 1) c>'a'   2) c<97   3) c<='\u0041'   4) c>=0x41   5) c<m   6) c!='a'
   7) c==m   8) c=='a'+1   9) c==m+1

2. ②
〔해설〕 m+10.25는 double로 변환되고 char와 double의 비교는 컴파일러 에러가 난다.

3. ③
〔해설〕 c = c + 1;에서 c+1 부분은 int가 되므로 형변환이 되지 않고 컴파일러 에러가 난다.

4. ①
〔해설〕 c1 += c1 + 10에서는 c1+10이 먼저 계산되어 답은 int형이 된다. 하지만, 복합 연산자 +=에서는 형이 보존되므로 컴파일러 에러가 나지 않는다.

▶▶▶ 연습문제 7-3

1. 1) s.equals("안녕하세요")   2) !s.equals("안녕하세요")   3) s.equals(t)
   4) !s.equals(t)   5) !"안녕하세요".equals(s) 또는 !s.equals("안녕하세요")

2.
```
import lib.Input;
public class Ex7_3_2 {
    public static void main(String[] args) {
        String  s =  Input.getString();      // 문자열을 입력
        System.out.println(s.equals("abc"));
    }
}
```

【해설】 String은 참조형에 속하므로 같은지, 아닌지를 ==로 검사하면 안된다. 문자열이 같은지, 아닌지는 equals 메소드를 사용해서 비교해야 한다.

▶▶▶ 연습문제 7-4

1. 1) a>=5 && a<20   2) a>b && a<c*3   3) a%7==0 && a%28!=0
   4) !(a>b*7)
2. 1) false 2) true 3) false 4) true 5) false 6) true
3. n%4==0 && n%100!=0 || n%400==0

【해설】 연산자 우선순위에서 &&가 ||보다 더 우선이기 때문에 (n%4==0 && n%100) || n %400==0 으로 할 필요는 없다.

▶▶▶ 연습문제 7-5

B, E, F, H

【해설】 B) &&와 ||는 &&가 우선 순위가 높다. E) ==와 ||는 == 가 우선 순위가 높다. F) || 는 논리 연산자. <, >, ==, != 등은 관계연산자보다 우선 순위가 낮다

▶▶▶ 연습문제 7-6

① true   ② a=2   ③ b=-1

2파트 8장 / while문과 계산기 프로그램

▶▶▶ 연습문제 8-1

1.

```
public class Ex8_1_1 {
    public static void main(String[] args) {
        int  i=0;
        while(i<5){ // i가 5보다 작으면 반복한다.
            System.out.println("야호 "+i);
            i++;
        }
    }
}
```

2.

```
import lib.Input;
public class Ex8_1_2 {
    public static void main(String[] args) {
        int  i=0;
        while(i<5){
            int n = Input.getInt();
            System.out.println(n);
            i++;
        }
    }
}
```

3.

```
public class Ex8_1_3 {
    public static void main(String[] args) {
        int   i=1,total=0;
        while(i<=10){
            total = total + i;
            i++;
        }
        System.out.println(total);
    }
}
```

【해설】 다음과 같은 코드를 쓰면 안된다.

```
int i=1, total=0;
while(i<=10){
    total = total + i;
    i++;
    System.out.println(total);
}
```

출력 명령인 println을 while문의 안에 쓰면 매번 total을 출력하게 된다. 흐름도를 잘 보도록 하자. 매번 출력하는 것이 아니라 반복 처리로 합계를 구하고 난 뒤에만 출력하도록 해야 한다.

▶▶▶ 연습문제 8-2

1.

```
import lib.Input;
public class Ex8_2_1 {
    public static void main(String[] args) {
        double    x;
        while((x=Input.getDouble())!=0){
            System.out.println(Math.sqrt(x));
        }
    }
}
```

【해설】 double의 입력은 Enter만 입력하면 0.0이 들어온다. 입력된 데이터가 0이 아니라는 것을 반복 조건으로 한다.

2.

```
import lib.Input;
public class Ex8_2_2 {
public static void main(String[] args) {
    String    name;
       while((name=Input.getString())!=null){
       System.out.println("안녕하세요." + name + "씨");
       }
    }
}
```

【 해설 】 문자열의 입력에서는 Enter만 입력하면 null이 들어온다. 입력된 데이터가 null인가를 반복 조건에 넣도록 한다.

▶▶▶ 연습문제 8-3

```
import lib.Input;
public class Ex8_3 {
    public static void main(String[] args) {
           double  total=0, x;
           while((x=Input.getDouble())!=0){
                 total += x;
           }
           System.out.println("합계="+total);
    }
}
```

▶▶▶ 연습문제 8-4

```
import lib.Input;
public class Ex8_4 {
    public static void main(String[] args) {
        double      total=0, x;
        int         n=0;       // 데이터 건수를 넣은 변수
        while((x=Input.getDouble())!=0){
            total += x;
            n++;               // 건수를 1 더한다
        }
        System.out.println("합계="+total);
        System.out.println("평균="+total/n);   // 합계를 n으로 나눈다
    }
}
```

▶▶▶ 연습문제 8-5

C

【해설】{ }가 없는 while문이므로 7번째 행은 while문 밖이다. 7번째 행은 한 번만 실행된다.

▶▶▶ 연습문제 8-6

1. ③

【해설】i의 값은 처음에 5이다. print문의 안에 처음에 5를 출력한다. 출력한 다음에 i의 값이 1 감소하여 4가 된다. 반복 조건이 i>0이므로 마지막에 조건을 통과한 값은 1이 된다. 그러므로 54321이라고 출력된다.

2. ①

【해설】i의 값은 처음에 0이다. while에서 i<5를 검사하고 i는 1씩 증가한다. 처음에 출력되는 값은 1이다. 반복 조건이 i<5이므로 마지막에 조건을 통과한 값이 4가 되고, 그때 출력되는 값은 5이므로 12345라고 출력된다.

3. ⑤

〔해설〕 i의 값은 처음에 1이다. i%5는 1이 된다. i%5>0이 반복 조건이므로 처음에 1이 출력된다. 그 뒤에 i++에서 i가 1증가하며 2가 된다. i%5는 1,2,3,4,0 중에 하나의 값이 된다. 마지막에 조건을 통과한 것은 i=4일 때 i%5는 4가 된다. i=5이면 i%5는 0이 되고, 조건을 통과하지 못한다. 그러므로 1234가 출력된다.

4. ④

〔해설〕 i의 처음의 값은 5이다. 다만 { }가 없이 때문에 i--는 while문의 바깥이다. 그러므로, i의 값은 변화할 수 없다. i는 계속 5인 채로 무한 루프에 빠지게 된다.

▶▶▶ 연습문제 8-7

1. 23

〔해설〕 do문은 반복 처리 부분이 먼저 실행되고, 그 뒤에 조건부를 체크한다. 10, 20의 입력은 total에 더해지고 그대로 반복 처리를 계속하지만 -7은 total에 더해진 다음 조건부에서 반복조건이 되지 못하므로 do문을 종료한다.

2. ②

〔해설〕 a++은 후치 인크리먼트 연산자이므로 a<5를 검사하고 나서 a의 값을 1증가시킨다. 최초에 출력되는 것은 0이지만 마지막에는 a가 4일 때에 a는 1증가하여 5가 출력된다.

3. ⑤

〔해설〕 변수 i는 do문의 블럭문 안에 선언되어 있으므로, 블럭문 바깥에서는 없어지고 존재하지 않는다. while(i<5)의 부분은 블럭문의 바깥이므로 존재하지 않는 변수를 사용했기 때문에 컴파일 에러가 난다.

2파트 9장 / if문과 투표집계 프로그램

▶▶▶ 연습문제 9-1

1. (1) 만약 data가 0이 아니라면 data *= 10을 실행한다.

(2) 만약 n>0 이라면 건수를 출력한다.
그렇지 않으면, "데이터가 없습니다"라고 출력한다.

(3) 만약 n이 0보다 크거나 −5보다 작으면 ans=value*−1 로,
그렇지 않으면 ans = value로 한다.

2.

```
import lib.Input;
public class Ex9_1_2 {
    public static void main(String[] args) {
        double  x  =  Input.getDouble();
        if(x>0){
            System.out.println(Math.sqrt(x));
        }else{
            System.out.println(Math.sqrt(-x));
        }
    }
}
```

〖해설〗 −x의 −는 단항 마이너스 연산자이다. 변수나 리터럴에 직접 붙인다. −1*x로 쓰지 않도록 해야 한다.

3.

```
import lib.Input;
public class Ex9_1_3 {
    public static void main(String[] args) {
        char c  =  Input.getChar();
        if(c>='0' && c<='9'){
            System.out.println("숫자입니다.");
        }else{
            System.out.println("숫자가 아닙니다.");
        }
    }
}
```

〖해설〗 문자는 숫자와 같이 크고 작음을 비교할 수 있다!
문자와 문자코드의 대응은 "7.3 문자의 비교"를 참고할 것

4.

(1)

```
import lib.Input;
public class Ex9_1_4_1 {
    public static void main(String[] args) {
        String  s  =  Input.getString();
        if(s.equals("안녕하세요")){
            System.out.println("Good morning");
        }else{
            System.out.println("Hello");
        }
    }
}
```

(2)

```
import lib.Input;
public class Ex9_1_4_2 {
    public static void main(String[] args) {
        int  n  =  Input.getInt();
        if(n%3==0){
            System.out.println("3의 배수입니다");
        }else{
            System.out.println("3의 배수가 아닙니다");
        }
    }
}
```

(3)

```
import lib.Input;
public class Ex9_1_4_3 {
    public static void main(String[] args) {
        int  n  =  Input.getInt();
        if(n%4==0 && n%100!=0 || n%400==0){
            System.out.println("윤년입니다");
        }else{
            System.out.println("윤년이 아닙니다");
        }
    }
}
```

▶▶▶ 연습문제 9-2

1.

```
import lib.Input;
public class Ex9_2_1 {
    public static void main(String[] args) {
        String s;
        while ((s=Input.getString()) != null) {
            if (s.equals("안녕하세요")) {
                System.out.println("Good morning!\n");
            } else {
                System.out.println("Hello!");
            }
        }
    }
}
```

2.

```
import lib.Input;
public class Ex9_2_2 {
    public static void main(String[] args) {
        int n;
        while ((n=Input.getInt()) != 0) {
            if (n % 3 == 0) {
                System.out.println("3의 배수입니다");
            } else {
                System.out.println("3의 배수가 아닙니다");
            }
        }
    }
}
```

3.

```
import lib.Input;
public class Ex9_2_3 {
    public static void main(String[] args) {
        int n;
        while ((n=Input.getInt()) != 0) {
            if (n % 4 == 0 && n % 100 != 0 || n % 400 == 0) {
                System.out.println("윤년입니다");
            } else {
                System.out.println("윤년이 아닙니다");
            }
        }
    }
}
```

▶▶▶ 연습문제 9-3

1. ③

〔해설〕if문에 { }가 없으므로 if에서 실행할 수 있는 것은 하나의 문뿐이다. print문은 컴파일러 에러가 난다.

2. ②

〔해설〕if문에 { }이 없으므로 if에서 실행할 수 있는 것은 하나의 문뿐이다. count++은 if문의 바깥이 되어 매번 실행된다.

▶▶▶ 연습문제 9-4

1.

```java
import lib.Input;
public class Ex9_4_1 {
    public static void main(String[] args) {
        char ch = Input.getChar();
        if(ch=='a'||ch=='A'){
            System.out.println("A키가 입력되었다");
        }else if(ch=='b'||ch=='B'){
            System.out.println("B키가 입력되었다");
        }else{
            System.out.println("그 외의 키가 입력되었다");
        }
    }
}
```

2.

```java
import lib.Input;
public class Ex9_4_2 {
    public static void main(String[] args) {
        String s=Input.getString();
        if(s.equals("좋은아침")){
            System.out.println("Good morning");
        }else if(s.equals("좋은밤")){
            System.out.println("Good evening");
        }else{
            System.out.println("Hello");
        }
    }
}
```

3.

```
import lib.Input;
public class Ex9_4_3 {
    public static void main(String[] args) {
        int  n=Input.getInt();
        if(n==124){
            System.out.println("당첨");
        }else if(n==123||n==125){
            System.out.println("아차상");
        }else{
            System.out.println("꽝");
        }
    }
}
```

▶▶▶ 연습문제 9-5

1.

```
import lib.Input;
public class Ex9_5_1 {
    public static void main(String[] args) {
        int  n = Input.getInt();
        if(n<0){
            System.out.println("음수");
        }else if(n==0){
            System.out.println("제로");
        }else{
            System.out.println("양수");
        }
    }
}
```

2.

```java
import lib.Input;
public class Ex9_5_2 {
    public static void main(String[] args) {
        int  charge;
        int  d =  Input.getInt();
        if(d<50){
            charge = 300;
        }else if(d<100){
            charge = 500;
        }else if(d<500){
            charge = 700;
        }else{
            charge = 1000;
        }
        System.out.println("요금="+charge);
    }
}
```

3.

```java
import lib.Input;
public class Ex9_5_3 {
    public static void main(String[] args) {
        int d;
        while ((d = Input.getInt()) != 0) {
            if (d < 1000) {
                System.out.println("1000미만");
            } else if (d < 2000) {
                System.out.println("1000이상~2000미만");
            } else if (d < 3000) {
                System.out.println("2000이상~3000미만");
            } else {
                System.out.println("범위밖");
            }
        }
    }
}
```

2파트 10장 / switch문과 복수의 분기

▶▶▶ 연습문제 10-1

1.

```
import lib.Input;
public class Ex10_1_1 {
    public static void main(String[] args) {
        int  n=Input.getInt();
        switch(n){
        case 1:
            System.out.println("햄버거");
            break;
        case 2:
            System.out.println("포테토후라이");
            break;
        case 3:
            System.out.println("바닐라쉐이크");
            break;
        case 4:
            System.out.println("콜라");
            break;
        default:
            System.out.println("불명");
        }
    }
}
```

2.

```
import lib.Input;
public class Ex10_1_2 {
    public static void main(String[] args) {
        int  n=Input.getInt();
        switch(n%5){
        case 0:
            System.out.println("5n");
            break;
```

```
            case 1:
                System.out.println("5n+1");
                break;
            case 2:
                System.out.println("5n+2");
                break;
            case 3:
                System.out.println("5n+3");
                break;
            default:
                System.out.println("5n+4");
        }
    }
}
```

▶▶▶ 연습문제 10-2

1.

```
import lib.Input;
public class Ex10_2_1 {
    public static void main(String[] args) {
        char ch=Input.getChar();
        switch(ch){
        case 'a':
            System.out.println("그저께");
            break;
        case 'b':
            System.out.println("어제");
            break;
        case 'c':
            System.out.println("내일");
            break;
        case 'd':
            System.out.println("모레");
            break;
        default:
            System.out.println("오늘");
        }
    }
}
```

2. B, D, F

〖 해설 〗 math.sqrt() 메소드는 double값이다. (int)x는 캐스트되어 int형의 수 10이 되어 문제없다. % 연산자는 double에도 작동하므로 n%0.3은 double의 값이다. 계산할 때는 정밀도가 높은 쪽으로 맞추어서 계산하므로 n+x는 20.0이다. 이상으로 B, D, F는 모두 double형을 지정하는 것이 되어 사용할 수 없다.

3. A, D, E, G, H

〖 해설 〗10/3.0dms double이 된다. 'a'+1은 리터럴만의 식이므로 실행 전에 컴파일러가 'b'로 미리 만들어 둔다. −5는 int형이므로 문제 없다. case문은 음수이지만 처리할 수 있다. a==1은 관계식이므로 사용할 수 없다. case 3;에서는 마지막에 세미콜론이 있으므로 컴파일 에러가 발생한다. 'j'는 문자열이므로 문제 없다. 10 + 15L은 long이 되어 사용할 수 없다. true는 boolean이므로 사용할 수 없다. 10%2는 0이므로 문제 없다.

4. ③

〖 해설 〗x%3는 1.0으로 double이 되어 사용할 수 없다.

5. ②

〖 해설 〗default는 어느 위치에 있더라도 문제 없다. 또한 switch문에서는 위의 case 라벨에서 순서대로 일치하는가를 검사하는 것이 아니라 직접 분기하기 때문에 이 예에서도 바르게 case 1:로 분기된다.

▶▶▶ 연습문제 10-3

1.

```
import lib.Input;
public class Ex10_3_1 {
    public static void main(String[] args) {
        int  n=Input.getInt();
        switch(n){
        case 1:
        case 2:
            System.out.println("1000");
            break;
        case 3:
            System.out.println("2000");
            break;
        case 4:
        case 5:
        case 6:
            System.out.println("3000");
            break;
        case 7:
        case 8:
            System.out.println("4000");
            break;
             default:
            System.out.println("5000");

        }
    }
}
```

2. [1] 6 [2] 6 [3] 2 [4] 13 [5] 4 [6] 5

[해설] break가 있는 곳은 case3:과 case 5:의 2군데이다. break에 도달하기까지 switch문을 빠져나갈 수 없다.

2파트 11장   break와 continue

▶▶▶ 연습문제 11-1

1.

```
import lib.Input;
public class Ex11_1_1 {
    public static void main(String[] args) {
        double n, total=0;
        while((n=Input.getDouble())!=0){
            if(n<0){
                System.out.println("음수입니다.");
                break;
            }
            total += n;
        }
        System.out.println("합계="+total);
    }
}
```

2.

```
import lib.Input;
public class Ex11_1_2 {
    public static void main(String[] args) {
        int[] a={5,3,9,-1,20,2};
        for(int n : a) {
            if(n<0){
                System.out.println("음수입니다.");
                break;
            }
            System.out.println(Math.sqrt(n));
        }
    }
}
```

3. ①, ②, ③

〔해설〕++와 --는 double에도 사용할 수 있다. 0.0, 1.0, 2.0으로 표시해서 3.0일 때 break로 루프를 종료한다.

▶▶▶ 연습문제 11-2

1.

```java
import lib.Input;

public class Ex11_2_1 {
    public static void main(String[] args) {
        double   x;
        while((x=Input.getDouble())!=0){
            if(x<0){
                System.out.println("음수입니다.");
                continue;
            }
            System.out.println(Math.sqrt(x));
        }
    }
}
```

2.

```java
public class Ex11_2_2 {
    public static void main(String[] args) {
        int[] a={10,-12,5,-12,12,25};
        for(int n : a){
            if(n<0){
                System.out.println("음수입니다.");
                continue;
            }
            System.out.println(Math.sqrt(n));
        }
    }
}
```

3. ①, ②, ③, ⑤

〖 해설 〗 a=3.0일 때만 출력되지 않고 루프의 앞부분으로 돌아온다.

▶▶▶ 연습문제 11-3

1. ③

〔해설〕i의 값이 0, 1, 2까지 표시되고, 3이 될 때 바깥의 while문을 탈출한다.

2. ③

〔해설〕이 프로그램의 라벨은 다중 라벨이다.

▶▶▶ 연습문제 11-4

1. ⑤

〔해설〕for(;;)는 무한 루프이지만 매번 continue하기 때문에 for(int i=0; i<5; i++)만의 루프와 같다.

2. ①, ②, ④, ⑤

〔해설〕i는 0, 1로 변화하지만 j는 0이나 1일 때는 출력되지 않는다.

▶▶▶ 연습문제 11-5

1. ①, ②

〔해설〕최초에 i+j>1이 되는 (i, j)는 (0, 2)일 때이다.

i	j	i + j > 1
0	0	×
	1	×
	2	○
1	0	—
	1	—
	2	—

2. ①, ②, ⑤

〔해설〕i+j가 3이 되는 것은 (i, j)가 (0, 3), (1, 2)일 때이다.

i	j	i + j == 3
0	1	×
	2	×
	3	○
	4	—
1	1	×
	2	○
	3	—
	4	—

2파트 12장 / 배열의 구조

▶▶▶ 연습문제 12-1

A. 배열 객체 또는 객체 **B.** 참조 **C.** 객체 창고(힙 영역) **D.** 참조

▶▶▶ 연습문제 12-2

생략

▶▶▶ 연습문제 12-3

1.
```
public class Ex12_3_1 {
    public static void main(String[] args) {
        int[]    n =    new    int[5];
        double[] x =    new    double[10];
        String[] s =    new    String[3];
    }
}
```

2.

```
public class Ex12_3_2 {
    public static void main(String[] args) {
        int[]    n   =    new    int[5];
        double[]x    =    new    double[10];
        String[] s   =    new    String[3];

        for(int a : n){
            System.out.print(a + "  ");
        }
        System.out.println(""); // 개행
        for(double a : x){
            System.out.print(a + "  ");
        }
        System.out.println(""); // 개행
        for(String a : s){
            System.out.print(a + "  ");
        }
    }
}
```

3. A. byte[] b;

 B. b=new byte[10];

 C. String[] str;

 D. str = new String[5];

 E. double[] x = new double[20];

 F. int[] n = null;

▶▶▶ 연습문제 12-4

1. A, E, F, H, J, K, L

〔해설〕

A. 요소의 개수를 지정하지 않았음

E. 무명 배열의 선언을 사용해서 new {2, 3, 1, 4} 라고 해야 한다.

F. 복수의 배열 변수를 선언할 때 2번째부터의 변수에 붙어 있는 [ ]는 G와 같이 변수의 오른쪽에 붙어

야 한다. "14-3 다차원 배열 작성의 정리와 주의점"도 참고할 것.

H. m은 배열 변수이므로 0을 대입할 수 없다.

J. 요소 개수를 지정해서는 안된다.

K. 이와 같은 작성법은 없다.

L. 요소 개수를 적어서는 안된다.

2.

```
import lib.Input;
public class Ex12_4_2 {
    public static void main(String[] args) {
        int  n = Input.getInt();
        double[] x =     new   double[n];
        for(double a : x){
            System.out.println(a);
        }
    }
}
```

콘솔
<종료됨> Ex12_4_2
[int] > 5
0.0
0.0
0.0
0.0
0.0

실행결과

▶▶▶ 연습문제 12-5

1. C

〔해설〕 str이 초기화되어 있지 않다.

2. D

〔해설〕 str은 null이므로, 배열객체가 없다. 존재하지 않은 배열 요소를 액세스하면 실행시 예외가 발생한다.

2파트 13장 / 배열의 조작

▶▶▶ 연습문제 13-1

1.

```
import lib.Input;
public class Ex13_1_1 {
    public static void main(String[] args) {
        int[] n   =   new int[5];
        n[2]  =   3;
        n[4]  =   1;
        for(int m : n){
            System.out.print(m + " ");
        }
    }
}
```

2.

```
import lib.Input;
public class Ex13_1_2 {
    public static void main(String[] args) {
        String[] str    =     new   String[4];
        str[1]    =    "abc";
        str[3]    =    "가나다라";
        for(String s : str){
            System.out.println(s);
        }
    }
}
```

3. D

〖 해설 〗 ch의 요소는 3개이지만 for 루프의 반복 조건은 i<=3이므로 ch[3]에 액세스하게 된다. ch[3]은 4번째 요소를 가리키므로 존재하지 않는 요소로 액세스하는 것이다. 실행시 예외로 ArrayIndexOutOfBoundsException이 발생한다.

▶▶▶ 연습문제 13-2

1.

```java
import lib.Input;
public class Ex13_2_1 {
    public static void main(String[] args) {
        double[] x = new double[5];
        for(double a : x){
            System.out.print(a + "  ");
        }
        System.out.println("");   // 개행

        for(int i=0; i<x.length; i++){
            x[i] = Input.getDouble("double형의 값");
        }
        for(double a : x){
            System.out.print(a + "  ");
        }
    }
}
```

2.

```java
import lib.Input;
public class Ex13_2_2 {
    public static void main(String[] args) {
        String[] s = new String[5];
        for(String str : s){
            System.out.print(str + "  ");
        }
        System.out.println("");   // 개행

        for(int i=0; i<s.length; i++){
            s[i] = Input.getString("문자열");
        }
        for(String str: s){
            System.out.print(str + "  ");
        }
    }
}
```

3.

```
import lib.Input;
public class Ex13_2_3 {
    public static void main(String[] args) {
        int[] n = new     int[10];
        for(int i=0; i<10; i++){
            n[i] = 100+i;
        }
        for(int a : n){
            System.out.print(a + " ");
        }
    }
}
```

4. B

〔해설〕 5번째 행부터 for문으로 n[0], n[1], n[2]의 값만 10, 5, 7로 변경된다.

▶▶▶ 연습문제 13-3

1. B

〔해설〕 dog=cat;에서 car의 참조가 dog에도 대입된다. 그 결과 어느쪽의 변수를 사용해도 같은 배열 본체 {"a", "b", "c"}로 액세스한다.

2. B

〔해설〕 m[2]는 n[2]와 같은 요소를 참조한다.

3. A

〔해설〕 a는 null이 되지만 b에는 a의 원래 참조가 남아있다. 표시된 것은 a[0]의 10이다.

▶▶▶ 연습문제 13-4

1.

```
public class Ex13_4_1 {
    public static void main(String[] args) {
        double[] x = {1.2, 3.3, 0.5, 5.4, 2.4};
        double[] y = new  double[x.length];   // y를 작성
        for(int i=0; i<x.length; i++){        // x의 요소를 y에 복사
            y[i] = x[i];
        }
        for(double a : y){
            System.out.print(a + " ");        // 모든 요소를 표시
        }
    }
}
```

2.

```
import lib.Input;
public class Ex13_4_2 {
    public static void main(String[] args) {
        String[] s = new String[5];
        for (String str : s) {
            System.out.print(str + "  ");
        }
        System.out.println("");  // 개행

        for (int i = 0; i < s.length; i++) {
            s[i] = Input.getString("문자열");
        }
        for (String str : s) {
            System.out.print(str + "  ");
        }
        String[] s2 = new String[s.length];
        for (int i = 0; i < s.length; i++) {
            s2[i] = s[i];
```

```
            }
            System.out.println("\n");
            System.out.println("배열s2의 내용");
            for (String str : s2) {
                System.out.print(str + "  ");
            }
        }
    }
```

3. D

【해설】 data는 선언만 된 것이다. new 연산자를 사용해서 배열 요소의 본체를 작성한 다음에 요소에 액세스할 수 있다. 따라서 3번째 행의 대입문은 컴파일 에러가 난다.

▶▶▶ 연습문제 13-5

1. D

【해설】 배열 변수는 자동 형변환이나 캐스트를 하지 않는다. n은 int의 배열형, x는 double의 배열형 이다. x = n;은 형이 다르므로 컴파일 에러가 난다.

2파트 14장 / 다차원 배열

▶▶▶ 연습문제 14-1

1.

```
public class Ex14_1_1 {
    public static void main(String[] args) {
        double[][] d = {{5.1, 2.2, 4.5}, {3.1, 1.5, 3.4}};
        for(int i=0; i<d.length; i++){
            for(int j=0; j<d[i].length; j++){
                System.out.print(d[i][j] + "\t");
            }
            System.out.println(" ");    // 개행
        }
    }
}
```

【해설】 같은 간격을 데이터를 출력하기 위해서는 데이터와 탭을 출력한다.

2.

```
public class Ex14_1_2 {
    public static void main(String[] args) {
        String[][] s = {
                {"C-210", "홍길동", "서울"},
                {"C-211", "이순신", "부산","45"},
                {"C-212", "김유신", "대전"},
        };
        for(String[] kokyaku : s){
            for(String data : kokyaku){
                System.out.print(data + "\t");
            }
            System.out.println(" ");     // 개행
        }
    }
}
```

3.

A.

```
public class Ex14_1_3_A {
    public static void main(String[] args) {
        double[][] x = {
                {1.1, 2.3, 0},
                {3.2, 3.4},
                {4.5, 1.5, 2.3, 5.5}
        };
        for(int i=0; i<x.length; i++){
            for(int j=0; j<x[i].length; j++){
                System.out.print(x[i][j] + "\t");
            }
            System.out.println("");     // 개행
        }
    }
}
```

B.
```java
public class Ex14_1_3_B {
    public static void main(String[] args) {
        String[][] s = {
                {"a", "d", "f"},
                {"b", "e"},
                {"c"}
        };
        for(int i=0; i<s.length; i++){
            for(int j=0; j<s[i].length; j++){
                System.out.print(s[i][j] + "\t");
            }
            System.out.println(""); // 개행
        }
    }
}
```

▶▶▶ 연습문제 14-2

1.

```java
import lib.Input;
public class Ex14_2_1 {
    public static void main(String[] args) {
        char[][] ch = new char[3][3];
        // 입력
        for(int i=0; i<ch.length; i++){
            for(int j=0; j<ch[i].length; j++){
                ch[i][j] = Input.getChar();
            }
        }
        // 출력
        for(char[] ch2 : ch){
            for(char c : ch2){
                System.out.print(c + "\t");
            }
            System.out.println(""); // 개행
        }
    }
}
```

2.

```
public class Ex14_2_2 {
    public static void main(String[] args) {
        int[][] n = { {10, 15, 22}, {8, 7, 12} };
        // m을 작성, 요소를 기본값으로
        int size1 = n.length;
        int size2 = n[0].length;
        int[][] m = new int[size1][size2];
        // 복사
        for(int i=0; i<n.length; i++){
            for(int j=0; j<n[i].length; j++){
                m[i][j] = n[i][j];
            }
        }
        // 표시
        for(int[] n2 : n){
            for(int a : n2){
                System.out.print(a + "\t");
            }
            System.out.println("");  // 개행
        }
    }
}
```

3. F

【해설】int [ ][ ] dt = new int [2][ ];에서 dt[0]와 dt[1]은 null로 초기화된다. 다만, null은 참조가 없기 때문에 객체가 존재하지 않는다. 컴파일러는 변수 dt가 초기화되었다고 알고 있지만, 그 값이 null인지, 아닌지는 모른다. 그러므로, dt[0][0]=1;, dt[0][1]=2;, dt[1][0]=3;, dt[1][1]=4;와 같이 대입은 컴파일러 에러가 나지는 않지만 실행하면 실행시 예외가 발생한다.

▶▶▶ 연습문제 14-3

1. A, B, F, G, H, I, N, O, P

【해설】A, B는 요소 리스트에서 배열을 작성하기 때문에 [ ] 안에 요소의 개수를 적지 않는다. C는 선언과 동시에 값 리스트에서 초기화를 하는 바른 방법이다. D, E는 무명 배열에서 초기화를 하는 방법이다. int n[ ]와 int[ ] n은 둘 다 1차원 배열을 만든다. 선언하는 변수가 하나뿐이라면 [ ]는 변수의 오른쪽에 붙이든 왼쪽에 붙이든 상관 없다. F와 G는 틀린 방법이다. H, I는 배열을 만들 때 요소의 개수

를 지정하지 않아서 틀렸다. 요소의 개수는 가장 왼쪽 단의 [ ]의 안에 적어 넣는다. J, K, L, M은 바른 선언 방법이다. L, M에서는 무명 배열을 사용해서 요소에 값을 세팅하고 있다. L과 같이 하나의 요소에만 설정해도 괜찮다. N, O는 배열 작성은 문제가 없지만 요소에 값을 넣을 때 무명 배열을 사용하지 않아서 틀렸다. P는 [ ] m이라는 부분이 틀렸다. m [ ]와 같이 오른쪽에 붙여야 한다. Q, R은 모두 바른 방법이다.

2. A, C, E

【해설】A에서 n은 int의 배열형, m은 double의 배열형으로 형이 서로 다르기 때문에 대입할 수 없다. B는 형이 같기 때문에 대입할 수 있다. C는 n이 1차원, m은 2차원으로 차수가 다르기 때문에 대입할 수 없다. D는 2차원 배열 n의 요소로써 1차원 배열 m의 참조를 대입하고 있으므로 맞다. E는 n이 1차원 배열이지만 m은 2차원 배열이므로 대입할 수 없다. 결국 A, C, E가 틀렸다.

2파트 15장 / 메소드

▶▶▶ 연습문제 15-1

1.

```
public class Ex15_1_1 {
    public static void main(String[] args) {
        System.out.println("시작");
        myMethod();
        System.out.println("종료");
    }
    public   static void myMethod(){
        System.out.println("myMethod입니다");
        return;
    }
}
```

2.

```java
public class Ex15_1_2 {
    public static void main(String[] args) {
        System.out.print("주사위 눈은 ");
        dice();
        System.out.println("입니다.");
    }
    public   static void dice(){
        int r = (int) Math.ceil( Math.random() * 6 );
        System.out.print(r);
        return;
    }
}
```

3.

```java
public class Ex15_1_3 {
    public static void main(String[] args) {
        System.out.print("일기예보에 다르면 내일은 ");
        weatherman();
        System.out.println("(이)라고 합니다");
    }
    public   static void weatherman(){
        double  r  =  Math.random();
        if(r<0.3){
            System.out.print("비");
        }else if(r<0.6){
            System.out.print("흐림");
        }else{
            System.out.print("맑음");
        }
        return;
    }
}
```

▶▶▶ 연습문제 15-2

1.

```java
import lib.Input;
public class Ex15_2_1 {
    public static void main(String[] args) {
        String name = Input.getString("이름");
        int age = Input.getInt("나이");
        String address = Input.getString("주소");
        show( name, age, address);

    }
    public static  void show(String name, int age, String address){
        System.out.println(name + " (" + age + ")  / " + address );
        return;
    }
}
```

2.

```java
import lib.Input;
public class Ex15_2_2 {
    public static void main(String[] args) {
        int n = Input.getInt( );
        dispMal3(n);
    }

    public static void dispMal3(int n) {
        if (n%3 == 0) {
            System.out.println("3의 배수");
        } else {
            System.out.println("3의 배수가 아니다");
        }
        return;
    }
}
```

3.

```
public class Ex15_2_3 {
    public static void main(String[] args) {
        double x = Math.random();
        game(x);
    }
    public static void game(double r){
        if(r<0.33){
            System.out.print("가위");
        }else if(r<0.66){
            System.out.print("바위");
        }else{
            System.out.print("보");
        }
        return;
    }
}
```

4.

```
import lib.Input;
public class Ex15_2_4 {
    public static void main(String[] args) {
        int n = Input.getInt("행선지 번호");
        where(n);
    }
    public   static void where(int n){
        String[] to = {"서울","대전","부산","광주"};
        if(n>=1 && n<=4){
            System.out.println(to[n-1]);
        }else{
            System.out.println("???");
        }
            return;
    }
}
```

▶▶▶ 연습문제 15-3

1. A, C

【 해설 】 B의 20/3은 20도, 3도 int이므로 답도 int인 6이 된다. E의 'a'는 문자이지만 문자는 int로 자동 형변환된다. F, G의 캐스트는 유효한 캐스트이다. 그러므로 double을 지정하고 있는 A와 아무것도 지정하지 않은 C가 틀렸다.

2. A, C, D, E, F

【 해설 】 foo 메소드의 인수 형과 순서는 (char, int)이므로 (char, int)나 (char, char)의 인수 순서라면 호출할 수 있다.

일단 B의 '₩u0062'는 유니코드 에스케이프이다. C의 0x98은 16진수의 정수이다. H의 캐스트는 유효한 캐스트이다. 이상으로 인수의 형과 순서는 A는 (int, int), B는 (char, int), C는 (int, int), D는 (int), E는 (char, char, int), F는 (String, int), G는 (char, char), H는 (char, int)이다. 그러므로 바른 것은 B, G, H만이고 다른 것은 모두 틀렸다.

▶▶▶ 연습문제 15-4

1.

	①	②	③
A	a	e	a
B	b	a	c
C	c	b	c 또는 d

【 해설 】 B의 ②는 호출의 인수로 ('a', "ab")이므로 (char, String)이지만 ②의 보기 안에 없다. 하지만 (int, String)가 있으므로 이것이 답이 된다. 또한 double을 반환하는 메소드가 return문에서 int를 반환하면 double로 자동 형변환이 되므로 ③의 C는 c도 정답이다.

2.

```java
import lib.Input;
public class Ex15_4_2 {
    public static void main(String[] args) {
        int   price =    Input.getInt("단가");
        int   n     =    Input.getInt("수량");
        int   sales =    sales(price, n);
        System.out.println("매출액 = " + sales);
    }
    public  static int sales(int price, int n){
        return price * n;
    }
}
```

3.

```java
import lib.Input;
public class Ex15_4_3 {
    public static void main(String[] args) {
        double   x = Input.getDouble("x값");
        double   y = Input.getDouble("y값");
        double ans = func(x, y);
        System.out.println("결과=" + ans);
    }
    public static double func(double x, double y){
        return x*x - 2*x +2*y - y*y;
    }
}
```

4.

```java
import lib.Input;
public class Ex15_4_4 {
    public static void main(String[] args) {
        double  mile = Input.getDouble("마일");
        double  km   = mileToKm(mile);
        System.out.println(mile + "마일은 " + km + "Km");
    }
    // 마일값을 킬로미터로 변환한다
    public   static double mileToKm(double mile){
        return  mile * 1.609344;
    }
}
```

5.

```
import lib.Input;
public class Ex15_4_5 {
    public static void main(String[] args) {
        double t = Input.getDouble("신장(m)");
        double w = Input.getDouble("체중(kg)");

        System.out.println("BMI는 " + bmi(t, w) + "입니다.");
    }
    // BMI를 구한다
    public static  double bmi(double t, double w){
        return  w / (t*t);
    }
}
```

▶▶▶ 연습문제 15-5

1.

```
import lib.Input;
public class Ex15_5_1 {
    public static void main(String[] args) {
        double  x  =  Input.getDouble();
        if(isZero(x)){
            System.out.println("제로입니다");
        }else{
            System.out.println("제로가 아닙니다.");
        }
    }
    // 0인지 아닌 지를 판단합니다
    public   static boolean isZero(double a){
        if(a==0){
            return  true;
        }else{
            return  false;
        }
    }
}
```

2.

```
import lib.Input;
public class Ex15_5_2 {
    public static void main(String[] args) {
        String  s  =    Input.getString();
        if(isEmpty(s)){
            System.out.println("null이나 빈 문자열입니다.");
        }else{
            System.out.println("null이나 빈 문자열이 아닙니다.");
        }
    }
    // null이나 빈 문자열인지 검사합니다.
    public   static boolean isEmpty(String s){
        if(s==null||s.equals("")){
            return  true;
        }else{
            return  false;
        }
    }
}
```

【 해설 】 if(s.equals(" ") || s==null)라고 if을 쓰면 안된다. s가 null일 때 먼저 s.equals(" ")를 검사하게 되므로 실행시 예외가 발생한다. 먼저 s==null을 검사하도록 if문을 작성해야 한다.

3.

```
import lib.Input;
public class Ex15_5_3 {
    public static void main(String[] args) {
        int  year  =    Input.getInt();
        if(isLeapYear(year)){
            System.out.println("윤년입니다");
        }else{
            System.out.println("윤년이 아닙니다");
        }
    }
    // 윤년인지, 아닌지 검사합니다
    public   static boolean isLeapYear(int n){
        if(n%4==0 && n%100!=0 || n%400==0){
            return  true;
        }else{
            return  false;
        }
    }
}
```

2파트 16장 / 응용 메소드

▶▶▶ 연습문제 16-1

1.

```
import lib.Input;
public class Ex16_1_1 {
    public static void main(String[] args) {
        int a = Input.getInt();
        int b = Input.getInt();
        int c = Input.getInt();
        System.out.println("제곱합  = "+pow2(a, b,c));
        System.out.println("a x b x c = "+mul(a, b,c));
    }

    public   static int mul(int a, int b, int c) {
        return     a * b * c;
    }

    public static int pow2(int a, int b, int c) {
        return     a*a + b*b + c*c;
    }
}
```

2.

```
import lib.Input;
public class Ex16_1_2 {
    public static void main(String[] args) {
        int a = Input.getInt();
        int b = Input.getInt();
        int c = Input.getInt();
        int d = Input.getInt();
        int e = Input.getInt();
        System.out.println("최대값="+max5(a,b,c,d,e));
        System.out.println("최소값="+min5(a,b,c,d,e));
        System.out.println("합계="+sum5(a,b,c,d,e));
```

```
        }
    public    static int max5(int a, int b, int c, int d, int e){
        int max = a;
        if(max<b)  max = b;
        if(max<d)  max = c;
        if(max<d)  max = d;
        if(max<e)  max = e;
        return    max;
    }
    public    static int min5(int a, int b, int c, int d, int e){
        int min = a;
        if(min>b)  min = b;
        if(min>c)  min = c;
        if(min>d)  min = d;
        if(min>e)  min = e;
        return    min;
    }
    public    static int sum5(int a, int b, int c, int d, int e){
        return    a + b + c + d + e;
    }
}
```

▶▶▶ 연습문제 16-2

```
import lib.Input;
public class Ex16_2_1 {
    public static void main(String[] args) {
        int  unit = Input.getInt("단가");
        int n = Input.getInt("개수");
        double s = sales(unit, n);
        System.out.println("매출액=" + s);
    }
    public    static double sales(int unit, int n){
        return    unit * n * (1-rate(n));
    }
    public static double rate(int n ){
        double r;
        if(n<100){
            r=0.0;
```

```
        }else if(n<500){
            r=0.1;
        }else{
            r=0.15;
        }
        return      r;
    }
}
```

▶▶▶ 연습문제 16-3

1.

```
public class Ex16_3_1 {
    public static void main(String[] args) {
        int[] n = {15, 25, 1, 2, 8, 41, 52};
        show(n);
    }
    // 모든 요소를 출력한다.
    public static void show(int[] n){
        for(int k : n){
            System.out.print(k + " ");
        }
        return;
    }
}
```

2.

```
public class Ex16_3_2 {
    public static void main(String[] args) {
        double[] x = {10.5, 5.6, 7.8, 0.12, 5.3, 16.4};
        dispTotal(x);
    }
    public static void dispTotal(double[] data){
        double total=0;
        for(int i=0; i<data.length; i++){
            total += data[i];
        }
        System.out.println(total);
    }
}
```

3.

```
public class Ex16_3_3 {
    public static void main(String[] args) {
    double[] x = new double[5];
    for(int i=0; i<x.length; i++){
        x[i]=Input.getDouble();
    }
    System.out.println("최대값="+max(x));
    System.out.println("최소값="+min(x));
    System.out.println("합계="+sum(x));

    }
    public  static  double max(double[] a){
        double max = a[0];
        for(int i=0; i<a.length; i++){
            if(max<a[i]) max = a[i];
        }
        return    max;
    }
    public   static double min(double[] a){
        double min = a[0];
        for(int i=0; i<a.length; i++){
            if(min>a[i]) min = a[i];
        }
        return    min;
    }
    public   static double sum(double[] a){
        double sum = 0;
        for(int i=0; i<a.length; i++){
            sum += a[i];
        }
        return sum;
    }
}
```

▶▶▶ 연습문제 16-4

1.

```
public class Ex16_4_1 {
    public static void main(String[] args) {
        int[] salse = {1200, 1500, 780, 5100, 2100};
        System.out.println("세액="+tax(salse));
    }
    public static double tax(int[] gaku){
        int sum = 0;
        for(int i=0; i<gaku.length; i++){
            sum += gaku[i];
        }
        return sum*0.1;
    }
}
```

2.

```
public class Ex16_4_2 {
    public static void main(String[] args) {
        double[] d = {10.5, 5.6, 7.8, 0.12, 5.3, 16.4};
        System.out.println(mean(d));
    }
    public static double mean(double[]x){
        return sum(x)/x.length;
    }
    public static double sum(double[]x){
        double sum=0;
        for(int i=0; i<x.length; i++){
            sum += x[i];
        }
        return sum;
    }
}
```

3.

```
public class Ex16_4_3 {
    public static void main(String[] args) {
        int[] dt = {115, 32, 20, 54, 63, 21, 18} ;
        System.out.println("3으로 나누어 떨어지는 요소의 수=" + howMany(dt, 3));
    }
    // k로 나누어 떨어지는 요소의 개수를 구한다.
    public static int howMany(int[] n, int k){
        int count = 0;
        for(double m : n){
            if(m%k==0){
                count++;
            }
        }
        return count;
    }
}
```

4.

```
public class Ex16_4_4 {
    public static void main(String[] args) {
        double[] dt = { 55.1, 23.0, 168.8, 25.6, 33.1, 101.5 };
        System.out.println(isOver100(dt));
    }
    // 100을 넘는 요소가 있는가
    public static boolean isOver100(double[] a) {
        for (double x : a) {
            if (x > 100)  return true;
        }
        return false;
    }
}
```

5.
```
public class Ex16_4_5 {
    public static void main(String[] args) {
        double [] dt = {3.5, 5.7, 2.1, 7.3, 4.8};
        System.out.println("최대값=" + max(dt));
    }
        // 최대값을 반환한다
    public static double max(double[] x){
        double max = x[0];
        for(int i=1; i<x.length; i++){
            if(max < x[i])    max = x[i];
        }
        return max;
    }
}
```

▶▶▶ 연습문제 16-5

1.
```
public class Ex16_5_1 {
    public static void main(String[] args) {
        double[]x = {10.5, 2.3, 3.8};
        double[]y = {1.5, 2.8, 4.1};
        double[]z = new double[x.length];
        addArray(x,y,z);
        for(int i=0; i<z.length; i++){
            System.out.print(z[i] + "\t");
        }
    }
    public static void addArray(double[] a, double[] b, double[] ans){
        for(int i=0; i<a.length; i++){
            ans[i] = a[i] + b[i];
        }
    }
}
```
※ \t는 탭이다. 출력을 같은 간격으로 하도록 해준다.

2.

```
import lib.Input;
public class Ex16_5_2 {
    public static void main(String[] args) {
        double[] d = new double[100];
        int n = setData(d);
        for(int i=0; i<n; i++){
            System.out.println(d[i]);
        }
    }
    public static int setData(double[] x){
        double a;
        int      n=0;
        while((a=Input.getDouble())!=0){
            x[n] = a;
            ++n;
            if(n==x.length) break;
        }
        return    n;
    }
}
```

▶▶▶ 연습문제 16-6

1.

```
public class Ex16_6_1 {
    public static void main(String[] args) {
        int[] m = {14,-78,-52,36,-49}, n;
        n = reverseSign(m);
        for(int k: n){
            ystem.out.print(k + " ");
        }
    }
    // 부호를 반전한 배열을 반환한다.
    public    static int[] reverseSign(int[] k){
        int[]a = new int[k.length];
        for(int i=0; i<k.length; i++){
            a[i] = -k[i];
        }
        return    a;
    }
}
```

2.

```
public class Ex16_6_2{
    public static void main(String[] args) {
        double[] dt1    = {5.3 ,8.5, 7.1, 6.2, 3.3};
        double[] dt2    = {2.2 ,5.2, 6.4, 3.1, 2.3};
        double[] add    =       addArray(dt1, dt2);
        for(double x: add){
            System.out.println(x);
        }
    }
    // 배열의 합
    public    static    double[]    addArray( double[]x, double[]y){
        double[] ans = new double[x.length];
        for(int i=0; i<x.length; i++){
            ans[i] = x[i]+y[i];
        }
        return   ans;
    }
}
```

3.

```
import lib.Input;
public class Ex16_6_3 {
    public static void main(String[] args) {
        int    z  = Input.getInt();
        int[] g   = geumaek(z);
        for(int k: g){
            System.out.println(k);
        }
    }
    // 금액 종류의 계산
    public    static int[]   geumaek( int z){
        int[] v = {50000, 10000, 5000, 1000, 500, 100, 50, 10, 5, 1};
        int[] w = new int[v.length];
        for(int i=0; i<v.length; i++){
            w[i] = z / v[i];    // 금액 종류별 매수
            z = z % v[i];        // 잔액을 다음 계산에 사용
        }
        return   w;
    }
}
```

2파트 17장 커맨드라인의 사용법

▶▶▶ 연습문제 17-1

생략

▶▶▶ 연습문제 17-2

abc.doc ……… c:\myspace\abc.doc

java ………… c:\java

▶▶▶ 연습문제 17-3

문 1

조작	커맨드
1. system 디렉토리로 바꾼다.	pushd c:\windows\system
2. system32 디렉토리로 바꾼다.	cd ..\system32
3. etc 디렉토리로 바꾼다.	cd drivers\etc
4. 파일과 디렉토리의 리스트를 본다.	dir
5. hosts 파일의 내용을 본다.	type hosts
6. 화면 표시를 클리어한다.	cls
7. Windows 디렉토리로 바꾼다.	cd ..\..\..\
8. 초기의 디렉토리로 돌아간다.	popd

▶▶▶ 연습문제 17-4

(1), (2) 생략

(3) 컴파일 …………javac exercise\Ex17_4_1.java

　　실행 …………… java exercise\Ex17_4_1

▶▶▶ 연습문제 17-5

1.

```
public class Ex17_5_1 {
    public static void main(String[] args) {
        for(int i=args.length; i>0; i--){
            System.out.println(args[i-1]);
        }
    }
}
```

〈다른 방법〉 다음과 같이 루프변수를 지정해도 된다.

```
public class Ex17_5_1 {
    public static void main(String[] args) {
        for(int i=args.length-1; i>=0; i--){
            System.out.println(args[i]);
        }
    }
}
```

2.

```
public class Ex17_5_2 {
    public static void main(String[] args) {
        String s = "";
        if(args.length==0){
            s="인수가 없다";
        }else if(args.length==1){
            s="인수가 부족하다";
        }else if(args.length>2){
            s="인수가 너무 많다";
        }
        if(args.length!=2){
            System.out.println(s);
            System.exit(1);
        }
        System.out.println(args[0]+"/"+ args[1]);
    }
}
```

▶▶▶ 연습문제 17-6

1.

```
public class Ex17_6_2 {
    public static void main(String[] args) {
            if (args.length < 2) {
                System.out.println("인수가 2개 이상 필요합니다");
                System.exit(1);
            }
            double[] n = new double[args.length];
            for (int i = 0; i < args.length; i++) {
                n[i] = Double.parseDouble(args[i]);
            }
            double minValue = n[0];
            for (double d : n) {
                if (minValue > d) minValue=d;
            }
            System.out.println("최소값=" + minValue);
    }
}
```

《다른 방법》 메소드를 나누어서 작업한 예이다.

```
public class Ex17_6_2B {
    public static void main(String[] args) {
        if (args.length < 2) {
            System.out.println("인수가 2개 이상 필요합니다");
            System.exit(1);
        }
        double[] n = doubleArray(args);
        System.out.println("최소값=" + min(n));
    }
    // 인수를 int 배열로 변환
    public static double[] doubleArray(String[] s) {
        double[] n = new double[args.length];
        for (int i = 0; i < args.length; i++) {
            n[i] = Double.parseDouble(args[i]);
        }
        return n;
    }
    // 최소값을 반환
```

```
    public static double min(double[] x) {
        double minValue = n[0];
        for (double d : n) {
            if (minValue > d) minValue=d;
        }
        return minValue;
    }
}
```

2파트 18장 / 기타 연산자

▶▶▶ 연습문제 18-1

1. C

【해설】 n[1]은 2, n[2]은 3이므로 n[1]==n[3]은 false가 되어 n[0]은 9가 들어간다.

2. A. s = a==5 ? "OK" : "ERROR";

　　B. a = x.equals("abc") ? 0 : 1;

　　C. s = a==0 ? "OK" : (a==1 ? "WARNING" : "ERROR")

▶▶▶ 연습문제 18-2

1. A. 1111　**B.** 1010　**C.** 0100　**D.** 0010
2. A. 0000 1000　**B.** 0000 1111　**C.** 0111 1111　**D.** 1111 1110
3. A. 136　**B.** 24　**C.** 255　**D.** 127

▶▶▶ 연습문제 18-3

1. **A.** 0x06　**B.** 0x8C　**C.** 0x1E　**D.** 0xFE　**E.** 0x0F
2. **A.** 250　**B.** 16　**C.** 511　**D.** 273
3. **A.** 0xB6　**B.** 0x11　**C.** 0xFD　**D.** 0x20

▶▶▶ 연습문제 18-4

1. **A.** 001010　**B.** 000111　**C.** 101110
2. **A.** 014　**B.** 034　**C.** 0146

▶▶▶ 연습문제 18-5

A. 11110001　**B.** 00000000　**C.** 11111111

▶▶▶ 연습문제 18-6-1

A. 0x0012　**B.** 0xFF00　**C.** 0xFF12

▶▶▶ 연습문제 18-6-2

A. 0xFFFF　**B.** 0xFF12

▶▶▶ 연습문제 18-6-3

A. 0x0000　**B.** 0x0024

▶▶▶ 연습문제 18-6-4

A. 0x00FF B. 0xF5FE

▶▶▶ 연습문제 18-7-1

A. 32 B. 260 C. 388 D. −48

▶▶▶ 연습문제 18-7-2

A. 6 B. −3 C. 0 D. 3

▶▶▶ 연습문제 18-7-3

A.
n>>>1 >0에서는 등호 확장이 안되기 때문에 양수가 된다.

3파트 1장   클래스란

▶▶▶ 연습문제 1-1

① 데이터 ② 기능 ③ 클래스 ④ 객체 ⑤ main 메소드를 가지는 클래스

▶▶▶ 연습문제 1-2

```
public class Point {
    double x;       // x좌표
    double y;       // y좌표
}
```

▶▶▶ **연습문제 1-3**

A. Point p;

B. p = new Point();

C. p.x = 1.5;

D. p.y = 2.4;

E. System.out.println(p.x);

F. System.out.println(p.y);

▶▶▶ **연습문제 1-4**

```
public class ExecTriangle {
    public static void main(String[] args) {
        Triangle t = new Triangle();

        t.a= 1.0;
        t.b= 2.0;
        t.c= 2.5;

        System.out.println("a=" + t.a);
        System.out.println("b=" + t.b);
        System.out.println("c=" + t.c);
    }
}
```

▶▶▶ 연습문제 1-5

```
public class ExecTriangle {
    public static void main(String[] args) {
        Triangle t1 = new Triangle();      t1.a=5; t1.b=3; t1.c=4;
        Triangle t2 = new Triangle();      t2.a=11; t2.b=8; t2.c=6;
        Triangle t3 = new Triangle();      t3.a=9; t3.b=2; t3.c=7;

        System.out.println("t1 : a=" + t1.a + "\tb=" + t1.b + "\tc=" + t1.c);
        System.out.println("t2 : a=" + t2.a + "\tb=" + t2.b + "\tc=" + t2.c);
        System.out.println("t3 : a=" + t3.a + "\tb=" + t3.b + "\tc=" + t3.c);
    }
}
```

【해설】\t는 탭을 의미하는 이스케이프 문자

3파트 2장 / 클래스의 구조

▶▶▶ 연습문제 2-1

1. ① 클래스   ② 반환값

2.

```
public class Triangle {
    double    a;      // 변 a의 길이
    double    b;      // 변 b의 길이
    double    c;      // 변 c의 길이

    public Triangle() {}
    public Triangle(double n1, double n2, double n3) {
        a = n1;
        b = n2;
        c = n3;
    }
}
```

```
public class ExecTriangle {
    public static void main(String[] args) {
        Triangle t = new Triangle(3.0, 4.0, 5.0);

        System.out.println("a=" + t.a);
        System.out.println("b=" + t.b);
        System.out.println("c=" + t.c);
    }
}
```

3. ① 3번째 행의 반환값형 void가 없음   ② 3번째 행의 milk는 Milk라고 쓴다

4. ① new Card(1, "스페이드")   ② new Card(5, "하트")
　③ new Card(10, "다이아")

▶▶▶ 연습문제 2-2

1.

```
public class Point {
    double x;      // x좌표
    double y;      // y좌표

    public Point() { }
    public Point(double a, double b) {
        x = a;
        y = b;
    }
}
```

```
public class ExecPoints {
    public static void main(String[] args) {
        Point p = new Point( 2.8, 1.6 );
        System.out.println("(x,y)=(" + p.x + "," + p.y + ")");
    }
}
```

▶▶▶ 연습문제 2-3

```
public class Triangle {
    double a;     // 변 a의 길이
    double b;     // 변 b의 길이
    double c;     // 변 c의 길이

    public Triangle() {}
    public Triangle(double n1, double n2, double n3) {
        a = n1;
        b = n2;
        c = n3;
    }
    public void show() {
        System.out.println("a=" + a);
        System.out.println("b=" + b);
        System.out.println("c=" + c);
    }
}
```

▶▶▶ 연습문제 2-4

1. ① static   ② 필드 변수   ③ 멤버 참조 연산자

2.

1) show 메소드에서는 필드 변수를 사용해서 프로그램을 작성한다. n, a는 필드 변수는 아니므로 틀린다. 다음과 같이 작성하는 것이 바른 방법이다.

```
    System.out.println("이름: "+name);
    System.out.println("연령: "+age);
```

2) `tom.show();`

3.

```
public class ExecTriangle {
    public static void main(String[] args) {
        Triangle t = new Triangle(7.0, 5.0, 9.0);
        t.show();
    }
}
```

인덱스

기호

^	505
&	503
<<	507
>>	509
>>>	510
~	506
|	504

번호

2진수	495
2차원 배열	391
8진수	500
16진수	498

A

ALGOL	21

B

boolean형	81
break문	321
byte형	79

C

Calendar 클래스	154
cd	473
char형	81
cls	473
COBOL	18
continue문	333
copy	473
CUI	468
C 언어	19

D

Date 클래스	154
default문	318
dir	473
do문	272
double형	80

E

Eclipse	32
equals 메소드	238

F

float형	80
FORTRAN	18
for문의 작성법	189

G

getByte( )	178
getChar( )	178
getDouble( )	178
getFloat( )	179
getInt( )	176
getLong( )	177
getShort( )	177
getString ( )	179
GUI	468

H
help	473
HotSpot	28

I
if문	282
if(isLower(c))	434
Input 클래스	164
int형	79

J
Java 가상 머신(JVM)	28
Java 애플리케이션	25
JDK의 설치	574
JIT	28

K
Kepler	35

L
long형	80

M
Math 클래스	154
max	159
md	473
min	160
move	473

N
null	262

P
Pascal	21
popd	473
pow	159
pushd	473

R
random	160
rd	473
ren	473
round	158

S
short형	79
Simula	24
Smalltalk	24
SPD(Structured Programming Diagram)	191
sqrt	161
sqrt 메소드	156
String Buffer 클래스	154
String 클래스	154
String형	81
switch문	310
System.out.println	71
System 클래스	154

T

Thread 클래스	154
tree	473
type	473

W

while문	254

X

xcopy	473

ㄱ

가감승제	128
객체	23
객체지향	23
계층적 디렉토리	471
공백 라인	61
관계 연산자	228
구조화	20
구조화 프로그래밍 언어	20
기본 데이터형	78

ㄴ

나머지 연산(모듈러)	128
내부 커맨드	473
논리 연산자	241
논리형	78

ㄷ

다중 대입	146
다중 재대입	147
단락(회로) 연산자	248
단항 플러스, 단항 마이너스	128
들여쓰기	64
디자인 패턴	24

ㄹ

로컬 변수	441
루프 제어 변수	196

ㅁ

멀티플랫폼 대응	28
메소드	62
메소드 선언	62
명령문	62
문자 코드	104
문자열의 연결	131
문자형	78

ㅂ

반복구조	20
반환형	428
배열요소	184
배열의 첨자	184
배열형	78
변수 선언의 규칙	94
변수의 실인수	422
보수	501
복잡한 문자열 연결	137
복합 대입 연산자	141
복합 대입 연산자와 자동 캐스트	143
부동소수점형	78
분기구조	20

블럭	61
비트연산자	503

ㅅ

사칙연산의 연산자	127
상대경로	473
생성자(constructor)	534
생성자의 오버로드	539
서브루틴	20
서블릿	25
순차구조	20
스택(stack)	351
식별자	88
실인수	422
실인수의 자동 형변환	423
실인수의 캐스트	424

ㅇ

예약어	89
오른쪽 시프트	509
오브젝트	23
오브젝트 지향	23
왼쪽 시프트	507
요소번호	184
이스케이프 문자	104
익명 배열	360
인스턴트 메소드	410, 540
인터페이스형	78

ㅈ

자동 형변환	99
자바 애플릿	25
재대입	140

전치	122
정수형	78
조건연산자	492
주석문	68

ㅊ

참조형	352

ㅋ

캐스트	108
커맨드	468
커맨드라인 인수	480
컴파일러	18
코드의 띄어쓰기 원칙	66
클래스	23
클래스 메소드	410
클래스 선언	61
클래스의 역할	519
클래스형	78

ㅍ

패키지	44
패키지문	61
표준 메소드	422
표준 클래스	154
프로젝트	44
필드	522

ㅎ

후치	122
힙(heap)	350